LICHTSCHLAG 49

LICHTSCHLAG NR. 49

Umschlag: Lichtschlag Medien Düsseldorf
Printed in Germany.

ISBN: 978-3-939562-81-8

Ron Siderius

Die letzte Verteidigungslinie

Inhaltsverzeichnis

Vorwort

„Die Kunst des Krieges lehrt uns, nicht darauf zu hoffen, dass der Feind nicht kommt, sondern darauf zu bauen, dass wir bereit sind, ihn zu empfangen; nicht auf die Möglichkeit, dass er nicht angreift, sondern auf die Tatsache, dass wir unsere Stellung uneinnehmbar gemacht haben.“ Sun Tzu, „Die Kunst des Krieges“.

Laut der Polizeilichen Kriminalstatistik aus dem Jahr 2016 gab es in Deutschland 2.418 Fälle von Mord und Totschlag, 7.919 Vergewaltigungen und sexuelle Nötigungen, 43.009 Raubdelikte, 140.033 Fälle von gefährlicher und schwerer Körperverletzung, 151.265 Wohnungseinbruchdiebstähle, darunter 63.176 Fälle von Tageswohnungseinbruch. Warum stehen diese Fälle in der Statistik? Weil die Polizei zum Tatzeitpunkt nicht vor Ort war, um den Opfern zu helfen. Gleichzeitig waren die Opfer nicht in der Lage, sich gegen die Täter zu wehren. In all diesen Fällen hat der Täter gewonnen.

Rainer Wendt, ein deutscher Polizist und seit 2007 Bundesvorsitzender der Deutschen Polizeigewerkschaft, gibt in seinem Buch „Deutschland in Gefahr“ sinngemäß zu, dass Sie, wenn Sie einen starken Staat erleben wollen, der Vergehen konsequent und unnachgiebig verfolgt, am besten falsch parken sollten. Eine Politesse wird ihnen innerhalb von 15 Minuten ein Bußgeld ausstellen, und die Behörde wird solange nicht lockerlassen, bis Sie bezahlt haben. Wenn Sie sich hartnäckig weigern, zu zahlen, kommen Sie als Ultima Ratio in die Erzwingungshaft. Wenn Sie hingegen ein Dieb, Einbrecher oder Intensivtäter sind, dann können Sie sich entspannt zurücklehnen. Zuerst müssen Sie erwischt werden, was heutzutage nicht sehr wahrscheinlich ist. Bei der Polizei wurde über Jahre gespart. Es gibt nicht genügend Personal, um alle Straftaten mit dem notwendigen Nachdruck zu verfolgen. Und selbst wenn sie erwischt werden, dann finden Sie mit Leichtigkeit einen Gutachter, der Ihnen bescheinigt, dass Sie eigentlich ein feiner Mensch sind. Sie können nichts dafür, dass Sie auf die schiefe Bahn geraten sind. Sie wurden schon in Ihrer Kindheit traumatisiert oder irgendwie von der Gesellschaft nicht angenommen. Mit 21 sind Sie immer noch ein unreifer Teenager, und überhaupt war Ihre Tat nur ein dummer Jungenstreich. Ihnen wird eine positive soziale Prognose ausgestellt, und dann dürfen Sie sogar bei einem Mord den Angehörigen des Opfers ins Gesicht lachen.

Verschärfend kommt hinzu, dass mit der Flüchtlingskrise eine bis heute unbestimmte Anzahl von Terroristen und anderen Verbrechern unerkannt nach Deutschland eingereist ist. Die Auswirkung dessen konnten wir schon beobachten. Drei der Attentäter von Paris, die am 15. November 2015 an mehreren Stellen angegriffen haben, kamen nachweislich über die Balkanroute nach Europa. Bei dem Anschlag vom 19. Dezember 2016 in Berlin war der tunesische Attentäter, Anis Amri, ebenfalls ein registrierter Flüchtling, der sich frei quer durch die EU bewegen konnte. Dabei nutzte er 14 verschiedene Identitäten, ohne dass es den Behörden aufgefallen ist. Das waren höchstwahrscheinlich noch nicht die letzten terroristischen Aktivitäten, die wir erlebt haben. Vor diesem Hintergrund wirft der Verfassungsrechtler Udo Di Fabio in seinem Gutachten „Migrationskrise als föderales Verfassungsproblem" der Regierung Angela Merkels laufende Verstöße gegen das Grundgesetz vor. Der Staat hat die Aufgabe, den Grenzschutz zu gewährleisten, so Di Fabio. Er ist dabei berechtigt, diese Aufgabe auszulagern, wie es nach dem Schengener Abkommen geschehen ist. Wenn aber die Außengrenzen der EU nicht geschützt werden können, weil Länder wie Italien oder Griechenland es nicht schaffen, dann hat der Staat die Aufgabe, die inneren Grenzen zu schützen. In einer äußersten Notlage dürfte der Staat vielleicht den Grenzschutz für wenige Stunden, allenfalls wenige Tage außer acht lassen. Das Grundgesetz gibt aber dem Staat nicht das Recht, die Grenzen permanent offen zu halten, wenn der Schutz der EU-Außengrenzen faktisch zusammengebrochen ist. Der Regierung Angela Merkels sind diese verfassungsmäßigen Pflichten offensichtlich gleichgültig. Die deutschen Grenzen sind offen wie Scheunentore, und jeder darf rein und raus, wann immer es ihm passt. Selbst wenn man die deutschen Grenzen heute komplett schließen würde, Tausende von Gefährdern sind schon bei uns. Die schlechte Nachricht ist, dass sie aller Voraussicht nach noch sehr lange bei uns bleiben werden. Eine schnelle Abschiebung der Gefährder wird zwar besonders vor den Wahlen von der Politik gefordert und groß angekündigt, aber in der Realität ist es nicht so einfach. Wenn der Abschiebekandidat keinen Pass hat und die Staatsbürgerschaft nicht festgestellt werden kann, dann wird er nicht abgeschoben. Wohin auch? Wenn er aus einem Kriegsgebiet kommt, dann darf er auch nicht abgeschoben werden. Wenn ihm in seinem Heimatland Folter und Verfolgung drohen, dann darf er nicht abgeschoben werden. Wenn seine Staatsbürgerschaft bekannt ist, aber sein Heimatland ihn nicht wiederhaben möchte, dann bleibt er in Deutschland. Wenn ihm ein Arzt bescheinigt, dass er krank ist, dann darf er nicht abgeschoben werden. Und selbst wenn schon alles klar ist und der Abzuschiebende am Flughafen angekommen ist, dann kann er vor dem Boarding so eine Randale machen, dass sich der Pilot weigert, ihn mitzunehmen. Er bleibt in Deutschland, so sind die Gesetze.

Wenn die Polizei kaputtgespart wurde, die Justiz voller Verständnis für die Täter ist und selbst die Regierung willentlich und wissentlich das Grundgesetz verletzt, wem sollen dann die Bürger ihre Sicherheit anvertrauen? Meine Antwort darauf ist: Vertrauen Sie sich zuerst selbst!

In dem extrem libertären Weltbild, in dem ein Minimalstaat als wünschenswert propagiert wird, muss der Staat mindestens vier Aufgaben erfüllen: die innere Sicherheit, die äußere Sicherheit, die Außenpolitik und den Schutz der individuellen Freiheiten der Bürger. Das sind Aufgaben, die von den Bewohnern eines Staates nur gemeinsam erfüllt werden können. Sie sind der Grund, warum Menschen überhaupt Staaten bilden. Der Staat muss nicht unbedingt die Gesundheitsvorsorge oder die Bildung organisieren. Auch der Aufbau der Infrastruktur kann im

Zweifel komplett privatisiert werden. Wenn aber der Staat seine Kernaufgaben nicht erfüllt, dann löst er sich Stück für Stück selber auf. Wenn Politiker Probleme verursachen, dann können sie höchstens abgewählt werden. Manche, die mehr Anstand haben, treten bei Versagen von ihren Ämtern freiwillig zurück. Das war es aber schon, mehr passiert da nicht. Was auch immer uns die Politiker noch zumuten werden, am Ende werden die Bürger die Suppe auslöffeln müssen. Wenn der Staat Sie verlässt, wenn die Polizei und andere Sicherheitsbehörden es nicht schaffen, Sie zu schützen, dann bilden Sie auf eine ganz natürliche Weise die letzte Verteidigungslinie. Ihr Instinkt wird Sie dazu führen.

Dabei sollten Sie sich zuerst mit dem Gedanken auseinandersetzen, dass Sie ein Soft Target sind, ein weiches Ziel. Hochrangige Politiker und Prominente, wichtige Industrieanlagen, Botschaften und Militäreinrichtungen sind im Gegensatz dazu harte Ziele. Sie werden von bewaffneten Bodyguards, dicken Mauern, bombensicheren Fenstern und Türen und gepanzerten Fahrzeugen geschützt. Sie als Bürger, der das alles über die hohe Besteuerung bezahlen muss, stehen faktisch wehrlos da. Wenn ein Einbrecher nachts in Ihr Haus einsteigt, dann stehen Sie ihm mit leeren Händen gegenüber. Wenn Sie auf der Straße überfallen werden, dann wird Sie kein Bodyguard schützen. In Kindergärten, Schulen, Universitäten, Einkaufszentren, Bahnhöfen und an anderen öffentlichen Orten sind Sie ebenfalls schutzlos. Schauen Sie sich gelegentlich mal um. Wieviele Polizisten sehen Sie im Umkreis von 50 Metern, die Ihnen bei einem Überfall, einem Amoklauf oder einem terroristischen Angriff sofort zu Hilfe eilen könnten? Jetzt bekommen Sie ein Gefühl dafür, was es heißt, ein Soft Target zu sein. Wenn Ihnen bis jetzt noch nichts Schlimmes zugestoßen ist, dann wahrscheinlich deswegen, weil Sie das Schicksal noch nicht ausgewählt hat. Wahrscheinlich leben Sie auch vernünftig und gehen keine unnötigen Risiken ein. Es gibt gute Chancen, dass Sie Ihr ganzes Leben lang mit Gewaltkriminalität oder Terrorismus nie in einen direkten Kontakt kommen. Wenn es aber mal passieren sollte, dann ist es besser, wenn Sie möglichst gut darauf vorbereitet sind. „Es wird schon alles gutgehen“ ist keine besonders verantwortungsvolle Einstellung dazu.

Für John „Jocko“ Willink, ein ehemaliges Mitglied der US-Spezialeinheit Navy SEALs, ist die Schusswaffe das Mittel der Wahl, wenn es um den Selbstschutz geht (Willink 2016). Es wird viele Leute geben, die Ihnen erzählen werden, dass Schusswaffen sich für den Selbstschutz nicht eignen, weil sie zu gefährlich sind, weil Sie sich damit nur selbst gefährden, weil normale Leute damit nicht umgehen können, weil Kampfsport viel besser ist, und so weiter. Willink ist ein Mann wie ein Baum. Als Kommandeur des SEAL Team Three bekam er im Jahr 2006 für seinen Einsatz in der Schlacht von Ramadi im Irak die Auszeichnungen Silver Star und Bronze Star. Es gehörte zu seinem Beruf, sich mit allen effektiven Nahkampfmethoden auszukennen. Nichtsdestotrotz hält er den Kampfsport für eine hervorragende Methode, etwas für die physische und mentale Fitness zu tun. Wenn es jedoch um die Abwehr von aggressiven und womöglich bewaffneten Angreifern geht, dann ist die Schusswaffe die absolute Nummer eins. Fragen Sie einen Polizisten oder einen Personenschützer, was sie davon halten, ihren Dienst ohne Schusswaffe zu verrichten. Die Bewaffnung und das Training sind die wichtigsten Gründe, warum Polizisten und Personenschützer nicht die Opferstatistiken anführen. Diese Statistiken werden von unvorbereiteten und unbewaffneten Zivilisten wie Ihnen angeführt.

In diesem Buch wird generell davon ausgegangen, dass es ein natürliches Recht der Menschen ist, Waffen zu besitzen und zu tragen. Natürliche Rechte ergeben sich aus der Natur. Sie sind ein Teil der Menschen und sind an keine Bedingungen gebunden. Natürliche Rechte würden auch existieren, wenn es gar keine Gesellschaft gäbe. Beispiele für natürliche Rechte sind das Recht auf Leben, das Recht, das Leben zu verteidigen, das Recht, Eigentum zu erwerben und vor fremdem Zugriff zu schützen, oder das Recht, Kinder zu haben. Den Rechten stehen Privilegien gegenüber, die mit den Rechten nicht verwechselt werden sollten. Privilegien unterscheiden sich von natürlichen

Rechten dadurch, dass sie an Bedingungen gebunden sind. Wenn man zum Beispiel jemanden in seinem Haus besuchen möchte, dann muss man den Gastgeber um eine Erlaubnis fragen. Der Hauseigentümer erteilt einem Besucher durch seine Erlaubnis das Privileg, sein Haus zu betreten. Privilegien sind grundsätzlich diskriminierend. Ein Hauseigentümer muss nicht jedem das Privileg erteilen, sein Haus zu betreten, und der Besucher hat kein Recht, dies von ihm zu verlangen.

Das Recht, Waffen zu besitzen und zu tragen, leitet sich also aus dem natürlichen Recht auf Leben ab, aus dem das natürliche Recht auf den Schutz des Lebens hervorgeht. Gleichzeitig wird das Recht, Waffen zu besitzen und zu tragen, vom Gesetzgeber in Deutschland stark eingeschränkt, was aber das Recht an sich nicht abschafft. In meinen Augen könnte dieses grundsätzliche Recht in speziellen Fällen einer bestimmten Person aufgrund eines Gerichtsbeschlusses aberkannt werden, weil diese Person zum Beispiel nachweislich psychisch krank oder kriminell und gewalttätig ist. Heute ist es umgekehrt. Nach dem Waffengesetz ist der Schusswaffenbesitz allen Bürgern grundsätzlich verboten und nur manchen privilegierten Kreisen (Jäger, Sportschützen, Waffensammler und Prominente) wird er erlaubt. Gesetze sollte man jedoch nicht mit Rechten verwechseln.

Manchmal achtet das Gesetz die natürlichen Rechte der Menschen, manchmal aber auch nicht. Um das Spiel zwischen Rechten und Gesetzen klar zu machen, nehmen wir ein anderes Beispiel. In unseren Breitengraden gilt es als unstrittig, dass es ein natürliches Recht der Menschen ist, Kinder zu bekommen und zu erziehen. Man darf soviele Kinder zeugen, wie man will. Artikel 6, Absatz 2, Satz 1 des Grundgesetzes besagt: „Pflege und Erziehung der Kinder sind das natürliche Recht der Eltern und die zuvörderst ihnen obliegende Pflicht.“ Selbst das Grundgesetz nimmt Bezug auf den Begriff der natürlichen Rechte. Während Deutschland dieses natürliche Menschenrecht achtet, ist es in China ganz anders. Aufgrund der angenommenen Überbevölkerung entschloss sich die Kommunistische Partei Chinas im Jahr 1979 zu einer verpflichtenden Ein-Kind-Politik. Eine

jedenfalls: Wenn Sekunden zählen, dann ist die Polizei lediglich Minuten entfernt. Die Fäuste, das Messer, den Baseballschläger, den Schlagring, die Eisenstange oder andere Waffen der Täter wird der Unglückliche höchstwahrscheinlich noch vor der Ankunft der Polizei zu spüren bekommen. Selbst wenn es nur fünf Minuten wären, kann es sehr gefährlich werden. Fünf Minuten lang von einem oder mehreren Angreifern geschlagen zu werden, kann tödlich enden. Die Polizei wird irgendwann mal eintreffen, ein Protokoll schreiben und Spuren sichern. Der Rettungswagen oder der Leichenwagen kommen und holen das Opfer ab. Vielleicht wird die Polizei die Täter sogar finden, sie werden vor Gericht gestellt und zu einer „angemessenen" Strafe verurteilt. Dem Opfer nutzt es jedoch nicht mehr viel. Der Schaden ist schon entstanden.

Detroit

Virginia Cantrell, die Präsidentin einer großen Lehrergewerkschaft in Detroit, könnte nach ihren 30 Berufsjahren als Lehrerin längst in Rente gehen, aber sie entschied sich dazu, weiter zu arbeiten. Sie hatte den Ruf einer effektiven Verfechterin ihrer Sache, arbeitete viel und kam häufig erst spät am Abend nach Hause. Ihr Haus war das letzte am Ende einer Straße in einer Gegend, die ihre besten Zeiten schon hinter sich hatte. Die Automobilkrise machte sich bemerkbar. Viele Häuser in dem Block waren verlassen, abgebrannt oder bereits abgerissen. Da ihr Ehemann außerhalb der Stadt arbeitete, kehrte Cantrell häufig in ein leeres Haus zurück, in dem sie sich tagelang alleine aufhielt. Als Cantrell eines Abends wie immer ihren Wagen in der Einfahrt parkte und in Richtung der Eingangstür ging, entdeckte sie einen über 100 Kilogramm schweren Mann auf ihrer Eingangsterrasse. Die 1,50 Meter große und 50 Kilogramm schwere Frau fragte den ungebetenen Besucher, ob sie ihm irgendwie helfen könne. Der Mann antwortete nur schroff: „Ich wohne hier, du Nutte!“ Es wurden noch einige unangenehme Floskeln ausgetauscht, und die Situation drohte zu eskalieren. Als Cantrell annahm, dass ihr Leben in Gefahr sei, zog sie ihren kleinen „J-Frame“-Revolver von Smith & Wesson im Kaliber .38 Special, den sie liebevoll als ihren „Reisebegleiter“ bezeichnete.

Das letzte, was sie von diesem rüden Eindringling sah, war der Staub, als er plötzlich wegrannte, während er noch einige Beleidigungen über seine Schulter losgelassen hatte. Es fielen keine Schüsse, es gab keine Gewalt, die Polizei wurde noch nicht mal informiert. Cantrell ging einfach in ihr Haus, und der Täter machte sich wahrscheinlich auf die Suche nach einem einfacheren Opfer (Nykodym et al. 2011, S. 74).

Virginia Cantrell besaß den Revolver legal und führte ihn legal bei sich, denn im Jahr 2001 änderte das Wayne County im Bundesstaat Michigan die Waffengesetze derart, dass volljährige, nicht vorbestrafte und im Waffenumgang geschulte Bürger das Recht auf die Erlaubnis haben, Waffen verdeckt zu tragen. Dieses Recht wird im Englischen mit „Carry Concealed Weapons (CCW) as Shall Issue“ bezeichnet. Man kann es mit „Anspruch auf einen Waffenschein als Soll-Vorschrift“ übersetzen. Das bedeutet, dass, wenn keine Gründe vorliegen, die eine Ausstellung des Waffenscheins verhindern, wie zum Beispiel Einträge in einem Vorstrafenregister, Haftbefehle, unehrenhafte Entlassungen aus dem Militärdienst oder ähnliches, die Behörden dazu verpflichtet sind, dem Antragsteller einen Waffenschein auszustellen. Das ist ein Unterschied zu der vorherigen Regelung, nach der ein Antragsteller den Behörden nachweisen musste, dass sein Leben und Eigentum überdurchschnittlich gefährdet sind. Dieses nachzuweisen war für normale Bürger sehr schwierig. Somit wurden die Waffenscheine nur an Politiker und andere Prominente ausgegeben, die den Polizeichef persönlich kannten, der sich dazu verpflichtet fühlte, etwas für seine guten Bekannten zu tun.

In den USA gibt es je nach Umfrage schätzungsweise 760.000 bis 3,6 Millionen Fälle pro Jahr, in denen sich die Opfer von Gewalttaten mit Schusswaffen zur Wehr setzen (Lott 1998, S. 11). Dabei wird in den meisten Fällen kein Schuss abgegeben, sondern es wird nur mit der Waffe gedroht. Das reicht schon, um die Situation schnell zu klären. Der Angreifer zieht sich häufig zurück, weil er von dem Opfer nicht angeschossen werden möchte.

Fazit

Was würde passieren, wenn Virginia Cantrell in Deutschland wohnen würde? Sie wäre in einer ähnlichen Situation tatsächlich höchst gefährdet. Eine Möglichkeit, sich effektiv mittels einer Schusswaffe zu wehren, hätte sie nicht, denn sie würde mit ihren Voraussetzungen niemals einen Waffenschein bekommen. Dies wird nach dem gegenwärtigen deutschen Waffengesetz durch den Paragraphen 19, Absatz 1 verhindert, nach dem der Antragsteller den Behörden glaubhaft machen muss:

1. wesentlich mehr als die Allgemeinheit durch Angriffe auf Leib oder Leben gefährdet zu sein und

2. dass der Erwerb der Schusswaffe und der Munition geeignet und erforderlich ist, diese Gefährdung zu mindern.

Der Punkt zwei ist noch relativ leicht nachzuweisen. Eine Schusswaffe ist eine Distanzwaffe, die äußerst gut dafür geeignet ist, sich etwaige Gewalttäter und Räuber vom Hals zu halten. Ein Geschoss, das den Lauf eines Revolvers mit der Geschwindigkeit von 250 Metern pro Sekunde verlässt, wird einen noch so großen und starken Aggressor bei einem Wirkungstreffer schnell kampfunfähig machen. Den ersten Punkt glaubhaft zu machen, ist jedoch extrem schwierig. Das liegt daran, dass Paragraph 19 WaffG ein relatives Gesetz ist. Es wird der Nachweis gefordert, dass man überdurchschnittlich gefährdet ist. Das bedeutet, dass selbst wenn sich die Gefahr für alle um 1.000 Prozent erhöht, der einzelne immer noch nicht glaubhaft machen kann, dass er mehr als der Durchschnitt gefährdet ist, obwohl er zehnmal gefährdeter ist als je zuvor. Juweliere, die täglich mit viel Geld und teurem Schmuck unterwegs sind, bekommen heute auch kaum noch einen Waffenschein zugesprochen. Sie tragen nach der Auffassung vieler Waffenbehörden ein „akzeptables“ durchschnittliches Risiko, überfallen zu werden, und somit qualifizieren sie sich nicht für den Erhalt eines Waffenscheins. Eine Präsidentin einer Lehrergewerkschaft wie Virginia Cantrell hätte da überhaupt keine Chance gehabt. Sie hätte einfach Pech gehabt und müsste sich erwartungsgemäß verprügeln, ausrauben und womöglich noch töten lassen. Das wäre das gesetzlich

„akzeptable“ Schicksal einer Bürgerin, die durchschnittlich gefährdet ist. Sie wäre einfach nur eine weitere Nummer für die Polizeiliche Kriminalstatistik, mehr nicht.

Das strenge deutsche Waffengesetz folgt der Auffassung, die vom Bundesverwaltungsgericht in einem Urteil vom 13. Juni 1999, Aktenzeichen: 1 C 5/99, beschrieben wurde. Da heißt es wörtlich: „Zu den Zielen des Waffengesetzes gehört, die Zahl der Waffenbesitzer sowie die Art und Zahl der in Privatbesitz befindlichen Schusswaffen auf das unbedingt notwendige und mit Rücksicht auf die Interessen der öffentlichen Sicherheit vertretbare Maß zu beschränken.“ Der Gesetzgeber möchte grundsätzlich, „dass möglichst wenige Waffen ‚ins Volk‘ kommen“. In einem Urteil vom 14. November 2007, Aktenzeichen: 6 C 3.07, wird das Bundesverwaltungsgericht noch deutlicher: „Die Verwendung von Waffen soll in erster Linie dem Schutz der Rechtsordnung dienen, für deren Verteidigung mit Waffengewalt der Staat ein Monopol hat. Wer Schusswaffen zu privaten Zwecken verwenden möchte, begründet eine erhöhte Gefahr für die Allgemeinheit.“

Der deutsche Gesetzgeber möchte am liebsten, dass sich Waffen nur in den Händen der Polizei und des Militärs befinden. Beim privaten Waffenbesitz wird ausschließlich die Gefahr gesehen. Die positiven Aspekte einer Verteidigungsmöglichkeit mit Waffen werden vollkommen ausgeblendet. Wer dennoch in Gefahr gerät und sich nicht verteidigen kann, der wird zum „Sollopfer“ dieser Politik. Von dieser unglücklichen Person wird erwartet, dass sie sich ihrem bitteren Schicksal einfach beugt.

2. Gute Waffen in guten Händen

„Es ist besser, eine Schusswaffe zu haben und sie nicht zu brauchen, als eine Schusswaffe zu brauchen und sie nicht zu haben."
Clarence Worley im Film „True Romance", 1993

Marko Kloos schreibt in seinem Blog, dass Menschen im Grunde genommen nur zwei Möglichkeiten haben, miteinander umzugehen: durch Überzeugung oder durch Gewalt (Kloos 2007). Wenn jemand will, dass Sie etwas tun, dann kann er Sie darum bitten. Er kann Sie auch überzeugen, es zu tun. Vielleicht kann er Sie auch überreden. Er kann Ihnen aber auch Gewalt androhen, um sie zu zwingen, das zu tun, was er von Ihnen will. Man kann sich natürlich wünschen, dass alle Menschen, denen man jemals im Leben begegnet, nett sind. Was, wenn man aber eines Tages auf jemanden trifft, der nicht nett ist? Was, wenn diese Person mit Gewalt droht oder einfach spontan angreift und zuschlägt? In dem Moment wird man sich wohl dem Willen des anderen unterwerfen müssen, oder man leistet Widerstand. Wenn man nicht gerade der Stärkste ist, dann können Waffen helfen, das Gegenüber dazu zu bringen, von einem abzulassen. Waffen in den Händen von rechtstreuen Bürgern sorgen dafür, dass die Gesellschaft friedlicher und zivilisierter wird. Diejenigen, die Waffen verbieten wollen, sorgen im Endeffekt nur dafür, dass die Gewalttäter und Verbrecher ein Waffenmonopol für sich beanspruchen und beinahe jeden Wehrlosen zu allem zwingen können. Es gibt viele Leute, die spontan sagen: „Wenn mich jemand bedroht, dann rufe ich die Polizei!". Ich möchte Ihnen darstellen, dass diese Lösung nicht immer möglich sein wird. Die komplette Delegation des Selbstschutzes an den Staat entspricht zwar weitgehend dem heutigen Zeitgeist, sie wird aber sehr wahrscheinlich versagen, wenn es darauf ankommen wird.

2.1 Was ist die Sache der Polizei?

Wenn Sie die Phrase „die Polizei ist machtlos“ in eine Internetsuchmaschine eingeben, bekommen Sie als Ergebnis Tausende Einträge. Die Steigerung davon ist die Phrase „die Polizei und die Gerichte sind machtlos“. Gleichzeitig werden Sie bei jeder Diskussion über Ihre persönliche Sicherheit und die Möglichkeiten des Selbstschutzes von jemandem hören: „Das ist die Sache der Polizei!“. Wie passt das zusammen?

Die schlechte Nachricht ist: Die Polizei ist nicht dazu da, um ausgerechnet Sie zu schützen. Sie haben als Bürger keinen Vertrag mit der Polizei, aus dem hervorgehen würde, dass die Polizisten ihre persönlichen Bodyguards sind. Ein Blick in die jeweiligen Polizeigesetze und Verwaltungsvorschriften zum Polizeigesetz der jeweiligen Bundesländer verrät, was eigentlich die Aufgabe der Polizei ist. Schon in Paragraph 1 der Polizeigesetze und Verwaltungsvorschriften steht: „Die Aufgabe der Polizei ist, die Gefahren sowohl für die öffentliche Sicherheit als auch für die öffentliche Ordnung abzuwehren.“ Umgangssprachlich ausgedrückt soll also die Polizei allgemein für Recht und Ordnung sorgen und im Zuge der Strafverfolgung Ordnungswidrigkeiten und Gesetzesverstöße verfolgen. Die Polizisten sind das Ermittlungspersonal der Staatsanwaltschaft. Die Polizei wird Streife fahren, hier und da mal schauen, ob alles in Ordnung ist, den Verkehr regeln, Temposünder blitzen, Straftaten und Ordnungswidrigkeiten aufnehmen, die Spuren sichern, nach den Tätern fahnden, die Verdächtigen in Gewahrsam nehmen und der Staatsanwaltschaft übergeben. Es ist auch möglich, dass ein zufällig vor Ort anwesender Polizist Ihnen direkt hilft, wenn Sie von einem Verbrecher bedroht werden. Generell ist es aber so, dass, während die Polizei auf den Straßen patrouilliert, die Verbrecher stets darauf bedacht sind, immer dort zu-

zuschlagen, wo die Polizei gerade nicht anwesend ist. Rechnen Sie also lieber damit, dass Sie, wenn Sie einmal Opfer eines Raubüberfalls, einer Schlägerei oder Vergewaltigung werden, mit dem Täter vorerst alleine zurechtkommen müssen. Es ist auch nicht sicher, dass sie während einer derartigen Konfrontation noch genügend Zeit haben, die 110 anzurufen. Versuchen Sie mal, zu telefonieren, während ein Angreifer Sie mit einem Baseballschläger bearbeitet. Es kann auch sein, dass die Tat sich an einem entlegenen Ort ereignet, an dem es keinen anderen gibt, der für Sie die 110 anrufen könnte. Nach der Tat kann es durchaus sein, dass die Polizei den Täter ergreift. Er wird dann strafrechtlich für seine Tat belangt. Falls Sie die Tat überleben, können Sie auch zivilrechtliche Ansprüche beim Täter geltend machen. Wenn ausgerechnet Ihr Täter vermögend ist, dann haben Sie noch Glück im Unglück. Es gibt für Sie Chancen auf einen Schadensersatz oder auf ein Schmerzensgeld. Wenn aber Ihr Täter ein herkömmlicher Habe- und Taugenichts ist, dann bekommen Sie höchstens einen schönen Titel, in dem Ihnen vom Gericht ein Schadensersatz oder Schmerzensgeld zugesprochen wird. Geld werden Sie von diesem Täter jedoch nie sehen, weil er einfach keins hat.

Danach kommt noch eine Enttäuschung auf Sie zu: Es ist unmöglich, die Polizei wegen der Nichterfüllung des Schutzauftrags auf Schadensersatz oder Schmerzensgeld zu verklagen. Das liegt an dem Polizeigesetz, nach dem die Polizei keine Verpflichtung hat, Sie individuell zu schützen. Folglich verletzen die Ordnungshüter ihre Pflichten nicht, wenn sie gerade nicht an der Ecke präsent sind, wo Sie sie am dringendsten brauchen könnten. Es ist nun mal nicht die Sache der Polizei, für Sie den persönlichen Bodyguard zu spielen. Wenn Sie dennoch einen haben wollen, müssen Sie ihn privat für Ihr eigenes Geld engagieren, und das wird nicht billig. Zur Entlastung der deutschen Polizei muss man sagen, dass dieser Zustand auf der ganzen Welt ähnlich ist.

2.2 Die Polizei muss Sie nicht schützen

Am 16. März 1975 rief in Washington, DC Carolyn Warren die Polizei an und meldete zwei Einbrecher, die über eine Hintertür in ihr Haus eingestiegen waren. Dabei attackierten die Täter eine Mitbewohnerin, die ihnen begegnete (Blanchard 2014). Nach dem Anruf versteckte sich Warren mit einer weiteren Mitbewohnerin auf dem Dachboden. Die beiden Frauen saßen ruhig und warteten auf die Ankunft der Polizei. Die Polizei kam an und klopfte an der Vordertür. Da die Einbrecher immer noch im Haus waren, trauten sich die beiden Frauen nicht aus ihrem Versteck und antworteten nicht. Die Polizisten verließen den Tatort, ohne die Hintertür zu überprüfen. Warren rief die Polizei erneut an, und ihr wurde versichert, dass noch mal eine Streife vorbeikommen werde. Die Frauen nahmen an, dass die Polizisten sofort umkehren würden. Warren rief nach der dritten Mitbewohnerin, die sich noch in der Gewalt der Einbrecher befand. Dadurch haben die Frauen ihr Versteck verraten, und die Einbrecher brachten alle drei Frauen in ihre Gewalt. In den nächsten 14 Stunden wurden die Frauen festgehalten, brutal geschlagen, zu gegenseitigen sexuellen Handlungen gezwungen und anschließend vergewaltigt. Ein Streifenwagen kam tatsächlich noch mal an diesem Haus vorbei. Ein Polizist klopfte noch mal an der Vordertür. Da niemand antwortete, verließ er den Tatort wieder. Die Einbrecher stellten sicher, dass die Frauen keinen Laut von sich gaben, als die Polizisten an der Tür des Hauses standen. Anschließend ließen die Einbrecher die Frauen alleine und flüchteten. Die Opfer versuchten, den District of Columbia wegen der Nichterfüllung des Schutzauftrags anzuklagen. In der ersten Instanz bekamen die Frauen Recht. Der Richter argumentierte, dass, wenn die Polizei am Telefon einem zusichert, dass ein Streifenwagen vorbeikommt, sich daraus ein Anspruch des

Anrufers auf Hilfe ergibt. Somit wäre ein Schadensersatz durch die Polizei gerechtfertigt. Diese Gerichtsentscheidung wurde aber in der zweiten Instanz beim District of Columbia Court of Appeals mit der Begründung widerrufen, dass die Polizei nur für die öffentliche Ordnung und Sicherheit im Allgemeinen zu sorgen hat. Ein individueller Anspruch auf Schutz vor Verbrechern ergibt sich daraus nicht. Die wörtliche Begründung des Gerichts:

„Das fundamentale Prinzip ist, dass die Regierung und die Behörden nicht der generellen Verpflichtung unterliegen, öffentliche Dienstleistungen wie den polizeilichen Schutz für ein bestimmtes Individuum zur Verfügung zu stellen. Die Verpflichtung zu derartigen öffentlichen Dienstleistungen besteht nur im Allgemeinen und solange kein besonderes Verhältnis zwischen der Polizei und einem Individuum vorliegt, besteht auch keine besondere Rechtsverpflichtung dazu." (Blanchard 2014)[1]

Ein anderer in dieser Hinsicht entscheidender Fall ereignete sich bereits 1959, als die New Yorkerin Linda Riss von ihrem Lebenspartner massiv bedroht wurde. Über mehrere Monate drangsalierte der eifersüchtige Mann die Frau mit Sprüchen wie: „Wenn ich dich nicht haben kann, dann wird dich keiner haben", oder: „Wenn ich mit dir fertig bin, dann wird dich keiner haben wollen." Riss meldete die Vorfälle der Polizei und bat um Schutz. Nichts wurde unternommen, um ihr zu helfen. Als der Lebensgefährte sie mit einem erneuten Angriff bedrohte, wendete sie sich erneut an das New York City Police Department. Sie bekam jedoch wieder keinen Polizeischutz. Am nächsten Tag wurde sie angegriffen. Ihr Lebensgefährte heuerte einen Straßengangster an, der ihr Natronlauge ins Gesicht schüttete. Die Flüssigkeit verätzte das Gesicht der Frau. Sie erblindete in Folge dessen auf einem Auge.

Linda Riss verklagte daraufhin die Stadt New York wegen unterlassener Hilfeleistung. Der Court of Appeals der Stadt New York entschied jedoch, dass Riss grundsätzlich kein Recht auf polizeilichen Schutz hatte. Die einfache ökonomische Begründung war, dass so ein generelles Recht eines jeden Bürgers auf polizeilichen Schutz den Staat letztendlich ruinieren würde. Jeder könnte sich nach diesem Prinzip einen aus Steuermitteln bezahlten Bodyguard bestellen, der ihn Tag und Nacht bewacht. Das ist aber weder finanzierbar noch praktisch machbar, weil es gar nicht genügend Polizisten dafür gäbe. Da New York City gleichzeitig sehr strenge Waffengesetze hat, war es der Frau unmöglich, sich selbst zu schützen. In New York ist es ähnlich wie in Deutschland. Da kann man nicht einfach in ein Waffengeschäft gehen und sich eine Pistole zum Selbstschutz kaufen, geschweige denn sie legal mit sich führen. Letztendlich wurde Linda Riss zum Opfer beider Umstände: Sie durfte sich nicht bewaffnen, weil das Waffengesetz es verbot. Gleichzeitig fühlte sich aber die Regierung nicht dazu verpflichtet, die Bürger individuell zu schützen. Richter Keating drückte die Situation folgendermaßen aus:

„Was die Position der Stadt besonders schwer verständlich macht, ist, dass Linda, in Übereinstimmung mit den gesetzlichen Vorschriften, keine Schusswaffe zur Selbstverteidigung mit sich führte. Deshalb wurde, aufgrund einer ziemlich bitteren Ironie, von ihr verlangt, sich auf den Schutz der Stadt New York zu verlassen, die jetzt jede Verantwortung für sie von sich weist ." (Blanchard 2014)[2]

In Deutschland ist die Situation genauso wie in Washington, D.C. oder New York, mit dem Unterschied, dass in Deutschland noch niemand versucht hat, in solchen Fällen die Polizei wegen der Nichterfüllung des Schutzauftrags anzuklagen. Die Waffengesetze sind sehr streng, eine Erlaubnis, eine Schusswaffe zum Selbstschutz zu erwerben und in der Öffentlichkeit zu führen, bekommen Sie mit höchster Wahrscheinlichkeit nicht, weil Sie bei den Behörden nach Maßgabe des Paragraphen 19 WaffG eine überdurchschnittliche Gefährdung nachweisen müssen, was für eine Privatperson heute beinahe unmöglich ist. Gleichzeitig fühlt sich der Staat nicht dafür verantwortlich, wenn Sie überfallen werden und sich gleichzeitig aufgrund der strengen Waffengesetze nicht adäquat wehren können. Um es noch schlimmer zu machen, sorgt ausgerechnet die Regierung und/oder die Europäische Union regelmäßig für eine potentielle Zunahme der Gefährdung der öffentlichen Sicherheit und Ordnung.

2.3 Wohnungseinbrüche

Deutschland strebt aufgrund seiner geographischen Lage und der exportorientierten Wirtschaft die Führungsrolle in Europa an. Der Anteil der Exporte am Bruttoinlandsprodukt (BIP) beträgt gewaltige 46 Prozent. Deutsche Qualitätswaren werden im Ausland stark nachgefragt. Diese Tatsache bestimmt die grundsätzliche Interessenlage der Wirtschaft, die einen großen Einfluss auf die Politik hat. Deutschland ist heute die treibende Kraft in der EU. Die Exporte machen das Land einerseits wohlhabend, andererseits sehr abhängig von der ausländischen Konjunktur. Dementsprechend waren alle deutschen Regierungen der Nachkriegszeit starke Befürworter der europäischen Integration. Das war unabhängig von den verschiedenen Koalitionen in den jeweiligen Legislaturperioden. Solche grundsätzlichen geostrategischen Positionierungen eines Landes bleiben über Jahrzehnte stabil. Die Strategien der Wirtschaftseliten müssen aber nicht immer mit den Interessen der Bevölkerung einhergehen. Zu solchen klassischen Interessenskonflikten gehörte zum Beispiel die EU-Osterweiterung.

Laut einer Umfrage waren 56 Prozent der Befragten gegen den EU-Beitritt Bulgariens, und überwältigende 64 Prozent waren gegen die Aufnahme Rumäniens in die EU. Die Befürchtung einer Einwanderung in die Sozialsysteme und steigende Kriminalität waren die Gründe dafür. Es ist auch kein Wunder, wenn man sich das immense Wohlstandsgefälle zwischen den verschiedenen EU-Staaten anschaut. Das Bruttoinlandsprodukt (BIP) pro Kopf, bereinigt um die Kaufkraftparität, beträgt in Deutschland umgerechnet 43.475 US-Dollar, während es in Bulgarien 16.517 US-Dollar und in Rumänien 17.440 US-Dollar sind. Dabei sind das nur statistische Durchschnittszahlen, das heißt, es gibt Menschen, die noch wesentlich weniger zum Leben haben, während andere viel wohlhabender als der statistische Durchschnitt sind. Insbesondere bezieht sich das Ungleichgewicht auf die Gruppe der Sinti und Roma, die auf dem Balkan zu den ärmsten Bevölkerungsschichten gehören.

Gegen die negative Grundstimmung der EU-Osterweiterung musste in den deutschen Medien etwas unternommen werden. In einem „FAZ"-Artikel aus dem Jahr 2007 begrüßte der Autor die zwei neuen EU-Mitglieder Rumänien und Bulgarien ausdrücklich und wies darauf hin, dass der Beitritt ganz in unserem Interesse liege (Hoischen 2007). Lediglich die Politiker haben es versäumt, den sprichwörtlichen deutschen Ängsten entgegenzuwirken. Das können sie auch in den kurzen Redezeiten vor den Kameras nicht wirklich leisten. Die langfristige Überzeugungsarbeit übernehmen für sie typischerweise die Medien. Der Autor war zumindest bezüglich der Motivation der Aufnahme Bulgariens und Rumäniens in die EU ehrlich. Aus dem Blickwinkel des Exportweltmeisters Deutschland können die Märkte Rumänien und Bulgarien nicht ignoriert werden. Der damalige Außenminister Steinmeier wies darauf hin, dass er Silvester 2006/2007 in Bukarest und den Neujahrsanfang in Sofia feierte. Er erinnerte ausdrücklich daran, dass durch den EU-Beitritt beider Länder Europa nun viel sicherer geworden sei. Um dem Ganzen noch eine positive emotionale Note zu geben, wurde an die Bulgaren als die „Preußen des Balkans" erinnert. Um eine kritische Diskussion über die EU-Expansion im Keim zu ersticken, erklärte später die Jury der Sprachwissenschaftler die Begriffe „Sozialtourismus" und „Armutszuwanderung" zu den Unwörtern des Jahres 2013 („Tagesschau" 2014). Offensichtlich waren gewisse Nachteile der EU-Erweiterung nach wenigen Jahren nicht zu übersehen.

In der Retrospektive waren die damaligen Ängste auch nicht ganz unbegründet. Laut der Bundesagentur für Arbeit erhöhte sich die Anzahl der Leistungsempfänger nach Sozialgesetzbuch (SGB II) in dem Zeitraum vom Januar 2010 bis Mai 2015 bei den rumänischen Staatsbürgern von 9.492 Personen auf 44.383 und bei den bulgarischen Staatsbürgern von 5.295 auf 54.269 Personen. Das sind Steigerungen um 468 Prozent bei den Rumänen und um 1.025 Prozent bei den Bulgaren (Bundesagentur für

Zu dieser arbeitsbedingten Einwanderung kamen noch Menschen, die aus ihrer Heimat flüchteten, um in Deutschland Asyl zu beantragen. Als zum Beispiel 1975 im Libanon der Bürgerkrieg anfing, kamen Tausende Flüchtlinge, die sich als Libanesen ausgaben. Das waren in Wahrheit häufig Kurden, die aus der Türkei zuerst in den Libanon ausgewandert waren. Da die Staatsbürgerschaft bei ihnen nicht immer eindeutig feststellbar war, bekamen sie den Status der Staatenlosen. Eine ungeklärte Staatsangehörigkeit hat in Deutschland den großen Vorteil, dass, selbst wenn der Asylantrag abgelehnt wird, der Antragsteller nicht in seine Heimat abgeschoben werden kann, weil er keine nachweisbare Heimat hat. Diese Personen bekommen eine faktisch unbegrenzte Duldung. Im Zuge der Familienzusammenführung wuchs diese Gruppe enorm. Mittlerweile sind viele der Nachkommen dieser „Libanesen" bereits offiziell eingebürgert. Menschen in der Fremde tendieren dazu, nach ihresgleichen zu suchen. Auf Sozialleistungen angewiesen, ziehen sie typischerweise zuerst in einen Stadtteil, wo es einen günstigen Wohnraum gibt und wo Menschen aus ihrer vertrauten Kultur leben. Ab einer kritischen Menge der sozialschwachen und kulturfremden Migranten fühlen sich die Einheimischen nicht mehr wohl und ziehen in andere Stadtteile um. So entstehen die sozialen Brennpunkte in den Großstädten; Berlin-Neukölln, Duisburg-Marxloh, Bonn-Bad Godesberg, Essen-Altenessen, Dortmunder Nordstadt oder Gelsenkirchen-Süd sind da nur einige Beispiele für das, was neuerdings als „No-Go-Areas" bezeichnet wird. Im Prinzip gibt es mittlerweile in jeder deutschen Großstadt derartige Stadtteile. Da die Bewohner dieser sozialen Brennpunkte ihren eigenen Regeln folgen und den deutschen Rechtsstaat nur als Hindernis erachten, sind Clanbildung und Gesetzeslosigkeit an der Tagesordnung. Bis zu 40 Clans sind den Sicherheitsbehörden bekannt (Solms-Laubach 2014, S. 879). Die größten von ihnen kommen auf mehrere Tausend Mitglieder. Sie verweigern sich in der Regel jeder Form von Integration und lehnen die deutsche Gesellschaft insgesamt ab. Der Lebensentwurf besteht grundsätzlich aus dem Grundeinkommen über Sozialleistungen und Kindergeld, dem Zusatzeinkommen aus Schwarzarbeit und aus diversen kriminellen Geschäften, wie zum Beispiel Drogenhandel oder Schutzgelderpressung. Streitigkeiten werden im Zuge einer Paralleljustiz untereinander ausgefochten. Recht wird von den sogenannten „Friedensrichtern" gesprochen. Das Ziel ist, den Frieden in der Community herzustellen, ohne dass der deutsche Staat irgendeinen Einfluss ausüben kann. Vor deutschen Gerichten schweigen sowohl die Täter als auch die Opfer. Da sind die Jugend- und Sozialarbeiter, Polizisten und Richter ziemlich machtlos. Da viele der Täter aus diesen Milieus als staatenlos gelten, können sie selbst bei schwersten Straftaten nicht abgeschoben werden. Man wüsste einfach nicht, in welches Land sie abgeschoben werden könnten. Viele Täter der jüngeren Generation besitzen mittlerweile die deutsche Staatsbürgerschaft. Da ist an eine Abschiebung ohnehin nicht zu denken.

Ende der 1990er Jahre wurde bei der Berliner Polizei die „Gemeinsame Ermittlungsgruppe Identität" (kurz: „GE Ident") eingerichtet. Diese Gruppe sollte die Staatsangehörigkeit der angeblich Staatenlosen ermitteln, um betrügerisch erlangte Aufenthaltstitel und Sozialleistungen zu klären (Heisig 2010, S. 94). Der GE Ident ist es gelungen, mehr als 400 derartigen „Staatenlosen" nachzuweisen, dass sie Kurden aus der Osttürkei waren. Diese Personen wurden auch anschließend erfolgreich abgeschoben oder zu einer freiwilligen Ausreise bewegt. Im Jahr 2008 wurde aber diese Ermittlungsgruppe aufgelöst. Die Gründe dafür sind nicht bekannt, sie dürften aber politischer Natur sein. Irgendjemand in der Berliner Politik wollte offensichtlich nicht, dass man zu genau in die Lebensläufe dieser „Staatenlosen" hineinschaut. „Die Welt" schreibt zu der Auflösung der GE Ident:

„Die Grünen begrüßten gestern die Ankündigung des Polizeipräsidenten. In der Vergangenheit seien auch zahlreiche Personen überprüft worden, die keinerlei Straftaten begangen hätten. ‚2.000 Menschen aus dem libanesischen Raum, die unbescholten hier leben, können jetzt aufatmen', sagte der rechtspolitische Sprecher der Partei, Benedikt Lux. Sie müssten nun nicht mehr damit rechnen, durch zweifelhafte Angaben aus türkischen Registern abgeschoben zu werden. Auch die Linksfraktion im Abgeordnetenhaus nahm die Ankündigung des Polizeipräsidenten positiv auf." („Die Welt" 2008.)

Die türkische Regierung dürfte auch nicht unbedingt daran interessiert sein, dass ihre in Deutschland straffälligen Staatsbürger zurück in die Türkei abgeschoben werden, wenn ihnen die türkische Staatsbürgerschaft nachgewiesen wird. Auf eine elegante Weise hat die Türkei ihre Problemleute ausgebürgert.

Die kurzfristige Lösung ist, aus einem Stadtteil so schnell wie möglich auszuziehen, in dem derartige Clans auf den Straßen den Ton angeben. Es gibt Fälle, in denen noch nicht mal die Polizei sich traut, mit einem einfachen Streifenwagen, besetzt mit zwei Polizisten, zum Einsatz in so einer Gegend zu fahren. Bei gegebenem Anlass fährt die Polizei mit mehreren Mannschaftswagen hin, um die Situation unter Kontrolle zu halten. Eine Sache ist klar: Wenn Sie mal in einen Konflikt mit einem Clanmitglied geraten sollten, dann haben Sie nicht nur ein Problem mit ihm, sondern mit all seinen Brüdern, Cousins und Freunden. Ab diesem Moment leben Sie und Ihre Familie gefährlich, und die Polizei wird Ihnen im Regelfall keinen persönlichen Bodyguard zur Seite stellen.

Es gibt auch Menschen, die diesen Zustand sehr gut finden. Der leitende Redakteur des „Tagesspiegels" Malte Lehming schrieb am 16. November 2010:

„In Berlin gibt es ausländische Jugendbanden. Das ist ein Problem. Noch größer wäre das Problem, wenn es sie nicht gäbe. Sie sind jung, mutig, mobil, hungrig, risikobereit, initiativ. Solche Menschen braucht das Land. Natürlich ist es nicht schön, wenn Jugendliche – ob mit türkischem oder libanesischem Hintergrund – in den Straßen von Berlin Banden bilden, Reviere verteidigen und mit Messern hantieren. Aber hinter der Kritik an ihrem Verhalten verbirgt sich oft bloß der Neid derer, die Vitalität als Bedrohung empfinden, weil sich die eigene Mobilität auf den Wechsel vom Einfamilienreihenhaus in die Seniorenresidenz beschränkt. Lieber ein paar junge, ausländische Intensivtäter als ein Heer von alten, intensiv passiven Eingeborenen." (Lehming 2010)

Wenn Sie also eines Tages von diesen tollen „Jugendlichen" auf der Straße mit einem Messer aufgeschlitzt werden, dann akzeptieren Sie bitte diesen „Einzelfall" doch als einen Ausdruck der Vitalität. So bluten Sie wenigstens für einen guten Zweck.

2.5 Intensivtäter

Die Effektivität der Justiz bei der Aufrechterhaltung der öffentlichen Sicherheit und Ordnung kann man am besten am Beispiel der sogenannten Intensivtäter testen. Die Staatsanwaltschaft benutzt den Begriff „Intensivtäter" für einen Straftäter, der innerhalb eines Jahres mindestens zehn erhebliche Delikte begangen hat. So ein Delinquent bekommt einen für ihn zuständigen Staatsanwalt zugeordnet und wird in die Liste der Intensivtäter aufgenommen. So hat der zuständige Staatsanwalt immer einen guten Überblick über die unerfreuliche Entwicklung seines Klienten. Typischerweise beginnen die Karrieren der Intensivtäter bereits im Kindes- oder Teenager-Alter auf dem Schulhof, indem sie ihre Mitschüler einschüchtern, bedrohen, schlagen und anderweitig malträtieren. Dann folgen Schuleschwänzen, Schlägereien, Raubüberfälle, Vergewaltigungen, und irgendwann gesellt sich vielleicht sogar ein Mord dazu. Die Intensivtäter können nur deshalb existieren, weil es in Deutschland einerseits ein Strafgesetzbuch für Erwachsene (StGB) und andererseits ein Jugendgerichtsgesetz (JGG) für Jugendliche gibt, das im Normalfall auf Personen bis zum Alter von 18 Jahren oder bei der Bescheinigung einer mangelnden Reife sogar bis zum Alter von 21 Jahren angewendet wird. Während das StGB sich im wesentlichen auf Geld- und Freiheitsstrafen konzentriert, ist das JGG eher auf erzieherische Maßnahmen ausgelegt. Zu diesen Maßnahmen zählen Ermahnung, Weisung, eine einjährige Zusammenarbeit mit einem Betreuungshelfer, Anti-Gewalt-Maßnahmen, Anti-Aggressions-Training, Freizeitarbeiten, Verwarnungen, Auflagen und letztendlich auch Arreste, die von sechs Monaten bis zu maximal zehn Jahren dauern können. Jugendstrafen bis zu zwei Jahren können zur Bewährung ausgesetzt werden. Einige besonders linksliberale Jugendrichter forderten lange Zeit, die Anwendung des JGG auf die Altersgruppe bis 25 Jahre auszudehnen (Heisig 2010, S. 45-46). Ihrer Meinung nach ist man solange ein Jugendlicher, bis die ersten Geheimratsecken und grauen Haare zum Vorschein kommen.

Da gehört nicht viel Phantasie dazu, dass besonders denjenigen Intensivtätern die „raffinierte" Methodik des JGG nicht viel ausmacht, die aus Kulturkreisen kommen, in denen der Umgang mit Straftätern eher rustikal geregelt ist. Im Vergleich dazu darf ein Intensivtäter in Deutschland nach einem kurzen Aufenthalt auf der Polizeiwache und anschließender Entlassung der nächsten Gerichtsverhandlung über mehrere Monate entspannt entgegensehen. Jedenfalls sorgt die Justiz dafür, dass es jährlich mindestens zehn Opfer pro Intensivtäter gibt, die es nicht geben müsste, wenn sich die Justiz dazu entschließen könnte, gar keine Intensivtäter mehr zuzulassen, weil spätestens nach dem dritten Vergehen eine lebenslange Haftstrafe zuschnappt. Hier ist der Polizei auch kein Vorwurf zu machen. Sie kann die Intensivtäter immer wieder festnehmen und immer wieder vor den Richter stellen, und dieser wird sie so lange therapieren, bis das nächste Opfer dran ist. Das ist unser Drehtürsystem der Justiz.

2.6 Importierte Kriminalität und Terrorismus

Mit der im Jahr 2015 aufkommenden Flüchtlingskrise verschärfte sich die Situation noch um ein Vielfaches. Eigentlich war in der EU alles geregelt. Einerseits sollte das Schengener Abkommen für die Reisefreiheit der Bürger innerhalb der EU sorgen, und andererseits sollten die Außengrenzen der EU vor illegal Einreisenden geschützt werden. Das Dubliner Übereinkommen regelte, dass ein Asylverfahren in dem EU-Land durchgeführt werden muss, in das der Asylbewerber nachweislich zuerst eingereist ist. Es waren schöne Verträge, die jedoch den Praxistest nicht überstanden haben. Als sich die Flüchtlingsströme aus dem Orient und aus Afrika auf den Weg nach Europa machten, stellte sich heraus, dass Länder wie Italien oder Griechenland ihre Grenzen nicht wirksam schützen konnten. Vor lauter Verzweiflung winkten sie die Flüchtlinge einfach nach Westeuropa durch. Die Bundeskanzlerin Angela Merkel tat ihr Übriges dazu, indem sie persönlich und ohne Konsultation mit irgendeinem anderen EU-Land die unbegrenzte Einwanderung ausrief, die von der Willkommenskultur aller EU-Bürger begleitet werden sollte. Im Jahr 2015 landeten circa zwei Millionen Flüchtlinge in Deutschland, von denen circa eine Million geblieben ist. Wie viele es genau waren, weiß bis heute niemand. So große Menschenmassen können von den Behörden offensichtlich gar nicht effektiv kontrolliert werden. Nach Angaben der Gewerkschaft der Polizei (GdP) sowie der Deutschen Polizeigewerkschaft (DPolG) wurde nur ein Bruchteil der Einreisenden erkennungsdienstlich anhand von Fingerabdrücken erfasst. Diese Menschen hatten häufig keine Reisepässe dabei, oder ihre Reisepässe erwiesen sich als gefälscht. Das eröffnete diversen Verbrechern und Terroristen die Möglichkeit, in der großen Menschenmasse ihre Leute nach Westeuropa einzuschleusen.

Tatsächlich haben die Ermittler nach den Terroranschlägen vom 13. November 2015 in Paris festgestellt, dass sich zwei von insgesamt sieben Terroristen offenbar unter die Flüchtlinge gemischt hatten. Am 3. Oktober 2015 wurden auf der griechischen Insel Leros zwei Pässe registriert, die später in Paris bei den Leichen der Terroristen gefunden wurden (Bewarder 2015).

Ein anderes Beispiel für die Gefährlichkeit des Asylchaos zeigte sich am 7. Januar 2016, als Walid Salihi eine Pariser Polizeiwache mit der Attrappe einer Sprengstoffweste und einem Beil stürmte und dabei von den Polizisten erschossen wurde. Der Attentäter lebte seit Januar 2014 in einer Flüchtlingsunterkunft in Recklinghausen. Wie er jedoch wirklich heißt und aus welchem Land er wirklich kommt, ist bis heute nicht geklärt. Er nutzte bis zu sieben Identitäten. Salihi reiste fünf Jahre zuvor illegal in Frankreich ein, wo er den Namen „Ali Salah" angab. Zeitweise nutzte er auch den Namen „Nika Khechuashvili" und gab sich als Georgier aus. Er könnte in irgendeinem EU-Land sich genauso gut als Donald Duck ausgeben und einen neuen Asylantrag stellen. Ein gültiger Reisepass wäre dafür nicht notwendig. Alles würde seinen vorgeschriebenen Weg bei den Behörden laufen.

Ein wirklicher „Durchbruch" in der öffentlichen Wahrnehmung der Flüchtlingskrise gelang erstmals in der Silvesternacht am 31.12.2015 in Köln und vielen anderen Städten in Deutschland, als angetrunkene Männer aus Nordafrika feiernde Frauen angriffen. Die Frauen wurden angegrabscht, geschlagen, ausgeraubt und manche sogar vergewaltigt. Die Polizei konnte während der Angriffe nicht helfen. Es wurde nur festgestellt, dass die festgenommenen Täter häufig frische Asylpapiere bei sich hatten. Alleine in Köln wurden nach dieser berühmten Nacht 1.054 Anzeigen erstattet. Bisher gab es ganze sechs Verurteilungen bei insgesamt 1.205 Strafanzeigen. Insgesamt 1.616 Straftaten waren untersucht worden, darunter 509 Sexualdelikte (Stand vom 25. Oktober 2016). Die Polizei konnte die Straftaten nicht verhindern, und die Justiz schaffte es nicht, die Täter zur

Verantwortung zu ziehen. Ein für Deutschland recht typisches Ergebnis in solchen Situationen.

Auch georgische Banden machen sich die Flüchtlingskrise zunutze. Sie mischen sich unter die Flüchtlinge und beantragen in Deutschland Asyl, obwohl sie annehmen müssen, dass ihr Antrag wohl abgelehnt wird. Das kann aber bis zu einem Jahr dauern. In dieser Zeit können sie Einbrüche verüben. Wenn sie abgeschoben werden, kommen ihre Stellvertreter und beantragen ebenfalls Asyl. So können diese Banden immer weitermachen (Lutz 2016).

Bei dem Terroranschlag vom 19. Dezember 2016 in Berlin war der Attentäter Anis Amri ebenfalls ein registrierter Flüchtling, der sich frei quer durch die EU bewegen konnte. Dabei nutzte er 14 verschiedene Identitäten, ohne dass es den Behörden aufgefallen ist. Er stahl einen polnischen Lkw, tötete den Fahrer und fuhr das Fahrzeug in die Menschenmenge, die sich auf dem Weihnachtsmarkt am Breitscheidplatz aufhielt. Elf Menschen wurden getötet und weitere 55 verletzt. Der 24-jährige Tunesier floh nach der Tat nach Italien und wurde dort in Sesto San Giovanni von einer Polizeistreife erschossen.

Nun kann jemand entgegnen, dass es in Deutschland auch einheimische Verbrecher gibt, was die Schädlichkeit der ausländischen Verbrecher relativieren würde. Letztendlich ist es eine einfache Arithmetik. Wenn man zu den einheimischen Straftätern die gleiche Menge an ausländischen Straftätern addiert, dann hat sich die durchschnittliche Sicherheitslage im Land schon mal um 100 Prozent verschlechtert. Ein Relativierungskünstler wird dafür plädieren, die Existenz der ausländischen Straftäter im gleichen Ausmaß zu tolerieren wie die der inländischen. Das Primat der Gleichberechtigung aller Kriminellen entschädigt jedoch niemanden für die absolut gesteigerte Gefahr, ein Opfer eines Verbrechens zu werden. Ein pragmatischer Mensch wird eher daran interessiert sein, so wenige Verbrecher um sich herum zu haben wie möglich, denn das senkt sein persönliches Risiko.

Es ist zu beobachten, dass die Brutalität und Rücksichtslosigkeit der Täter in den letzten Jahren bedeutend zunahmen. Blieb früher jemand nach einem Faustschlag liegen, so ließ man ihn in Ruhe. Er galt als besiegt. Heute ist es üblich, dass das auf dem Boden liegende Opfer noch solange getreten wird, bis es an seinen Verletzungen stirbt. Ein Beispiel dafür war Dominik Brunner, der am 12. September 2009 von zwei Jugendlichen am Münchner S-Bahnhof Solln ermordet wurde, nachdem er zuvor vier Schüler vor diesen Jugendlichen geschützt hatte. Ein anderes Beispiel war Jonny K., der auf eine ähnliche Weise am 14. Oktober 2012 in der Nähe des Berliner Alexanderplatzes zum Opfer einer gewalttätigen Auseinandersetzung wurde. In beiden Fällen haben die Täter dem am Boden liegenden Opfer mehrmals gegen den Kopf getreten. Ein Faustschlag oder ein Fußtritt gegen den Kopf eines stehenden Menschen ist schon gefährlich genug. Immerhin kann ein stehendes Opfer den Schlag dadurch abmildern, dass es sich von dem Schlag etwas wegdreht und so die Energie ablenkt. Wenn das Opfer auf einem harten Asphalt oder Betonboden liegt, gibt es keine Möglichkeit mehr, dem Schlag auszuweichen. Die volle Energie des Schlags ist meistens tödlich. Das nehmen viele Straßenschläger heutzutage billigend in Kauf.

2.7 Sparmaßnahmen bei der Polizei

Trotz der wachsenden Gefahr für die Sicherheit und öffentliche Ordnung wird bei der Polizei seit Jahren kräftig gespart. Am einfachsten spart man durch den Personalabbau, um die Haushaltslöcher der Länder und Gemeinden zu stopfen. Am schlimmsten trifft es Ostdeutschland. Hier sollen bis zum Jahr 2020 voraussichtlich 10.000 Stellen wegfallen (Solms-Laubach 2014, S. 1129). In der Hauptstadt Berlin kommt es bei 3,5 Millionen Einwohnern im Schnitt zu 120 schweren Körperverletzungsdelikten pro Tag (Solms-Laubach 2014, S. 1139). Nichtsdestotrotz sollen ausgerechnet in Berlin bis zum Jahr 2016 weitere 250 Stellen bei der Polizei wegfallen (Solms-Laubach 2014, S. 1129).

Ein internes Gewerkschaftspapier des DBB Beamtenbund und Tarifunion warnt vor den Folgen des Personalabbaus im öffentlichen Dienst. Dort wird eine Personallücke von 700.000 Stellen in den nächsten 15 Jahren prognostiziert, die die „Funktionsfähigkeit des Staates" gefährdet. Wörtlich heißt es in dem Papier: „In den kommenden 15 Jahren scheiden 1,5 Millionen der Beschäftigten altersbedingt aus dem öffentlichen Dienst aus. Rechnet man davon die erwartbaren Neueinstellungen ab, wird es immer noch eine Personallücke von rund 700.000 Beschäftigten geben, die dem öffentlichen Dienst bei seiner Aufgabenerfüllung fehlen werden." (Solms-Laubach 2014, S. 1303)

Vor allem in dem Bereich der öffentlichen Sicherheit müssen „die Bürgerinnen und Bürger künftig Abstriche machen".

„Durch massiven Stellenabbau und Umstrukturierungen hat sich die Polizei insbesondere aus der Fläche zurückgezogen, die wenigen verbliebenen Beamtinnen und Beamten können oft nicht jeden Einsatz leisten, bei den Hundertschaften verschlingt der Schutz von Großveranstaltungen wie Fußballspielen oder Demonstrationen oft schon die Hälfte der Dienstzeit. 10.000 Beamtinnen und Beamte fehlen den Polizeien der Länder und des Bundes – wären die Ordnungshüter präsenter, könnten dramatisch steigende Kriminalitätsraten wie etwa bei Einbruchs- und Diebstahldelikten, die Schäden in Milliardenhöhe anrichten, wieder in den Griff bekommen werden.“ (Solms-Laubach 2014, S. 1312)

2.8 Der politisch-juristische Komplex der Durchsetzungsunfähigkeit

Ein weiteres Problem der deutschen Polizei ist, dass die Beamten offensichtlich zunehmend Schwierigkeiten haben, sich auf der Straße durchzusetzen. Ganz eindrucksvoll beschreibt diese Situation eine Polizistin aus Bochum, Tania Kambouri, in ihrem Buch „Deutschland im Blaulicht“. Es kommt regelmäßig vor, dass Polizeibeamte zum Einsatz gerufen werden und ihnen vor Ort eine aggressive Stimmung entgegenschlägt. „Du kannst mir gar nix, Alter!“ Bei Beamtinnen gibt es auch mal gerne ein saftiges „Verpiss dich, du Schlampe!“ als Begrüßungstext. Das gehört mittlerweile zum Alltag. Dabei werden die Polizisten von ihren Vorgesetzten gehalten, die sogenannte Verhältnismäßigkeit zu wahren, das heißt, wenn es nur um Streitereien ohne einen Personenschaden geht, dann heißt die Standardmethode der Polizisten Deeskalation:

„Deeskalation heißt dann in der Praxis für uns Polizisten oft einfach nur: bloß kein Risiko eingehen. Mit der Konsequenz, dass wir uns frühzeitig zurückziehen müssen, um Verletzte auf beiden Seiten zu vermeiden. Dass unser Rückzug in den Augen der anderen nichts weiter als eine Bestätigung für das eigene respektlose Verhalten ist, ist die traurige Realität, die die ganze Problematik für uns nur noch weiter verschärft.“ (Kambouri 2015, S. 784)

Bücher, in denen Polizisten die ganze Misere und Machtlosigkeit des Systems anprangern, sind hingegen in den USA schwer zu finden. US-Polizisten sind beim Erstkontakt typischerweise sehr respektvoll und höflich, solange ihr Gegenüber sich ebenfalls respektvoll und höflich benimmt. Wichtig ist, das die Polizisten keinen Anlass sehen, sich bedroht zu fühlen.

Wenn aber die Situation anfängt, bedrohlich zu werden, dann verwandeln sich dieselben Polizisten innerhalb von Sekunden in sehr wirkungsvolle Kampfmaschinen. Stellen wir uns mal vor, bei einer Verkehrskontrolle begrüße ein angehaltener Autofahrer die US-Polizisten mit einem „Kiss my ass, pig!" oder „Fuck off, you bitch!". Die US-Polizisten sind dazu ausgebildet, eine so rustikale Ansprache als die Vorstufe zu einer sehr gefährlichen Situation zu werten. Sekunden danach findet sich der Frechdachs mit dem Gesicht zum Boden und an Händen und Füssen gefesselt wieder. Sollten sich in dem Fahrzeug noch weitere Personen befinden, wird der zweite Beamte diese mit gezogener Dienstwaffe entsprechend unter Kontrolle halten. Da ist es immer eine gute Idee, die Hände so zu halten, dass der Polizist sie deutlich sehen kann. Ein plötzlicher Griff in die Tasche kann sofort den gezielten Schusswaffeneinsatz des sichernden Beamten bedeuten. Die US-Polizisten sind ebenfalls darauf trainiert, Risiken zu vermeiden. Sie interpretieren dies aber anders. Sie ziehen sich nicht vorsichtshalber zurück, um eine Eskalation um jeden Preis zu vermeiden, sondern bekämpfen die Gefahr an Ort und Stelle. Nicht umsonst werden die Polizei, die Justiz und die Haftanstalten in den USA unter dem Begriff „Law Enforcement" geführt. „To enforce the law" heißt, das Gesetz explizit mit Macht durchzusetzen. Eine schonende Behandlung von Verbrechern wird dabei nicht als notwendig erachtet.

Bezüglich der Methodik der deutschen Polizei im Umgang mit diversen Frechdachsen fordert Tania Kambouri: „Wir dürfen nicht länger den Fehler begehen, Feigheit aus Kostengründen zu einer Deeskalationsstrategie umzudeklarieren. Wir müssen stattdessen knallhart ehrlich sein. Zu uns selbst – und zu den Bürgern." (Kambouri 2015, S. 2150)

Den Streifenpolizisten ist dabei kein Vorwurf zu machen. Sie sind eingebunden in den politisch-juristischen Komplex. Wenn Polizisten zur Kontrolle einer bedrohlichen Situation Zwang anwenden, wie zum Beispiel körperliche Gewalt (Faustschläge, Tritte oder ähnliches), Hilfsmittel (Pfefferspray, Hunde, Fesseln) oder Waffen (Pistole, Schlagstock), dann laufen sie immer Gefahr, in den Medien als der Buhmann abgestempelt und gleichzeitig von den Staatsanwälten und Richtern wie Schwerverbrecher behandelt zu werden (Kambouri 2015, S. 1080). Bei dieser geringen Rückendeckung seitens der Öffentlichkeit, der Politik und der Justiz liegt es auf der Hand, dass die Beamten eines Tages auch anfangen, eher wegzuschauen, als sich noch mehr Stress anzutun.

Das Buch von Tania Kambouri ist augenöffnend und extrem schockierend zugleich. Es beschreibt schonungslos die nackte Wahrheit über den Zustand der öffentlichen Ordnung und Sicherheit in Deutschland. Zu der gleichen Literaturgattung gehören die Bücher „Das Ende der Geduld" von Kirsten Heisig (2010), „Deutschland schafft sich ab" von Thilo Sarrazin (2010), „Neukölln ist überall" von Heinz Buschkowsky (2012) oder „Deutschland in Gefahr" von Rainer Wendt (2016), um nur die berühmtesten Bestseller zu nennen. Die Bücher sind alle ähnlich aufgebaut. Zuerst werden in mehreren Kapiteln Deutschlands eklatante Probleme mit der Kriminalität in epischer Breite beschrieben. Im letzten Kapitel erfolgt dann ein Appell mit einer Liste von Forderungen, die von der Politik und den Behörden zu erfüllen sind, damit die große Katastrophe noch in der letzten Minute abgewendet werden kann. Die Autoren waren oder sind noch im Staatsdienst. Kirsten Heisig war eine Jugendrichterin in Berlin, Thilo Sarrazin war ein Finanzsenator im Berliner Senat und anschließend Mitglied des Vorstands der Deutschen Bundesbank, Heinz Buschkowsky war Bezirksbürgermeister des Berliner Bezirks Neukölln, Tania Kambouri ist Polizeibeamtin in Bochum, und Rainer Wendt ist Bundesvorsitzender der Deutschen Polizeigewerkschaft. Sie denken alle in den Kategorien des Staatsdienstes. Dementsprechend auch die Liste der Forderungen mit den üblichen Floskeln: mehr Bildung und Erziehung, rechtzeitige Prävention, schnellere Gerichtsverfahren, konsequente Urteile, Sanktionen der Sozialämter und Arbeitsagenturen, Eltern in die Pflicht nehmen, klare Signale setzen, klare Ansagen konsequent durchsetzen, den Opferschutz vor Täterschutz stärker in unser Bewusstsein stellen, hinsehen statt wegsehen, Zivilcourage zeigen. Die Politik ist gefragt, um den ganzen Maßnahmenkatalog in die Wege zu leiten.

Die einzelnen Maßnahmen wären theoretisch auch alle richtig und wahrscheinlich auch wirksam. Diese Forderungen wirken allerdings als eine Zirkulation. Die in den Büchern beschriebenen Probleme wurden allesamt über Jahrzehnte von der Politik, ob bewusst oder durch einfache Ignoranz, verursacht. Die jetzt „gefragte Politik“ ist der Grund dafür, dass die Autoren ihre Bücher überhaupt geschrieben haben. Nichtsdestotrotz erwarten die Autoren von der gleichen Politik, dass sie plötzlich eine 180-Grad-Wende macht und komplett anders handelt als in den letzten Jahrzehnten. Es ist zwar nicht ganz ausgeschlossen, dass Deutschland eines Tages eine erleuchtete Regierung bekommt, die die Fehler der Vergangenheit einsieht und das Ruder noch herumreißt. Es kann aber im besten Fall noch Jahre oder vielleicht sogar Jahrzehnte dauern. Man kann davon ausgehen, dass ein guter Plan immer mindestens zwei Teile braucht: einen Plan A und den Backup-Plan B. Wenn man keinen Backup-Plan hat, dann hat man überhaupt keinen Plan. Man kann sich die Frage stellen, was passieren wird, wenn die nächsten Regierungen die ganzen guten Ratschläge der Autoren in den Wind schlagen und so weitermachen wie bisher? Wenn sich ein Politiker nach einem medienwirksamen Vorfall wieder vor die Kamera stellt und sagt: „Wir müssen alles Mögliche dafür tun, dass sich so etwas nie wiederholt!“, dann heißt das übersetzt, dass er keine Ahnung hat, was zu tun ist und wer was tun soll. Das ist eine Aussage, die immer ad hoc gemacht wird, um die Zuschauer zu beruhigen und ihnen zu signalisieren, dass die da oben schon etwas machen.

Und selbst wenn sich eine neue Regierung vorgenommen hätte, all die Forderungen von Heisig, Sarrazin, Buschkowsky, Kambouri und Wendt eins zu eins umzusetzen, gäbe es immer noch ein Problem. Die Polizei wird in 99,9 Prozent der Fälle nicht vor Ort sein, wenn Sie mit einem Gewaltverbrechen konfrontiert werden. Es wird Zeit brauchen, bis die Hilfe bei Ihnen ist. Dabei können wenige Minuten in der Großstadt bis zu einer

Stunde in der hintersten Ecke Ostdeutschlands vergehen. Diese Zeitspanne werden Sie mit den Kriminellen alleine verbringen müssen. Es ist gut, wenn Sie eine Vorstellung davon haben, was Sie dann unternehmen werden.

In diesem Buch wird davon ausgegangen, dass die Bürger für ihre eigene Sicherheit in erster Linie selbst verantwortlich sind. Um dieser Aufgabe wirklich gewachsen zu sein, müssen sie entsprechend ausgebildet und ausgerüstet werden. Sicherheit ist immer ein ganzes System. Es beginnt mit dem Einbau von einbruchsicheren Fenstern und Türen zu Hause, geht über die Aufrechterhaltung der körperlichen Fitness und endet bei der Ausrüstung mit Nahkampfwaffen wie Pfefferspray oder Distanzwaffen wie Pistolen, Revolvern, Flinten und Gewehren. In den Diskussionen über den Selbstschutz werden Sie häufig auf Meinungen von diversen „Experten" treffen, die versuchen werden, Ihnen einzureden, dass Krav Maga besser als Pfefferspray oder ein Messer wirksamer als eine Pistole ist und 110 anzurufen sowieso das Beste ist, was man machen kann. Diese A-ist-besser-als-B-Diskussionen kann man getrost vergessen. Keine Methode ist besser als die andere, und es gibt keine „goldene" Methode, die für alles gut ist. Alle Methoden sind gut in der entsprechenden Situation am entsprechenden Ort. Scharfe Schusswaffen zum Selbstschutz haben ihren Platz genauso wie Krav Maga oder Pfefferspray oder Gas- und Schreckschusswaffen. Die Hilfsmittel sind allerdings nur so wirksam, wie der Benutzer fähig zu ihrer Anwendung ist. Das Wichtigste ist allerdings, dass man überhaupt etwas dabei hat, um sich im Notfall selber solange helfen zu können, bis die Polizei zur Hilfe kommt – wenn sie kommt!

2.9 Kritik an der PKS

Die Polizeiliche Kriminalstatistik (PKS) erfasst nur das Hellfeld, also diejenigen Fälle, die der Polizei bekannt sind. Das Dunkelfeld, also diejenigen Fälle, die der Polizei nicht angezeigt werden, kann erheblich größer sein. Die Deutsche Polizeigewerkschaft (DPolG) geht davon aus, dass 71 Mal mehr schwere Körperverletzungen begangen werden als offiziell bekannt. Bei den leichten Körperverletzungen gibt es gar 89 Mal mehr Übergriffe als gemeldet (Stoldt 2013). Die großen Unterschiede ergeben sich daraus, dass die Opfer auf eine Anzeige verzichten, weil die Angst vor dem bekannten Täter zu groß, die Hoffnung auf einen Nutzen der Anzeige zu klein oder die Scham angesichts der Tatumstände zu ausgeprägt ist.

Darüber hinaus gibt es Probleme mit der Art der Erfassung der Fälle, die das wahre Ausmaß der Kriminalität verzerrt. Wenn zum Beispiel in einer Reihenhaussiedlung dreimal eingebrochen wird und die Täter unerkannt flüchten, dann kommen die drei Einbrüche als nur eine Anzeige gegen Unbekannt in die PKS hinein. Erst wenn die Täter gefasst werden, wird jeder dieser drei Einbrüche einzeln erfasst (Solms-Laubach 2014, S. 1280). Da die Einbrecher selten gefasst werden, wird die Statistik selten auseinanderdividiert. Die Delikte werden erst statistisch erfasst, wenn die Verfahren bei der Polizei abgeschlossen sind (Heisig 2010, S. 33). Das wirkt sich bei Tätern, die in Serie strafbare Handlungen begehen, aus. Die im Jahr 2016 begangenen Straftaten gehen nicht in die jeweilige Statistik ein, weil der Sachbearbeiter immer neue Vorgänge verbinden muss. Es werden nur die verfahrensgegenständlichen Delikte, aber nicht deren genaue Anzahl erfasst. Somit kann man aus der PKS von der Anzahl der erfassten Fälle nicht auf die genaue Anzahl der jährlich begangenen Taten schließen. Die wahre Anzahl ist tendenziell viel höher als angegeben. Zu den methodischen Problemen der PKS kommen noch politische Probleme. Die Regierungen

3. Das Recht, Waffen zu besitzen und zu tragen

„Frage nicht nach Rechten. Nimm sie dir. Und lass keinem sie dir geben. Mit einem Recht, das dir umsonst gegeben wurde, ist etwas faul.“ Mr. Dooley[3]

Nachdem wir festgestellt haben, dass jeder im Alltag von Gewaltkriminalität heimgesucht werden kann und Waffen für die Zwecke des Selbstschutzes nützlich sind, stellt sich die generelle Frage, ob es ein Recht auf Selbstschutz gibt. Wenn ja, kann man daraus ein Recht auf Waffenbesitz ableiten? Was darf der Gesetzgeber verbieten und was nicht, wenn er sich noch im moralischen Rahmen bewegen will?

3.1 Das Recht auf Selbstschutz

In einer bedrohlichen Situation reagiert fast jeder Mensch gleich. Seit der Steinzeit haben Menschen einen Kampf-Flucht-Reflex entwickelt. Wenn irgendetwas passiert, das wir als gefährlich empfinden, dann spüren wir zuerst einen beschleunigten Puls. Das Herz schlägt schneller, weil sich der ganze Körper entweder auf einen Kampf oder auf eine schnelle Flucht vorbereitet. Blut und Sauerstoff werden vermehrt in die Muskeln gepumpt, die Muskeln fangen an, mehr Zucker zu verbrennen, ein Energieschub ist da. Dazu kann noch ein Tunnelblick kommen. Das Gehirn versucht, jede unwichtige Wahrnehmung abzuschalten, um die Aufmerksamkeit auf die Gefahr zu konzentrieren. Die Stresshormone, die jetzt verstärkt in den Blutkreislauf ausgeschüttet werden, machen uns schmerzunempfindlicher. Wenn wir nicht sicher flüchten können, müssen wir kämpfen. Dieser Selbsterhaltungsinstinkt ist in unseren Gehirnen so fest verdrahtet, dass diese Tatsache auch in die Rechtsphilosophie Einzug fand. Der staatliche und individuelle Selbstschutz wurde anerkannt, seitdem die Menschen Regeln aufbauten, um der Gesellschaft eine Ordnung zu verleihen.

3.1.1 Antikes Griechenland

Platon (428/427-348/347 vor Christus) war ein griechischer Philosoph und Schüler des Sokrates. Zu den wichtigsten Werken Platons gehören die Politeia („Der Staat“) und Nomoi („Die Gesetze“). Platon untersuchte fünf verschiedene Staatsformen und deren idealtypische Entwicklung von der einen Stufe zu der nächsten: Aristokratie („Herrschaft der Besten“), Timokratie („Herrschaft der Angesehenen“), Oligarchie („Herrschaft der Wenigen“), Demokratie („Herrschaft der Vielen“) und Tyrannis („Herrschaft des Einzelnen“). Platon favorisierte die Aristokratie als die beste Staatsform. Damit ist nicht die uns bekannte Herrschaft des Erbadels gemeint, sondern vielmehr die Herrschaft einer gebildeten, qualifizierten Elite. In der Annahme Platons obliegt die Staatslenkung ethisch hochstehenden und gerechten Menschen. Seine Vorstellung beschreibt er genauer in dem Aufbau eines Idealstaates, der grundsätzlich aus drei gesellschaftlichen Ständen besteht: den Bauern und Handwerkern, den Kriegern und Wächtern sowie den Philosophenkönigen. Platon erklärte in seiner Theorie, warum sich die Gesellschaften immer von der Oligarchie zur Demokratie und anschließend zur Tyrannis entwickeln. Die Waffenkontrolle spielt bei dem Prozess auf jeder Stufe eine entscheidende Rolle. In der Oligarchie wird irgendwann entweder eine bewaffnete Revolution ausbrechen, oder das Volk droht zumindest eine bewaffnete Revolution an. Das führt dazu, dass die Oligarchen ihre Macht an das Volk verlieren, das sich zuerst demokratisch regiert. Nach einer Weile aber gibt sich das Volk der Demagogie hin, und ein Tyrann kommt an die Macht. Der Tyrann beginnt nicht mit seinen schlimmen Misshandlungen, bevor er seine Opfer entwaffnet hat. In Platons Idealstaat wird der Tyrann durch einen Philosophenkönig ersetzt. Dieser setzt eine professionelle Klasse der bewaffneten Krieger und Wächter ein, um alle auf Linie zu halten. Wie in der späteren Sowjetunion werden in diesem Idealstaat die

Bauern und Handwerker ebenfalls einmal monatlich an Waffen ausgebildet. Sie haben jedoch kein Recht, diese Waffen privat zu besitzen. Die Waffen werden zentral in staatlichen Arsenalen für den Fall eines Krieges gelagert. Letztendlich propagiert Platon einen despotischen Staat, der sich von der Tyrannis insofern unterscheidet, als der Philosophenkönig ausschließlich gute Absichten hegt. Platons Vision war sozusagen die erste sozialistische Utopie. Im Idealstaat gibt es ebenfalls eine Gleichschaltung aller gesellschaftlichen Klassen. Jeder hat die gleichen Freunde und Feinde. Platon setzt sich für einen autoritären Staat ein, in dem Menschen und Waffen der Machterhaltung der regierenden Elite dienen.

Aristoteles (384-322 vor Christus), ebenfalls ein griechischer Philosoph und Schüler Platons, behandelte 330 vor Christus in seiner wichtigsten staatsphilosophischen Schrift unter dem Titel „Politik“ verschiedene real existierende und abstrakte Verfassungen. Das Werk besteht aus acht Büchern. Aristoteles unterscheidet im dritten Buch, in der ersten Staatsformenlehre, sechs Verfassungen und unterteilt sie in „gute“ und „verfehlte“ Verfassungen. Zu den guten Verfassungen gehören die Monarchie (die Herrschaft eines guten Königs zum Wohle der Gemeinschaft) und die Aristokratie (die Herrschaft der Besten zum Wohle der Gemeinschaft). Eine Abart der Monarchie ist die Tyrannis, eine Herrschaft zum Nutzen eines einzelnen Monarchen. Die Oligarchie ist die Abart der Aristokratie, in der die Herrschaft der Besten durch die Herrschaft der Reichsten ersetzt wird. Aristoteles bezeichnet auch die Demokratie in der extremen Form einer Pöbelherrschaft als eine schlechte Verfassung, weil sie die Herrschaft der vielen Freien und Armen im Staate bedeutet, die zu Lasten der Tüchtigen und zum Schaden der Wohlhabenden erfolgt. Im vierten Buch allerdings entschärft Aristoteles seine Kritik an der Demokratie, indem er mehrere Formen beschreibt. Besonders eine Demokratie, in der nicht ausschließlich nach Stimmenmehrheit, sondern nach vorher festgelegten und demokratisch abgestimmten Gesetzen regiert wird, erscheint Aristoteles als durchaus geeignet. Für die ideale Verfassung erachtet

Aristoteles jedoch die Politie, eine Mischung aus Oligarchie und Demokratie.

Aristoteles kritisierte den Ständestaat Platons und ebenfalls den des Philosophen Hippodamos, der auch einen Staat aus drei strikt definierten Gruppen, Arbeiter, Bauern und Krieger, bevorzugte. Im zweiten Buch, Kapitel VIII, kritisiert Aristoteles, dass zwar die Handwerker, Bauern und Krieger bei Hippodamos sämtlich Staatsbürger sind, aber weil die Bauern keine Waffen und die Handwerker noch nicht mal Land besitzen, diese beinahe Sklaven der Bewaffneten werden müssen (Aristoteles 1971, S. 1052).

Es war unvermeidlich in der Politie, dass die Kontrolle über die Waffen auch gleichzeitig die Kontrolle über den Staat und die Verfassung bedeutete (Aristoteles 1971, S. 4374). In seiner Kritik an der Tyrannis erklärt Aristoteles im fünften Buch, Kapitel X (Aristoteles 1971, S. 3403):

„Von der Oligarchie hat sie den Zug, dass der Reichtum ihr Endzweck ist – denn nur so lässt sich die Leibwache und das luxuriöse Leben aufrechterhalten – und dass sie der Menge nicht traut, weshalb sie ihr auch die Waffen nimmt."

In den nächsten 2.400 Jahren folgte die Diskussion über das Recht auf Selbstschutz und Waffenbesitz den grundsätzlichen Richtlinien, die von Platon und Aristoteles festgelegt worden waren. Auf der einen Seite befinden sich diejenigen, die eine zentralistische Regierung favorisieren, die all die Waffen und die Macht besitzen soll, während das Volk aus macht- und wehrlosen Untertanen besteht. Auf der anderen Seite befinden sich diejenigen, die eine begrenzte Regierung favorisieren, bei der die ganze Macht vom Volke ausgeht und die freien Bürger das Recht haben, Waffen zu besitzen und zu tragen, um sich selbst, den Staat und die Verfassung vor Angriffen seitens äußerer und innerer Feinde zu schützen.

3.1.2 Römisches Reich

Das römische Recht war in Kontinentaleuropa lange Zeit weit verbreitet. Über die Bildung von Kolonien reichte es bis nach Lateinamerika, Afrika und Asien. Sogar nach dem Untergang des Römischen Reiches im 5. Jahrhundert blieb das römische Recht eine Grundlage der Rechtssysteme auf dem europäischen Kontinent bis in die napoleonische Zeit hinein.

Das römische Recht beruhte auf den zwölf bronzenen Gesetzestafeln genannt „Lex Duodecim Tabularum“, die in ihrer letzten Version 449 vor Christus auf dem Forum, dem Mittelpunkt des politischen, wirtschaftlichen, kulturellen und religiösen Lebens Roms, plaziert wurden, wo jeder Bürger sie lesen konnte. Die zwölf Tafeln waren eine monumentale Entwicklung in der Rechtsgeschichte. Durch den Zugriff auf die festgelegten Gesetze konnte jeder Bürger sich darüber informieren, welche Rechte und Pflichten er hatte. Zuvor wurden Gesetze von einer kleinen Elite gehütet und oft zum eigenen Vorteil manipuliert, was mit der Veröffentlichung der Gesetze fortan nicht mehr so leicht möglich war.

Auf Tafel VIII befanden sich die Gesetze bezüglich des Schadensersatzrechts und in den Absätzen 12 und 13 Gesetze bezüglich der Notwehr (Gizewski 2000):

„12. SI NOX FURTUM FAXSIT, SI IM OCCISIT, IURE CAESUS ESTO.“

„Wenn jemand nachts einen Diebstahl (furtum) begangen und der in seinen Rechten Angegriffene ihn dabei erschlagen hat, so soll das mit Recht geschehen sein.“

„13. LUCI ... SI SE TELO DEFENDIT, ... ENDOQUE PLORATO.“

„[Wenn jemand] am hellen Tage ... [in seinem Haus von einem Dieb heimgesucht wird, so kann er], wenn er sich bewaffnet verteidigt, ... [den Eindringling töten] und soll die Leute in der Nachbarschaft [zu Hilfe oder als Zeugen] zu sich hereinrufen.“

Aus diesen Vorschriften leitet sich der lateinische Rechtsgrundsatz ab: „Vim vi repellere licet.“ („Gewalt darf mit Gewalt abgewehrt werden.“)

3.1.3 Die Bibel

Die Bibel beeinflusst seit über 3.200 Jahren die Kultur und die Gesellschaft der Menschen. Im Judentum besteht die Heilige Schrift aus dem dreiteiligen Tanach, der sich aus der Tora (Weisung), den Nevi'im (Propheten) und Ketuvim (Schriften) zusammensetzt. Diese Texte sind um 1200 vor Christus im Vorderen Orient entstanden. Im Christentum wurden alle Bücher des Tanach übernommen, neu angeordnet und als „Altes Testament" dem „Neuen Testament" vorangestellt.

Viele Menschen sind der Meinung, dass die Bibel komplett gegen Gewalt ist und das Christentum den Selbstschutz ablehnt. Man sollte sich doch lieber auf die Vorsehung Gottes verlassen. Schließlich beten Christen darum, dass Gott für sie sorgt. Definitionsgemäß kann Gott auch Wunder vollbringen und Menschen aus einer bedrohlichen Situation erretten. In Psalm 37:32-33 steht:

„Der Gottlose lauert ihm auf und versucht, ihn zu töten. Doch Jahwe überlässt ihn nicht seiner Hand, lässt nicht zu, dass er verurteilt wird."

Das liest sich auf den ersten Blick so, als ob man als Gläubiger selber nichts unternehmen müsse. Gott kümmert sich schon auf wundersame Weise um alles. Das ist jedoch weit von der Grundidee der Bibel entfernt. Bekannt ist auch der Satz: „Hilf dir selbst, so hilft dir Gott." In Exodus 22:1-3 steht geschrieben, wie mit einem Räuber zu verfahren ist:

„Wenn der Dieb beim Einbruch ertappt und so geschlagen wird, dass er stirbt, so liegt keine Blutschuld vor. War jedoch die Sonne schon aufgegangen, zählt es als Mord. Ein Dieb jedenfalls muss vollen Ersatz leisten. Ist er dazu nicht imstande, wird er als Sklave verkauft. Findet man das Gestohlene aber noch lebend in seinem Besitz, sei es Rind, Esel, Schaf oder Ziege, dann muss er doppelten Ersatz leisten."

Die erlaubte Tötung eines Diebes, der bei Nacht einbricht, deckt sich auch mit dem römischen Text des Lex Duodecim Tabularum. Die jüdischen Rechtsgelehrten interpretierten die Phrase „War jedoch die Sonne schon aufgegangen..." als eine Metapher, das heißt wenn der Einbrecher eine Bedrohung für das Leben und die Gesundheit der Hausbewohner darstellt, dann darf er getötet werden, unabhängig davon, ob er bei Tag oder Nacht zuschlägt. Wenn der Einbrecher hingegen nur stehlen will, ohne den Hausbewohnern Gewalt anzudrohen, dann darf er nicht getötet werden, ebenfalls unabhängig von der Tageszeit (Kopel 2004).

Eine triviale Interpretation dieser Passage ist: Nachts ist es dunkel. Das Opfer kann nicht erkennen, ob der Angreifer bewaffnet ist oder nicht. Das Opfer hat auch in der Dunkelheit Schwierigkeiten, zu erkennen, wieviele Angreifer ihn gerade überfallen. Seine Verteidigung muss also entschlossen sein. Von daher ist die Tötung eines nächtlichen Einbrechers nach Exodus 22:1-3 immer erlaubt. Tagsüber kann man sehen, ob der Einbrecher bewaffnet ist, von daher sollte man versuchen, unbewaffnete Einbrecher anders abzuwehren, bei bewaffneten Einbrechern sind Zeugen wichtig.

In der Bibel stehen nicht nur Vorschriften für die Notwehr, sondern auch für die Nothilfe, also die Verteidigung zugunsten dritter. In Psalm 82:4 steht: „Rettet den Geringen und Bedürftigen, reißt ihn aus den Klauen seiner Unterdrücker!" In den Sprüchen 3:27-28 wird diese Vorschrift noch konkretisiert: „Versage keine Wohltat dem, der sie braucht. Wenn du helfen kannst, dann tu es auch! Sag nicht zu deinem Nächsten: ‚Komm später wieder, morgen gebe ich es dir!', wo du jetzt schon helfen kannst." Auch im Neuen Testament wird an diese Grundsätze erinnert. Matthäus 7:12: „Alles, was ihr von anderen erwartet, das tut auch für sie! Das ist es, was das Gesetz und die Propheten fordern." Bei Lukas 6:31 heißt es sinngemäß: „Behandelt alle Menschen so, wie ihr von ihnen behandelt werden wollt!" Wenn jemand also Schutz von anderen verlangt, dann muss er auch den gleichen Schutz den anderen geben.

Im Neuen Testament befindet sich im Lukas-Evangelium ebenfalls eine Stelle bei Lukas 22:35-38, in der Jesus den Jüngern sagt, dass sie Schwerter kaufen und zum Selbstschutz tragen sollen, wenn sie sich auf ihren missionarischen Weg machen. Waffenprohibitionisten, die sich in ihren Ansichten auf die Bibel stützen, zitieren keine direkten Selbstschutz- oder Waffenverbote, weil derartige in der Bibel nicht existieren. Vielmehr weisen sie auf einige allgemeine Passagen über Liebe und Frieden hin und leiten daraus die Fundamente ihrer Einstellung ab.

Matthäus 5: 38-39: „Ihr habt gehört, dass gesagt ist (2. Mose 21:24): ‚Auge um Auge, Zahn um Zahn.‘ Ich aber sage euch, dass ihr nicht widerstreben sollt dem Übel, sondern: Wenn dich jemand auf deine rechte Backe schlägt, dem biete die andere auch dar.“

Matthäus 5:43: „Ihr habt gehört, dass gesagt ist: ‚Du sollst deinen Nächsten lieben‘ (3. Mose 19:18) und deinen Feind hassen. Ich aber sage euch: Liebt eure Feinde und betet für die, die euch verfolgen, damit ihr Kinder seid eures Vaters im Himmel.“

Ein Schlag auf die Wange kann vielleicht den Stolz des Geschlagenen verletzen, er entspricht aber keinem tödlichen Angriff. Eine politische oder religiöse Verfolgung begründet auch nicht ohne weiteres den Tatbestand der Notwehr. Somit sind diese Passagen als Begründung gegen den Selbstschutz nicht geeignet. Sie sind eher dafür geeignet, die Rechte aus Verletzungen der Ehre zu minimieren. Damit sollen Ehrenmorde verhindert werden. Das scheinbare As im Ärmel der „bibelfesten“ Waffenprohibitionisten scheint das sechste Gebot zu sein: „Du sollst nicht töten.“ In dieser Form kann das Zitat für alle möglichen Zwecke benutzt werden: Pazifismus, Tierrechte, Abschaffung der Todesstrafe oder Kampf gegen Abtreibung. „Du sollst nicht töten“ beruht jedoch auf einem bewussten Übersetzungsfehler. Im hebräischen Originaltext heißt es: „Du sollst nicht morden“ (Exodus 20:13), in dem Sinne, wie Kain seinen Bruder Abel aus Eifersucht heimtückisch ermordete (Genesis 4:1-16, siehe Segal 2006).

3.1.4 Moderne internationale Rechtssysteme, UNO und EU

In der Europäischen Menschenrechtskonvention in Abschnitt I, „Rechte und Freiheiten", Artikel 2 steht:

„Recht auf Leben

1. Das Recht jedes Menschen auf Leben wird gesetzlich geschützt. Niemand darf absichtlich getötet werden, außer durch Vollstreckung eines Todesurteils, das ein Gericht wegen eines Verbrechens verhängt hat, für das die Todesstrafe gesetzlich vorgesehen ist.

2. Eine Tötung wird nicht als Verletzung dieses Artikels betrachtet, wenn sie durch eine Gewaltanwendung verursacht wird, die unbedingt erforderlich ist, um

(a) jemanden gegen rechtswidrige Gewalt zu verteidigen;

(b) jemanden rechtmäßig festzunehmen oder jemanden, dem die Freiheit rechtmäßig entzogen ist, an der Flucht zu hindern;

(c) einen Aufruhr oder Aufstand rechtmäßig niederzuschlagen."

Artikel 2, Satz 2, Punkt (a) begründet kein Recht auf die Anwendung der tödlichen Gewalt im Fall der Notwehr, sondern stellt fest, dass die Notwehr, auch mit einem tödlichen Ausgang für den Angreifer, keine Verletzung des Rechts auf Leben darstellt.

Die Allgemeine Erklärung der Menschenrechte aus dem Jahr 1948 ist zum großen Teil das Werk von Eleanor Roosevelt, der US-amerikanischen Menschenrechtsaktivistin und Diplomatin sowie Ehefrau des US-Präsidenten Franklin D. Roosevelt.

In der Präambel der Allgemeinen Erklärung der Menschenrechte wird das Recht des Menschen auf Widerstand gegen Tyrannei anerkannt.

„[…] da es notwendig ist, die Menschenrechte durch die Herrschaft des Rechtes zu schützen, damit der Mensch nicht gezwungen wird, als letztes Mittel zum Aufstand gegen Tyrannei und Unterdrückung zu greifen […]“

Verstärkt wird das Recht auf Widerstand gegen Unterdrückung durch Artikel 8:

„Jeder hat Anspruch auf einen wirksamen Rechtsbehelf bei den zuständigen innerstaatlichen Gerichten gegen Handlungen, durch die seine ihm nach der Verfassung oder nach dem Gesetz zustehenden Grundrechte verletzt werden.“

In Artikel 51 der Charta der Vereinten Nationen wird ebenfalls das Naturrecht auf individuelle oder kollektive Selbstverteidigung anerkannt.

„Diese Charta beeinträchtigt im Falle eines bewaffneten Angriffs gegen ein Mitglied der Vereinten Nationen keineswegs das naturgegebene Recht zur individuellen oder kollektiven Selbstverteidigung, bis der Sicherheitsrat die zur Wahrung des Weltfriedens und der internationalen Sicherheit erforderlichen Maßnahmen getroffen hat. Maßnahmen, die ein Mitglied in Ausübung dieses Selbstverteidigungsrechts trifft, sind dem Sicherheitsrat sofort anzuzeigen; sie berühren in keiner Weise dessen auf dieser Charta beruhende Befugnis und Pflicht, jederzeit die Maßnahmen zu treffen, die er zur Wahrung oder Wiederherstellung des Weltfriedens und der internationalen Sicherheit für erforderlich hält.“

3.1.5 Notwehrrecht in Deutschland

Im deutschen Recht sind die Grundlagen für diese Annahme Paragraph 32 StGB und Paragraph 227 BGB.

Paragraph 32 StGB, Notwehr:

„(1) Wer eine Tat begeht, die durch Notwehr geboten ist, handelt nicht rechtswidrig.

(2) Notwehr ist die Verteidigung, die erforderlich ist, um einen gegenwärtigen rechtswidrigen Angriff von sich oder einem anderen abzuwenden."

Paragraph 33 StGB, Überschreitung der Notwehr:

„Überschreitet der Täter die Grenzen der Notwehr aus Verwirrung, Furcht oder Schrecken, so wird er nicht bestraft."

Paragraph 227 BGB:

„(1) Eine durch Notwehr gebotene Handlung ist nicht widerrechtlich.

(2) Notwehr ist diejenige Verteidigung, welche erforderlich ist, um einen gegenwärtigen rechtswidrigen Angriff von sich oder einem anderen abzuwenden."

Der Bundesrichter in Karlsruhe Thomas Fischer erklärt, dass Notwehr als ein Rechtfertigungsgrund zu sehen ist, der ein an sich strafbares, also in der Regel rechtswidriges Verhalten rechtmäßig macht (Fischer 2015). Jemanden zu verletzen oder gar zu töten, ist zuerst eine strafbare Handlung. Wenn jedoch nachgewiesen werden kann, dass diese Handlung erforderlich war, um einen gegenwärtigen und rechtswidrigen Angriff von sich oder einem anderen abzuwenden, dann geht man straffrei aus. Gleichzeitig betont Richter Fischer, dass die Notwehr eine Deutung ist. Das macht sich besonders vor Gericht bemerkbar, wenn darum gestritten wird, ob ein Faustschlag, ein Messerstich oder ein Schuss aus einer Waffe wirklich erforderlich war, um den Angriff abzuwenden. Hier wird es in der Praxis auf die Beweislage und die Darstellung der Gesamtumstände ankommen. Nicht unerheblich werden auch die persönlichen Überzeugungen des Staatsanwalts und des Richters und die Fähigkeiten des Verteidigers sein. In einem späteren Kapitel, in dem wir uns mit der Notwehr in der Praxis beschäftigen, werden wir uns einige Notwehrurteile anschauen, um ein Gefühl dafür zu gewinnen.

3.2 Das Recht auf Waffenbesitz

Nachdem wir festgestellt haben, dass es seit der Antike ein inhärentes Recht aller Menschen auf Selbstschutz und Selbsterhaltung gibt, kann die Frage gestellt werden, ob es deswegen auch ein Recht der Menschen auf Waffenbesitz gibt. Wenn es schon ein Notwehrrecht gibt, ist dieses Recht für alle identisch? Ein Mann von der Statur eines Mike Tyson mag in vielen bedrohlichen Situationen auch ohne Waffen sehr gut auskommen. So ein Körper ist eine durchtrainierte Kampfmaschine. Wie kann aber eine 50 Kilogramm schwere Frau gegen einen 100 Kilogramm schweren männlichen Angreifer ihr Recht auf Notwehr ohne adäquate Waffen ausüben? Wie kann ein 60-jähriger Mann von durchschnittlicher Statur gegen drei aggressive Jugendliche am S-Bahnhof bestehen? Es wird häufig darauf hingewiesen, dass es die Möglichkeit gibt, sich in waffenlosen Kampfkünsten zu üben, um sich in einer Notwehrsituation wehren zu können. Dies ist jedoch immer noch keine Lösung im Sinne des Grundsatzes, dass es, wenn es ein Recht auf Selbstschutz gibt, es auch das Recht auf adäquate Mittel dazu für alle geben muss. Körperlich unterlegenen, behinderten, älteren oder gar temporär kranken und verletzten Personen kann nicht implizit auferlegt werden, sich erst zu Kung-Fu-Meistern ausbilden zu lassen, damit sie ihrem Recht auf Selbstschutz auch eine praktische Geltung verleihen können. Es ist nur eine logische Schlussfolgerung, dass, wenn es ein inhärentes Recht auf Selbstschutz gibt, es auch ein Recht auf Waffenbesitz geben muss, damit das Recht für alle in der Praxis gilt. Geschichtlich gesehen erwuchs das Recht auf Waffenbesitz sogar aus einer ausdrücklichen Pflicht zum Waffenbesitz.

3.2.1 England

Die früheste Erwähnung einer Pflicht zum Waffenbesitz finden wir im mittelalterlichen England. Der Assize of Arms von 1181 war ein Erlass des englischen Königs Heinrichs II. (1133-1189), der alle freien Engländer dazu verpflichtete, Waffen für die Verteidigung des Königreiches zu besitzen und zu tragen. Es war eine Art Wehrpflicht auf Basis einer Milizarmee (http://www.constitution.org/sech/sech_034.htm). Das Dokument bestand aus zwölf Punkten, in denen genau beschrieben wurde, welche Waffen in welcher Menge von den Untertanen des Königs vorrätig zu halten waren. Die verlangte Bewaffnung wurde gestaffelt nach dem Vermögen. Reichere Untertanen mussten mehr und bessere Waffen besitzen als ärmere. Alle bewaffneten Untertanen mussten einen Schwur leisten, diese Waffen nur in den Diensten des Königs zu verwenden. Es war verboten, diese Waffen zu verkaufen, den Herren war es verboten, ihre Leute zu entwaffnen. Der Erlass sah ebenfalls vor, dass diejenigen, die zu viele Waffen für ihren gesellschaftlichen Stand besaßen, diese verkaufen oder weitergeben mussten. Damit sollte sichergestellt werden, dass die Milizarmee zwar hinreichend bewaffnet war, um die Krone zu schützen, aber die niederen gesellschaftlichen Klassen nicht zu viele Waffen horteten, um dem König in einem Aufstand gefährlich zu werden.

Der Assize of Arms wurde 1252 von dem englischen König Heinrich III. erweitert, und 1285 folgte der Statute of Winchester von Eduard I., in dem festgelegt wurde, dass jeder Mann im Alter zwischen 15 und 60 Jahren ein Teil der Milizarmee ist und für seine Bewaffnung nach Maßgabe des Vermögens und gemäß seinem gesellschaftlichen Stand zu sorgen hat. Im Unterschied zu dem Assize of Arms aus dem Jahr 1181 sah der Erlass von Eduard I. keine Einschränkungen bezüglich der Menge der Waffen, die ein Mann besitzen durfte, vor.

Zu den Zeiten von Heinrich VIII. wurden die Untertanen dazu verpflichtet, sich im Bogenschießen zu üben. Jede Familie war verpflichtet, für jedes männliche Kind ab dem Alter von sieben Jahren einen Bogen und zwei Köcher mit Pfeilen zu besorgen und die Kinder in der Benutzung des Bogens zu unterrichten. Ein Versäumnis dieser Pflicht wurde mit einer Geldstrafe in Höhe von sechs Schilling und acht Pence für jeden Monat belegt, in dem dieser Pflicht nicht nachgekommen wurde. Die Geldstrafe sollte zum Ausdruck bringen, dass es Heinrich VIII. mit der Wehrertüchtigung des Volkes ernst war (Malcolm 1994, S. 6).

Die Engländer waren nicht nur berechtigt, sich mit Waffen selbst zu verteidigen, sondern auch ausdrücklich dazu verpflichtet, mit Waffen für die Sicherheit ihrer Nachbarschaft zu sorgen. Dazu wurden die Regelungen „Hue and Cry" und „Watch and Ward" eingeführt. „Hue and Cry" war die Verpflichtung der Bürger, unter Leitung eines Constable oder eines Sheriffs Verbrecher von Stadt zu Stadt und von Bezirk zu Bezirk solange zu verfolgen, bis sie ihrer habhaft wurden. „Watch and Ward" diente der Stadtüberwachung. Die Stadttore wurden von Sonnenuntergang bis Sonnenaufgang geschlossen, und die Bürger wurden verpflichtet, ausreichend bewaffnet Wache zu schieben (Malcolm 1994, S. 2-3).

Ein weiterer Meilenstein in der Entwicklung des englischen Rechts, Waffen zu besitzen, erfolgte nach der Englischen Revolution von 1688/89 (Glorious Revolution), in der der katholische König Jakob II. aus dem Hause Stuart das Land in Richtung Frankreich verließ und durch seinen protestantischen Schwiegersohn Wilhelm von Oranien und dessen Ehefrau Maria II. ersetzt wurde. Diese Revolution spielte sich vor einem religiösen Hintergrund ab. Jakob II. war ein überzeugter Katholik und hoffte, dass England eines Tages wieder katholisch würde. Um das zu erreichen, gründete er eine Armee, in der die Offiziere vorwiegend Katholiken waren. Jakob II. vergab auch wichtige Staatsämter mit Vorliebe an Katholiken. Als englischer König war er paradoxerweise gleichzeitig das Oberhaupt der Anglikanischen Kirche. Die Protestanten fühlten sich dadurch benachteiligt. Vor diesem Hintergrund muss man die Declaration of Rights verstehen, die letztendlich zu der English Bill of Rights von 1689 wurde, in der den Protestanten das Recht auf Waffenbesitz zugesichert wurde.

„Dass die Untertanen, die Protestanten sind, geeignete Waffen für ihre Verteidigung haben dürfen, wie es das Gesetz erlaubt." (Halbrook 1984, S. 1254)[4]

Die englische Bill of Rights garantiert den Protestanten als Individuen das Recht, Waffen für die Zwecke der Selbstverteidigung zu besitzen. Dieses Recht wurde nicht auf die Mitglieder einer Milizarmee begrenzt. Mit der Phrase „and as are allowed by Law" („wie es das Gesetz erlaubt") hielt sich das Parlament eine Hintertür offen, um den Waffenbesitz zukünftig über weitere Gesetze dennoch einschränken zu können.

Darüber hinaus sollten die Katholiken als Individuen dadurch nicht etwa automatisch entwaffnet, sondern lediglich das stehende Heer Jakobs II., das von Katholiken unterstützt und geführt wurde, aufgelöst werden. Katholiken hatten nach der English Bill of Rights immer das Recht, Waffen für die Zwecke der Selbstverteidigung zu besitzen. Die Protestanten sahen es aber als problematisch an, wenn Katholiken mehr Waffen horteten, als es für den Selbstschutz notwendig war. Eine Ansammlung von Waffen, die ganze Kompanien ausstatten konnte, wurde mit Argwohn beäugt und sorgte gelegentlich für Entwaffnungsaktionen (Malcolm 1994, S. 122-123).

3.2.2 USA

In keinem Land wurde das Recht, Waffen zu besitzen und zu tragen, so umfassend ausgearbeitet wie in den nordamerikanischen Kolonien, aus denen schließlich die USA hervorgingen. Bis heute sind die Gun Rights (Waffenrechte) in den USA eine wachsende Wissenschaft, die Universitätsprofessoren, freie Institute, unzählige Organisationen der Waffenlobby, die Gerichte bis zum Supreme Court und natürlich die jeweiligen Regierungen beschäftigt. Die Gun Rights sind in den USA ein fest verankertes Politikum bei allen Wahlen. Kaum ein Spitzenpolitiker kann eine Wahlkampagne führen, ohne Fragen bezüglich seiner politischen Position zum privaten Waffenbesitz zu beantworten.

Als die Engländer Nordamerika eroberten, führten sie auf den neuen Gebieten das englische Recht und ihre kolonialen Institutionen ein. Damit war die English Bill of Rights auch in der neuen Welt gültig. Das Recht der königlichen Untertanen, Waffen zu besitzen, wurde garantiert. Der Waffenbesitz war auch allgegenwärtig, weil Waffen notwendig waren, um den Kontinent Stück für Stück zu erschließen. Die Kolonisten nutzten ihre Waffen für die Jagd, den Selbstschutz, den Sport und für Kriege gegen die Eingeborenen an den Grenzen des britischen Imperiums.

Ab dem Jahr 1764 verschlechterte sich das Verhältnis zwischen den Kolonisten und der britischen Administration zusehends. Es ging, wie so häufig, um Geld, Macht und Selbstbestimmung. Die Engländer erhoben eine Reihe von Steuern und Zöllen, um unter anderem die Kosten des Siebenjährigen Krieges (1756 bis 1763) mit Frankreich zu finanzieren. Außerdem verschlang die Stationierung der englischen Truppen an der Grenze zum Indianergebiet ebenfalls Geld. An diesen Kosten sollten sich die Kolonien beteiligen. Die Amerikaner protestierten gegen diese Steuern und beriefen sich dabei auf die ungeschriebene englische Verfassung, die besagte, dass eine

Besteuerung ohne eine Repräsentation im britischen Parlament ihre Rechte als Engländer missachte. Nach einigen gewaltsamen Zwischenfällen begannen die amerikanischen Patrioten wie Samuel Adams, John Hancock, Patrick Henry und Thomas Jefferson, sich in den damals 13 Kolonien zu organisieren, um einen Befreiungskampf vorzubereiten. Am Abend des 18. April 1775 befahl der englische Kriegsrechtsgouverneur Thomas Gage seinen Truppen, von Boston nach Lexington und Concord in Massachusetts zu marschieren, um Waffen und Munition zu konfiszieren, die dort für die amerikanische Miliz gelagert wurden. Gage befahl den Soldaten ebenfalls, die Rebellen festzunehmen. Am 19. April 1775 trafen schließlich die englischen Truppen und die amerikanische Miliz bei Lexington und Concord aufeinander, was den offiziellen Ausbruch der Amerikanischen Revolution zur Folge hatte. Am 4. Juli 1776 unterzeichneten die 56 Delegierten des Kontinentalkongresses die Unabhängigkeitserklärung, in der die 13 Kolonien ihre Unabhängigkeit vom britischen Imperium ankündigten. Der Entwurf der Unabhängigkeitserklärung wurde von Thomas Jefferson verfasst. Delaware, Pennsylvania, New Jersey, Georgia, Connecticut, Massachusetts Bay, Maryland, South Carolina, New Hampshire, Virginia, New York, North Carolina und Rhode Island sahen sich fortan als souveräne Bundesstaaten einer neuen Nation der Vereinigten Staaten von Amerika. Kurz danach begannen die Bundesstaaten damit, ihre Regierungen zu formen. Manche verabschiedeten Verfassungen mit darin enthaltenen Bürgerrechten, andere verabschiedeten Verfassungen, ohne die Bürgerrechte explizit aufzulisten, weitere operierten noch unter ihrer vorrevolutionären kolonialen Charta. Von diesem Moment an bis zur Ratifizierung der US-Verfassung kristallisierten sich zwei politische Hauptgruppen heraus, die Föderalisten und die Antiföderalisten. Der Hauptstreitpunkt war, ob eine Aufstellung der Bill of Rights in den neuen Verfassungen überhaupt notwendig war.

Die Föderalisten waren der Meinung, dass eine Bill of Rights nicht notwendig sei, weil die Regierung eines Bundesstaates und später der US-Kongress laut den Verfassungen niemals so viel

Macht haben können, als dass sie in der Lage wären, Bürgerrechte einzuschränken (Halbrook 1984, S. 70). Zudem haben die Föderalisten erkannt, dass eine Liste der jeweiligen Bürgerrechte dicker als die Bibel sein müsste, wenn man alle Bürgerrechte aufzählen wollte (Halbrook 2008, S. 214). Des weiteren befürchteten die Föderalisten, dass so eine explizite und immer unvollständige Liste der Bürgerrechte durchaus gefährlich sein könnte, da die Regierung sich in der Zukunft ermächtigt fühlen könnte, diejenigen Rechte einzuschränken, die nicht in der Liste enthalten waren (Halbrook 2008, S. 148). Selbst James Madison war anfangs dieser Meinung, obwohl er sie später verwarf und die Bill of Rights persönlich entwarf (Halbrook 2008, S. 228). Das Recht, Waffen zu besitzen und zu tragen, war vor dem Hintergrund der laufenden Revolution und der allgemeinen Bewaffnung der Bürger so selbstverständlich, dass es für die Föderalisten keinen Grund gab, diesen Umstand irgendwo explizit niederzuschreiben. Die Grundannahme war, dass die Regierung oder der Kongress sowieso keine Möglichkeit hätte, Bürgerrechte einzuschränken, weil die bewaffnete Miliz sie letztendlich daran gehindert hätte, so wie diese Miliz auch der Besatzung durch die Engländer erfolgreich Widerstand geleistet hatte (Halbrook 2008, S. 204). Alexander Hamilton erklärte, dass eine Bill of Rights nur wichtig in Monarchien ist, weil die Untertanen sich ihre Rechte vom König, der die absolute Macht über sie hat, garantieren lassen müssen. In einer Republik, in der alle Macht vom Volke ausgeht, muss sich das Volk von der Regierung, die es selbst stellt, nichts garantieren lassen (Halbrook 2008, S. 183).

Die Antiföderalisten waren bezüglich der zukünftigen Ereignisse nicht ganz so sorglos und argumentierten, dass eine Bill of Rights zumindest die wichtigsten Bürgerrechte vor zukünftigen Angriffen der Regierung schützen sollte. Sie fürchteten, dass die allgemeine Miliz im Laufe der Zeit durch eine von der Regierung kontrollierte „select militia“, eine „Elite-Miliz“ oder ein stehendes Heer verdrängt werden könnte, sodass das Recht der Menschen, Waffen zu besitzen und zu tragen, beeinträchtigt werden könnte (Halbrook 1984, S. 70). Die Antiföderalisten befürchteten, dass der Kongress sich eines Tages für die Organisation der Miliz vollständig zuständig fühlen könnte, da er nach Artikel I, Abschnitt 8 der US-Verfassung die Ausrüstung der select militia zur Verfügung stellen sollte. Die Sorge bestand darin, dass das allgemeine Recht der Menschen, Waffen zu besitzen und zu tragen, dadurch grundsätzlich gefährdet wäre, da der Grund, aus der Masse der bewaffneten Bürger eine allgemeine Miliz zu errichten, entfallen würde.

Die Delegiertenversammlung traf sich vom 25. Mai bis zum 17. September 1787 in Philadelphia, um die US-Verfassung zu entwerfen und zu beschließen. Zu diesem Zeitpunkt gab es noch nicht viele Gespräche über eine Verankerung der einzelnen Bürgerrechte in der Verfassung, sondern vielmehr über die Macht des Kongresses und die Rolle der Miliz, da diese nach Artikel I, Abschnitt 8 in den Zuständigkeitsbereich des Kongresses fiel. Im November 1787 wurde die US-Verfassung an die jeweiligen Bundesstaaten zur Ratifizierung weitergeleitet. Erneut entbrannte die Diskussion zwischen den Föderalisten und Antiföderalisten über die Nutzlosigkeit beziehungsweise Notwendigkeit einer Bill of Rights, in der einige Bürgerrechte explizit aufgelistet werden sollten. Das war der Zeitpunkt, an dem die Antiföderalisten zunehmend damit argumentierten, dass alle Menschen von Geburt an mit einer Reihe von unveräußerlichen Rechten („inalienable rights") ausgestattet seien und es für die Zukunft notwendig sei, diesen Umstand in den Zusatzartikeln zur Verfassung festzuhalten. Am 8. Juni 1789 brachte James Madison im Repräsentantenhaus einen Entwurf einer Bill of Rights ein, mit folgendem Wortlaut bezüglich des Rechts, Waffen zu besitzen und zu tragen, und der Miliz:

„Das Recht des Volkes, Waffen zu besitzen und zu tragen, wird nicht beeinträchtigt; da eine wohlbewaffnete und wohlgeordnete Miliz die beste Sicherheit eines freien Landes ist: Aber keine Person, die aus religiösen Gewissensgründen das Waffentragen ablehnt, wird zum Militärdienst gezwungen." (Halbrook 1984, S. 82.)[5]

Während die bisherigen Entwürfe bezüglich des Rechts, Waffen zu besitzen und zu tragen, typischerweise die Phrase „that the people have a right to keep and bear arms" („dass die Menschen das Recht haben, Waffen zu besitzen und zu tragen") enthielten, bestand Madison auf eine viel stärkere Betonung dieses präexistenten Rechts, indem er die Phrase „shall not be infringed" („wird nicht beeinträchtigt") einführte (Halbrook 2008, S. 253). Damit sollte klargemacht werden, dass die Bill of Rights kein Recht, Waffen zu besitzen und zu tragen, begründet, sondern die Existenz des Rechts lediglich dokumentiert und dem Gesetzgeber verbietet, dieses Recht einzuschränken. Das House Commitee nahm Madisons Zusatzartikel zur Verfassung auf, und bezüglich des Rechts, Waffen zu besitzen und zu tragen, wurde der Text umformuliert:

„Da eine wohlgeordnete Miliz, bestehend aus dem Volkskörper, die beste Sicherheit eines freien Staates ist, wird das Recht des Volkes, Waffen zu besitzen und zu tragen, nicht beeinträchtigt; aber keine Person, die aus religiösen Gewissensgründen den Wehrdienst ablehnt, wird gezwungen, Waffen zu tragen." (Halbrook 1984, S. 84.)[6]

Das Repräsentantenhaus debattierte diesen Vorschlag vom 17. bis 20. August 1789. Elbridge Gerry stellte fest, dass der Hauptzweck dieses Zusatzartikels der Schutz der Bevölkerung vor einer repressiven Regierung ist und deswegen die Regierung auch nicht in der Lage sein sollte, die Menschen vom Waffenbesitz auszuschließen. Die Klausel, dass Menschen, die aus religiösen Gründen den Dienst an der Waffe grundsätzlich verweigern, nicht gezwungen werden sollten, Waffen zu tragen, sah Gerry kritisch. Diese Klausel würde der Regierung die theoretische Möglichkeit geben, zu definieren, wer zu den religiös bedingten Verweigerern gehört, und so durch die Hintertür die Möglichkeit bieten, den Waffenbesitz doch wieder einzuschränken (Halbrook 1984, S. 84). Die Regierung sollte jedoch keine Möglichkeit haben, Menschen in Kategorien einzuteilen, die kein Recht haben, Waffen zu tragen. Zudem handelt es sich um ein individuelles Recht und nicht um eine Pflicht, somit konnte man auf die Religionsklausel komplett verzichten. Am 2. September 1789 wurde die Bill of Rights vom Repräsentantenhaus zum Senat im Kongress weitergeleitet. Der Senat akzeptierte am 25. September 1789 die letztendliche Version des Zweiten Zusatzartikels zur US-Verfassung („Second Amendment"):

„Da eine wohlgeordnete Miliz für die Sicherheit eines freien Staates notwendig ist, darf das Recht des Volkes, Waffen zu besitzen und zu tragen, nicht beeinträchtigt werden." (Halbrook 1984, S. 88.)[7]

Die Bill of Rights wurde an die Bundesstaaten zwecks des Ratifizierungsprozesses weitergeleitet. Laut der US-Verfassung mussten mindestens drei Viertel der Bundesstaaten die Bill of Rights annehmen, um ihr Gültigkeit zu verleihen. Elf Bundesstaaten ratifizierten die Bill of Rights in den Jahren 1789 bis 1791, wobei die Staaten Massachusetts, Connecticut und Georgia die Bill of Rights erst im Jahr 1939 ratifizierten.

3.2.3 Deutschland

In Deutschland bewegten sich die Regelungen des Waffenbesitzes bis zum Ende des Ersten Weltkrieges in einem situationsabhängigen und flexiblen Rahmen. Waffengesetze reichten von einem freien Zugang zu Waffen bis zum Totalverbot. Im Mittelalter erließen einige deutsche Städte restriktive Waffengesetze. „In Köln verkündete der Rat im Jahr 1400, es sei nicht gestattet, innerhalb der Stadtmauern Schwerter, lange Messer und andere Hieb- und Stichwaffen zu tragen. Dass diese Geräte in Privathand auch danach ein Problem für die Sicherheit in der Rheinmetropole darstellten, belegen die Ratsprotokolle aus den Folgejahren. Mitte des 15. Jahrhunderts dehnten die Kölner das Waffentrageverbot aus.“ (Scholzen 2003.)

Andere Städte wie zum Beispiel Nürnberg und Augsburg hatten ähnliche Bestimmungen. Im späten Mittelalter setzten die Landesfürsten ein staatliches Gewaltmonopol durch. Im Jahr 1495 wurde das Reichskammergericht eingerichtet. Das Kernelement der neuen Ordnung bildete die Überzeugung, dass nur die Vertreter der Staatsmacht legal Waffen tragen dürften. Der private Waffenbesitz beschränkte sich im wesentlichen auf Jäger sowie die Schützengilden und Schützenbruderschaften, die in vielen Städten bestimmte Sicherungsaufgaben übernahmen (Scholzen 2003).

Ein kleiner Hoffnungsschimmer auf das Recht der Deutschen, Waffen generell zu besitzen und zu tragen, kam mit der Deutschen Revolution von 1848/49 auf. Die Reformkräfte in den deutschen Staaten strebten nach demokratischen Reformen die Vereinigung der jeweiligen Fürstentümer des aus bis zu 41 souveränen Einzelstaaten bestehenden Deutschen Bundes an und vertraten vor allem die Ideen des Liberalismus und der Demokratie. Das wesentliche Ziel der Märzrevolution war die Überwindung der Restaurationspolitik (1815 bis 1840), deren bedeutendster Verfechter der österreichische Diplomat und

Staatskanzler Fürst Klemens Wenzel Lothar von Metternich war. Diese Restaurationspolitik wurde auf dem Wiener Kongress am 9. Juni 1815 kurz vor der Niederlage Napoleon Bonapartes bei der Schlacht von Waterloo (18. Juni 1815) beschlossen. Sie hatte zum Ziel, die Machtverhältnisse des „Ancien Régime" in Europa wiederherzustellen, wie sie vor der Französischen Revolution von 1789 vorzufinden waren, das heißt die absolute Vorherrschaft des Adels sowie die Abschaffung des Code Civil, also der bis dahin etablierten bürgerlichen Rechte.

Das auslösende Signal, das die europäischen Reformkräfte mobilisierte, kam aus Paris, wo Demonstrationen zu einem Aufstand mit Barrikadenkämpfen führten. Der König Louis Philippe dankte ab, und am 25. Februar 1848 wurde in Frankreich die Zweite Republik ausgerufen.

Am 27. Februar 1848 formulierte die Mannheimer Volksversammlung eine Petition an die Regierung in Karlsruhe mit den sogenannten Märzforderungen. Zu den Forderungen gehörten (Wollstein 2010, S. 16):

1. Volksbewaffnung mit freien Wahlen der Offiziere.
2. Unbedingte Pressefreiheit.
3. Schwurgerichte nach dem Vorbild Englands.
4. Sofortige Herstellung eines deutschen Parlaments.

Mit dem Ruf nach milizartigen Bürgerwehren und Nationalgarden sollte das Gewaltmonopol der Fürsten gebrochen werden. In Dresden wurden ähnliche Märzforderungen gestellt. Artikel 26 des Entwurfs der Verfassungsurkunde für den preußischen Staat vom 26. Juli 1848 besagte: „Jeder Preuße ist nach dem vollendeten 20. Jahre berechtigt, Waffen zu tragen. Die Ausnahmefälle bestimmt das Gesetz." Begründet wurde dies damit, dass das Recht, Waffen zu tragen, zu den Rechten eines freien Mannes gehöre.

Der Großherzog Leopold von Baden stimmte den Märzforderungen zu und setzte eines der ersten Märzministerien in Deutschland ein, eine konstitutionelle Regierung unter liberaler Führung. Hier kam es aber schon kurz darauf zur Spaltung von Liberalen und Demokraten. Gemeinsam war den beiden Gruppierungen, dass sie das alte Regime ablehnten und den allgemeinen Willen besaßen, Deutschland zu erneuern. Der Unterschied lag aber vor allem darin, dass die Demokraten die Monarchie komplett abschaffen wollten, um eine Republik auszurufen. Die Liberalen hingegen beabsichtigten eine konstitutionelle Monarchie. Auch was das geplante Wahlrecht betrifft, gab es fundamentale Unterschiede. Die Liberalen gingen von einer noch vorhandenen Unmündigkeit des Volkes aus und wollten das Wahlrecht nur Bürgern mit Besitztum einräumen. Die Demokraten verlangten das Wahlrecht für alle Bürger. Letztendlich strebten Liberale und Demokraten von Anfang an unterschiedliche Staatsformen an.

Am 18. Mai 1848 kam das erste deutsche Parlament in der Frankfurter Paulskirche zusammen. Die Liberalen koalierten im Sinne des Zieles einer konstitutionellen Monarchie mit den Konservativen statt mit den Demokraten.

In der Paulskirche zogen sich die Debatten über die Grundrechte bis zum 27. Dezember 1848 hin. Sie wurden am 28. Dezember 1848 geltendes Recht, das allerdings nicht alle Mittel- und Kleinstaaten anerkannten. Der Vergleich zwischen den damaligen Grundrechten und dem heutigen Grundgesetz der Bundesrepublik Deutschland zeigt starke Parallelen. Die Vorbilder für die Grundrechte waren wiederum die amerikanische Unabhängigkeitserklärung (1776) und die französische Menschenrechtserklärung (1789).

Grundrechte 1848	Grundgesetz heute
§ 3. Jeder Deutsche hat das Recht, an jedem Orte des Reichsgebietes seinen Aufenthalt und Wohnsitz zu nehmen, [...]	Artikel 11, Abs. 1: Alle Deutschen genießen Freizügigkeit im ganzen Bundesgebiet.

§ 7. Vor dem Gesetz gilt kein Unterschied der Stände. Der Adel als Stand ist aufgehoben.	Artikel 3, Abs. 1: Alle Menschen sind vor dem Gesetz gleich.
§ 8. Die Freiheit der Person ist unverletzlich.	Artikel 2, Abs. 2: Jeder hat das Recht auf Leben und körperliche Unversehrtheit. Die Freiheit der Person ist unverletzlich. [...]
§ 10. Die Wohnung ist unverletzlich.	Artikel 13, Abs. 1: Die Wohnung ist unverletzlich.
§ 14. Jeder Deutsche hat das Recht, durch Wort, Schrift, Druck und bildliche Darstellung seine Meinung frei zu äußern.	Artikel 5, Abs. 1: Jeder hat das Recht, seine Meinung in Wort, Schrift und Bild frei zu äußern und zu verbreiten und sich aus allgemein zugänglichen Quellen ungehindert zu unterrichten [...] Artikel 4, Abs. 1: Die Freiheit des Glaubens, des Gewissens und die Freiheit des religiösen und weltanschaulichen Bekenntnisses sind unverletzlich.
§ 22. Die Wissenschaft und ihre Lehre sind frei.	Artikel 5, Abs. 3: Kunst und Wissenschaft, Forschung und Lehre sind frei. Die Freiheit der Lehre entbindet nicht von der Treue zur Verfassung.

§ 29. Die Deutschen haben das Recht, sich friedlich und ohne Waffen zu versammeln.	Artikel 8, Abs. 1: Alle Deutschen haben das Recht, sich ohne Anmeldung oder Erlaubnis friedlich und ohne Waffen zu versammeln.
§ 32. Das Eigentum ist unverletzlich.	Artikel 14, Abs. 1: Das Eigentum und das Erbrecht werden gewährleistet.

Das Recht der Bürger, Waffen zu besitzen und zu tragen, wurde in den Katalog der Grundrechte nicht aufgenommen. Das lag daran, dass weder die Liberalen noch die Demokraten einen Krieg mit dem Adel riskieren wollten. Im Falle von offenen Kämpfen rechneten die Liberalen mit einer möglichen Intervention Frankeichs, die zu einer Errichtung einer Republik in Deutschland führen könnte, was aber nicht in ihrem Interesse lag. Die Demokraten fürchteten eine Intervention Russlands als „Hort der Reaktion", das einen politischen Erdrutsch in der Mitte Europas nicht tatenlos hinnehmen würde (Wollstein 2010, S. 17).

Während der Amerikanischen Revolution (1775-1783) gestaltete sich die Sache anders. Damals lebten in den Kolonien circa drei Millionen Menschen. Die Männer zwischen 16 und 60 Jahren waren fast alle bewaffnet. In so einer Situation gab es keinen Anlass zu langwieriger und riskanter Diplomatie. Die amerikanischen Patrioten waren fest entschlossen, die Abhängigkeit von der britischen Monarchie explizit mit Waffengewalt zu beenden. Die Liberalen und Demokraten in Europa waren hingegen nicht alle bewaffnet. In den Märzforderungen kam nur zum Ausdruck, dass sie sich erst mal bewaffnen wollten, um das Gewaltmonopol der Monarchien zu brechen. Sie waren aber im Unterschied zu den Amerikanern nicht einsatzbereit.

Des weiteren fällt noch ein wesentlicher Unterschied in den Aussagen der amerikanischen Bill of Rights gegenüber den Grundrechten aus dem Jahr 1848 auf. Die Grundrechte drücken positive Rechte aus, zum Beispiel: „Jeder Deutsche hat das Recht…“. Das erweckt den Eindruck, als ob mit der Erstellung der Paragraphen diese Bürgerrechte erst entstanden wären.

Die amerikanische Auffassung über Bürgerrechte ist eine andere. Die Gründerväter argumentierten, dass die inhärenten Rechte auf dem gottgegebenen Naturrecht beruhen und schon immer da waren. Diese Rechte waren schon da, bevor es irgendwo irgendeine Regierung oder einen Machthaber auf der Welt gab. Dementsprechend stellen die Zusatzartikel zur US-Verfassung lediglich fest, dass eine Regierung keine Macht hat, diese inhärenten Rechte einzuschränken, weil auch keine Regierung sie schuf.

Im Oktober/Anfang November 1848 kam es zu einer Gegenrevolution, in der das königstreue Militär der Habsburger Monarchie und Preußens die Macht an sich riss und die Traditionsstaaten wiederherstellte. Die Bundesversammlung hob in ihren Beschlüssen von 1851 die Grundrechte von 1848 wieder auf (Wollstein 2010, S. 46). Das Paulskirchenparlament wurde aufgelöst. Der Deutsche Bund wurde wiederhergestellt, und die Revolution war damit gescheitert.

Nach der Gründung des Deutschen Reiches 1871 gab es bis zum Ende des Ersten Weltkriegs 1918 kein kodifiziertes Waffengesetz. „So findet sich beispielsweise im Strafgesetzbuch für die preußischen Staaten vom 18.04.1851 lediglich eine Vorschrift, nach der es verboten war, Stoß-, Hieb- und Schusswaffen, welche in Stöcken oder Röhren oder in ähnlicher Weise verborgen waren, zu vertreiben oder mitzuführen. Auch im Deutschen Kaiserreich existierten neben dem noch heute geltenden versammlungsrechtlichen Verbot, Waffen bei Versammlungen oder öffentlichen Umzügen zu führen, nur Vorschriften über die Genehmigung zur Schießpulverherstellung und zum Waffenverkauf durch fahrende Händler sowie eine Strafvorschrift, die eine Erhöhung des Strafrahmens vorsah, wenn Straftaten unter

Verwendung von Waffen begangen wurden." (Waffenrechtslupe 2003). Obwohl es also im Deutschen Kaiserreich kein im Gesetz verankertes Recht der Bürger, Waffen zu besitzen und zu tragen, nach US-Vorbild der Bill of Rights gab, konnten Schuss- und Blankwaffen praktisch problemlos erworben und geführt werden. Bis zum Jahr 1918 waren die Deutschen US-Amerikanern waffenrechtlich quasi gleichgestellt.

Erst nach dem Ersten Weltkrieg zwang der Versailler Vertrag die Deutschen zu einer beinahe totalen Entwaffnung. 1928 mündete dies in einem ersten umfassenden Waffengesetz, deren Prinzipien wie zum Beispiel die Erlaubnis des Besitzes und des Führens von Waffen, die Erlaubnis des Munitionserwerbs, die Registrierung der Waffen oder die Zuverlässigkeit der Waffenbesitzer bis heute gültig sind. Auch in anderen westeuropäischen Ländern bedeutete der Erste Weltkrieg eine Zäsur für den Waffenbesitz. Anfang des 20. Jahrhunderts fing der Staat damit an, das Leben aller Bürger zunehmend zu regulieren und damit die individuellen Rechte einzuschränken. Es war die hohe Zeit des Progressivismus und des Aufbaus der Kindermädchen-Staaten, in denen wir bis heute noch leben.

4. Ursprünge der Waffenkontrolle

Bei der Waffenkontrolle geht es weniger um die Waffen. Es geht immer um die Kontrolle.

Die Kontrolle des Zugangs der Menschen zu Waffen resultiert aus der Art, wie Menschen seit Jahrtausenden miteinander leben. Waffenverbote können sehr nützlich für diejenigen sein, die gerade an der Macht sind, besonders dann, wenn es in der Gesellschaft eine oder mehrere Gruppen gibt, die man als „anders“ und somit als nicht vertrauenswürdig empfindet. Man kann Waffenverbote als eine Methode sehen, Sicherheit gegen die „anderen“ herzustellen. Wir gehen in der Analyse auf die Geschichte Englands, der USA und Deutschlands ein. Obwohl es sich um drei unterschiedliche Länder handelt, werden Sie leicht feststellen können, dass die Motivation für die etwaigen Waffenverbote erstaunlich ähnlich ist. Die historische Motivation der Waffenverbote ähnelt auch der heutigen. Das ist auch kein Wunder. Obwohl wir unsere Lebensweise als modern empfinden, werden wir häufig mit den gleichen gesellschaftlichen Problemen konfrontiert wie unsere Vorfahren vor einigen Jahrhunderten. Man könnte sagen, es ist grundsätzlich immer das gleiche, nur ein bisschen anders.

4.1 England

Im englischen Assize of Arms von 1181 wurden zwar alle Engländer dazu verpflichtet, eigene Waffen für die Verteidigung des Königreichs bereit zu halten, aber religiöse Minderheiten wurden dabei diskriminiert. So war es den Juden verboten, Kettenhemden und Brustpanzer zu besitzen, obwohl sie Speere, Schwerter und Bögen zur ihrer eigenen Verteidigung besitzen durften. An dieser Stelle sieht man auf beeindruckende Weise, dass Waffengesetze immer auch mit dem Vertrauen des Herrschers in die jeweiligen Untertanen verbunden waren. Offensichtlich wollte man mit dem Erlass sicherstellen, dass die Juden nicht exakt gleichwertig bewaffnet waren wie die Christen. Ohne die Defensivbewaffnung bestehend aus Kettenhemden und Brustpanzern waren sie im Falle eines Falles leichter verletzbar als besser gerüstete christliche Ritter.

Als während der Tudor-Dynastie die Feuerwaffen England eroberten, sah der Adel darin bald ein Problem. Die Feuerwaffen wurden von der Landbevölkerung und der aufstrebenden Bourgeoisie in erster Linie für die Jagd benutzt. Der Adel begriff schnell, dass Feuerwaffen einerseits den Jagderfolg breiter Massen an Menschen erhöhten. Andererseits bedeuteten Feuerwaffen eine gewisse Gefahr für die bestehende gesellschaftliche Ordnung, und prompt wurden Gesetze erlassen, die sicherstellen sollten, dass Feuerwaffen vorrangig in den Händen der reichen Großgrundbesitzer erlaubt waren. Heinrich VII. erließ 1503 Verschärfungen des Jagdgesetzes, um große Teile der Bevölkerung von der Jagd abzuhalten. Denn wer nicht jagen durfte, der brauchte auch keine Waffen. Wer dennoch jagen wollte, der brauchte die Erlaubnis des Königs. Wer keine Waffen hatte, konnte gegen den König auch nicht wirksam rebellieren (Halbrook 1984, S. 1133). In England war es Tradition, den Zugang zu Waffen über den Umweg der Jagdgesetze zu regulieren. Dabei wurde nicht selten der Waffenbesitz schlicht und einfach vom Einkommen abhängig gemacht. Der Besitz von Handfeuerwaffen wurde zum Beispiel nur Untertanen erlaubt, die ein Jahreseinkommen von mindestens 100 Pfund Sterling vorweisen konnten, was der heutigen Kaufkraft von circa 70.000 Pfund Sterling entsprechen würde (Malcolm 1994, S. 80). Ohne Umschweife machte dieses Gesetz klar, dass der Handfeuerwaffenbesitz den relativ Wohlhabenden vorbehalten sein sollte und der arme Pöbel nicht dazu berechtigt war.

Besonders erwähnenswert ist in diesem Zusammenhang der Game Act aus dem Jahr 1671, der in seiner Rigorosität seinesgleichen sucht. Das Parlament bestimmte den Einsatz von Jagdaufsehern („Game Keepers"), die im Dienste der Adligen standen, denen die Ländereien gehörten. Die Jagdaufseher waren dazu verpflichtet, das neue Jagdgesetz durchzusetzen. Der Landadel war dazu berechtigt, sowohl Jagderlaubnisse auszugeben, an wen er wollte, als auch jedem die Jagd zu verbieten, wenn er wollte. Hinzu kommt aber, dass der Game Act den Besitz von Jagdwaffen, Jagdhunden, Bögen, Armbrüsten und Fallen demjenigen verbot, der keine Jagderlaubnis erhielt. Somit wurde die Tradition des generellen Rechts der Engländer auf Waffenbesitz empfindlich eingeschränkt. Im wesentlichen sollte der Game Act weniger das Wild schützen, da es ausreichende Jagdgesetze bereits vorher gab, sondern hatte zum Ziel, die niederen gesellschaftlichen Klassen möglichst effektiv zu entwaffnen, um mögliche Rebellionen gegen den Adel zu verhindern (Malcolm 1994, S. 65-76).

Die Glorious Revolution von 1688/89 führte zu der English Bill of Rights, in der den Engländern das Recht auf Waffenbesitz für Selbstverteidigungszwecke und das Recht auf Petition explizit zugesichert wurden, was in den nächsten 200 Jahren ein fester Bestandteil des englischen Bürgerrechts (Common Law) war. 1903 wurde ein Pistols Act verabschiedet, nach dem es den Waffenhändlern verboten war, Kurzwaffen an unter 18-Jährige, Betrunkene oder geistig Minderbemittelte zu verkaufen. Darüber hinaus musste der Käufer zuvor eine Lizenz erwerben, die man bei der Post ohne irgendwelche Erlaubnis der Polizei kaufen konnte. Der private Verkauf von Kurzwaffen wurde mit dem Pistols Act nur geringfügig beeinträchtigt. Insgesamt brachte das Gesetz nur etwas Geld in die Staatskasse. Die meisten Engländer durften weiterhin sowohl Kurz- als auch Langwaffen besitzen und erwerben. Das änderte sich alles nach dem Ersten Weltkrieg, der in vielen Ländern Europas eine Zäsur in den Waffengesetzen bedeutete. Nach dem Ersten Weltkrieg befanden sich Millionen von Kriegswaffen und große Mengen von Munition in den Händen der ehemaligen Soldaten, die sie häufig vom Schlachtfeld mit nach Hause nahmen. Die Regierung fürchtete, dass diese Waffen an Menschen verkauft werden, die man lieber unbewaffnet sehen würde. An den Rändern des britischen Imperiums zeichneten sich bereits damals Unruhen ab. Die Regierung fürchtete, dass die ehemaligen Militärwaffen ihren Weg in die entfernten Kolonien finden könnten, wo sie bei Aufständen genutzt werden könnten. Die Zeit nach dem Ersten Weltkrieg war auch in Europa recht unruhig. In Russland fand gerade die kommunistische Revolution statt, und in Großbritannien gab es Streiks in der Industrie. Die Regierung fürchtete eine kommunistische Revolte im Inland. In einer Panikreaktion wurde der Firearms Act von 1920 verabschiedet. Jeder, der eine Lang- oder Kurzwaffe erwerben oder besitzen wollte, musste eine Erlaubnis der Polizei dazu haben. Der Munitionserwerb war ebenfalls erlaubnispflichtig. Flinten waren von dem Gesetz nicht betroffen. Die Polizei hatte bis auf die Flinten die volle Entscheidungsmacht, wer eine Erlaubnis zum Schusswaffenerwerb bekam und wer nicht. Personen, die sich nicht maßvoll verhielten, die geistig behindert waren oder von der Polizei als sonstwie unfähig bezeichnet wurden, Schusswaffen zu besitzen, konnte die Erlaubnis einfach versagt werden. Die Antragsteller mussten auch einen guten Grund nennen, warum sie die Waffen benötigten. Als gute Gründe für den Wunsch, Schusswaffen zu besitzen, wurden zum Beispiel der Schießsport, die Jagd und in sporadischen Fällen sogar der Selbstschutz anerkannt. Das war das Ende des Rechts der Engländer auf Waffenbesitz, wie es bis dahin nach dem Common Law üblich war. Der Firearms

Act von 1920 war eine Blaupause für alle weiteren Verschärfungen der Waffengesetze in Großbritannien (Greenwood 2006). Warum wurden aber ausgerechnet die Flinten von dem Gesetz ausgenommen, die weiterhin frei zu erwerben waren? Weil die Landbesitzer mit am Tisch saßen, als das Gesetz verabschiedet wurde. Die Jagd mit Flinten gehörte zu der alten Tradition des britischen Landadels, der an irgendwelchen Restriktionen seines Hobbys nicht interessiert war. Die Pistolen- und Gewehrbesitzer hatten keine so starke Lobby und zogen alsbald den Kürzeren.

4.2 USA

Als die ersten Engländer ihren Fuß auf nordamerikanischen Boden setzten, mussten sie sich in dem ungezähmten Land durchsetzen. Weit entfernt von der Zivilisation und irgendeiner organisierten Hilfe der Regierung waren die Siedler komplett auf sich allein gestellt. Am Anfang gab es keine kommerzielle Infrastruktur, um Nahrung, Behausung und Kleidung zu besorgen. Eines der Probleme, mit dem die Siedler von Anfang an konfrontiert wurden, war die Tatsache, dass auf diesem Kontinent schon Menschen lebten – die Indianer, die anfangs in der Mehrheit waren. Die Siedler wollten sich also irgendeinen technischen Vorteil verschaffen, um die Kräfte auszugleichen und die Kolonisierung nicht unnötig zu behindern. Eine Methode war, sicherzustellen, dass Schusswaffen nur in den Händen der Siedler blieben. Bereits 1629 verabschiedete Massachusetts ein Gesetz, nach dem es verboten war, Waffen, Munition und sonstige Rüstungsgegenstände an die Indianer zu verkaufen. Bei Zuwiderhandlung sollten die Straftäter nach England deportiert und vor Gericht gestellt werden (Nemerov 2011, S. 168). Ein ähnliches Gesetz, das den Waffenhandel mit den Indianern verhindern sollte, verabschiedete auch Connecticut im Jahr 1642.

Die Indianer wollten aber unbedingt Schusswaffen haben, um einerseits effektiver jagen und andererseits gegen die Siedler Widerstand leisten zu können. Die Nachfrage wurde ganz natürlich im Sinne der Marktwirtschaft bedient. Die Holländer, die nach New Netherland kamen (heute die Gegend um New York, New Jersey, Delaware, Connecticut und Teile von Pennsylvania sowie Rhode Island), trieben zur Unzufriedenheit der Engländer einen lebhaften Waffenhandel mit den Indianern. 1650 fingen die Holländer an, ihre Waffenhändler zu lizenzieren, um den Waffen- und Munitionsnachschub für die Indianer zu verringern. Die damals gigantische Handelsgesellschaft West India Company protestierte jedoch dagegen, weil die Indianer auf dem Schwarzmarkt so hohe Preise für Waffen zahlten, dass eine gesetzliche Kontrolle praktisch nicht möglich war. Neben den Holländern verkauften auch die Franzosen aus Kanada massiv Waffen an die Indianer. Eine Muskete war damals circa 20 Biberpelze wert (Kopel 1992, S. 4667-4733).

Da die bisherigen Waffenverbote für die Indianer nicht funktionierten, wurden sie ausgeweitet in der Hoffnung, dass die neuen Verschärfungen funktionieren würden. 1644 wurde das Handelsverbot erweitert. Den englischen Siedlern wurde es verboten, Waffen an die Holländer und Franzosen zu verkaufen, damit sie diese nicht weiter an die Indianer veräußerten. 1646 wurde das Handelsverbot auf Schießpulver und Bleikugeln erweitert.

Am 18. September 1649 bemängelte der General Court in Hartford, dass die Franzosen, Holländer und andere fremde Nationen Waffen und Munition an die Indianer auf englischen Gebieten verkauften, während sie diesen Verkauf auf den eigenen Gebieten untersagten (Nemerov 2011, S. 194). Strenge Waffengesetze im Inland haben und einen regen Waffenhandel mit dem Ausland betreiben. Woher kennen wir das bloß? Obwohl Deutschland heute eines der schärfsten Waffengesetze im Inland hat, stieg es gleichzeitig zum viertgrößten Waffenexporteur der Welt nach den USA, Russland und China auf. Manche Sachen ändern sich auf der Welt nie.

Ab Mitte des 17. Jahrhunderts wurden Afrikaner gegen Entgelt erworben oder direkt gefangengenommen und als Sklaven nach Nordamerika verkauft, um sie auf den Plantagen arbeiten zu lassen. Es lag auf der Hand, dass die Kolonialherren sicherstellen mussten, dass die Sklaven nicht zu den Waffen greifen, um sich zu befreien. In Virginia gab es 1640 ein Gesetz, das besagte, dass alle Personen außer Schwarze sich für die Dienste der Miliz zu bewaffnen haben und bei Zuwiderhandlung mit einer Geldstrafe belegt würden: „All persons except negroes to be provided with arms and ammunition or be finded at pleasure of the Governor and Council." („Alle Personen mit Ausnahme der Schwarzen sollen sich mit Waffen und Munition versorgen, oder sie werden mit einer Geldstrafe belegt, die von dem Gouverneur und dem Konzil festgelegt wird.“) Im Jahr 1723 wurde das Gesetz erweitert: „No negro, mulatto, or Indian whatsoever; (except as hereafter excepted) shall hereafter presume to keep, or carry any gun ...“ („Kein Schwarzer oder Mulatte oder Indianer (mit nachfolgenden Ausnahmen) soll irgendwelche Schusswaffen besitzen oder tragen.“) Es gab dennoch eine Ausnahme: „That every free negro, mulatto or Indian, being a housekeeper, or listed in the militia, may be permitted to keep one gun…“ Freie Schwarze, Mulatten oder Indianer durften als Hausverwalter oder Mitglied der Miliz maximal eine Waffe haben, wenn sie bereit waren, für ihren Besitzer zu kämpfen. Im Jahr 1700 verabschiedete Pennsylvania ähnliche Waffenverordnungen: „That if any negro shall persume to carry any guns, swords, pistols fowling pieces, clubs or other arms, or weapons whotsoever, without his masters‘s special license for the same, and be convicted thereof before a magistrate, he shall be whipped with twenty-one lashes on his bare back.“ Danach sollte jeder Schwarze, der Waffen jedweder Art ohne die Lizenz seines Herren trug, mit einer Strafe von 21 Peitschenhieben auf den nackten Rücken bestraft werden. 1715 erließ Maryland folgende Waffenvorschrift: „No Negro or other slave, within this province, shall be permitted to carry any gun or any other offensive weapon, from off their Master‘s land without license from their Master.“ (Nemerov 2011, S. 239.) Nach dieser Vorschrift sollte keinem Schwarzen erlaubt werden, Waffen jedweder Art außerhalb des Landbesitzes des Herren ohne dessen Genehmigung zu tragen.

An den Beispielen von Pennsylvania und Maryland sehen wir, wie sich ein Lizenzierungssystem für Waffen entwickelte. Den Sklaven waren der Besitz und das Führen der Waffen jedweder Art nur dann erlaubt, wenn sie eine entsprechende Waffenlizenz von ihrem Besitzer erworben hatten. Sollte ein Sklave mit Waffen ohne Lizenz erwischt werden, so wurde er in Pennsylvania zu 21 Peitschenhieben auf den nackten Rücken verurteilt. Die Kolonialherren händigten manchmal ihren Sklaven Waffen aus, damit sie auf die Jagd gehen oder Schädlinge auf den Plantagen bekämpfen konnten. Über Nacht mussten diese Waffen aber bei einem weißen Aufseher zentral gelagert werden. Es gibt verblüffende Ähnlichkeiten zwischen den damaligen Waffenregelungen für Sklaven in Amerika und den heutigen Waffengesetzen in vielen europäischen Ländern. Es mag daran liegen, dass es früher in Europa drei gesellschaftliche Stände gab: den Adel, den Klerus und den Pöbel. Der Adel war immer bewaffnet, der Klerus manchmal auch (siehe Kreuzzüge), und der Pöbel wurde vom Adel und dem Klerus je nach Bedarf entweder be- oder entwaffnet. In dieser Tradition leben wir in Europa im Prinzip noch heute.

Schon im zweiten Satz der Unabhängigkeitserklärung, die am 4. Juli 1776 von den 13 Kolonien unterschrieben wurde, lesen wir: „We hold these truths to be self-evident, that all men are created equal, that they are endowed by their Creator with certain unalienable Rights, that among these are Life, Liberty and the pursuit of Happiness" („Folgende Wahrheiten erachten wir als selbstverständlich: dass alle Menschen gleich geschaffen sind; dass sie von ihrem Schöpfer mit gewissen unveräußerlichen Rechten ausgestattet sind; dass dazu Leben, Freiheit und das Streben nach Glück gehören"). Trotz aller Beteuerungen der Gleichheit aller Menschen von Geburt an und der Ausstattung der Menschen mit bestimmten unveräußerlichen Rechten, wie Leben, Freiheit und das Streben nach Glück, wurden Schwarze in der neuen Republik noch lange nicht gleichbehandelt. Dementsprechend war den Sklaven auch weiterhin strengstens verboten, Waffen und Munition zu besitzen oder gar zu führen. Im Militia Act von 1792 wird vorgeschrieben, dass nur weiße Männer im Alter zwischen 18 und 45 Jahren zur Miliz gehören und sich mit Schusswaffen zu versorgen haben: „That each and every free able-bodied white male citizen of the respective States, resident therein, who is or shall be of age of eighteen years, and under the age of forty-five years ... shall severally and respectively be enrolled in the militia ... every citizen, so enrolled and notified, shall, within six months thereafter, provide himself with a good musket or firelock ..." Das Wort „white" wurde erst während des

Sezessionskrieges 1862 aus dem Militia Act gestrichen, somit sollte offiziell jeder Mann Mitglied der Miliz werden können.

Im Artikel IV, Section 2, Clause 3 der ursprünglichen US-Verfassung wird sogar vorgeschrieben, dass entflohene Sklaven den Sklavenhaltern wieder zurückgegeben werden müssen. Die Marshals in den Nordstaaten waren verpflichtet, die entflohenen Sklaven an ihre Halter im Süden auszuliefern. Es war eine politische Kompromisslösung, sonst hätten die Südstaaten die US-Verfassung nicht ratifiziert. Diese Regelung wurde erst nach dem Sezessionskrieg (1861-1865) durch den 13. Zusatzartikel zur US-Verfassung (13th Amendment) geändert, nach dem die Sklaverei in den USA offiziell abgeschafft wurde.

Nach dem Sezessionskrieg wurden die Sklaven zwar offiziell befreit, in der täglichen Praxis musste es aber noch keine wirklich große Verbesserung ihrer Situation bedeuten. Viele Schwarze kämpften auf der Seite der Union für ihre Freiheit gegen die Konföderierten. Als ordentliche Soldaten wurden sie natürlich mit Waffen ausgestattet, die sie nach dem Krieg zu ihrer eigenen Sicherheit mitnehmen durften. Das war besonders in den Südstaaten ein Problem. Die Weißen fürchteten, dass die befreiten Sklaven, die damals als „Freedman“ bezeichnet wurden, Rache an ihren früheren Peinigern nehmen könnten. Man musste sich also etwas neues einfallen lassen, um den Schwarzen den Zugang zu den Waffen zu verwehren. Ein beliebter Trick in damaligen Zeiten war, dass man nach dem Sezessionskrieg die ehemaligen Sklaven offiziell als freie Menschen anerkennen musste, gleichzeitig stellten die Gesetze (Black Codes) in den Südstaaten sicher, dass Schwarze nicht als Bürger anerkannt wurden. Diese Interpretation besagte, dass sich die individuellen Rechte aus der Bill of Rights nur auf Bürger der USA beziehen. Da Schwarze kein Wahlrecht hatten und somit nicht als Bürger des Landes anerkannt wurden, konnten sie diese Rechte nicht in Anspruch nehmen.

Einer der Mississippi Black Codes aus dem Jahr 1865, in dem der Sezessionskrieg endete, besagte: „no freedman, free Negro, of mulatto not in the military service of the United States government, and not licensed so to do by the board of police of his or her county, shall keep or carry firearms of any kind…" (Nemerov 2011, S. 310). Nach dieser Vorschrift durften die befreiten Schwarzen oder Mulatten, die nicht im aktiven Militär- oder Polizeidienst waren, keine Schusswaffen besitzen. Die Black Codes hielten die ehemaligen Sklaven faktisch in einer Situation, die der Sklaverei an sich sehr ähnlich war. Neben Waffenverboten beschränkten diese Codes den Zugang der Schwarzen zu den Gerichten, verpflichteten sie zur einem Arbeitsvertrag, verboten Mischehen zwischen Weißen und Schwarzen und schrieben eine weitgehende Segregation zwischen Schwarzen und Weißen im öffentlichen Leben vor.

Kurz nach dem Ende des Sezessionskrieges gründeten sechs ehemalige Soldaten der Konföderierten in Pulaski im Bundesstaat Tennessee den berüchtigten Ku Klux Klan. Es entstanden verschiedene Gruppen in den Südstaaten, die sich den gleichen Namen gaben, obwohl sie nicht unter dem Kommando der sechs Gründungsmitglieder standen. Der Ku Klux Klan war und ist heute immer noch eine rassistische Bewegung in den USA. Die „Klansmen" oder „Night Riders", wie sie auch genannt wurden, organisierten diverse Nacht- und Nebelaktionen, um die Schwarzen zu entwaffnen und sonstwie zu drangsalieren. Sie ritten von Haus zu Haus und konfiszierten Waffen. Nicht selten wurden ihre Opfer auch kurzerhand gelyncht. Für die Schwarzen war es auch keine wirkliche Option, die Regierung oder die Polizei zur Hilfe zu rufen. In den Südstaaten waren damals viele Mitarbeiter der Behörden entweder selber Mitglieder des Ku Klux Klan oder sympathisierten mit dieser Bewegung. Die Schwarzen haben sich manchmal zu eigenen Milizen organisiert, um Widerstand gegen den Klan oder ähnliche Organisationen zu leisten. Manchmal ist es ihnen gelungen, die Angriffe abzuwehren, häufig jedoch nicht, weil die KKK-Männer besser bewaffnet waren und von der lokalen Regierung geschützt wurden.

Die Republikaner aus dem Norden entschieden sich daraufhin dazu, ihre föderale Macht zu nutzen. Im 14. Zusatzartikel zur US-Verfassung (14th Amendment) aus dem Jahr 1866 wurde festgelegt, dass alle Personen, die in den USA geboren oder naturalisiert wurden, als US-Bürger anerkannt werden mussten. Dieser Zusatzartikel stellte sicher, dass die unveräußerlichen Rechte aus der Bill of Rights auch in allen Bundesstaaten für alle galten. Somit durften die Bundesstaaten den Schwarzen, den Indianern oder anderen Minderheiten den Waffenbesitz nicht mehr generell verbieten.

Echte Befürworter von Waffenverboten lassen sich erfahrungsgemäß von solchen „Kleinigkeiten" nicht abschrecken. Man muss einfach nur dreist genug sein, dann findet sich auch eine pragmatische Lösung. 1870 entwickelten die Gesetzgeber in Tennessee ein kreatives Gesetz, nach dem der Verkauf von allen Handfeuerwaffen mit Ausnahme der Army- und Navy-Revolver verboten wurde. Die konföderierten Ex-Soldaten hatten ihre hochwertigen Handfeuerwaffen noch aus ihrer Militärzeit. Die reichen Weißen konnten sich derartige Waffen problemlos kaufen. Die ärmeren Schwarzen konnten sich aber diese kostbaren Waffen nicht leisten. Billigere Waffen waren aber verboten. Arkansas folgte im Jahr 1881 mit einem ähnlichen Gesetz. Bis zum Anfang des 20. Jahrhunderts haben die meisten Südstaaten entsprechende Waffengesetze verabschiedet. Ein Richter des Obersten Gerichtshofes (Supreme Court) aus Florida, Rivers Buford, bestätigte in dem Fall Watson gegen Stone (1941), dass die strengen Waffengesetze in den Südstaaten im Prinzip ausschließlich für Schwarze vorgesehen waren:

„Ich weiß etwas über diese Gesetzgebung. Das ursprüngliche Gesetz von 1893 wurde verabschiedet, als es einen großen Zustrom von schwarzen Arbeitern in diesem Bundesstaat gab, um in den Terpentin- und Holzfällerlagern zu arbeiten. Die gleichen Voraussetzungen existierten, als das Gesetz 1901 erweitert und verabschiedet wurde, um die Schwarzen zu entwaffnen und so die unrechtmäßigen Tötungsdelikte zu verhindern, die damals in den Terpentin- und Sägewerkbetrieben üblich waren, sowie um den weißen Bürgern in den dünn besiedelten Gebieten ein besseres Gefühl der Sicherheit zu geben. Die Regelungen waren nie dazu gedacht, auf die weiße Bevölkerung angewendet zu werden, und in der Praxis wurden sie auch nie so angewendet." (Kopel 1992, S. 5106.)[8]

Diese Gesetze waren die Vorstufe zum Importverbot von billigen Handfeuerwaffen, genannt „Saturday Night Specials", die sich nach dem Gun Control Act 1968 nicht für sportliche Zwecke eigneten. Der Begriff „Saturday Night Specials" leitet sich wahrscheinlich von den Begriffen „Suicide Special" und „Niggertown Saturday Night" ab. Bei den Waffen handelte es sich um aus minderwertigen Materialien hergestellte Revolver oder Pistolen mit einem kurzen Lauf, in den relativ schwachen Kalibern .22 lr oder .25 ACP. Sie kosteten unter 100 US-Dollar und hatten das Image der billigen Mordwerkzeuge in den sozialen Brennpunkten der Großstädte. Die Kritiker dieses Gesetzes führten an, dass ausgerechnet die Bewohner von derartigen sozialen Brennpunkten einerseits wenig Geld haben, andererseits der Kriminalität besonders stark ausgesetzt sind. Wenn man die billigen Waffen verbietet, dann beraubt man diese Menschen der Möglichkeit, sich selbst zu verteidigen. Faktisch ist nur eine Minderheit der Bewohner solcher Viertel kriminell. Nichtsdestotrotz hat jeder ein Recht auf Selbstschutz vor den Kriminellen, die in einer absoluten Minderheit sind und trotzdem das Leben der Mehrheit bedeutend erschweren können. Solche Gesetze diskriminieren schlicht und ergreifend die ärmeren Schichten der US-Bevölkerung. Die Kriminellen kümmern strenge Waffengesetze erfahrungsgemäß wenig. Allerdings muss ergänzend gesagt werden, dass nach dem Gun Control Act von 1968 nur der Import der „Saturday Night Specials" wie zum Beispiel des Modells Röhm RG-14 verboten wurde. Der Import von Teilen für derartige Waffen und die Herstellung im Inland wurden hingegen nicht verboten. Das einzige, was das Gesetz wirklich bewirkte, war, dass die heimische Waffenindustrie gestärkt und vor ausländischer Konkurrenz besser geschützt wurde. An der Verfügbarkeit von billigen Schusswaffen änderte sich dadurch wenig.

4.3 Deutschland

Im Deutschen Kaiserreich (1871-1918) gab es kein kodifiziertes Waffengesetz. Die restriktiven Waffengesetze, wie wir sie heute kennen, sind ähnlich wie in Großbritannien das Ergebnis der politischen Situation unmittelbar nach dem Ersten Weltkrieg. Deutschland traf es dabei besonders hart.

Nachdem Deutschland zu den Verlierern des Ersten Weltkriegs gehörte, mussten die Kriegswaffen, die sich noch in den Händen der ehemaligen Soldaten befanden, wieder eingesammelt werden. Dieser Prozess schritt anfangs recht langsam voran. Die Reichsregierung erließ am 14. Dezember 1918 eine Notverordnung im Reichsgesetzblatt von 1918, Nr. 1425, in der die deutschen Länder eine Frist zu setzen hatten, um die Waffen zu konfiszieren. Jeder, der nach dieser Frist noch im Besitz von illegalen Waffen war, musste mit fünf Jahren Gefängnis und einer Geldstrafe von 100.000 Mark rechnen. Dieser Erlass war gültig bis zum Jahr 1928 (Halbrook 2013, S. 354).

Die Zeit nach dem Ersten Weltkrieg war in Deutschland voller politischer Unruhen, bei denen sich die Kommunisten brutale Straßenschlachten mit den Nationalsozialisten lieferten. Als die Freikorps die beiden Spartakisten Rosa Luxemburg und Karl Liebknecht ermordeten, griffen die Spartakisten aus Rache eine Polizeiwache in Berlin an und töteten dabei zwei Polizisten. Der damalige SPD-Verteidigungsminister Gustav Noske erklärte, dass jede Person, die Waffen gegen die Regierungstruppen trägt, an Ort und Stelle erschossen wird. Dieser Befehl wurde von den Garde-Kavallerie-Schützen so interpretiert, dass jeder, der auch nur eine Schusswaffe besaß, zu exekutieren war. Basierend auf diesem Befehl wurden in Berlin Hunderte Zivilisten von der Polizei exekutiert, viele davon für den bloßen Waffenbesitz (Halbrook 2013, S. 369).

Währenddessen wuchs auch der Druck seitens der Siegermächte bezüglich der Entwaffnung. Der Versailler Vertrag sah im Teil V., in den Bestimmungen über die Land-, See- und Luftstreitkräfte im Artikel 165 in Verbindung mit der Tafel Nr. 3 vor, dass Deutschland über maximal 84.000 Gewehre und 18.000 Karabiner verfügen durfte. Das betraf den gesamten Bestand im Land, nicht nur den Bestand des Militärs und der Polizei. Das sollte garantieren, dass fast alle Waffen, ob in Privat- oder Militärhand, an die Siegermächte abgegeben werden mussten, um vernichtet zu werden. Die Herstellung von Waffen war streng limitiert und der Import komplett verboten. In der Verordnung über Waffenbesitz aus dem Jahr 1919 stand im Paragraphen 1: „Alle Schusswaffen sowie Munition aller Art zu Schusswaffen sind sofort abzuliefern. Als Schusswaffen gelten: Gewehre, Karabiner, Pistolen, Maschinenpistolen, Revolver, Geschütze aller Art, Maschinengewehre, Handgranaten, Gewehrgranaten, Minenwerfer und Flammenwerfer." (Reichsgesetzblatt 1919, Nr. 7.) Den Schützenvereinen wurde das Schießen ebenfalls verboten. Dadurch sollte der deutsche Militarismus bekämpft werden (Halbrook 2013, S. 389).

Befeuert durch die Wirtschaftskrise und eine weitverbreitete Arbeits- und Perspektivlosigkeit breitete sich der Extremismus in den Jahren 1925 und 1926 besonders stark aus. Die KPD, die NSDAP, der Stahlhelm und das Reichsbanner kämpften mit Knüppeln, Fahrradketten, Schlagringen, Schusswaffen und Messern gegeneinander. Das Waffenverbot wurde, wie zu erwarten, lediglich von gesetzestreuen Bürgern befolgt. Die Extremisten, deren Ziel die Abschaffung der demokratischen Regierung der Weimarer Republik war, kümmerten sich wenig um die Gesetze eben dieser Regierung, die sie nicht anerkannten.

Am 1. Oktober 1928 wurde das Gesetz über Schusswaffen und Munition eingeführt. Dieses Gesetz löste die Verordnung von 1919 ab. Folgende Regulierungen gehörten dazu (Halbrook 2013, S. 621-652):

1. Es wurde eine Lizenz für die Herstellung, den Zusammenbau oder die Reparatur von Waffen sowie Munition verlangt.
2. Eine Lizenz war auch erforderlich für den Waffenhandel.

3. Der Handel mit Waffen auf Waffenmessen oder bei Schießsportwettbewerben wurde verboten.

4. Der Erwerb von Waffen und Munition erforderte einen Waffen- oder Munitionserwerbsschein, der von der Polizei ausgegeben wurde.

5. Das Führen von Waffen erforderte einen Waffenschein. Hierbei musste das Bedürfnis nachgewiesen werden. Die Gültigkeit des Waffenscheins konnte lokal oder situationsabhängig beschränkt werden.

6. Es wurde der Begriff der Zuverlässigkeit eingeführt, der als Voraussetzung für den Waffen- und Munitionserwerb galt.

7. Zigeunern oder Personen, die wie Zigeuner reisten, wurde der Waffen- und Munitionserwerb sowie die Ausgabe von Waffenscheinen automatisch verwehrt. Personen aus diesen Kreisen mussten ihre Waffen an Berechtigte verkaufen oder bei der Polizei abgeben, wofür es eine finanzielle Kompensation gab.

8. Darüber hinaus wurde eine Lizenz für ein Waffenarsenal eingeführt. Ein Waffenarsenal bestand aus mehr als fünf Waffen des gleichen Typs oder mehr als 100 Stück Munition. In diese Definition wurden auch mehr als zehn Jagdwaffen oder mehr als 1.000 Stück Jagdmunition aufgenommen.

9. Der Besitz oder die Herstellung von schnell zerlegbaren Waffen wurde verboten.

10. Waffen mit Schalldämpfer und Beleuchtung wurden ebenfalls verboten.

11. Das unerlaubte Führen von Schusswaffen wurde mit drei Jahren Gefängnis und einer Geldstrafe geahndet. Das betraf auch eine Waffenerbschaft, die nicht rechtzeitig den Behörden gemeldet wurde.

Das faktische, obgleich im Gesetz nicht kodifizierte Recht der Deutschen, Waffen zu besitzen und zu tragen, aus den Zeiten des Kaiserreichs wurde mit diesem Gesetz empfindlich eingeschränkt. Die meisten dieser Regelungen finden sich im gegenwärtigen deutschen Waffengesetz fast identisch wieder. Das Waffengesetz von 1928 hatte zum Ziel gehabt, die radikalen Kommunisten und Nationalsozialisten zu entwaffnen, damit die

Weimarer Republik gerettet werden konnte. Wie wir heute wissen, hat das Waffengesetz das Ziel komplett verfehlt – schlimmer noch, es war eine willkommene Vorlage für die nachfolgenden Nationalsozialisten, ihre Opfer noch effizienter zu entwaffnen, um sie anschließend zu vernichten.

Im nachfolgenden Gesetz gegen Waffenmissbrauch vom 28. März 1931 wurde das Führen von Waffen außerhalb der eigenen Wohnung, der eigenen Geschäftsräume und des eigenen befriedeten Besitztums verboten, die ihrer Natur nach dazu bestimmt sind, durch Hieb, Stoß oder Stich Verletzungen beizubringen (Hieb- oder Stoßwaffen). Zuwiderhandlung wurde mit Gefängnis bis zu einem Jahr und mit einer Geldstrafe oder nur mit einer dieser Strafen geahndet (Reichsgesetzblatt 1931, I, 77).

Nach der „Vierten Verordnung des Reichspräsidenten zur Sicherung von Wirtschaft und Finanzen und zum Schutze des inneren Friedens“, im Kapitel „Maßnahmen gegen Waffenmissbrauch“, wurde vorgeschrieben, dass der Besitz von Schusswaffen und Munition, die den Vorschriften des Gesetzes über Schusswaffen und Munition vom 01.10.1928 unterliegen, sowie von Hieb- und Stoßwaffen (Paragraph 1 des Gesetzes gegen Waffenmissbrauch) bei der Polizeibehörde anzumelden waren. Waffen und Munition, die sich in einem Bezirk befanden, konnten, wenn die Aufrechterhaltung der öffentlichen Sicherheit und Ordnung es erforderte, in polizeiliche Verwahrung genommen werden. Der Besitzer hatte sie nach Aufforderung an die Polizeibehörde abzuliefern (Reichsgesetzblatt 1931, I, 742).

Am 30. Januar 1933 wurde Adolf Hitler zum Reichskanzler ernannt. Ab jetzt erwies sich für ihn das Waffengesetz von 1928 als äußerst nützlich. Die sozialdemokratischen und konservativen Politiker der Weimarer Republik, die dieses Gesetz in dem Glauben verabschiedet hatten, die öffentliche Ordnung wiederherzustellen, mussten jetzt zusehen, wie ihr gut gemeintes Gesetz alsbald gegen sie selbst und gegen alle Gegner der neuen Diktatur angewendet wurde. Alle legalen Waffen waren bis dahin bei der Polizei registriert. Damit wussten die Nationalsozialisten, wo sie nach ihnen zu suchen hatten.

Am 27. Februar 1933 wurde der Reichstag angezündet. Ein niederländischer Kommunist, Marinus van der Lubbe, wurde in dem Gebäude festgenommen. Bis heute ist es jedoch nicht klar, ob die Nationalsozialisten den Brand als einen Vorwand für weitere Ermächtigungen organisierten oder ob van der Lubbe tatsächlich alleine handelte. Bereits am nächsten Tag überredeten Hitler und Göring den Reichspräsidenten Paul von Hindenburg, die „Verordnung des Reichspräsidenten zum Schutz von Volk und Staat“ vom 28.02.1933, bekannt unter dem Namen „Reichstagsbrandverordnung“, zu unterschreiben. Damit wurde eine ganze Reihe von Bürgerrechten aus der Verfassung des Deutschen Reiches eingeschränkt. Dazu gehörten die Außerkraftsetzung der persönlichen Freiheit nach Artikel 114, der Unverletzlichkeit der Wohnung nach Artikel 115, des Briefgeheimnisses nach Artikel 117, der Meinungsfreiheit nach Artikel 118, der Versammlungsfreiheit nach Artikel 123, der Bildung von Vereinen nach Artikel 124 und des Eigentumsrechts nach Artikel 153 der Verfassung des Deutschen Reiches (Reichsgesetzblatt 1933, I, 17).

Am 24. März 1933 beschloss der Reichstag, der sich später selbst auflösen sollte, in dem „Gesetz zur Behebung der Not von Volk und Reich“, dass Gesetze direkt von der Reichsregierung beschlossen werden konnten, ohne den Reichstag oder den Reichspräsidenten konsultieren zu müssen. Somit konnte Hitler Gesetze verabschieden, die von der Reichsverfassung abwichen. Dieses Ermächtigungsgesetz war der letzte Nagel im Sarg der Weimarer Republik. Mit der „Verordnung des Reichspräsidenten zum Schutz von Volk und Staat“ und dem „Gesetz zur Behebung der Not von Volk und Reich“ wurde Deutschland von einem Rechtsstaat in einen Maßnahmenstaat umgewandelt. Fortan wurden Verordnungen und Gesetze als Maßnahmen beschlossen, die notwendig waren, um die Diktatur der Nationalsozialisten zu festigen.

Im Februar 1933 befahl Hermann Göring die Anfertigung von Listen aller registrierten Waffenbesitzer. Das Ziel war, die Feinde der Nationalsozialisten zu finden und zu entwaffnen (Halbrook 2013, S. 1706). Die Anfertigung der Listen war notwendig, weil damals die Waffenbesitzer bei der Polizei registriert wurden, es aber noch kein zentrales Waffenregister für ganz Deutschland gab. Göring musste damals die Informationen zuerst mühsam sammeln lassen.

Kurz danach, am 21. April 1933, erfolgte der Befehl des Polizeipräsidenten zur Entwaffnung der Juden in Breslau. Alle jüdischen Besitzer von Waffenerlaubnissen wurden aufgefordert, ihre Schusswaffen sofort bei der Polizei abzugeben. Diese Maßnahme wurde damit begründet, dass diese Waffenbesitzer angeblich Angriffe auf Mitglieder der NSDAP und der Polizei verübt hatten (Halbrook 2013, S. 1522). Natürlich wusste die Polizei, wer legale Waffen besaß, weil sie noch vor der Ergreifung der Macht durch die Nationalsozialisten diese Erlaubnisse selber ausgegeben hatte. Aufgrund der „Verordnung des Reichspräsidenten zum Schutz von Volk und Staat“ vom 28.02.1933 durfte die Polizei oder die Gestapo ohne richterliche Durchsuchungsbefehle alle Privaträume auf Verdacht durchsuchen, weil die Unverletzlichkeit der Wohnung außer Kraft gesetzt worden war. Auf diese Art wurden Tonnen von verbotenen anti-nationalsozialistischen Schriften sowie Waffen von Kommunisten, aber auch Mitgliedern der SPD, Juden und anderen Systemkritikern beschlagnahmt. Die im Waffengesetz von 1928 geforderte Zuverlässigkeit für den Waffenerwerb wurde von den Nationalsozialisten als politische Zuverlässigkeit interpretiert. Nach dieser Lesart waren alle unzuverlässig, die der Naziideologie widersprochen hatten.

Ironischerweise ordnete Göring an, die von den Regimegegnern konfiszierten Schusswaffen den Wachen in den Konzentrationslagern zur Verfügung zu stellen. Er befahl am 28. Juli 1933, die Leitung der Konzentrationslager Sonnenburg und Oranienburg darüber zu informieren, dass konfiszierte Gewehre vom Modell 98, Pistolen Luger 08 und Neun-Millimeter-Maschinenpistolen für sie verfügbar waren (Halbrook 2013, S. 1832). Manche, die sich in der Weimarer Republik für ein strenges Waffengesetz und die lückenlose Waffenregistrierung ausgesprochen hatten, wurden in den Lagern mit denjenigen Waffen in Schach gehalten, die von den Nationalsozialisten gefunden worden waren, weil das Waffengesetz ihnen dabei maßgeblich geholfen hatte.

Am 2. Februar 1937 traf sich der Reichsminister des Innern, Wilhelm Frick, mit dem Reichsführer SS und Chef der Deutschen Polizei, Heinrich Himmler, und mit weiteren Leitern des Hauptamtes der Sicherheitspolizei, um den Entwurf eines neuen Waffengesetzes zu besprechen. Die Grundlage der Novellierung sollte das Selbstverständnis sein, dass Feinden des Volkes und des Staates und anderen Elementen, die eine Gefährdung der öffentlichen Sicherheit darstellten, der Waffenbesitz versagt werden musste. Die Polizei sollte die Aufgabe haben, zu verhindern, dass solche Personen Waffen erwarben, besaßen oder führten. Die Polizei sollte ermächtigt werden, Waffen von solchen Personen ohne Entschädigung zu konfiszieren. Waffen sollten nur politisch zuverlässigen Personen zugänglich sein, die gleichzeitig ein Bedürfnis für den Waffenbesitz nachweisen konnten (Halbrook 2013, S. 2786).

Das neue Waffengesetz trat am 18. März 1938 in Kraft und war eine Mischung aus dem bis dahin gültigen „Gesetz über Schusswaffen und Munition“ aus dem Jahr 1928 und einigen nationalsozialistischen Innovationen.

1. Die Herstellung von Schusswaffen und Munition sowie Bearbeitung und Instandsetzung bedurften einer Erlaubnis. Das Widerladen der Munition war auch erlaubnispflichtig. Die Erlaubnis durfte nur Personen gegeben werden, die ihre persönliche Zuverlässigkeit und fachliche Eignung nachgewiesen hatten. Die Erlaubnis durfte nicht erteilt werden, wenn der Antragsteller und die für die kaufmännische oder für die technische Leitung seines Betriebes in Aussicht genommenen Personen oder einer von ihnen Jude war. Damit sollte die Leitung der Waffenindustrie judenfrei gehalten werden (Paragraph 3 WaffG).

2. Der Handel mit Schusswaffen und Munition war erlaubnispflichtig (Paragraph 7 WaffG). Trödlern und Personen, die im Umherziehen, auf Jahrmärkten, Schützenfesten und Messen

verkauften, durfte die Erlaubnis nicht erteilt werden (Paragraph 9 WaffG).

3. Faustfeuerwaffen durften nur mit einem Waffenerwerbsschein gekauft werden (Paragraph 11 WaffG). Das war eine Liberalisierung gegenüber dem „Gesetz über Schusswaffen und Munition“ aus dem Jahr 1928, nach dem auch der Kauf von Langwaffen erwerbsscheinpflichtig war. Jugendlichen unter 18 Jahren durften Schusswaffen und Munition sowie Hieb- oder Stoßwaffen nicht entgeltlich überlassen werden (Paragraph 13 WaffG).

4. Der Erwerb von Munition war nicht mehr erlaubnispflichtig. Das war ebenfalls eine Liberalisierung gegenüber dem „Gesetz über Schusswaffen und Munition“ aus dem Jahr 1928.

5. Treue Nationalsozialisten und Angehörige von bestimmten Behörden durften Faustfeuerwaffen ohne Erwerbsschein kaufen (Paragraph 12 WaffG). Dazu gehörten:

a. Behörden des Reichs oder der Länder, die Reichsbank und das Unternehmen „Reichsautobahnen“;

b. Gemeinden (Gemeindeverbände), denen die oberste Landesbehörde den Erwerb ohne Erwerbsschein gestattet hatte;

c. die vom Stellvertreter des Führers bestimmten Dienststellen der Nationalsozialistischen Deutschen Arbeiterpartei und ihrer Gliederungen;

d. die vom Reichsminister der Luftfahrt bestimmten Dienststellen des Luftschutzes und des Nationalsozialistischen Fliegerkorps;

e. die vom Reichsminister des Innern bezeichneten Dienststellen der Technischen Nothilfe;

f. die in den Paragraphen 3 und 7 bezeichneten Gewerbetreibenden, die sich durch eine behördliche Bescheinigung ausweisen konnten;

g. Inhaber von Waffenscheinen und Jahresjagdscheinen;

h. die Angehörigen der SS-Verfügungstruppe und der SS-Totenkopfverbände bedurften keines Waffenerwerbsscheins oder Waffenscheins hinsichtlich der ihnen dienstlich gelieferten Schusswaffen (Paragraph 18 WaffG);

i. zu der gleichen Kategorie gehörten Unterführer der Nationalsozialistischen Deutschen Arbeiterpartei vom Ortsgruppenleiter aufwärts, der SA, der SS und des Nationalsozialistischen Kraftfahrkorps vom Sturmführer aufwärts sowie der Hitlerjugend vom Bannführer aufwärts, denen vom Stellvertreter des Führers oder der von diesem bestimmten Stelle das Recht zum Führen von Schusswaffen verliehen worden war; ferner die Angehörigen der SA-Wachstandarte Feldherrenhalle in den Fällen, in denen es der Führer bestimmte (Paragraph 19 WaffG).

6. Wer eine Schusswaffe in der Öffentlichkeit führen wollte, bedurfte eines Waffenscheins (Paragraph 14 WaffG). Der Waffenschein wurde für die Dauer von drei Jahren ausgegeben. Nach Ablauf dieser Zeit musste er wieder bei der Polizei verlängert werden.

7. Waffenerwerbsscheine und Waffenscheine durften nur Personen ausgestellt werden, gegen deren Zuverlässigkeit keine Bedenken bestanden, und nur bei Nachweis eines Bedürfnisses. Zigeuner und nach Zigeunerart Umherziehende durften keine Schusswaffen erwerben. Diese Regelung gab es schon im „Gesetz über Schusswaffen und Munition" aus dem Jahr 1928. Personen, die wegen Landesverrats oder Hochverrats verurteilt worden waren oder gegen die Tatsachen vorlagen, die die Annahme rechtfertigten, dass sie sich staatsfeindlich betätigten, wurden ebenfalls vom Waffenerwerb ausgeschlossen (Paragraph 15 WaffG). Die letzte Regelung konnte praktisch auf alle Personen angewendet werden, die mit der nationalsozialistischen Ideologie nicht einverstanden waren.

8. Der Jagdschein berechtigte den Inhaber zum Führen von Jagd- und Faustfeuerwaffen (Paragraph 21 WaffG).

9. Personen, die sich staatsfeindlich betätigten oder durch die eine Gefährdung der öffentlichen Sicherheit zu befürchten war, konnte der Erwerb, der Besitz und das Führen von Schusswaffen und Munition sowie von Hieb- oder Stoßwaffen verboten werden. Waffen und Munition, die sich im Besitz der Person befanden, gegen die das Verbot ausgesprochen wurde, waren entschädigungslos einzuziehen (Paragraph 23 WaffG).

10. Verboten waren die Herstellung, der Handel, das Führen, der Besitz und die Einfuhr von Schusswaffen, die zum Zusammenklappen, Zusammenschieben, Verkürzen oder zum schleunigen Zerlegen über den für Jagd- und Sportzwecke allgemein üblichen Umfang hinaus besonders eingerichtet oder die in Stöcken, Schirmen, Röhren oder in ähnlicher Weise verborgen waren. Ebenfalls verboten waren Schalldämpfer und Patronen im Kaliber .22 kurz, lang oder lang für Büchsen mit Hohlspitzgeschoss, die angeblich besonders gerne von Wilderern benutzt wurden (Paragraph 25 WaffG).

Insgesamt wollte man mit dem neuen Waffengesetz von 1938 erreichen, dass ausschließlich regimetreue Leute legal Waffen haben durften. Offiziell durften Juden immer noch Waffen erwerben, sie durften nur nicht mehr kaufmännische oder technische Leiter bei den Waffen- und Munitionsherstellern sein. Da aber die erforderliche Zuverlässigkeit in damaligen Zeiten auch als politische Zuverlässigkeit ausgelegt wurde, konnten die Behörden den Juden sowie allen anderen, die als politisch unzuverlässig angesehen wurden, den Waffenbesitz einfach verbieten.

Ein polnischer Jude, Herschel Grynszpan, besorgte sich einen Revolver und schoss am 7. November 1938 in der deutschen Botschaft in Paris auf den der NSDAP angehörenden Legationssekretär Ernst Eduard vom Rath. Dieser erlag zwei Tage später seinen Verletzungen. In den Verhören sagte Grynszpan aus, dass er eigentlich den Botschafter habe erschießen wollen, aber tatsächlich vom Rath getroffen habe. Als Begründung gab er Rache für die Vertreibung seiner damals in Deutschland lebenden Familie nach Polen an. Polen verweigerte aber die Aufnahme der Vertriebenen, und so strandeten diese an der deutsch-polnischen Grenze in erbärmlichen Zuständen. Es gab keinen Strafprozess gegen Grynszpan, er wurde wahrscheinlich im KZ Sachsenhausen ermordet.

Die nationalsozialistischen Zeitungen forderten Rache. Der 9. November war der Tag der Bewegung, ein Jahrestag des gescheiterten Bürgerbräu-Putsches von 1923 in München. Hitler hielt eine Rede im Bürgerbräukeller vor seinen Kameraden, um der damals gefallenen „Helden“ zu gedenken. Goebbels informierte ihn über vom Raths Tod. Hitler wollte nicht, dass die NSDAP interveniert, aber er habe auch nichts gegen ein „spontanes“ Pogrom. Die SA sollte sich mal austoben dürfen. Daraufhin befahl Goebbels der SA die Zerstörung aller jüdischen Geschäfte, die Feuerlegung in Synagogen, die Sicherstellung religiöser jüdischer Symbole und die Entwaffnung der Juden. Sollten Waffen bei Juden gefunden werden, dann gab es den Befehl zu einer sofortigen Exekution der Besitzer. Der Polizei wurde befohlen, nicht zu intervenieren (Halbrook 2013, S. 3601-3625).

In der Reichskristallnacht vom 7. bis 13. November 1938 wurden etwa 400 Menschen ermordet oder in den Suizid getrieben, über 1.400 Synagogen angezündet und Tausende Geschäfte, Wohnungen und jüdische Friedhöfe zerstört. Zusätzlich wurden 30.000 Juden in Konzentrationslager transportiert.

Der SS-Reichsführer Himmler gab am 10. November bekannt, dass jedweder Waffenbesitz für Juden verboten ist. Bei einer Zuwiderhandlung drohten bis zu 20 Jahre Haft. Am 11. November verkündete der Innenminister Frick die „Verordnung gegen den Waffenbesitz der Juden“ (Reichsgesetzblatt 1938, Teil I, S. 1573). Im Paragraphen 1 hieß es: „Juden ist der Erwerb, der Besitz und das Führen von Schusswaffen und Munition sowie von Hieb- und Stoßwaffen verboten. Sie haben die in ihrem Besitz befindlichen Waffen und Munition unverzüglich der Ortspolizei abzuliefern. Die Waffen und Munition fallen entschädigungslos an das Reich.“ Im Paragraphen 4 steht in Abweichung zu Himmlers Ansicht aber „nur“ eine Strafe von fünf Jahren Haft für diejenigen, die sich an diese Verordnung nicht hielten. Frick und Himmler rivalisierten miteinander um Macht. Himmler machte die Gestapo und die SS unverletzlich. Daraus ergab sich, dass ein Jude, der mit Waffen nach der Verordnung von Frick erwischt wurde, noch eine „Chance“ hätte, sich vor einem Nazigericht zu verantworten. Wenn er aber in die Hände der Gestapo fiel, dann gab es keine Chancen mehr, weil nach Paragraph 7 des „Gesetzes über die Geheime Staatspolizei“ vom

10. Februar 1936 die Verfügungen und Angelegenheiten der Gestapo nicht der Nachprüfung durch die Verwaltungsgerichte unterlagen.

Spätestens die Verordnungen gegen den Waffenbesitz in jüdischen Händen nach der Reichskristallnacht zeigen die Wirkung des Maßnahmenstaates im Unterschied zu einem Rechtsstaat. Obwohl das Waffengesetz von 1938 den Juden nicht verbot, Waffen zu besitzen, nivellierten diverse Verordnungen das Gesetz. Die gutgemeinte Waffenkontrolle der Demokraten in der Weimarer Republik erwies sich als eine tödliche Falle in den Zeiten des Nationalsozialismus.

4.4 Fazit

Wie wir an den drei Beispielen Englands, Nordamerikas und Deutschlands gesehen haben, sind die Ursprünge der Waffenkontrolle grundsätzlich rassistischer Natur. In dem Spruch „God made men, but Samuel Colt made them equal“ („Gott erschuf die Menschen, aber Samuel Colt machte sie alle gleich“) steckt die ultimative Wahrheit über den Waffenbesitz. Waffen können Menschen gleich stark machen. Der starke Aggressor kann von einem schwächeren Opfer besiegt werden, wenn es adäquat bewaffnet ist. Das ist eben das Problem, das seit der Entstehung der Menschheit existiert. Derjenige, der die Macht hat oder sie erlangen will, ist nicht daran interessiert, dass diejenigen, die er zu beherrschen sucht, gleich stark sind. Sie sollen in seinem Sinne schwächer sein, womöglich komplett wehrlos, während der Machthaber all die Waffen zur seiner Verfügung hat.

5. Gewaltmonopol des Staates, Selbstjustiz und Notwehr

„Freiheit ist im sicheren Besitz derer, die Mut haben, sie zu verteidigen." Perikles

Wann immer der private Waffeneinsatz zum Selbstschutz diskutiert wird, dauert es nicht lange, bis jemand mit dem Begriff des Gewaltmonopols des Staates daherkommt. Das wird in der öffentlichen Diskussion typischerweise ein Politiker, ein Journalist oder ein Polizeisprecher sein. Den gleichen Einwand bekommen Sie vielleicht von Ihren Bekannten oder einem Mitglied Ihrer Familie zu hören, die zum Thema Waffenbesitz lediglich das wissen, was die Medien ihnen erzählen. Lassen Sie uns mal schauen, was das Gewaltmonopol des Staates bedeutet und wie es sich mit der Notwehr und Selbstjustiz verhält.

Der englische Mathematiker, Staatstheoretiker und Philosoph Thomas Hobbes (1588-1679) ging in seinem Buch „Leviathan" (1651) von einem Urzustand aus, in dem alle gegen alle Krieg führten, um ihre Interessen durchzusetzen. Da dieser Zustand die Entwicklung der Menschen stark behinderte, kam es schließlich zu einem Gesellschaftsvertrag, in dem ein Eintausch von Frieden und Sicherheit gegen die eigene Unterwerfung unter den Willen eines Monarchen vorgenommen wurde. Der Vertrag beruhte darauf, dass jeder zu jedem sagte: „Ich übergebe mein Recht, mich selbst zu regieren, an den Monarchen oder die Versammlung unter der Bedingung, dass du auch dein Recht, dich selbst zu regieren, diesem Monarchen oder der Versammlung abtrittst." Mit diesem Vertrag wurden alle Einzelnen wie eine Person und hießen „Staat" oder „Gemeinwesen". Das war die sprichwörtliche Entstehung des großen Leviathans. Der Leviathan war ursprünglich ein biblisches, drachenähnliches Ungeheuer, vor dem alle Menschen Angst hatten. Der Staat sollte wie der Leviathan alle davon abschrecken, ihre Interessen mit Gewalt durchzusetzen oder sich mit Gewalt aneinander zu rächen. Die Rolle des Leviathans beruhte auf der Hoffnung, dass er desto weniger mit seiner Gewalt tatsächlich eingreifen muss, je mehr Angst die Menschen vor ihm hatten. Hobbes rechtfertigte die absolute Monarchie und ihr Gewaltmonopol mit deren friedenssichernder Funktion. Die bedingungslose Unterwerfung unter den Monarchen wurde als ein zivilisatorischer Fortschritt gegenüber der unkontrollierten Gewalt der Fehden und dem Recht des Stärkeren bewertet. Das Problem mit dieser Ordnung entsteht, wenn die vielen potentiellen Gewalttäter sich einem einzigen Machthaber unterwerfen, der seinerseits willkürliche Gewalt an ihnen ausübt, weil er das Monopol innehat. Es wird schnell begreiflich, dass auch der Monarch einigen Gesetzen unterliegen muss, an die er sich zu halten hat, damit das System überhaupt funktionieren kann. Der deutsche Philosoph der Aufklärung Immanuel Kant (1724-1804) präzisierte daher in seinem Buch „Die Metaphysik der Sitten“: „Ein Staat (civitas) ist die Vereinigung einer Menge von Menschen unter Rechtsgesetzen.“

Der Wille zur Herstellung der Sicherheit und die Erzwingung des Friedens waren auch ökonomisch bedingt. Die Entwicklung des Handels und die Entstehung einer Marktwirtschaft machten es notwendig, die Handelsrouten vor Raubrittern und marodierenden Banden sicher zu machen. Es bedurfte auch einer funktionierenden und einheitlichen Jurisdiktion auf großen Gebieten, um Handelsstreitigkeiten vor den Gerichten zu klären. Das konnten die dezentralisierten feudalen Machtträger, wie Adel, Klerus und einzelne Städte, nicht leisten. Damit entstand der Wunsch nach der Zentralisierung der Macht.

Die meisten Erklärungen des Gewaltmonopols des Staates gehen auf den deutschen Soziologen und Nationalökonomen Max Weber (1864-1920) zurück. In seinem Monumentalwerk „Wirtschaft und Gesellschaft“, das erst nach seinem Tod 1922 veröffentlicht wurde, gibt Weber unter anderem einige Definitionen des Staates, der Macht, der Herrschaft und der Disziplin. Er schreibt: „Staat soll ein politischer Anstaltsbetrieb heißen, wenn und insoweit sein Verwaltungsstab erfolgreich das Monopol legitimen physischen Zwanges für die Durchführung der Ordnungen in Anspruch nimmt.“ Des weiteren definiert Weber: „Macht bedeutet jede Chance, innerhalb einer sozialen Beziehung den eignen Willen auch gegen Widerstreben durchzusetzen, gleichviel worauf diese Chance beruht. Herrschaft soll heißen die Chance, für einen Befehl bestimmten Inhalts bei angebbaren Personen Gehorsam zu finden; Disziplin soll heißen die Chance, kraft eingeübter Einstellung für einen Befehl prompten, automatischen und schematischen Gehorsam bei einer angebbaren Vielheit von Menschen zu finden.“ Das Gewaltmonopol des Staates meint heutzutage also das Monopol auf die Anwendung physischen Zwangs und die Legitimität in modernen Gesellschaften. Es ergibt sich aus dem demokratischen Prozess, in dem die Bürger ihre Vertreter im Parlament wählen, die entsprechende Gesetze verabschieden. Dementsprechend besagt Artikel 20, Absatz 2 des Grundgesetzes: „Alle Staatsgewalt geht vom Volke aus. Sie wird vom Volke in Wahlen und Abstimmungen und durch besondere Organe der Gesetzgebung, der vollziehenden Gewalt und der Rechtsprechung ausgeübt.“ Damit ist die Gewaltenteilung in Legislative, Exekutive und Judikative innerhalb eines Staates beschrieben.

Die Akzeptanz des Gewaltmonopols und damit der Verzicht der Bürger auf die eigenmächtige Verteidigung und Verfolgung ihrer Rechte, Güter und Interessen setzt aber voraus, dass der Staat auch entsprechende Schutzmechanismen zur Verfügung stellt. Ist das nicht der Fall, schwindet auch automatisch die Akzeptanz dieses Gewaltmonopols. Die Bürger sind nur gehorsam, solange der Staat sie auch schützt, und theoretisch wäre der Staat auch nur zu diesem Schutz verpflichtet, solange sich die Bürger ihm gegenüber loyal verhalten. Das ist allerdings nur ein Idealbild, weil der Staat auch dann Gehorsam von den Bürgern verlangen wird, wenn er ihnen keinen Schutz bietet. Der

Illoyale verliert andererseits auch nicht automatisch den staatlichen Schutz.

Wenn Sie in der Zeitung wieder eine Schlagzeile lesen wie: „So beherrschen Banden deutsche Stadtteile“, dann wissen Sie, dass das Gewaltmonopol des Staates über das Bundesgebiet offensichtlich nicht mehr gleichmäßig verteilt ist. Wenn Sie in einem Dorf von einer Verkehrskontrolle mit einer zu hohen Geschwindigkeit erwischt werden, dann werden Sie die Macht des Staates sofort zu spüren bekommen. Wenn jemand aber in einer Großstadt mit seinen Brüdern und Cousins ganze Straßenzüge terrorisiert, dann ist es halt erst mal so.

Trotz des begründeten und im Grundgesetz festgeschriebenen Gewaltmonopols des Staates ist es den Bürgern in Ausnahmesituationen erlaubt, ihre natürlichen Rechte selbst gewaltsam durchzusetzen. Dazu gehört das sogenannte Jedermannsrecht nach Paragraph 127, Absatz 1 Strafprozessordnung (StPO), das besagt: „Wird jemand auf frischer Tat betroffen oder verfolgt, so ist, wenn er der Flucht verdächtig ist oder seine Identität nicht sofort festgestellt werden kann, jedermann befugt, ihn auch ohne richterliche Anordnung vorläufig festzunehmen.“ Ein Dieb, Räuber, Schläger und so weiter kann von jedem festgenommen werden, damit die Personalien festgestellt werden. Natürlich muss er so schnell wie möglich der Polizei zu weiteren Ermittlungen übergeben werden. Insbesondere gehört das Notwehrrecht nach Paragraph 32 Strafgesetzbuch (StGB) zu den Ausnahmesituationen, in denen jeder Mensch das Recht hat, die Verteidigung anzuwenden, die erforderlich ist, um einen gegenwärtigen rechtswidrigen Angriff von sich oder einem anderen abzuwenden. Die Verteidigung zugunsten Dritter nennt man „Nothilfe“.

Die Ausübung des Jedermannsrechts nach Paragraph 127, Absatz 1 StPO oder der Notwehr nach Paragraph 32 StGB widerspricht nicht dem Gewaltmonopol des Staates und stellt auch keine Selbstjustiz dar. Selbstjustiz ist das Gegenteil zum Gewaltmonopol des Staates und beinhaltet die Strafverfolgung sowie die Bestrafung des Täters auf eigene Faust. Das Festhalten eines Diebes, den man auf frischer Tat erwischt hat, oder die Verteidigung gegen einen Räuber sind hingegen keine Bestrafungsaktionen. Es geht sogar noch weiter: Paragraph 33 StGB besagt: „Überschreitet der Täter die Grenzen der Notwehr aus Verwirrung, Furcht oder Schrecken, so wird er nicht bestraft." Zu einem Akt der Selbstjustiz käme es erst dann, wenn man zum Beispiel einen Raubüberfall mit einem Faustschlag in die Magengrube des Räubers abwehrt, er daraufhin den Angriff abbricht und man dann dem Räuber noch einige Tritte verpasst, um ihn für seine schändliche Tat an Ort und Stelle „angemessen" zu bestrafen. In so einer Situation wird man sich auf Paragraph 33 StGB nicht berufen können. Das Opfer könnte dann wegen der Überschreitung der Notwehr und wegen Körperverletzung des Täters angeklagt werden. Das ist genau die Stelle, an der das ursprüngliche Opfer von einem Gericht leicht zum Täter erklärt werden kann.

Ihr Arbeitskollege oder Bekannter, mit dem Sie über den Waffenbesitz sprechen, muss die Gesetze nicht kennen. Vielleicht hat er sich noch keine Gedanken darüber gemacht. Vielleicht assoziiert er Waffen nur mit Gangstern aus dem Kino und dem Fernsehen und ist deshalb der Meinung, dass außer der Polizei und dem Militär niemand Waffen haben sollte. Hier kann eventuell noch behutsame Aufklärung helfen. Wenn aber hochrangige Politiker oder gar Vertreter der Polizei den privaten Waffenbesitz mit dem Gewaltmonopol des Staates und der Gefahr der Selbstjustiz konterkarieren, dann tun sie es nicht, weil sie nicht wissen, worum es geht. Sie wissen es genau. Sie kennen die Paragraphen. Der Einwand des Gewaltmonopols des Staates und der Selbstjustiz sind für sie nur eine autoritäre Keule, um jede Diskussion über den Waffeneinsatz in Notwehrsituationen im Keim zu ersticken. Die Bürger sollten gar nicht auf solche „frivolen" Gedanken kommen, dass sie sich selbst effektiv schützen könnten. Der „aufmüpfige" Bürger, konfrontiert mit dem Argument des Gewaltmonopols des Staates, soll schnell in Ehrfurcht erstarren, sofort schweigen und sich am besten für seine Verirrungen noch schämen. Der Leviathan faucht einen an, spuckt Feuer, und man soll sich ducken. Je mehr Leute sich aber mit den Fakten beschäftigen und die entsprechenden Gesetze lesen, desto weniger Unsinn lassen sie sich von den Autoritäten erzählen.

6. Notwehr in der Praxis

„Denke an die erste Regel in der Verteidigung mit Schusswaffen… habe eine Schusswaffe!" Jeff Cooper

Spätestens nach den Übergriffen auf Frauen in der Silvesternacht 2015 und der aufkommenden Flüchtlingskrise änderte sich in Deutschland die Einstellung vieler Menschen zum Thema Selbstschutz und Waffenbesitz. Deutschland wurde bis dahin im allgemeinen als ein sehr sicheres Land empfunden. Die meisten Menschen waren bis dahin der Überzeugung, dass der Schutz der Bürger der Polizei und den Sicherheitsbehörden obliegt. Mit der Delegation der Verantwortung für die eigene Sicherheit war scheinbar alles erledigt. Nach dieser Nacht zerbrach der Glaube an den Schutz durch die Polizei für viele Bürger endgültig. Die Waffenhändler berichteten, dass Menschen in ihre Läden strömten und Beratung suchten. Die Silvesternacht brachte das Fass nur zum Überlaufen. Das mulmige Gefühl hatte sich bereits über Jahre aufgebaut. Die Kunden der Waffenhändler hörten, dass bei ihrem Nachbarn eingebrochen wurde. Jemand wurde auf der Straße überfallen und ausgeraubt oder von einer Gruppe randalierender Jugendlicher angepöbelt. Menschen, die sich ansonsten nicht für Waffen interessierten, wollten auf einmal etwas zu ihrem Schutz haben. Sie kauften alles, was gerade frei zu erwerben war: Pfefferspray, Gas- und Schreckschusswaffen, Messer und so weiter. Schon die Tatsache, irgendeine Waffe bei sich zu haben, gibt manchen Menschen Mut. Sie trauen sich wieder bei Dunkelheit auf die Straße, weil sie das Gefühl haben, sich im Falle eines Falles wehren zu können. Die Nachfrage nach jedweder Art von freien Waffen war in Deutschland noch nie so groß wie seit diesem Zeitpunkt. Die Hersteller kamen mit der Produktion kaum nach. Ähnliche Zustände gab es in Österreich, wo man Langwaffen wie Einlaufflinten, Doppelflinten, Bockflinten, Repetierbüchsen, Bockbüchsflinten, Drillinge, Druckluftwaffen und CO_2-Waffen mit einem Kaliber von sechs Millimetern und darüber frei ab 18 Jahren erwerben kann. Insbesondere die Flinten waren im Winter 2015/2016 bei vielen österreichischen Waffenhändlern ausverkauft. Über 70.000 Schusswaffen mehr als im Vergleichszeitraum des Vorjahres wurden in Österreich verkauft. Führerscheinkurse für Pistolen fanden an den Schießständen normalerweise alle fünf Wochen statt. Seit Ende 2015 jede Woche, weil die Nachfrage so groß war. Besonders viele Frauen ließen sich an der Waffe ausbilden (ATV 2016). In Österreich dürfen auch Schusswaffen mit der Begründung des Selbstschutzes erworben werden. Das österreichische Waffengesetz zwingt die Bürger nicht, vorzugeben, dass sie alle Sportschützen, Jäger oder Waffensammler sind. Das ist einer der wesentlichen Unterschiede zum deutschen Waffengesetz.

In der Öffentlichkeit, insbesondere in den Medien, wird aber eine eher defätistische Einstellung bezüglich der steigenden Bedrohung propagiert. Es ist der Polizei, den Politikern und den Medien durchaus bewusst, dass es Gewaltstraftaten gibt. Sie rufen die Bürger jedoch zu Passivität auf. Es hört sich typischerweise so an:

„Widerstand sollte man nach Einschätzung eines Beamten jedoch besser nicht leisten. Denn die Täter zögern nicht, auch ein Messer oder andere Waffen einzusetzen, um an die gewünschte Beute zu kommen. Ein Nahkampfausbilder der Berliner Polizei sagt: ‚Wer den Helden spielt, kann dabei schwerste Verletzungen davontragen. Die Diebe sind auf alles gefasst und rechnen ja auch mit Widerstand. Das Opfer hingegen weiß meistens nicht, wie es sich effektiv wehren soll.“ (Solms-Laubach 2014, S. 1067.)

In diesen Sätzen verbirgt sich die Quintessenz der Weltanschauung der Journalisten, Politiker und Polizeisprecher in den letzten Jahrzehnten. Die gesetzestreuen Bürger sollen sich am besten widerstandslos dem Verbrechen ergeben. Die hart arbeitenden Menschen, die mittlerweile über 70 Prozent an diversen

Steuern und Abgaben von ihrem Einkommen zahlen, um den Staat zu finanzieren, sollen nach dieser Vorstellung einfach akzeptieren, dass sie ein Nichts sind. Sie sollen vor Angst erstarren und jedem dahergelaufenen Halunken freiwillig alles abgeben, was sie sich in ihrem Leben hart erarbeiteten. Wie weit soll die Passivität noch gehen? Ist es nach Meinung der „Experten" ratsam, wenigstens dann Widerstand zu leisten, wenn der Angreifer dabei ist, das Kind zu erschlagen und die Ehefrau des Opfers zu vergewaltigen, oder sollte man lieber abwarten, weil Widerstand gefährlich werden könnte? Wieviel schlimmer darf es noch werden?

Die Begründung für die geforderte Passivität ist, dass sich die Opfer im Falle eines Angriffs nicht zu helfen wissen. Das Prekäre an der Aussage ist, dass sie teilweise sogar stimmt. Sie ist genauso wahr wie die Aussage, dass, wenn man einen Nichtschwimmer in ein tiefes Wasser wirft, dieser wahrscheinlich ertrinken wird. Ein Nichtschwimmer kann einfach nicht schwimmen. Die logische Schlussfolgerung wäre doch, zu fordern, dass den Menschen beigebracht wird, wie man richtig schwimmt. Seltsamerweise kommen die „Sicherheitsexperten" vor dem Hintergrund der Gewaltkriminalität nicht auf die Idee, den Menschen beizubringen, wie man sich effektiv verteidigt. Das deutsche Waffengesetz ist sogar so ausgelegt, dass die Teilnahme an den Lehrgängen im Verteidigungsschießen nach Paragraph 27 WaffG generell verboten ist. Eine Ausnahme bilden nur Personen, „die aus Gründen persönlicher Gefährdung, aus dienstlichen oder beruflichen Gründen zum Besitz oder zum Führen von Schusswaffen einer Erlaubnis bedürfen". Eine Kleine Anfrage im Bundestag vom 6. März 2014 ergab, dass es zum damaligen Zeitpunkt bundesweit 18.587 Waffenscheine gab (Bundestag 2014). Bis zum März 2016 verringerte sich nach dem Nationalen Waffenregister (NWR) die Anzahl der gültigen Waffenscheine auf 12.694. Waffenscheine werden in erster Linie an die Mitarbeiter von Sicherheitsunternehmen ausgegeben. Privatpersonen haben so gut wie keine Chance, eine Erlaubnis zu bekommen, scharfe Schusswaffen in der Öffentlichkeit zu führen. Die übrigen Waffenbesitzer, wie zum Beispiel Sportschützen, Jäger oder Waffensammler, dürfen aufgrund des Paragraphen 27 WaffG an einem Training im Verteidigungsschießen nicht teilnehmen. Deshalb ist das gegenwärtige Waffengesetz in dieser Hinsicht durchaus perfide. Es verbietet den Bürgern, Schusswaffen zur Selbstverteidigung zu besitzen und zu führen, und es verbietet den legalen Waffenbesitzern (Sportschützen, Jägern und Waffensammlern) grundsätzlich die Ausbildung im Verteidigungsschießen. Gleichzeitig wird den Opfern geraten, sich den Verbrechern einfach zu ergeben, weil sie sich nicht wehren können, da sie weder entsprechend ausgestattet noch ausgebildet sind. Der Gesetzgeber brachte mit dem gegenwärtigen Waffengesetz die Bürger in eine komplette Schachmatt-Situation: Warum sollst du dich nicht wehren? Weil du nicht dazu in der Lage bist! Warum bist du dazu nicht in der Lage? Weil es verboten ist, es zu lernen!

Die Humorvollen unter den „Experten“ raten den Opfern höchstens noch zu einem Selbstverteidigungskurs. Jeder, der Judo, Karate oder Kung-Fu schon mal trainiert hat, weiß, dass es einer großen körperlichen Fitness und eines immensen Trainingsaufwands bedarf, um halbwegs effektiv darin zu sein. Was machen ältere, behinderte oder kranke Personen? Pfefferspray, Gas- und Schreckschusswaffen sind ihrem Wesen nach Nahkampfwaffen. Man muss den Täter schon auf zwei Meter Entfernung heranlassen, damit diese Waffen überhaupt eine Wirkung entfalten können. Das ist viel zu nah, um sich in der Situation nicht selbst zu gefährden. Eine echte Pistole oder ein Revolver sind hingegen Distanzwaffen. Man kann den Angreifer bequem auf mehrere Meter Abstand halten. Man kann ihn wenn erforderlich auch auf diese Entfernung kampfunfähig machen. Das ist bedeutend sicherer. Der Einwand, das Opfer könne während der Notwehrsituation mit einer echten Schusswaffe Unbeteiligte verletzen, ist prinzipiell wahr. Damit das aber nicht passiert, ist eben eine gute Ausbildung im Verteidigungsschießen notwendig. Diese muss also generell erlaubt anstatt generell verboten sein. Inwiefern ist aber der Besitz von Schusswaffen für die

Selbstverteidigung überhaupt relevant? Helfen Schusswaffen bei der Selbstverteidigung oder schaden sie mehr?

6.1 Notwehr in den USA

Um diese Fragen beantworten zu können, muss man auf wissenschaftliche Studien zugreifen. Dabei ist die amerikanische Forschung auf dem Gebiet des privaten Waffenbesitzes und seiner Auswirkungen auf die Sicherheit und öffentliche Ordnung der europäischen um Jahrzehnte voraus. Das war aber nicht immer so. Noch bis in die 1970er Jahre waren die Amerikaner auf diesem Gebiet genauso ahnungslos, wie die Europäer es heute immer noch sind. Die Akademiker wollten sich mit dem Thema des Schusswaffeneinsatzes für die Zwecke der Selbstverteidigung gar nicht beschäftigen. Das hatte zwei Gründe: Zum einen handelte es sich um eine Sache, die nicht so sichtbar war. Die Kriminologie lieferte keine Daten bezüglich der Häufigkeit des Schusswaffeneinsatzes in Notwehrsituationen. Zum anderen empfanden die Akademiker das Schießen oder auch nur die Drohung, auf Menschen zu schießen, selbst wenn Notwehr vorlag, als abstoßend und barbarisch. Sie entschlossen sich dazu, das Thema gar nicht zu berühren. Vergessen wir nicht, dass Wissenschaftler auch nur Menschen sind. Sie leben in ihrer akademischen Welt, in der es vielleicht nicht opportun ist, unbequeme Themen anzugehen. Nichts zu einem umstrittenen Thema zu sagen, kann die Karriere besser fördern, als sich gegen die herrschende Lehre zu weit aus dem Fenster zu lehnen. Theoretisch ist die schonungslose Aufklärung seit dem Mittelalter die originäre Aufgabe der Universitäten. In der Praxis gibt es aber auch so etwas wie einen herrschenden Zeitgeist, der der Aufklärung über unbequeme Themen entgegengesetzt ist. Mit dem Strom zu schwimmen ist auch für Akademiker viel leichter, und das Gehalt am Ende des Monats wird dadurch auch nicht geringer. Die Standardliteratur zu diesem Thema war damals das Buch „Homicide in the United States" des Soziologen H.C. Brearley aus dem Jahr 1932. Eine der Hauptaussagen dieses Buches war, dass der Besitz von Schusswaffen ein falsches Gefühl der Sicherheit gibt und Rücksichtslosigkeit sowie Arroganz der Waffenbesitzer fördert. Die Erfahrungen haben angeblich gezeigt, dass es fast selbstmörderisch ist, wenn jemand versucht, sich mit einer Schusswaffe in seinem Haus gegen einen Einbrecher zu wehren. Brearleys Ansichten wurden von den Kriminologen unverändert über Jahrzehnte übernommen und publiziert. In Deutschland ist die fast 100 Jahre alte „Weisheit“ immer noch die herrschende Meinung in der Politik, in den Medien und bei hohen Vertretern der Polizei.

Anfang der 1980er Jahre entschlossen sich dennoch einige US-Wissenschaftler dazu, dieses Thema erneut zu untersuchen. Ganz am Anfang standen sie vor einer Schlüsselfrage: Wie stellt man fest, wie oft Menschen ihre Schusswaffen in Notwehr benutzen und mit welchem Erfolg? Spontan könnte man auf die Idee kommen, einfach alle Polizeiprotokolle und Statistiken durchzusehen. Das wäre jedoch wenig hilfreich, denn in den Polizeiprotokollen kann nur das stehen, was der Polizei tatsächlich gemeldet wird. Der am Anfang des Buches geschilderte Fall der Virginia Cantrell aus Detroit, die einen Einbrecher von ihrem Grundstück dadurch verscheuchte, dass sie ihm ihren Revolver präsentierte, würde in den polizeilichen Protokollen gar nicht zu finden sein, weil Cantrell die Polizei über diesen Vorfall gar nicht informierte. Nachdem der Störenfried das Weite suchte und im Endeffekt niemand zu Schaden kam, war die Sache für die Frau erledigt. Um solche Fälle finden zu können, bleibt einem Wissenschaftler nichts anderes übrig, als eine repräsentative Umfrage zu machen und darauf zu hoffen, dass die Teilnehmer ehrliche Antworten geben.

Ein Umfrageinstitut, Hart Research Associates, Inc. aus Washington, machte 1981 eine Umfrage, in der versucht wurde, herauszufinden, wie viele Fälle es gab, in denen Menschen sich mit Schusswaffen gegen diverse Angriffe wehrten. Die Frage lautete: „Haben Sie oder ein Mitglied Ihres Haushalts in den letzten fünf Jahren eine Handfeuerwaffe zur Selbstverteidigung oder der Verteidigung von Besitz in Ihrem Haus, bei der Arbeit oder sonst irgendwo benutzt, mit Ausnahme des Polizei- oder

Militärdienstes, auch wenn die Waffe nicht abgefeuert wurde?“ Auf diese Frage antworteten sechs Prozent der Erwachsenen mit „Ja“. Davon setzten zwei Prozent die Waffen ein, um sich gegen Tiere zu verteidigen, drei Prozent setzten sie ein, um sich gegen Menschen zu verteidigen, und ein Prozent verteidigte sich mit einer Schusswaffe sowohl gegen Tiere als auch gegen Menschen. Daraus folgt, dass vier Prozent der Umfrageteilnehmer eine Handfeuerwaffe benutzen, um sich gegen Menschen zu verteidigen (Kleck 1991, S. 105). Hochgerechnet ergeben sich daraus 468.000 bis 822.000 Handfeuerwaffeneinsätze in Notwehr pro Jahr. Unberücksichtigt bleibt noch der Einsatz von Langwaffen (Gewehre und Flinten) in Notwehr, von denen es in den USA noch mehr gibt als Pistolen und Revolver. Der US-Kriminologe Gary Kleck rechnet auch diese hoch und kommt so auf insgesamt 606.000 bis 960.000 Schusswaffeneinsätze in Notwehr. Der kanadische Kriminologe Gary Mauser stellte in seiner Studie aus dem Jahr 1990 eine ähnliche Frage und kam darauf, dass 3,79 Prozent der Erwachsenen in den letzten fünf Jahren eine Schusswaffe in Notwehr benutzt haben. Hochgerechnet ergeben sich daraus 691.000 Fälle pro Jahr (Kleck 1991, S. 107). Der Ökonom John R. Lott geht sogar von 1,5 bis 3,4 Millionen Fällen pro Jahr aus, in denen Schusswaffen in den USA in Notwehr eingesetzt werden (Lott 2003, S. 18). Die Schätzungen divergieren offensichtlich voneinander, aber selbst wenn wir die untersten Grenzen annehmen, ergibt sich daraus eine beachtliche Anzahl der Fälle. Vor dem Hintergrund dieser Zahlen ist es schwer, die Behauptung aufrechtzuerhalten, dass Schusswaffen ausschließlich für kriminelle Zwecke genutzt werden. Nein, sie werden auch sehr oft von normalen Menschen benutzt, um sich Verbrecher vom Hals zu halten.

Die nächste verbreitete Behauptung ist, dass Waffen nur zum Töten dienen. In bezug auf Notwehr stellen sich die Laien immer vor, dass jeder Schusswaffeneinsatz auch zwingend dazu führt, dass Schüsse fallen und Menschen verletzt oder getötet werden. Wer eine Waffe zieht, der wird sie auch benutzen, heißt es häufig. Wer eine Waffe in Notwehr zieht, der benutzt sie ja auch schon. Es bedeutet aber noch lange nicht, dass auch geschossen wird. Tatsächlich fallen Schüsse nur in den seltensten Fällen (Kleck 1991, S. 111). Die überwiegende Masse an Notwehrfällen spielt sich so ab, dass das Opfer die Waffe zieht und dem Täter damit droht. Wenn der Täter noch halbwegs bei Sinnen ist, dann bricht er den Angriff sofort ab. Das Federal Bureau of Investigation fertigt jedes Jahr eine sehr detaillierte Kriminalstatistik namens „FBI Uniform Crime Report" an. Diese Statistik lässt in ihrem Informationsgehalt kaum Wünsche offen und ist in der Darstellung der Details der deutschen Polizeilichen Kriminalstatistik weitgehend überlegen. Alle Daten sind öffentlich und können im Internet auf der Seite des FBI eingesehen werden. Die „Expanded Homicide Data Table 14, Justifiable Homicide by Weapon, Law Enforcement" zeigt, dass im Jahr 2015 die Polizei und andere Sicherheitsbehörden 442 Menschen in Notwehr getötet haben, 441 davon mit Hilfe von Schusswaffen. In der korrespondierenden Tabelle 15 steht der gleiche Sachverhalt für private Bürger, die im gleichen Jahr 328 Menschen in Notwehr töteten, davon 268 mit Schusswaffen. Diese Zahlen sind jedoch mit Vorsicht zu genießen. Während die Zahlen für die Polizei und andere Sicherheitsbehörden sehr genau sein dürften, verhält es sich bei den Privatpersonen anders. Wenn die Polizei am Tatort eintrifft und eine erschossene Leiche vorfindet, dann wird dieser Fall in den meisten Fällen erst mal als „homicide" (Tötungsdelikt) aufgenommen. Das unabhängig davon, ob das Opfer behauptet, es habe in Notwehr gehandelt. Es gibt nur wenige Fälle, die von vornherein als „justifiable homicide" (Tötung in Notwehr) eingestuft werden. Die Polizisten wissen anfangs nicht, was wirklich vorgefallen ist, und auch Notwehrfälle müssen zuerst kriminalistisch untersucht werden. Wenn sich später vor Gericht erweist, dass es sich tatsächlich um Notwehr handelte, dann wird die Statistik nicht mehr korrigiert. Der Fall figuriert immer noch als „homicide" und nicht als „justifiable homicide" (Kleck 1991, S. 112). Deswegen sind an dieser Stelle die Zahlen verfälscht. Die Anzahl der Tötungsdelikte wird in der FBI-Statistik zu hoch angesetzt, und die Anzahl der Tötungen in Notwehr dafür zu gering. Es hat sich bis jetzt noch niemand die Mühe gemacht, alle Gerichtsurteile in den USA auszuwerten, in denen es um Tötungen in Notwehr geht, um die Statistik zu korrigieren. Der Aufwand dafür wäre einfach zu groß. Kleck schätzt, dass in den USA die Anzahl der Tötungen in Notwehr in Wahrheit etwa viermal so groß ist, wie es durch die „justifiable homicides" suggeriert wird, was bedeuten würde, dass es um die 1.000 von derartigen Fällen jährlich gibt. Die Anzahl der Verwundungen ist noch viel höher. Nur 15 Prozent aller polizeilich bekannten Schussverletzungen führen zum Tode. Viele der Schussverletzungen sind der Polizei nicht bekannt, besonders wenn es um Schießereien in Verbrecherkreisen geht. Ärzte sind dazu verpflichtet, alle Schussverletzungen der Polizei zu melden. Da liegt es auf der Hand, dass Kriminelle mit leichteren Schussverletzungen den Arzt gar nicht aufsuchen, um den späteren Problemen mit der Polizei zu entgehen (Kleck et al. 2001, S. 302-304).

Interessant ist auch die Frage danach, wie effektiv und sicher die Notwehr mit Schusswaffen ist, im Vergleich zu einer Verteidigung mit anderen Mitteln. Die von Kleck aufbereiteten Daten zeigen, dass die Verletzungsgefahr bei einem Angriff in „nur" 12,1 Prozent und bei einem Raubüberfall in 17,4 Prozent der Fälle besteht, wenn sich das Opfer mit einer Schusswaffe wehrt. Am gefährlichsten ist es für das Opfer, wenn es sich ohne Waffen nur mit physischer Kraft gegen den Angriff wehrt. In dem Fall beträgt die Wahrscheinlichkeit einer Verletzung über 50 Prozent (Kleck 1991, S. 149). Diese Zahlen erscheinen plausibel. Wenn das Opfer eine Schusswaffe hat, kann es den Täter auf Abstand halten. Es kann sein, dass das Opfer zuerst vom Täter verletzt wird, daraufhin zieht das Opfer die Waffe, und der Täter stoppt den Angriff. Wer sich nur mit bloßen Händen und Füßen zur Wehr setzt, muss den Täter auf Armlänge an sich heranlassen, was die Verletzungsgefahr vervielfacht. Interessant ist auch, dass die Opfer, die während eines Angriffs versucht haben, Hilfe zu rufen oder den Täter abzuschrecken, in 40 Prozent der Fälle verletzt wurden, beim Raubüberfall waren es 49 Prozent.

Diejenigen, die sich überhaupt nicht wehrten, wurden im Falle eines Angriffs immerhin in 27 Prozent und im Falle eines Raubüberfalls in 25 Prozent der Fälle verletzt.

Vor dem Hintergrund dieser Erkenntnisse ist die Meinung der deutschen „Sicherheitsexperten" verständlicher, wenn sie den potentiellen Opfern empfehlen, sich nach Möglichkeit nicht zu wehren, weil man dabei nur verletzt werden könnte. Da die meisten Deutschen keine Waffenscheine haben, heißt es lapidar: „Wehrt euch nicht und hofft auf die Gnade der Verbrecher!" Nach Maßgabe der Daten ist das aber die falsche Schlussfolgerung. Es sollte eher heißen: „Wehrt euch mit scharfen Schusswaffen, dann habt ihr die besten Chancen, nicht verletzt zu werden!" Die Chancen der Verbrecher sind dementsprechend geringer. So sollte es auch sein. In einer normalen Welt sollten nicht die rechtschaffenen Bürger, sondern die Verbrecher Angst haben, verletzt oder gar getötet zu werden.

Die Kriminologen James Wright und Peter Rossi veröffentlichten 1986 eine Umfrage unter dem Titel „Armed and Considered Dangerous: A Survey of Fellons and Their Firearms". In dieser Umfrage wurden verurteilte Verbrecher danach befragt, wie sie es in ihrer Karriere mit den Schusswaffen hielten. Unter den Gefängnisinsassen, die jemals ein Gewaltverbrechen oder einen Einbruch begangen haben, gaben 42 Prozent zu, dass sie in ihrem Leben schon mit einem bewaffneten Opfer konfrontiert wurden, 38 Prozent gaben zu, dass sie entweder von Schusswaffen in den Händen der Opfer abgeschreckt, von Schüssen verletzt oder von bewaffneten Opfern festgenommen wurden. Rund 43 Prozent gaben an, dass sie schon mal auf eine kriminelle Tat verzichteten, weil sie wussten oder zumindest annahmen, dass das Opfer bewaffnet sein könnte. Wenn es um die Einstellung der Insassen zu bewaffneten Opfern geht, gaben 56 Prozent zu, dass sie mehr die bewaffneten Opfer fürchten als die Polizei, 58 Prozent nahmen an, dass ein Ladeninhaber, von dem bekannt ist, dass er eine Schusswaffe hat, nicht so oft überfallen wird, und 52 Prozent dachten, dass ein Krimineller ein potentielles Opfer wahrscheinlich in Ruhe lässt, wenn ihm bekannt ist, dass das Opfer eine Schusswaffe bei sich hat. Nur 27 Prozent gaben an, dass eine kriminelle Tat gegen ein bewaffnetes Opfer einen besonderen Reiz ausmacht (Kleck 1991, S. 132-133). Aus dieser Umfrage ergibt sich das Offensichtliche: Verbrecher denken ökonomisch. Sie suchen sich mehrheitlich keine Herausforderungen, sondern einfache wehrlose Opfer.

Eine andere Umfrage unter verurteilten Gewaltverbrechern in St. Louis lieferte ähnliche Ergebnisse. Einer der Insassen sagte: „Ich denke nicht daran, festgenommen zu werden, ich denke daran, niedergeschossen zu werden." Ein anderer beschrieb seine Sichtweise noch viel ausführlicher: „Hey, würdest du nicht jemanden wegblasen, wenn welche in dein Haus eingebrochen sind und du kennst sie nicht? Du hörst das Geräusch, und sie kommen, brechen dein Fenster ein, versuchen, in das Haus zu gelangen, sie werden dich sowieso töten wollen. Sieh mal, die Polizei wird sagen: ‚Kommen Sie mit erhobenen Händen raus und machen Sie keine Dummheiten!' Okay, du lebst, aber du gehst in den Knast. Aber du lebst. Wenn du dich in jemandes Haus einschleichst, dann warten sie, bis du drin bist, und dann erschießen sie dich… Siehst du, was ich sage? Du kannst nichts mehr jemandem erklären; du liegst tot auf dem Boden!" (Lott 2003, S. 10-11.)

Einbrecher nehmen an, dass ein bewaffneter Hausbesitzer sie nicht, wie die Polizei, festnehmen wird. Sie nehmen an, dass sie von dem Einbruchsopfer einfach erschossen werden, sobald sie sein Haus betreten haben. Das macht ihnen offensichtlich große Sorgen.

Verbrecher fürchten effektiven Widerstand. In Orlando stiegen die Vergewaltigungsfälle in den 60ern stark an. Die Frauen wollten etwas dagegen unternehmen. Sie wollten sich irgendwie schützen. Daraufhin bildete die Polizei von Oktober 1966 bis März 1967 mehr als 2.500 Frauen an der Schusswaffe aus. Dieses Programm wurde unter anderem auch von der Zeitung „Orlando Sentinel" unterstützt, gesponsert und medial begleitet. Die Journalisten stellten sicher, dass ganz Orlando von dieser Aktion erfuhr. Die Polizeistatistik zeigte, dass im Jahr 1967 die Vergewaltigungen um 88 Prozent im Vergleich zum Vorjahr zurückgingen. Im gleichen Zeitraum blieben die Vergewaltigungsraten im restlichen Florida und in den ganzen USA hingegen konstant. Die Ausbildung der Frauen an der Waffe machte Vergewaltigungen zu einem riskanten Unternehmen. Das erhöhte Risiko für die Täter zeigte eine große Wirkung (Kleck 1991, S. 134).

Einen ähnlichen Effekt hatte der Vorfall vom 22. Dezember 1984 in der New Yorker Metro (Kleck et al. 2001, S. 201-204). Vier Afroamerikaner im Alter zwischen 18 und 19 Jahren fuhren in einer U-Bahn in Richtung Downtown. Bernhard Goetz stieg in die gleiche Bahn und setzte sich in der Nähe der vier Jugendlichen. Daraufhin haben sie ihn bedroht und bedrängt. Einer von ihnen verlangte von Goetz fünf Dollar. Daraufhin erhob sich Goetz, zog seinen Smith-&-Wesson-Revolver im Kaliber .38 Special und gab alle fünf Schüsse auf die Räuber in rascher Folge ab. Alle vier jungen Männer wurden getroffen, überlebten aber. Einer von ihnen wurde jedoch am Kopf getroffen und trug einen Hirnschaden davon, wodurch er lebenslang gelähmt blieb. Alle vier Täter hatten ein langes Strafregister. Sie brachten es zum Tatzeitpunkt auf insgesamt neun Verurteilungen, viel mehr Festnahmen, zwölf weitere anhängige Klagen und zehn Vollziehungsbefehle für das Nichterscheinen vor Gericht. Die Taten bezogen sich alle auf Vergewaltigung, bewaffnete Überfälle und Angriffe mit tödlichen Waffen. Während des Vorfalls erwartete einer der Täter eine Gerichtsverhandlung wegen eines bewaffneten Überfalls mit einer Schrotflinte. Sechs Monate später wurde ein anderer der Täter wegen Raub und Vergewaltigung einer schwangeren Frau angeklagt und verurteilt. Die Frau wurde so schwer verletzt, dass sie mit 40 Stichen genäht werden musste, um die Wunden zu schließen. Sie musste vier Tage im Krankenhaus bleiben. In den 80er Jahren war New York ein gefährliches Pflaster, insbesondere die Metro. Das Führen von Schusswaffen war ähnlich streng geregelt wie in Deutschland. Das war noch vor der Amtszeit des Bürgermeisters Rudolph Giuliani, der die Stadt mit seiner Null-Toleranz-Politik säuberte. Goetz hatte keine offizielle Erlaubnis, die Waffe zu besitzen und zu führen. Das

Gericht erkannte auf Notwehr. Goetz wurde trotzdem wegen des unerlaubten Waffenbesitzes zu einer Gefängnisstrafe von einem Jahr mit fünf Jahren Bewährung (davon verbrachte er acht Monate im Gefängnis), 280 Stunden Sozialdienst, 5.000 US-Dollar Geldstrafe oder ein weiteres Jahr im Gefängnis sowie zu einer psychiatrischen Behandlung verurteilt. Bernhard Goetz wurde auch für New Yorker Verhältnisse für den unerlaubten Waffenbesitz ungewöhnlich hart bestraft. Herkömmliche Kriminelle kamen in so einem Fall typischerweise mit einfachen Bewährungsstrafen davon. Der Fall war aber in den Medien so prominent, dass die Richter wohl zu höheren Strafen griffen, um nicht den Eindruck zu erwecken, dass sie bei Bürgern, die sich selbst zu helfen wissen, nachlässig sind. Nach dem Notwehrvorfall von Bernhard Goetz verringerten sich die Raubüberfälle in der New Yorker Metro in der darauf folgenden Woche um 43 Prozent. Nach zwei Monaten gab es immer noch 19 Prozent weniger Raubüberfälle in der Metro als im Vorjahr (Kleck 1991, S. 135). Fairerweise muss man sagen, dass kurz nach dem Vorfall die New Yorker Polizei die Patrouillen in der Metro verstärkte, so dass der Rückgang der Raubüberfälle nicht vollständig auf das Konto von Bernhard Goetz ging. Nichtsdestotrotz kann angenommen werden, dass die New Yorker Räuber vorsichtiger wurden. Der Fall mit Bernhard Goetz erinnerte sie daran, dass sich potentielle Opfer auch wirksam wehren können.

Ein besonders erstaunlicher Fall ereignete sich in der Stadt Kennesaw im Bundesstaat Georgia. 1982 beschloss der Stadtrat eine Waffenbesitzpflicht. Jeder Haushaltsvorstand wurde verpflichtet, mindestens eine funktionsfähige Schusswaffe zu Hause bereitzuhalten. Es wurde eine Strafe von 50 US-Dollar für diejenigen aufgesetzt, die sich weigerten, dieser Waffenpflicht nachzukommen. Nichtsdestotrotz konnten sich die Bürger von dieser Pflicht befreien lassen, wenn sie offiziell erklärten, dass sie bewusst keine Schusswaffen zu Hause haben wollen. Das Gesetz war eher eine politische Antwort auf das damals geforderte Verbot von Handfeuerwaffen, das nach dem Attentat auf John Lennon und später auf Präsident Ronald Reagan aufkam.

Der Stadtrat hatte auch niemals vor, zu prüfen, ob die Bürger der Waffenbesitzpflicht tatsächlich nachkamen. In der damaligen 5.095-Seelen-Stadt befanden sich in bereits 85 Prozent der Haushalte Schusswaffen. Trotzdem wurden nach der Verkündigung des Gesetzes zwischen März und Oktober 1982 nur fünf Einbrüche in Privathäuser gemeldet, im Vergleich zu 45 Einbrüchen in der Vergleichsperiode des Vorjahres. Das war ein Rückgang von 89 Prozent. Offensichtlich ist es so, dass, wenn eine Gemeinde glaubhaft macht, dass die Zeiten für Kriminelle fortan gefährlicher werden, sich die Kriminellen tatsächlich zurückziehen. Der Punkt ist: So eine Warnung muss wirklich ernst gemeint und glaubhaft sein. Die rituellen Bekundungen der Politiker, dass ab jetzt viel härter durchgegriffen wird, nützen nicht viel. Politiker neigen dazu, besonders in Wahlzeiten harte Reden zu schwingen, um ihren Wählern kurzfristig zu gefallen. Kriminelle lassen sich davon wenig beeindrucken, weil die Glaubwürdigkeit solcher Ankündigungen fehlt. Von einer politischen Ankündigung bis zur Umsetzung vergehen Jahre oder Jahrzehnte, oder es passiert überhaupt nichts. Ein bewaffneter Bürger kann hingegen auf einen Kriminellen sofort reagieren.

Die abstrakten Statistiken mögen trocken wirken, aber sie bestehen aus echten Fällen, die echten Menschen passiert sind. In den USA gibt es die Internetseite www.KeepAndBearArms.com, auf der die Aktivisten fortlaufend alle Fälle auflisten, in denen sich Menschen gegen kriminelle Angriffe mit ihren Schusswaffen wehrten. Diese Fälle werden meistens in den lokalen Medien publiziert. Auf dieser Internetseite werden sie gesammelt, um zu zeigen, dass Schusswaffen auch einen großen Nutzen spenden können. Eine ähnliche Datenbasis findet man unter www.nraila.org/gun-laws/armed-citizen. Es sind nur zwei Beispiele für Informationsquellen, von denen es im Netz noch viele weitere gibt. In den überregionalen Mainstreammedien werden Sie nur selten über erfolgreiche Notwehrfälle informiert. Das führt zu einer verzerrten Wahrnehmung vieler Menschen bezüglich des Waffenbesitzes. In den Medien werden Waffen nur als Werkzeuge von Kriminellen und Terroristen dargestellt. So entsteht beim breiten Publikum der falsche Eindruck, dass Waffen ausschließlich für kriminelle Zwecke benutzt werden.

6.2 Notwehr in Deutschland

Notwehr mit Schusswaffen spielt auch in Deutschland eine Rolle, obwohl bei weitem nicht so eine große wie in den USA. Es liegt daran, dass in Deutschland laut dem Nationalen Waffenregister (NWR) rund 1,6 Millionen natürliche Personen rund 5,6 Millionen registrierungspflichtige Schusswaffen besitzen (Stand: März 2016). Umgerechnet besitzen also nur 1,8 Prozent der Bevölkerung legale Schusswaffen. Die Anzahl der illegalen Schusswaffen in Deutschland wird auf 20 Millionen geschätzt. Von den 50er Jahren bis zum Jahr 1972 konnte jeder Bürger ab 18 Jahren Langwaffen, Gewehre aller Art, Jagdbüchsen, Flinten und halbautomatische Kleinkaliberwaffen mit 15-schüssigen Magazinen bis hin zum Zweiten-Weltkriegs-Karabiner 98 k nebst Munition in unbeschränkter Zahl erwerben. Wer noch die alten Neckermann-Kataloge hat, der wird sich leicht davon überzeugen können, dass diese Waffen und dazugehörige Munition damals sogar im Versandhandel verkauft wurden. Im Zuge des aufkommenden RAF-Terrorismus wurde das Waffengesetz 1972 verschärft. Fortan war eine Erlaubnis erforderlich, um die zuvor frei erwerblichen Waffen und Munition zu besitzen und erwerben zu dürfen. Nachregistriert wurden anfangs nur 300.000 und bei späteren Meldeamnestien noch zusätzliche drei Millionen dieser Schusswaffen. Der Rest dieser Waffen plus Waffen aus den beiden Weltkriegen in Privathand sowie geschmuggelte Waffen führen zu einer geschätzten Anzahl von 20 Millionen illegaler Schusswaffen in Deutschland (Schieferdecker 2015). Die Mehrzahl der illegalen Schusswaffen wurde von der Regierung erzeugt, indem sie zuvor legale Waffen über Nacht zu illegalen Waffen erklärte. Wer diese Waffen hat und wo sie sich befinden, kann heute keiner mehr sagen.

Notwehrfälle ereignen sich auch in Deutschland auf täglicher Basis, weil ständig irgendjemand eine andere Person bedrohen, ausrauben, zusammenschlagen oder vergewaltigen will.

Von diesen Fällen erfahren wir in den Medien allerdings nur etwas, wenn sie besonders spektakulär sind. Wenn ein stumpfer Gegenstand oder ein Messer im Spiel sind, dann ist es den Medien meistens keine Zeile wert. Wenn aber Schusswaffen in Notwehr benutzt werden, dann wird es für die Journalisten bedeutend interessanter. Dabei gibt es eine Tendenz, besonders intensiv über diejenigen Fälle zu berichten, bei denen sich das Opfer mit einer legal besessenen Schusswaffe wehrte. Der Einsatz illegaler Waffen im Verbrechermilieu wird hingegen von den Medien großzügig ignoriert. Im folgenden werden einige Fälle der Notwehr mit legalen Schusswaffen vorgestellt, die sich in den letzten Jahren in Deutschland ereigneten. Jeder gemeldete Notwehrfall wird von Polizei und Justiz entsprechend untersucht. Es ist also auch interessant, zu sehen, wie die deutsche Justiz in der Praxis mit den Notwehrfällen umgeht.

6.2.1 Fall in Sittensen

Ein 77-jähriger Rentner, Ernst B. aus Sittensen in Niedersachsen, pflegte den Kontakt zu Frauen aus dem horizontalen Gewerbe (Schrep 2011). Der vermögende ehemalige Bestattungsunternehmer verkehrte oft in Nachtclubs. Dabei lernte er eine Bardame näher kennen, die altersmäßig seine Enkelin hätte sein können. Er finanzierte ihr ein Mercedes-Coupé, mehrere Reitpferde und eine Eigentumswohnung. Natürlich lud er die Dame auch in seine Villa ein. Eine 21-jährige Freundin dieser Bardame, Lorella P., durfte ebenfalls des öfteren nach Sittensen kommen und war von dem Reichtum des Rentners schwer beeindruckt. Sie entwickelte einen tückischen Plan. Mit ihrer Handykamera filmte sie die Inneneinrichtung und die Position des Tresors, fertigte Zeichnungen der Wohnung an und kundschaftete die Lage der Alarmanlagen aus. Mit diesen Unterlagen wandte sich Lorella P. an fünf Bekannte, die sie aus der Diskoszene kannte: Labinot S., Hakan Y., Burhan K., Smian K. und Gracia K. Diese illustre kosovo-albanisch-türkisch-irakisch-kongolesische Truppe, deren Mitglieder bereits zuvor mehrmals polizeilich in Erscheinung getreten waren, entschloss sich, einen Raubüberfall auf den Rentner zu verüben. Am 13. Dezember 2010 zogen sich die Täter schwarze Gesichtsmasken an und warteten vor der Villa auf eine Gelegenheit, in das Haus reinzukommen. Währenddessen schaute sich Ernst B. das Fernsehquiz „Wer wird Millionär?“ an. Zwei Wochen zuvor hatte er ein neues künstliches Kniegelenk bekommen und konnte sich nur mit Hilfe von Krücken bewegen. Gegen 21:15 Uhr verließ er das Haus, um zum Zwinger zu gehen und seinen Hund zu füttern. Auf diesen Moment hatten die Täter gewartet. Ernst B. wurde gewaltsam zurück ins Haus gezerrt. Einer der Täter brüllte: „Opa, wir wollen Geld, sonst gibt‘s Probleme!“. Die Krücken flogen weg, Ernst B. fiel auf den Boden und schrie vor Schmerzen. Er wurde auf den Stuhl gesetzt. Einer der Täter hielt ihm eine täuschend echt aussehende Pistole an den Kopf. Während der späteren Untersuchungen stellte sich heraus, dass es eine Airsoft-Pistole war. Das konnte das Opfer zu dem Zeitpunkt aber nicht wissen. „Mir wurde eine Waffe an die Schläfe gehalten, ich hatte Angst um mein Leben“, sagte er später bei der Polizei aus. Unter den Knieschmerzen und den Drohungen verriet Ernst B., wo sein Portemonnaie und die Tresorschlüssel lagen. Als die Täter beim Öffnen des Tresors versehentlich die Alarmanlage auslösten, gerieten sie in Panik und flüchteten durch die offene Terrassentür. Die Beute: eine goldene Uhr und das Portemonnaie mit 2.143 Euro. Da Ernst B. schon Jahre vorher erpresst worden war, pflegte er seine Pistole, die er als Jäger legal besaß, geladen in seiner Nähe zu halten. Ernst B. gab an, dass er noch einen Schuss hörte, den einer der Täter abgefeuert haben sollte. Während der Untersuchung ließ sich diese Behauptung aber nicht beweisen. Ernst B. schoss jedenfalls vier Mal auf die flüchtenden Räuber. Wie die Rechtsmediziner feststellten, traf das dritte Geschoss den damals 16-jährigen Labinot S. in 125 Zentimetern Höhe in den Rücken und zerfetzte seine Hauptschlagader. Der Täter verblutete nach wenigen Minuten und verstarb an Ort und Stelle.

Mitte 2011 wurden die vier übrigen Täter wegen räuberischer Erpressung und gefährlicher Körperverletzung zu Strafen von rund dreieinhalb bis vier Jahren verurteilt. Die Anstifterin Lorella P. kam mit einer Bewährungsstrafe davon. Wie in Notwehrfällen üblich, wurde ebenfalls gegen das Opfer ermittelt, um festzustellen, ob es sich wirklich um einen Akt der Notwehr handelte. Die Staatsanwaltschaft Stade kam anfangs zu dem Schluss, dass es sich in diesem Fall tatsächlich um Notwehr gehandelt habe, und stellte die Ermittlungen gegen Ernst B. ein.

Mit der Entscheidung der Staatsanwaltschaft war aber der Fall für die Großfamilie des Erschossenen noch lange nicht abgeschlossen. Es konnte nicht sein, dass ein Opfer, das sich gegen den „liebenswertesten, respektvollen, stets hilfsbereiten Sohn, der bei allen Mädchen sehr beliebt war“ wehrte, einfach so ungestraft davonkam. Vor der Villa errichtete Labinots Familie eine kleine Gedenkstätte, wo sich Männer, Frauen und Kinder regelmäßig trafen, um gegen den angeblichen „Mörder“ eines Räubers zu protestieren. Wie zu erwarten war, legte die Familie des Getöteten Beschwerde ein. Die Staatsanwaltschaft Stade nahm die Ermittlungen wieder auf und erhob im April 2012 Anklage gegen Ernst B., einen Menschen vorsätzlich, rechtswidrig und schuldhaft getötet zu haben. Das Landgericht Stade lehnte jedoch die Eröffnung des Verfahrens ab, da von einem hinreichenden Tatverdacht eines Tötungsdelikts nicht auszugehen war. Bis dahin folgte das Gericht immer noch der früheren Notwehrargumentation der Staatsanwaltschaft. Die erneut eingelegte Beschwerde der Nebenkläger führte aber dazu, dass der Zweite Strafsenat des Oberlandesgerichts Celle das Hauptverfahren gegen den Rentner eröffnete, und ließ die Anklage gegen ihn vor dem Landgericht Stade zu. Die Hauptfrage in dem Verfahren war, ob der Angriff der Räuber noch gegenwärtig war, als sie aufgrund des Alarms von dem Opfer abließen und aus der Villa durch die Terrassentür mit der Beute flüchteten. Das deutsche Notwehrrecht schützt grundsätzlich nicht nur das Leben, sondern auch Eigentum, Vermögen oder auch andere Rechtsgüter. Bei Eigentums- und Vermögensdelikten ist der Angriff immer noch gegenwärtig, wenn der Raub zwar beendet, aber die Beute noch nicht gesichert ist. Das war hier der Fall.

Bezüglich der Erforderlichkeit der Notwehrhandlung ist zu berücksichtigen, dass nach ständiger Rechtsprechung der Schusswaffeneinsatz zunächst anzudrohen ist. Für den Fall, dass das nicht ausreicht, fordern einige Richter, vor dem tödlichen Schuss einen weniger gefährlichen Schuss, zum Beispiel in die Beine, abzugeben. Ebenfalls kann ein Warnschuss abgegeben werden, bevor man einen tödlichen Schuss abgibt. Diese ganzen Einschränkungen der Notwehr sind aber relativ zu sehen. Sie sind nur dann zu beachten, wenn man sich dadurch nicht selbst gefährdet, indem man zum Beispiel den Tätern eine Möglichkeit gibt, als erste gezielt mit Waffen gegen das Opfer vorzugehen. Ein Warnschuss zum Beispiel hätte die Flucht der Täter mit der Beute nicht zuverlässig beenden können.

gericht Koblenz erließ zehn Durchsuchungsbeschlüsse gegen verschiedene Mitglieder der Hells Angels. Einer der Beschlüsse betraf die Durchsuchung von Wohnhaus und Fahrzeug des besagten Rockers. Typischerweise laufen Durchsuchungen so, dass die Polizisten an der Tür klingeln, sich höflich vorstellen, einem den Durchsuchungsbeschluss in die Hand drücken und anfangen, nach dem zu suchen, was sie auch immer zu finden hoffen. Diesmal sollte es aber etwas spektakulärer ablaufen. Aus taktischen Gründen sollten alle zehn Durchsuchungen gleichzeitig stattfinden, damit sich die Verdächtigen nicht gegenseitig warnen konnten. Da der Rocker von der Polizei als gewaltbereit eingestuft wurde und zudem mit behördlicher Erlaubnis Schusswaffen besaß, sollte ein Spezialkommando der Polizei eingesetzt werden, das überraschend in die Wohnung eindringen, den Rocker im Schlaf überwältigen und in eine stabile Lage bringen sollte. „Stabile Lage“ bedeutete in diesem Fall: gefesselt und am Boden liegend. Zudem sollte nicht unerwähnt bleiben, dass, wenn der Rocker zu diesem Zeitpunkt immer noch eine Waffenbesitzkarte hatte, seine polizeiliche Akte sauber gewesen sein dürfte, denn wenn er durch Gewalttaten aufgefallen wäre, hätte das zu einem sofortigen Verlust der Zuverlässigkeit und somit zum Einzug der Waffenbesitzkarte und der Schusswaffen geführt.

Am 17. März 2010 kurz vor sechs Uhr machten sich zehn Beamte des Spezialeinsatzkommandos (SEK) auf den Weg und umstellten das Haus des Rockers. Fünf Beamte davon postierten sich anschließend an der Vorderfront nahe der Eingangstür dicht an der Hauswand. Einer der Beamten sollte mit einem hydraulischen Gerät das Türschloss sowie zwei Zusatzverriegelungen zerstören, die der Rocker nach früheren Einbrüchen von Dieben eingebaut hatte. Der Türöffnungsspezialist setzte das hydraulische Gerät an, und die erste Verriegelung zerbrach mit einem lauten Knacken. Anschließend setzte der Beamte das Gerät in der Höhe des Türschlosses an, das wieder mit einem lauten Knackgeräusch aufbrach. Durch den Lärm wachte der Rocker, der mit seiner Verlobten im Bett lag, auf. Als er merkte, dass irgendjemand an seiner Eingangstür herumbastelte, nahm er an, dass er das auserwählte Opfer sein sollte, das die Bandidos für ihren Rachemord auserkoren hatten. Es kam ihm gar nicht in den Sinn, dass es sich um einen Polizeieinsatz handeln könnte. Er nahm seine Pistole, lud sie und machte das Licht im Flur und im Treppenhaus an. Trotz des eingeschalteten Lichts ließen sich die Beamten nicht beirren. Sie arbeiteten munter weiter an der Eingangstür. In der Tür befanden sich 10,5 mal 44 Zentimeter große Ornamentgläser, durch die der Rocker Umrisse einer Person sah. Er blieb am Treppenabsatz in Deckung stehen und rief: „Verpisst euch!", was aber offensichtlich von den Beamten nicht gehört wurde, weil sie zu sehr mit dem Aufbrechen der Tür beschäftigt waren. Der Rocker sah, dass die Tür bald nachgeben würde. In der Annahme eines Angriffs durch Bandidos und in Todesangst gab der Rocker zwei Schüsse aus seiner Pistole auf die Tür ab. Der erste Schuss ging fehl. Der zweite Schuss traf den SEK-Beamten, der an der Tür arbeitete. Das Geschoss drang durch die Öffnung der Schutzweste am Oberarm in den Brustkorb und verletzte ihn dabei tödlich. Ein anderer Beamter rief: „Sofort aufhören, zu schießen! Hier ist die Polizei!" Der Rocker legte die Waffe sofort weg, lief zum Fenster und rief: „Wie könnt ihr so was machen? Warum habt ihr nicht geklingelt? Wieso gebt ihr euch nicht zu erkennen?" Daraufhin ließ sich der Rocker widerstandslos verhaften, wobei er von den SEK-Beamten verletzt wurde.

Der Rocker wurde angeklagt und vom Landgericht Koblenz am 28. Februar 2011 wegen dieses vorsätzlichen Totschlags, Nötigung und versuchter räuberischer Erpressung aus anderen Vorkommnissen zu einer Gesamtfreiheitsstrafe von neun Jahren verurteilt. Die Begründung im Falle des Totschlags an dem SEK-Beamten war, dass sich der Rocker objektiv nicht in einer Notwehrlage befand, weil der Polizeieinsatz rechtmäßig war. Eine Putativnotwehr (Paragraphen 32 und 16 Absatz 1 StGB) konnte auch nicht angenommen werden, denn auch als vermeintliche Notwehrhandlung sei der sofortige gezielte Schusswaffeneinsatz gegen Menschen nicht geboten gewesen. Nach Meinung des Landgerichts Koblenz wäre zuerst die Abgabe eines Warnschusses erforderlich gewesen.

Der Rocker ging in Revision. Der Bundesgerichtshof hob am 2. November 2011 das Urteil des Landgerichts Koblenz auf und sprach den Angeklagten wegen Notwehr frei (Urteil 2 StR 375/11). Die Begründung des Bundesgerichtshofs wird an dieser Stelle wörtlich zitiert, weil sie herausragend dazu geeignet ist, den Schusswaffeneinsatz in Notwehr anhand eines Beispiels aus dem wahren Leben verständlich zu machen:

„Wird eine Person rechtswidrig angegriffen, dann ist sie grundsätzlich dazu berechtigt, dasjenige Abwehrmittel zu wählen, welches eine endgültige Beseitigung der Gefahr gewährleistet; der Angegriffene muss sich nicht mit der Anwendung weniger gefährlicher Verteidigungsmittel begnügen, wenn deren Abwehrwirkung zweifelhaft ist. Das gilt auch für die Verwendung einer Schusswaffe. Nur wenn mehrere wirksame Mittel zur Verfügung stehen, hat der Verteidigende dasjenige Mittel zu wählen, das für den Angreifer am wenigsten gefährlich ist. Wann eine weniger gefährliche Abwehr geeignet ist, die Gefahr zweifelsfrei und sofort endgültig zu beseitigen, hängt von den Umständen des Einzelfalls ab (vgl. Senat, Urteil vom 5. Oktober 1990 – 2 StR 347/90, NJW 1991, 503, 504). Unter mehreren Abwehrmöglichkeiten ist der Verteidigende zudem nur dann auf die für den Angreifer weniger gravierende verwiesen, wenn ihm genügend Zeit zur Wahl des Mittels sowie zur Abschätzung der Lage zur Verfügung steht (vgl. Senat, Urteil vom 30. Juni 2004 – 2 StR 82/04, BGHR StGB § 32 Abs. 2 Erforderlichkeit 17). In der Regel ist der Angegriffene bei einem Schusswaffeneinsatz zwar gehalten, den Gebrauch der Waffe zunächst anzudrohen oder vor einem tödlichen Schuss einen weniger gefährlichen Einsatz zu versuchen. Die Notwendigkeit eines Warnschusses kann aber nur dann angenommen werden, wenn ein solcher Schuss auch dazu geeignet gewesen wäre, den Angriff endgültig abzuwehren (vgl. Senat, Beschluss vom 28. Oktober 1992 – 2 StR 300/92, StV 1993, 241, 242). Das war hier nicht der Fall, zumal der Angeklagte damit rechnete, dass er seinerseits von den Angreifern durch die Tür hindurch beschossen werden könne. Ihm blieb angesichts seiner Annahme, dass ein endgültiges Aufbrechen der Tür und das Eindringen mehrerer bewaffneter Angreifer oder aber ein Beschuss durch die Tür unmittelbar bevorstand, keine Zeit zur ausreichenden Abschätzung des schwer kalkulierbaren Risikos. Bei dieser zugespitzten Situation ist nicht ersichtlich, warum die Abgabe eines Warnschusses die Beendigung des Angriffs hätte erwarten lassen (vgl. Senat, Urteil vom 2. Oktober 1996 – 2 StR 332/96; BGHR StGB § 32 Abs. 2 Erforderlichkeit 13).

Ein Warnschuss ist im übrigen auch nicht erforderlich, wenn dieser nur zu einer weiteren Eskalation führen würde (vgl. Rönnau/Hohn in LK StGB § 32 Rn. 177). Hier war aus Sicht des Angeklagten zu erwarten, dass die hartnäckig vorgehenden Angreifer ihrerseits gerade dann durch die Tür schießen würden, wenn sie durch einen Warnschuss auf die Abwehrbereitschaft des Angeklagten aufmerksam gemacht worden wären. Auf einen Kampf mit ungewissem Ausgang muss sich ein Verteidiger nicht einlassen. Daher waren beide Schüsse, die der Angeklagte durch die Tür abgegeben hat, aus seiner Sicht erforderliche Notwehrhandlungen (vgl. Senat, Urteil vom 1. Juni 1994 – 2 StR 195/94, BGHR StGB § 32 Abs. 2 Erforderlichkeit 10). Dieser Irrtum führt zum Wegfall der Vorsatzschuld.

Fahrlässigkeit im Sinne von §§ 16 Abs. 1 Satz 2, 222 StGB ist dem Angeklagten ebenfalls nicht vorzuwerfen. Dies wäre nur dann der Fall, wenn er seinen Irrtum über die Identität und Absicht der Angreifer hätte vermeiden können. Das ist ausgeschlossen, weil der Angeklagte nach den rechtsfehlerfreien und lückenlosen Feststellungen des Landgerichts mit plausiblen Gründen von einem lebensbedrohenden Angriff durch ‚Bandidos' ausging, ferner weil die tatsächlich angreifenden Polizeibeamten sich auch nach Einschalten der Beleuchtung im Haus nicht zu erkennen gaben und weil der Angeklagte wegen ihres verdeckten Vorgehens keine Möglichkeit hatte, rechtzeitig zu erkennen, dass es sich um einen Polizeieinsatz handelte (vgl. auch BGH, Urteil vom 23. Juli 1998 - 4 StR 261/98).

Da keine weitergehenden Feststellungen zu erwarten sind, die zu einem anderen Ergebnis führen könnten, ist der Angeklagte freizusprechen. Die Einsatzstrafe entfällt; daher muss auch die Gesamtstrafe aufgehoben werden."

Die Entscheidung des Bundesgerichtshofs sorgte bei vielen Polizeibeamten, Politikern und Journalisten für Widerspruch und Empörung. So ist aber nun mal das Notwehrrecht in Deutschland, wenn man es von einer höheren Warte betrachtet.

6.2.3 Der Fall Hamburg

Abdourhamane M. kam als Kind im Jahr 2002 aus Niger nach Deutschland und beantragte Asyl (Zand-Vakili/Herder 2015). Seitdem lebte er in Hamburg. Sobald er strafmündig wurde, tauchte er in den Polizeiakten auf. Im Februar 2004 wurde gegen ihn wegen eines gefährlichen Eingriffs in den Straßenverkehr ermittelt. Weitere Straftaten häuften sich. Abdourhamane M. bekam kein Asyl, allerdings wurde ihm von den Behörden eine Duldung gegeben, was offiziell nach dem Aufenthaltsrecht als eine „vorübergehende Aussetzung der Abschiebung" bezeichnet wird. Das ist der Zustand, in dem ein Ausländer eigentlich keinen Grund hat, sich in Deutschland aufzuhalten, die Behörden aber sich nicht dazu entschließen können, ihn tatsächlich abzuschieben. Seit 2007 wurde der damals 17-Jährige aufgrund der hohen Anzahl an Straftaten als Intensivtäter geführt. Erst im Jahr 2009 verurteilte ihn ein Gericht zu einer Jugendfreiheitsstrafe von 14 Monaten wegen gefährlicher Körperverletzung, besonders schweren Diebstahls und Beleidigung. Bei diesem Urteil wurde ebenfalls ein früherer Schuldspruch wegen Nötigung, Diebstahls und Betrugs, teils in Tateinheit mit Urkundenfälschung und Hehlerei berücksichtigt. M. wurde im Februar 2010 auf Bewährung entlassen, und bereits im August beging er mit zwei weiteren Komplizen einen Ladendiebstahl. Neben Marihuana fand die Polizei ein gestohlenes iPhone bei ihm. Im Mai 2011 wurde erneut gegen ihn wegen eines Gewaltdelikts ermittelt. Er sollte eine Ex-Freundin und deren Bekannte verprügelt haben. Weitere Körperverletzungs- und Diebstahlsdelikte folgten. Ende Mai 2011 kam er nach einem Wohnungsraub wieder in U-Haft. Am 29. September 2011 verurteilte ihn das Landgericht zu einer Freiheitsstrafe von drei Jahren und sechs Monaten. Bereits nach zwei Jahren und acht Monaten wurde er in den offenen Vollzug verlegt, um ihn auf ein Leben in Freiheit vorzubereiten. Als Freigänger besuchte er allerdings einen Gefangenen in der JVA

Fuhlsbüttel und brachte ihm 100 Gramm Haschisch mit. Als die Tat aufflog, musste er wieder in den geschlossenen Vollzug. Am 5. März verurteilte ihn das Amtsgericht wegen Drogenhandels zu 16 Monaten Haft. Am 28. Mai kam er aber wieder auf freien Fuß, nachdem er eine frühere Strafe wegen Raubes abgesessen hatte. Das jüngste Urteil wegen des Drogenhandels war zu diesem Zeitpunkt noch nicht rechtskräftig, und die Staatsanwaltschaft legte Berufung wegen eines zu niedrigen Strafmaßes ein.

Im Jahr 2012 versuchte ihn die Ausländerbehörde abzuschieben. Die Begründung: „als Flüchtling könne nicht anerkannt werden, wer wegen eines Verbrechens oder besonders schweren Vergehens rechtskräftig zu einer Freiheitsstrafe von mindestens drei Jahren verurteilt worden ist". Wenn ein „Flüchtling" es schafft, sich wegen wiederholter Delikte regelmäßig nur zu zwei Jahren und neun Monaten oder weniger verurteilen zu lassen, kann er das Spiel quasi ewig treiben. Die Ausweisung scheiterte, weil Abdourhamane M. seine Reisepapiere versteckt hielt. Ohne Reisepass keine Abschiebung. Darüber hinaus klagte er im Herbst 2012 vor einem Verwaltungsgericht auf die Erteilung einer Aufenthaltserlaubnis „aus humanitären Gründen".

Am 23. Juni 2015 entschloss sich Abdourhamane M., mit einem Komplizen einen heißen Einbruch zu begehen, das heißt einen Einbruch in ein Haus, in dem sich die Bewohner noch befinden. Der 63-jährige Dieter B. wohnt in einem Einfamilienhaus in Hamburg mit seinem pflegebedürftigen Vater. Um 22:56 Uhr klingelten die Täter an der Tür. Dieter B. öffnete die Tür, und die Täter fragten ihn, ob „hier gerade ein Krankenwagen" gewesen sei. Der Hausbewohner verneinte die Frage und schloss die Tür, und die Täter entfernten sich vorübergehend. Sie kamen allerdings nach einer Viertelstunde wieder. Sie klingelten erneut. Dieter B. hatte allerdings aus Vorsicht den Türriegel vorgeschoben. Die beiden Täter traten die Tür ein. Einer der Männer stürmte in das Haus hinein. Dieter B. gab einen Schuss aus seinem Revolver ab. Beide Täter flohen, der damals 25-jährige von dem Geschoss getroffene Abdourhamane M. brach nach circa 150 Metern zusammen und verstarb noch am Tatort. Dieter B.

rief sofort die Polizei und wurde vorläufig festgenommen. Die Staatsanwaltschaft ermittelte routinemäßig wegen Totschlags. Bis heute gab es jedoch keine Anhaltspunkte für eine Anklage. In diesem Fall wurde auf Notwehr erkannt. Wie später die Obduktion ergab, starb der Täter durch einen Schuss in den Brustbereich. Die Sprecherin der Polizei teilte mit, dass Dieter B. keine waffenrechtliche Erlaubnis hatte, diese Waffe zu besitzen, deswegen wird wegen eines Verstoßes gegen das Waffengesetz ermittelt, was aber unabhängig von der rechtmäßigen Notwehr behandelt wird (Iksanov/Gaertner 2015).

Nichtsdestotrotz musste das Haus von Dieter B. eine Zeitlang von der Polizei beschützt werden, weil die Angehörigen und Freunde des Täters unweit des Hauses Blumen niederlegten, Kerzen anzündeten und Mahnwachen abhielten. Im Internet reagierten Freunde des Täters auf den Ausgang der Situation geschockt: „Leider hinterlässt Du nun eine kaputte, verletzte Familie, viele schmerzende Herzen und drei kaputte Kinderseelen", schrieb eine Bekannte. „Ich hoffe, der Mann wird zur Rechenschaft gezogen, der Dir das angetan hat!" (Iksanov/Röer 2015.) Auf die Idee, dass der Täter durch seinen rabiaten Lebenswandel dies sich und seiner Familie selber angetan haben könnte, kamen seine Freunde nicht.

6.2.4 Der Fall Hannover

Der 18-jährige Maxim A. kam im Mai 2015 mit drei Freunden zum ersten Mal aus Moldawien nach Deutschland, um seine Tante zu besuchen, die in Hannover lebt. Sie besuchten eine Hochzeit in Bremen (Seibt 2015). Da dieses Quartett aber permanent in Geldnot war, begingen die vier Freunde kleinere Delikte. Am 9. Juni 2015 wollten sie Geld und Lebensmittel stehlen. Dafür suchten sie sich das Haus des 41-jährigen Kfz-Meisters Bassam A. am Stadtrand von Hannover aus. Die Täter betraten das Grundstück, auf dem sich das Haus und die Werkstatt des Bassam A. befinden. Sie kundschafteten die Gegend aus, was Bassam A. und seine Lebensgefährtin aufweckte. Der Kfz-Meister war ein Sportschütze und damit ein legaler Waffenbesitzer. Er schaute aus dem Fenster und sah eine Person in einer roten Kapuze, die, wie er angab, eine Waffe in der Hand hielt. Wegen der verdächtigen Vorkommnisse auf dem Hof ging er zu seinem Tresor, nahm eine Pistole Sig Sauer im Kaliber neun Millimeter raus und lud sie. Er ging mit der Waffe nach unten. Maxim A. und einer seiner Komplizen machten sich an einem Fenster zu schaffen. Bassam A. öffnete vorsichtig die Tür. In dem Moment drehten sich die Täter um und wollten flüchten. Bassam A. gab einen Schuss ab. Maxim A. wurde von dem Geschoss getroffen, brach nach circa 200 Metern zusammen und verstarb am Tatort. Das Geschoss durchschlug seinen Oberkörper. Daraufhin rief Bassam A. die Polizei und gab die Schussabgabe zu. Er händigte auch die Videoaufnahmen aus, die aus den Videokameras stammen, die er zur Sicherung seiner Werkstatt einbauen ließ. Die Videoaufnahmen dienten später als Beweise. Bei der Gerichtsverhandlung vor dem Landgericht Hannover plädierte die Verteidigung auf Notwehr. Die Staatsanwaltschaft konnte jedoch keine Notwehr erkennen und forderte eine Freiheitsstrafe von sechseinhalb Jahren. Die Täter hätten Bassam A. nicht tätlich angegriffen, sie seien bereits auf der Flucht gewesen und es sei ihnen hinterher geschossen worden. Der Besitz der Schusswaffe bei den Tätern konnte im Prozess ebenfalls nicht nachgewiesen werden. Nach einer Beurteilung der Sachlage verurteilte das Landgericht Hannover im Dezember 2015 Bassam A. zu einer Freiheitsstrafe von drei Jahren wegen Totschlags in einem minder schweren Fall. Die Verteidigung kündigte Revision vor dem Bundesgerichtshof an. Was Bassam A. zum Verhängnis wurde, ist, dass er den Tätern ohne bisher erkennbare Notwendigkeit hinterher schoss.

6.2.5 Der Fall Affeln

Ein 18-jähriger Albaner kam im September 2015 als Flüchtling nach Deutschland. Zuerst lebte er in Herford, dann kam er in die Flüchtlingsunterkunft nach Dortmund („Der Westen“ 2016). Am 26. April 2016 begab er sich nach Neuenrade-Affeln im Sauerland, um dort in ein Haus einzubrechen. Ob er allein unterwegs war oder als Mitglied einer organisierten Einbrecherbande, ist nicht bekannt. Zwischen Dortmund und Affeln sind es mindestens 60 Kilometer, und es ist schwer vorstellbar, dass er alleine einen Spaziergang dorthin machte. Zudem haben albanische Einbrecherbanden schon früher in dieser Gegend gearbeitet. Der Täter stieg um 2:20 Uhr in der Nacht mit Hilfe einer Leiter über den Balkon in die erste Etage des Hauses, das sich am Ortsrand befindet. Der 63-jährige Hauseigentümer und Jäger lag mit seiner Frau im Schlafzimmer. Er hörte seltsame Geräusche aus dem Nebenzimmer und vermutete einen Einbruch. Um die Lage zu prüfen, nahm er seinen Revolver, den er im Schlafzimmer aufbewahrte. Nachdem er die Tür aufmachte, stand der Einbrecher direkt vor ihm. Er war mit einem Messer bewaffnet, das er in der Hand hielt. Der Täter leuchtete den Hauseigentümer mit einer Taschenlampe an. Der Jäger überlegte nicht lange und gab einen Schuss auf den Täter ab. Die Ehefrau verständigte sofort die Polizei. Der am Kopf getroffene Täter wurde noch lebend in ein Hagener Krankenhaus transportiert, wo er in den Nachmittagsstunden des gleichen Tages seinen Verletzungen erlag. Standardmäßig ermittelte die Staatsanwaltschaft gegen den Jäger wegen Totschlags. „Das Obduktionsergebnis deckt sich mit der geschilderten Notwehrsituation“, hieß es in einer Mitteilung der Kreispolizeibehörde Märkischer Kreis. Die Staatsanwaltschaft wertete das Verhalten des Jägers als Notwehr – und stellte das Verfahren gegen den 63-Jährigen ein. Die Familie des Albaners legte Beschwerde gegen den Beschluss ein. Die Generalstaatsanwaltschaft Hamm bestätigte jedoch die Entscheidung (Lüdeke 2016).

6.2.6 Notwehr mit illegalen Schusswaffen

In Deutschland besitzen nur wenige Menschen Schusswaffen legal. Es sind nicht einmal zwei Prozent der Bevölkerung. Es ist also nicht ganz uninteressant, danach zu fragen, was passiert, wenn sich jemand eine illegale Schusswaffe besorgt, um sich damit zu verteidigen. In der Regel ist es so, dass die Notwehrhandlung von der Staatsanwaltschaft oder von den Gerichten anerkannt wird, wenn der Einsatz der Schusswaffe erforderlich war, um einen gegenwärtigen und rechtswidrigen Angriff von sich selbst oder einem anderen abzuwehren. Nichtsdestotrotz wird das Opfer wegen eines Verstoßes gegen das Waffengesetz angeklagt, weil es diese Schusswaffe ohne behördliche Genehmigung besaß. Es gibt aber in der Praxis auch Möglichkeiten, illegale Schusswaffen in Notwehr zu benutzen und trotzdem wohlbehalten und komplett straffrei aus der Situation herauszukommen. Dazu ein Beispiel:

Die Situation ereignete sich in Essen im Jahr 1998 und wurde vor dem Oberlandesgericht Hamm in Revision verhandelt (Aktenzeichen: 3 Ss 44/00 OLG Hamm). Es handelte sich um eine klassische Dreiecksbeziehung, zwei Männer, die sich um eine Frau stritten:

„Der Angeklagte und der später von ihm getötete P. waren ursprünglich gute Freunde. Sie kannten sich seit mehr als zehn Jahren. Im Herbst 1998 brach die Freundschaft jedoch auseinander, als sich die Zeugin Z. von P. wegen dessen Gewalttätigkeiten ab- und dem Angeklagten zuwandte. P., der den Strafverfolgungsbehörden als außerordentlich gewalttätig bekannt war, sann auf Rache und terrorisierte beide durch massive Bedrohungen. Er drohte beiden an, sie totzuschlagen oder in den Rollstuhl zu bringen. Um seinen Drohungen Nachdruck zu verleihen, beschädigte er die Fahrzeuge von beiden, indem er zum Beispiel die Reifen zerstach. Am Samstag, den 12. September suchte P. die Zeugin, die damals in ihrer Wohnung einen Friseursalon betrieb, dort auf, schlug sie vor den Augen der Kundinnen und bedrohte auch letztere. Der Angeklagte und die Zeugin wandten sich daraufhin am Sonntag an die Polizei, um Schutzmaßnahmen zu besprechen. Außerdem erwirkte die Zeugin durch die jetzige Verteidigerin des Angeklagten eine einstweilige Verfügung gegen P. (16.09.1998), in der diesem verboten wurde, die Wohnung der Zeugin zu betreten. Durch das Vorgehen P.s gänzlich eingeschüchtert, gab die Zeugin ihre eigene Wohnung auf und zog zum Angeklagten. Der Angeklagte, der damals im Dachgeschoss des vierstöckigen Hauses in der Mommsenstraße 14 wohnte, versuchte die Wohnung so sicher wie möglich zu machen, indem er unter anderem die Wohnungstür mit Eisenstangen verstärkte. Am Donnerstag, dem 17. September 1998 rief P. zum wiederholten Male beim Angeklagten an und stieß erneut Morddrohungen gegen ihn und die Zeugin aus. In den späten Abendstunden drang P. über das Dach kommend und sich am Rahmen der Dachgaube festhaltend durch das Küchenfenster in die Wohnung ein. Dabei führte er ein sogenanntes Küchenmesser (Klingenlänge sieben Zentimeter) mit sich. Der Angeklagte, der um sein Leben und das der Zeugin fürchtete, gab in Notwehr mehrere Schüsse auf P. ab. Gleichwohl stürzte sich P. auf den Angeklagten und schlug auf ihn ein; auch kam es noch zu einem Gerangel zwischen beiden Männern. Danach flüchtete der Angeklagte, um weiteren Angriffen zu entgehen. Später erlag P. seinen Verletzungen. Die Waffe – es handelt sich um eine halbautomatische FN-Pistole, Kaliber 7,65 Millimeter Browning – sowie die dazu gehörige Munition hatte der Angeklagte kurz zuvor, jedenfalls in derselben Woche, erworben, weil er um sein Leben und das der Zeugin fürchtete.

Die Staatsanwaltschaft hat wegen der Notwehr von der Anklage eines Tötungsdeliktes abgesehen; sie ist jedoch der Ansicht, dass der Angeklagte wegen verbotenen Erwerbs und Ausübung der tatsächlichen Gewalt über diese Waffe gemäß Paragraph 53 Absatz 1 Nummer 3 a WaffG zu bestrafen sei, was antragsgemäß durch das Schöffengericht geschehen ist. Unstreitig hat der Angeklagte keine waffenrechtliche Erlaubnis gemäß Paragraph 28 Absatz l WaffG besessen."

Das Amtsgericht Essen verurteilte den Angeklagten zu einer Freiheitsstrafe von sechs Monaten auf Bewährung. Dagegen legte der Angeklagte Revision ein. Das Landgericht Essen sprach den Angeklagten wieder frei. Die Staatsanwaltschaft Essen legte daraufhin ihrerseits Revision ein, weil sie davon überzeugt war, dass der Angeklagte wegen des Verstoßes gegen das Waffengesetz ungeachtet der Notwehr zu bestrafen sei. Letztendlich landete der Fall vor dem Oberlandesgericht in Hamm, das den Freispruch mit folgender Begründung bestätigte: „Das angefochtene Urteil muss aus Rechtsgründen aufgehoben werden, da nach gefestigter Rechtsprechung des Bundesgerichtshofs bei berechtigter Notwehr nicht nur der Schusswaffengebrauch, sondern der unmittelbar zuvor in strafbarer Weise erfolgte Erwerb und der Besitz ebenfalls straffrei bleiben (so ausdrücklich Beschluss vom 18.02.1999, NStZ 99, 347). Die Unmittelbarkeit bezieht sich hier nicht nur auf den Tattag, sondern mit Rücksicht auf den tätlichen Angriff in der Wohnung der Zeugin, verbunden mit den weiteren Drohungen, sie zu töten oder in den Rollstuhl zu bringen, auch auf die wenigen Tage vor der Tötung, da die Bedrohung für Leib und Leben bereits zu diesem Zeitpunkt so konkrete Formen angenommen hatte, dass der Angriff jederzeit erwartet werden konnte."

Weiter heißt es in der Begründung des Freispruchs: „Der Erwerb und das Ausüben der tatsächlichen Gewalt über die Schusswaffe ohne waffenrechtliche Erlaubnis durch den Angeklagten waren entweder durch Notstand gemäß Paragraph 34 StGB gerechtfertigt, zumindest aber gemäß Paragraph 35 StGB entschuldigt. Aufgrund der Feststellungen des angefochtenen Urteils vermag das Revisionsgericht zu dieser sicheren Beurteilung zu gelangen, auch wenn das Berufungsgericht nicht von Paragraphen 34 f., sondern von Paragraph 32 StGB ausgegangen ist. Aus den Gründen des angefochtenen Urteils ergibt sich, dass bereits bei Inbesitznahme der Waffe durch den Angeklagten, die nach den Feststellungen des Urteils in derselben Woche des 17.09.1998, mithin frühestens am 14.09.1998 erfolgte, für den Angeklagten und seine Freundin eine massive Bedrohungslage bestand und diese Bedrohungslage der alleinige Grund für den Erwerb und die Ausübung der tatsächlichen Gewalt über die Waffe war. Zum Zeitpunkt der Inbesitznahme der Waffe hatte der als gewalttätig bekannte P. nämlich den Angeklagten und dessen Freundin Z. über einen längeren Zeitraum terrorisiert und damit bedroht, ihn totzuschlagen oder sie in den Rollstuhl zu bringen. P. hatte auch die Zeugin Z. bereits am 12.09.1998 in ihrem Friseursalon aufgesucht, sie geschlagen, vor den Augen der Kundinnen bedroht und auch letztere bedroht. Am 13.09.1998 hatten der Angeklagte und die Zeugin Z. sich hilfesuchend an die Polizei gewandt, um Schutzmaßnahmen zu besprechen; von der Polizei waren sie auf den Zivilrechtsweg verwiesen worden. Im Folgenden erwirkten sie die angeratene einstweilige Verfügung; die Zeugin Z. gab aufgrund der Einschüchterung durch P. ihre eigene Wohnung auf und zog zu dem Angeklagten in dessen Dachgeschosswohnung im vierten oder fünften Stock, deren Wohnungstür sie zusätzlich durch Eisenstangen verstärkten. In dieser so verdichteten Bedrohungslage für Leib und Leben seiner Person und seiner Freundin wusste und konnte der Angeklagte sich nicht anders als durch Erwerb und Ausüben der tatsächlichen Gewalt über die Schusswaffe zu helfen. Nach gefestigter Rechtsprechung (vergleiche BGHSt 39, 133 (137), Tröndle/Fischer, StGB, 49. Aufl., Paragraph 34 Rdnr. 4 m.w.N.), kommt der Rechtfertigungsgrund des Paragraphen 34 StGB in Betracht, wenn die Vorbereitungen des zum Angriff Entschlossenen für das in Aussicht genommene Opfer so weit gediehen sind, dass sie eine gegenwärtige Gefahr für die bedrohten Rechtsgüter bilden; dies setzt voraus, dass die Gefahr nicht anders als durch die Tat abgewendet werden kann. So war die Sachlage hier. Der Tathergang, wie er sich nach den Feststellungen zeigt, beweist die gegebene Notstandsituation bereits für den Erwerb und ihren kontinuierlichen Fortbestand bei der Ausübung der Gewalt über die Schusswaffe bis zu ihrem Einsatz bei den durch Notwehr gerechtfertigten Schüssen auf P.. Entgegen den Ausführungen der Revision ist für die Beurteilung der Notstandsituation auf die Ex-post-Sicht abzustellen, denn gerade der exzessive Gewaltausbruch des getöteten P. beweist, dass tatsächlich eine objektive massive Gefährdung von Leib und Leben des Angeklagten und seiner Freundin vorlag, die nicht anders als durch den Einsatz der geführten Waffe abwendbar war. Nach den Feststellungen hat P. sich sogar selbst durch mehrere Schüsse auf den Körper nicht davon abhalten lassen, auf den Angeklagten loszugehen und auf ihn einzuschlagen. Es kann deshalb nicht angenommen werden, dass er nach seinem Eindringen in die Wohnung noch durch mildere Mittel als eine Schusswaffe, wie beispielsweise einen Elektroschocker oder einen Schlagstock, aufzuhalten war oder dass der Angeklagte etwa allein aufgrund seiner körperlichen Konstitution in der Lage gewesen wäre, P., der im übrigen ein Messer mit sich führte, zu überwältigen. Denn nicht einmal die alsbald zum Tode führende Schussverletzung hat P. davon abgehalten, sich auf den Angeklagten zu stürzen. Dem Angeklagten war es überdies nicht möglich, sich in der innerhalb weniger Tage aufgekommenen massiven Bedrohungslage und auch vor dem Hintergrund seiner eigenen strafrechtlichen Vorbelastung rechtzeitig auf legalem Wege in den Besitz einer Schusswaffe zu bringen. Es gab mithin für den Angeklagten in der besonderen Konstellation dieses Einzelfalles keine Möglichkeit, die Gefahr anders als durch Begehung des Waffendeliktes abzuwenden. “

Insgesamt ist das deutsche Notwehrrecht hinreichend vernünftig. Es erlaubt die Abwehr eines gegenwärtigen und rechtswidrigen Angriffs von sich selbst oder einem anderen. Diese Abwehr bezieht sich nicht nur auf das Leben und die Gesundheit der Angegriffenen, sondern auch auf Sachen. Die Notwehrhandlung kann von einem Schubser bis zu einem tödlichen Schuss alles umfassen, was in der spezifischen Situation erforderlich und geboten ist. Die Notwehrhandlung muss erforderlich sein, das heißt sie muss geeignet sein, einen rechtswidrigen Angriff effektiv abzuwehren. Es ist dabei das mildeste Mittel anzuwenden, das den Angriff stoppen kann. Gleichzeitig wird von dem Verteidigenden nicht verlangt, dass er so milde Abwehrmittel verwendet, dass sie nicht zu einer sofortigen Beendigung des Angriffs führen, und der Verteidiger sich selber dadurch gefährdet, dass die Situation unnötig eskaliert. Deswegen kann ein Schuss aus einer Pistole direkt in die Brust oder in den Kopf des Angreifers als einzige Option geeignet sein, einen Angriff effektiv zu stoppen. Bei der Gebotenheit der Notwehr ist zu beachten, dass es durchaus Einschränkungen geben kann, wenn zum Beispiel der Angreifer schuldlos handelt (Geisteskranke oder Kinder), wenn der Angriff vom Opfer provoziert wurde (Notwehrprovokation) oder wenn ein krasses Missverhältnis zwischen dem geschützten und dem durch die Verteidigungshandlung beeinträchtigten Rechtsgut besteht, zum Beispiel wenn ein Kioskbesitzer die Entwendung eines Kaugummis durch ein Kind mit einem gezielten Schuss aus einer Waffe beenden wollte. Nach der Darstellung des Richters am Bundesgerichtshof Thomas Fischer ist Notwehr eine Deutung. Er schreibt in seiner Kolumne auf „Zeit Online“: „Ganz erstaunlich viele – um nicht zu sagen: unendlich viele – Darstellungen von Notwehr sind daher halb falsch, ein erheblicher Anteil total falsch, manche aber auch richtig.“ (Fischer 2015.) Wie in den oben genannten Fällen beschrieben sehen verschiedene Richter in verschiedenen Instanzen einen als Notwehr dargestellten Fall durchaus unterschiedlich. Was der eine Richter in der ersten Instanz noch als Totschlag ansieht, der zu einer Freiheitsstrafe des Angeklagten führt, kann ein anderer Richter in einer höheren Instanz als Notwehr anerkennen, die zu einem Freispruch führt. Ein umgekehrter Ausgang eines Falles in einer höheren Instanz ist auch möglich. Eine zuvor anerkannte Notwehr kann in einer höheren Instanz als Körperverletzung mit Todesfolge interpretiert werden, die zu bestrafen ist. Das Problem in Deutschland ist jedoch das Waffengesetz, dessen Ziel „so wenig Waffen wie möglich ins Volk“ ist, wie das Bundesverwaltungsgericht in dem Urteil vom 14. November 2007 (Aktenzeichen: BVerwG 6 C 3.07) bestätigte. Dadurch wird auch so wenig Notwehr wie möglich mit Schusswaffen angestrebt. Das führt automatisch dazu, dass die unbewaffneten Bürger nicht in der Lage sind, viele Angriffe effektiv abzuwehren. Der Gesetzgeber nimmt es explizit in Kauf, dass der stärkere Angreifer die besseren Chancen hat, sein Ansinnen durchzusetzen.

Nach der Darstellung des oben genannten Falles ist eine gewisse Inkonsistenz des deutschen Waffengesetzes nicht von der Hand zu weisen. Es gibt in Deutschland praktisch keine Möglichkeit, die Erlaubnis zu bekommen, eine Schusswaffe für die Zwecke des Selbstschutzes zu erwerben, geschweige denn in der Öffentlichkeit mit sich zu führen. Der Antrag auf einen Waffenschein wird in 99,99 Prozent der Fälle abgelehnt, weil ein Beamter in der Regel nicht davon zu überzeugen sein wird, dass der Antragsteller genügend gefährdet ist. Gleichzeitig gibt das Oberlandesgericht Hamm in seinem Revisionsurteil offen zu, dass es Situationen gibt, in denen man ohne eine Schusswaffe gar nicht überleben kann. Diesem Umstand trägt das Gericht dadurch Rechnung, dass es im Nachhinein sogar den Verstoß gegen das Waffengesetz straffrei stellt. Im gleichen Atemzug gibt das Gericht zu, dass es dem Angeklagten nicht möglich gewesen wäre, sich rechtzeitig legal zu bewaffnen, wodurch er gezwungen wurde, gegen das Waffengesetz zu verstoßen, indem er sich eine illegale Schusswaffe zur seiner Verteidigung besorgte.

6.3 Soft Targets, Terrorismus und Amokläufe

Bis jetzt betrachteten wir nur einige Fälle von Notwehrsituationen im Privatumfeld der Angegriffenen. Wie sieht es aber bei Terroranschlägen an öffentlichen Plätzen aus, die sich spätestens seit dem Angriff auf das World Trade Center in New York am 11. September 2001 in den USA und insbesondere in Europa häufen? Wie sieht es bei Amokläufen aus, bei denen ein oder mehrere Täter auf unbewaffnete Menschen schießen? Solche Taten haben einige Faktoren gemeinsam. Ein wichtiger Faktor ist, dass sie meistens an Orten stattfinden, wo die Täter über eine längere Zeit mit keinem signifikanten Widerstand zu rechnen haben. Es sind sogenannte Soft Targets, also weiche Ziele. Dazu gehören wahrscheinlich 99 Prozent der bewohnten Erdoberfläche. Heute werden die früher bei Terroristen beliebten Ziele wie zum Beispiel Militärbasen, Botschaften oder wichtige Infrastrukturobjekte gegen Angriffe gut geschützt. Meterhohe Zäune, Überwachungskameras, kugel- und sprengstoffsichere Fenster und Türen sowie bewaffnetes Personal sorgen bei den Hard Targets für eine hinreichende Sicherheit. Die Angreifer könnten höchstens einige Wachleute verletzen oder gar töten, aber im großen und ganzen würden sie an diesen Zielen scheitern. Entführungen von hochrangigen Politikern und Wirtschaftsbossen sind in den letzten Jahrzehnten selten geworden. Hotels, Einkaufszentren, Schulen, Universitäten, Kindergärten, Bahnhöfe und andere öffentliche Einrichtungen, in denen sich typischerweise Massen von Menschen aufhalten, sind aus dem Blickwinkel eines Terroristen oder Amokläufers viel attraktivere Ziele. Sie sind ihrem Zweck entsprechend für alle leicht zugänglich und weitgehend ungeschützt. Die Politik der restriktiven Waffengesetze und der sogenannten waffenfreien Zonen verschärft diese Problematik noch um ein Vielfaches. Strenge Waffengesetze und waffenfreie

Zonen folgen der Idee, dass, wenn man etwas gesetzlich verbietet, sich Terroristen, Amokläufer und sonstige Verbrecher auch daran halten werden. Jeder vernünftige Mensch, der sich an der Praxis orientiert, erkennt, wie aberwitzig diese Annahme ist. Terroristen und Amokläufer lassen sich grundsätzlich nicht von einem Mordverbot abschrecken, das bereits seit biblischen Zeiten besteht. Was interessieren sie im Vergleich dazu strenge Waffengesetze oder Gebäude, auf denen ein Schild mit einer durchgestrichenen Pistole hängt, um eine waffenfreie Zone zu markieren? Terroristen und Amokläufer greifen die Soft Targets an, wann es ihnen passt. Die Angegriffenen sitzen hingegen wehrlos in der Falle. Eine Flucht ist nicht immer möglich. Um ein Gefühl dafür zu bekommen, wie sich solche Ereignisse abspielen, werden einige Beispiele aus der letzten Vergangenheit geschildert.

6.3.1 Mumbai, Indien

Am 26. November 2008 stürmen zehn Mitglieder der Terrorgruppe Laschkar e-Taiba gleichzeitig mehrere Ziele in der indischen Metropole Mumbai (N24 2012). Laschkar e-Taiba wird vom pakistanischen Militär und Geheimdienst unterstützt. Deren Hauptziel ist es, Indien aus dem umkämpften Kaschmirgebiet zu vertreiben.

Um 21:20 Uhr saß eine Physiotherapeutin, Rudrani Devi, mit ihren Freunden in dem Restaurant des Hotels „Hilton Trident Oberoi" in Mumbai. Die Gruppe machte eine Meditationsreise. Plötzlich nahmen sie seltsame Geräusche wahr, die sich wie Schüsse anhörten. Einer der Freunde stand auf, um zu erfahren, was es war. Nach wenigen Minuten kam er zurück an den Tisch und wirkte ganz entspannt. Das Hotelpersonal hatte ihm gesagt, dass alles in Ordnung sei. Es werde sich wohl um Jugendliche handeln, die irgendeinen Krach machen. Nach 30 Sekunden erschienen zwei Terroristen, bewaffnet mit Schnellfeuergewehren und Handgranaten, in dem Restaurant. Sie schossen sofort wahllos in die Menge der Gäste. Devi und ihre Freunde warfen sich auf den Boden und krochen unter den Tisch. Devi spürte, wie einer der Terroristen mit seinem Stiefel auf ihrem Hosenbein stand. Sie hörte, wie er über ihr schoss. Die heißen Patronenhülsen fielen auf sie. Für eine Weile hörte die Schießerei auf, und der Terrorist entfernte sich von dem Tisch. Sie schaute in die Augen des Freundes, der mit ihr unter dem Tisch lag und seine Tochter im Teenager-Alter in seinen Armen hielt. Das Mädchen war total erschrocken und schrie auf. Devi gab ihrem Freund ein Zeichen, dass sie ganz leise sein müssen. Plötzlich ertönte wieder eine Salve aus einem Schnellfeuergewehr. Danach verließen die Terroristen das Restaurant. Devi sah, dass der Freund am Kopf getroffen wurde. Ihm fehlte das halbe Gesicht. Seine Tochter war ebenfalls tot. Devi wurde am Arm und am Bein getroffen. Sie konnte sich nicht bewegen. Sie wurde von einem

Mitarbeiter des Hotels unter dem Tisch hervorgezogen und in eine Küche gebracht. Die Terroristen kamen jedoch nach einer Weile wieder zurück, sie schossen durch die Küchentür. Sie warfen eine Handgranate durch die Durchreiche in die Küche hinein, die aber glücklicherweise nicht explodierte. Dann zogen sie wieder ab. Devi überlebte wie durch ein Wunder. Sie lag schwer verletzt in der Küche und wartete auf Hilfe.

Um 20:30 Uhr saß Dara Huang mit ihrem Freund John in dem bei Touristen sehr beliebten Café Leopold. Es war ihr letzter Abend in der Stadt. Plötzlich hörten sie Schüsse. Geschosse peitschten durch den Raum. Sie legten sich auf den Boden. Nachdem die Schießerei aufhörte, flüchteten sie aus dem Café in das benachbarte Hotel „Taj Mahal Palace & Tower". Sie wurden von dem Hotelpersonal noch notdürftig versorgt. Sie hörten wieder Schüsse und rannten weiter in eines der vielen Restaurants in dem Hotel, wo die Leute noch in aller Ruhe aßen und keine Ahnung hatten, was um sie herum passierte. Plötzlich erschienen wieder zwei Terroristen mit Schnellfeuergewehren und schossen auf die Gäste. Huang und ihr Freund rannten weiter in die Küche des Restaurants und verkrochen sich unter die Tische. Andere Gäste folgten ihnen. Die Küche erwies sich aber als eine Sackgasse, aus der es kein Entrinnen über einen Hinterausgang gab. Manche der gefangenen Gäste fingen an zu beten, weil es das einzige war, das sie noch unternehmen konnten. Huang und ihr Freund überlebten den Angriff, da die Angreifer sie in der Küche nicht fanden.

Zwei weitere Terroristen betraten die Bahnhofstation Chhatrapati Shivaji. Einer von ihnen warf zuerst eine Handgranate. Danach eröffneten sie ebenfalls das Feuer auf die Reisenden. Die Überwachungskameras nahmen auf, wie die Terroristen in aller Ruhe über den Bahnsteig spazierten und auf jeden schossen, den sie irgendwo sahen. Die Leute rannten um ihr Leben, viele wurden von den Granatsplittern und den Geschossen getroffen. Der Bahnhofsinspektor bat fünf oder sechs Polizisten, mitzukommen. Die ganze Gruppe war lediglich mit einem alten Revolver und einem Lee-Enfield-Repetiergewehr aus der

Kolonialzeit ausgestattet. Die Polizisten waren im Umgang mit den Waffen nicht wirklich geübt. Zum einen folgten die indischen Stadtpolizisten immer noch dem englischen Ideal eines Bobbies, der klassisch nur mit einem Schlagstock bewaffnet ist. In Indien ist es ein Bambusstock. Zum anderen können diejenigen indischen Polizisten, die doch einen alten Revolver oder ein Gewehr zur Verfügung haben, nicht wirklich gut schießen, weil es bei der indischen Polizei an Übungsmunition mangelt. Somit waren die Schusswaffen mehr dekorativ als wirklich einsatzbereit. Einen sich langsam bewegenden Terroristen kann man zur Not auch mit einem uralten Lee-Enfield-Gewehr kampfunfähig machen, vorausgesetzt man ist ein einigermaßen geübter Schütze. Die Polizisten feuerten zwar in die Richtung der Terroristen, verfehlten sie jedoch. Diese entgegneten sofort das Feuer und töteten den Bahnhofsinspektor und einen weiteren Polizisten. Derjenige mit dem Lee-Enfield-Gewehr wurde in die Brust getroffen, überlebte aber. Der Rest der Fahrgäste war zu diesem Zeitpunkt schon tot, stellte sich tot oder flüchtete irgendwohin.

Um 23:00 Uhr explodierten noch zwei Taxis, mit denen einige der Terroristen in die Stadt gekommen waren. Sie hatten in den Fahrzeugen Bomben mit Zeitzündern deponiert. Somit explodierten die Autos zeitversetzt an verschiedenen Orten, an denen sie sich zufällig befanden.

Die Belagerung dauerte mittlerweile einige Stunden, und die Opfer waren praktisch auf sich allein gestellt. In der Nacht gingen die insgesamt vier Terroristen im Taj Mahal Palace Etage für Etage höher, öffneten die immer noch belegten Zimmer und schossen hinein auf die Gäste. Alles ohne Hast. Sie hatten alle Zeit der Welt. Es wurden auch einige Geiseln genommen. Die Angreifer trafen auf überhaupt keinen Widerstand. Die Polizisten waren nicht da, die Gäste waren unbewaffnet und völlig wehrlos. Sechs Stunden nach dem Angriff legten die Terroristen in den oberen Etagen ein Feuer. Die Bilder der lichterloh brennenden Kuppel des Hotels gingen um die Welt. Die dramatischen Bilder in den Medien waren auch eines der Ziele dieses Angriffs. Der Laschkar e-Taiba sollte so mehr Glaubwürdigkeit in der Terrorszene verliehen werden. Das ist auch gelungen.

Eigentlich waren die Stadtpolizisten innerhalb von fünf oder sechs Minuten an jedem der angegriffenen Orte präsent. Sie wussten aber nicht, was zu tun ist. Sie waren für diese Aufgabe weder ausgebildet noch ausgerüstet. Sie waren mit der Situation vollkommen überfordert. Erst nach 90 Minuten wurde die Antiterroreinheit National Security Guard informiert. Theoretisch wären 200 Spezialkräfte verfügbar gewesen. Das Problem war aber, dass diese Spezialeinheit ihr Hauptquartier im 1.400 Kilometer entferntem Manesar im Norden Indiens hatte. Bis diese Einheit ihre Sachen gepackt hatte und nach Mumbai flog, war es bereits vier Uhr morgens am nächsten Tag. Die Truppe landete um sechs Uhr in Mumbai und war erst um acht Uhr einsatzbereit. Die Terroristen konnten also ihren Angriff fast zehn Stunden lang ohne irgendeinen nennenswerten Widerstand, sei es seitens der Sicherheitskräfte oder seitens der bewaffneten Zivilisten, fortsetzen.

Erst am 28. November 2008 um elf Uhr war die Belagerung des „Trident Oberoi Hotel" vorüber. Die zwei Terroristen wurden von den Spezialkräften getötet. Später wurde auch die jüdische Einrichtung Nariman House befreit, und zwei Terroristen wurden von den Sicherheitskräften ebenfalls erschossen. Die Belagerung des „Taj Mahal Palace" dauerte noch bis zum 29. November 2008. Dort wurden auch alle vier Terroristen erschossen. Die Anschläge dauerten fast 60 Stunden. Am Ende gab es 174 Tote, darunter 18 indische Sicherheitsleute, und 239 Verletzte. Das alles von zehn Terroristen veranstaltet, denen sich stundenlang kaum jemand in den Weg stellen konnte. Warnungen bezüglich eines derartigen Angriffs gab es für die Sicherheitsbehörden bereits 2006. Auch die drei Ziele wurden exakt benannt. Die Sicherheit in den Hotels wurde jedoch nicht wesentlich erhöht, weil die unbequemen Maßnahmen mit dem Betrieb der Luxushotels nicht vereinbar waren. Sie wären eine zu große Zumutung für die Gäste gewesen. Das hohe Risiko eines Terrorangriffs fand das Hotelmanagement für seine Gäste doch zumutbarer.

6.3.2 Nairobi, Kenia

Am 21. September 2013 gingen mindestens vier maskierte und mit Schnellfeuergewehren vom Typ Kalaschnikow AK-47 und Handgranaten bewaffnete Attentäter in das Westgate-Einkaufszentrum in der kenianischen Hauptstadt Nairobi. Sie gehörten zu der Terrorgruppe al-Shabaab und wollten Rache für den Einsatz der kenianischen Armee gegen diese Terrorgruppe auf ihrem Operationsgebiet in Somalia nehmen. Gegen Mittag eröffneten die Terroristen das Feuer auf die rund 1.000 Besucher des Einkaufszentrums.

Der Geschäftsmann Abdul Haji, ein Sohn des ehemaligen kenianischen Verteidigungsministers, erhielt eine SMS-Nachricht von seinem Bruder, der ein Anti-Terror-Agent war. Der Bruder befand sich in dem Einkaufszentrum und schrieb: „Ich stecke fest in Westgate. Es sieht nach einem Terrorangriff aus. Bete für mich." (BBC 2013.) Für Haji sah es wie eine Abschiedsnachricht seines Bruders aus. Er schnappte sich seine private Pistole und begab sich mit seinem Freund zu dem Einkaufszentrum. Auf dem Weg unterhielten sich die beiden noch darüber, ob sie genügend Munition mit sich genommen hatten. Das erste, was sie sahen, waren Fahrzeuge des Roten Kreuzes. Schüsse und Explosionen waren zu hören. Nichtsdestotrotz ging Haji in das Gebäude hinein, um seinen Bruder zu suchen. Direkt am Eingang sah er schon einige Tote und Verletzte, darunter viele Kinder, Frauen und ältere Menschen. Es war ein grausamer Anblick. Die Mitarbeiter des Roten Kreuzes gingen hinter Haji, um die Opfer nach draußen zu bringen. Haji, drei Polizisten in Zivil und noch ein anderer Zivilist sicherten mit ihren Waffen den Abtransport. Dann gingen sie einen Laden nach dem anderen durch und versuchten, so viele Menschen wie möglich zu retten. Während der Rettungsaktion eröffneten die Terroristen das Feuer auf diese Truppe und trafen einen von ihnen in den Bauch. Haji und die anderen nahmen ihn aus der Schusslinie.

Katherine Walton war zwei Jahre zuvor mit ihrem Ehemann Philip und ihren fünf Kindern aus North Carolina nach Kenia umgesiedelt (Bentley 2013). An dem besagten Tag ging sie mit ihren Kindern in das Einkaufszentrum. Als der Angriff losging, versteckte sie sich mit drei ihrer Töchter in einem Laden unter dem Tisch hinter einer Werbetafel. Mit ihr saßen noch drei andere Frauen in dieser Falle. Die von den Terroristen abgefeuerten Geschosse flogen über ihre Köpfe und trafen die Decke. Ihre zwei älteren Söhne waren zu diesem Zeitpunkt noch in einem anderen Supermarkt im gleichen Einkaufszentrum. Walton sah einen Mann, der mit seiner Pistole in Richtung der Terroristen schoss. Es war Haji, der versuchte, den Frauen Feuerschutz zu geben, um sie aus dem Laden nach draußen zu bringen. Die Frauen waren aber zu erschrocken, um sich zu bewegen. In dem Moment rannte Waltons älteste Tochter Portia in Hajis Richtung los. Das Bild davon ging um die Welt und machte Haji berühmt. Dem kleinen Mädchen folgten auch die anderen Frauen mit den Kindern in die Sicherheit. Walton erfuhr später, dass auch ihre zwei Söhne es geschafft hatten. Die Polizei hatte sie aus dem Supermarkt befreit und nach draußen begleitet.

An diesem Tag gab es noch einen Helden. Ein britischer Ex-Royal-Marine trank Kaffee in diesem Einkaufszentrum, als der Angriff losging. Er trug eine Pistole bei sich. Als er merkte, was vor sich ging, forderte er die Besucher auf, ihm zu folgen, um das Gebäude zu verlassen. Trotz des andauernden Gewehrfeuers seitens der Terroristen kehrte er mehr als zwölfmal zurück zu dem Einkaufszentrum, um noch mehr Menschen rauszuholen. Das britische Militär operiert regelmäßig in Kenia. Die Soldaten beraten die kenianischen Sicherheitsbehörden und halten Ausschau nach britischen Bürgern, die sich den Terroristen in dem Land anschließen. Der Name des Ex-Marines wurde aus Sicherheitsgründen nicht bekanntgegeben.

Abdul Haji bekam währenddessen ebenfalls eine gute Nachricht über SMS. Sein Bruder hatte es geschafft, aus dem Einkaufszentrum zu entkommen. Viele andere hatten nicht so viel Glück. Die insgesamt vier Tage andauernde Belagerung des

Einkaufszentrums durch die Terroristen forderte 72 Tote und 175 Verletzte. Einige Geiseln wurden vor ihrem Tod auf entsetzliche Weise gefoltert. Den Opfern wurden die Hände wie Bleistifte angespitzt, dann wurden sie gezwungen, mit ihrem eigenen Blut ihre Namen zu schreiben. Die Sicherheitskräfte fanden Kinderleichen, in deren Körpern noch Messer steckten. Männer wurden kastriert, ihnen wurden die Finger mit Zangen abgekniffen, die Augen ausgestochen und die Nasen abgeschnitten, bevor die Terroristen sie an der Decke aufhängten (Bentley 2013). Es ist nicht vorstellbar, dass der letzte Gedanke dieser Opfer und der Zeugen dieser Greueltaten war: „Gott sei Dank habe ich jetzt keine Schusswaffe dabei, sonst wäre alles noch viel schlimmer!“ Um wieviel schlimmer kann es in so einer Situation überhaupt noch werden?

Nach zwei Jahren hat sich herausgestellt, dass einer der Attentäter, der 23-jährige Hassan Dhuhulow, ein somalischer Immigrant aus Norwegen war. Er ist nach Norwegen im Alter von neun Jahren eingereist. Der Fall zeigt wieder, dass auch scheinbar entfernte terroristische Attentate eine Verbindung nach Europa haben können (Zeronian 2015).

Dieses Attentat verleitete den damaligen Generalsekretär der Internationalen Kriminalpolizeilichen Organisation (Interpol), Ronald Noble, auf einer Konferenz in Kolumbien zu einer Neubewertung der Idee von strengen Waffengesetzen (Brennan 2013). Er sagte:

„Die Gesellschaften müssen darüber nachdenken, wie sie mit dem Problem umgehen werden. Eine Möglichkeit ist, zu sagen, wir wollen eine bewaffnete Bevölkerung, Sie können den Grund dafür sehen. Eine andere Möglichkeit ist, zu sagen, dass die Enklaven so sicher werden, dass Sie durch außerordentliche Sicherheitsschleusen durchgehen müssen, um in ein Soft Target zu gelangen.“[9]

In einem Interview mit dem amerikanischen Fernsehsender ABC sagte Noble weiter:

„Fragen Sie sich: Wenn das Denver, Colorado, wenn es Texas wäre, würden die Typen in der Lage sein, stundenlang, tagelang wahllos auf Menschen zu schießen?“ Noble sagte dies, um einen Bezug auf Staaten mit einer Waffentradition zu nehmen. „Was ich sage, ist, dass die Polizeien weltweit ihre Ansichten bezüglich der Waffenkontrolle in Frage stellen. Die Bürger selbst überdenken ihre Ansichten zur Waffenkontrolle. Sie müssen sich fragen: Ist mit der Gefahr des Terrorismus, die sich entwickelt hat, eine bewaffnete Bürgerschaft heute notwendiger, als es in der Vergangenheit der Fall war?“[10]

Noble hat erkannt, dass sich die Welt in den letzten Jahrzehnten stark verändert hat. Spätestens seit dem Terrorangriff auf das World Trade Center am 11. September 2001 in New York leben wir in einer anderen Sicherheitslage als die Jahrzehnte davor. Die Idee strenger Waffengesetze als einer Methode für die Herstellung der öffentlichen Sicherheit ist heute offensichtlich veraltet. Sie folgt der Annahme, dass die Polizei und andere staatliche Behörden alleine in der Lage sind, die Sicherheit der Bürger zu garantieren. Nach dieser Grundidee haben die Bürger kein Bedürfnis, sich zu bewaffnen. So wie es derzeit aussieht, haben Terroristen und Amokläufer eine unendliche Auswahl von weichen Zielen, die sie nach Belieben angreifen können. Die Polizei und andere Sicherheitsbehörden sind immer mit einer zeitlichen Verzögerung vor Ort. Bis dahin ist der Tatort bereits mit Leichen und Schwerverletzten übersät. Wenn sich aber unter den Menschen auch bewaffnete Zivilisten befinden, dann verändert das die Dynamik der ganzen Situation. Wenn Angreifer bewaffneten Widerstand erfahren, dann müssen sie kurzfristig zumindest ihre Pläne ändern, was vielen potentiellen Opfern das Leben retten kann. Auch der entschlossenste Selbstmordattentäter wird in seinem Vorhaben gestört, wenn einige der potentiellen Opfer das Feuer erwidern. Das gibt den Menschen Zeit, um sich in Sicherheit zu bringen.

6.3.3 Killeen, Texas

Die herrschende Meinung in Internetforen und sozialen Medien besagt, dass in Texas so etwas nicht passieren könnte, weil dort sehr viele Leute Schusswaffen haben und im Falle eines Falles Widerstand leisten können. Waffen zu besitzen ist das eine, diese auch in einer kritischen Situation einsetzen zu dürfen ist etwas anderes.

Dr. Susanna Gratia-Hupp ging am 16. Oktober 1991 mit ihren Eltern in die „Luby‘s Cafeteria“ in Killeen im Bundesstaat Texas, um ein Mittagessen einzunehmen (Hopkins 2013, S. 49). Gratia-Hupp besaß eine Schusswaffe. Die damaligen Gesetze in Texas erlaubten Zivilisten, Waffen zu erwerben und diese entweder zu Hause oder auch in ihren Fahrzeugen zu halten. Als gesetzestreue Bürgerin ließ Gratia-Hupp ihren Revolver im Handschuhfach ihres Fahrzeugs. Als es sich die Familie Hupp beim Essen gemütlich machte, fuhr George Jo Hennard seinen Pickup durch die Frontscheibe des Restaurants. Er hatte zwei Neun-Millimeter-Pistolen bei sich, eine Glock und eine Ruger plus jede Menge Munition. Als ein anwesender Arzt diesen „Unfall“ sah, lief er zu dem Fahrer, um nachzusehen, ob dieser verletzt war. Hennard erschoss den zur Hilfe eilenden Arzt als ersten. Gratia-Hupps Vater kippte den Tisch um, damit seine Frau und seine Tochter zumindest irgendeine Sichtdeckung hatten. Anschließend rannte er auf Hennard zu, um ihn abzudrängen. Hennard erschoss den Vater ebenfalls. Ein anderer Gast, Tommy Vaughn, schlug daraufhin ein Fenster ein, um einen Fluchtweg für die Restaurantgäste zu schaffen. Gratia-Hupp und andere Gäste rannten durch das ausgeschlagene Fenster nach draußen. Ihre Mutter aber weigerte sich vehement, ihren toten Mann zu verlassen. Sie blieb bei ihm. Hennard ging zu ihr und erschoss sie aus nächster Nähe ebenfalls. Es dauerte ganze 22 Minuten, bis die ersten zwei Polizisten vor Ort waren. Sie waren zu diesem Zeitpunkt zwar nicht im Dienst, hatten aber ihre Waffen

Columbia, Florida, Georgia, Illinois, Louisiana, Massachusetts, Michigan, Missouri, Nebraska, Nevada, New Jersey, New Mexico, New York, North Carolina, North Dakota, Ohio, Oklahoma, South Carolina, Tennessee, Washington und Wyoming ist es derzeit generell verboten, Waffen auf dem Campus zu tragen, auch wenn man einen Waffenschein hat. In den übrigen Bundesstaaten darf die jeweilige Hochschule entscheiden, ob sie das Waffenführen erlaubt.

6.3.5 „Charlie Hebdo“, Paris

Man sollte nicht meinen, dass Terroranschläge und Amokläufe nur in exotischen Ländern passieren, die weit weg sind. So etwas kann immer und überall passieren. Wenden wir den Blick mal zu uns nach Europa. Am 7. Januar 2015 um zehn Uhr traf sich wie jeden Mittwoch die Redaktion der französischen Satirezeitschrift „Charlie Hebdo“ in der Rue Nicolas-Appert im Zentrum von Paris. Um 11:30 Uhr drängten zwei mit Sturmgewehren bewaffnete Terroristen zunächst in das falsche Gebäude mit der Hausnummer 6. Es waren die aus Algerien stammenden Brüder Said und Cherif Kouachi. Schnell bemerkten sie ihren Fehler und betraten das Redaktionsgebäude mit der Hausnummer 10. Im Eingangsbereich trafen sie auf einen Wartungstechniker, den sie sofort erschossen. Danach bedrohten sie eine Mitarbeiterin, die sie im Treppenhaus antrafen. Sie zwangen die Frau, den Zugangscode zu den Büroräumen einzugeben. Anschließend stürmten sie die Redaktionsräume und eröffneten das Feuer auf jeden, den sie auf dem Weg antrafen. Insgesamt wurden elf Personen erschossen und weitere elf Personen verletzt. Der berühmte Herausgeber und Zeichner Stephane Charbonnier („Charb“) und sein Bodyguard, ein Beamter des Service de la protection de Police nationale, zählten ebenfalls zu den Toten.

Aufgrund der vielen Drohungen hatte Charbonnier einen Polizeischutz seit 2011. Er war selber ein Sportschütze, hatte eine Erlaubnis, Schusswaffen zu besitzen, und hatte die Erlaubnis beantragt, eine Schusswaffe zum Selbstschutz in der Öffentlichkeit führen zu dürfen. Da aber das französische Waffengesetz streng ist, verweigerte der damalige sozialistische Innenminister Manuel Valls diese Erlaubnis. Valls war wohl der Meinung, dass ein einziger Bodyguard für eine ganze Redaktion, die sich seit Jahren zahlreichen Drohungen diverser Extremisten gegenübersah, wohl ausreichen werde. Heute wissen wir mit Sicherheit, dass der eine Bodyguard nicht ausreichte.

Nach dem Blutbad in der Redaktion trafen die beiden Täter auf der Straße auf eine Polizeistreife. Sie konnten aber unter Waffeneinsatz in einem Auto fliehen. Am Boulevard Richard Lenoir versuchte eine Fahrradstreife, die Täter zu stoppen. Der Polizist wurde verwundet, lag am Boden und versuchte, sich den Tätern zu ergeben. Daraufhin schossen sie ihm aus nächster Nähe in den Kopf. An der Place du Colonel Fabien kollidierten die Täter mit einem anderen Wagen und verletzten dabei einen Fußgänger. In der Rue de Meaux kaperten sie einen anderen Wagen und setzten ihre Flucht fort. Am folgenden Tag tauchten die Terroristen an einer Tankstelle auf, wo sie unter Waffengewalt Lebensmittel entwendeten. Die Polizei nahm ihre Spur wieder auf. Am 9. Januar 2015 verschanzten sie sich in einer Druckerei in der Gemeinde Dammartin-en-Goele in der Nähe des Flughafens Paris-Charles-de-Gaulle. Die Druckerei wurde von Spezialeinheiten umstellt. Um 16:57 Uhr entschlossen sich die Brüder Kouachi zu einem finalen Showdown. Sie verließen das Gebäude und feuerten auf die Spezialeinheiten, die sie in einem Schusswechsel anschließend töteten. Am Tatort wurden Sturmgewehre vom Typ Kalaschnikow, eine Panzerfaust, Nebelkerzen sowie eine Handgranate gefunden. Alles Kriegswaffen, für die es in Frankreich keinen legalen Markt gibt. Offensichtlich sind derartige Waffen aber für Terroristen problemlos erhältlich.

Parallel dazu lief noch eine zweite Aktion. Am 8. Januar 2015 wurde in Montrouge im Süden von Paris eine 26-jährige Stadtpolizistin ebenfalls mit einer Kalaschnikow erschossen, sowie ein Straßenreiniger durch einen Pistolenschuss schwer verletzt. Die Polizistin war am Ort, um einen Verkehrsunfall aufzunehmen. Der Straßenreiniger war einfach nur zur falschen Zeit am falschen Ort. Der Täter entkam zunächst. Die Phantombilder des Angreifers brachten die Polizei auf den 32-jährigen aus Mali stammenden Amedy Coulibaly, der die Brüder Kouachi gut kannte. Am 9. Januar 2015 überfiel Coulibaly gegen 13 Uhr einen jüdischen Supermarkt an der Porte de Vincennes im Osten von Paris und nahm mehrere Geiseln. Coulibaly forderte einen freien Abzug für die Kouachi-Brüder und drohte mit der

Tötung der Geiseln. Einige Personen konnten sich in der Kühlkammer des Supermarktes verstecken. Gegen 17 Uhr stürmten Spezialeinheiten den Supermarkt und töteten den Terroristen. Sie fanden eine Kalaschnikow, eine Skorpion-Maschinenpistole, zwei Tokarev-Pistolen, 15 Sprengstoffstangen und dazugehörige Zünder. Bis zu der Befreiungsaktion der Polizei tötete Coulibaly vier Personen. Der 22-jährige Angestellte des Supermarktes Yohan Cohen sowie der 21-jährige Elektriker Yoav Hattab versuchten, eine Schusswaffe des Täters an sich zu nehmen, die er kurzzeitig auf dem Boden liegengelassen hatte. Sie war jedoch nicht geladen. Daraufhin schoss Coulibaly den beiden Geiseln mit einer anderen Waffe in den Kopf und tötete sie.

Auch bei dem Vorfall in dem Supermarkt zeigt sich, dass die Geiseln faktisch die Möglichkeit und die Zeit hatten, eine Waffe des Täters an sich zu bringen. Die Abwehr mit der erbeuteten Waffe funktionierte nur deswegen nicht, weil die Waffe nicht geladen war. Was wäre denn gewesen, wenn die französischen Waffengesetze nicht so streng wären und es in diesem Supermarkt mehrere Angestellte und vielleicht auch Kunden gegeben hätte, die eine Erlaubnis gehabt hätten, Schusswaffen zu führen? Es ist plausibel, anzunehmen, dass der Täter in diesem Fall nicht vier Stunden lang die Geiseln hätte terrorisieren können, bis die Spezialeinheiten der Polizei kamen. Vielleicht hätten die Zivilisten den Täter schon viel früher kampfunfähig machen können.

Später stellte sich heraus, dass bereits am 7. Januar 2015 ein Jogger in Fontenay-aux-Roses, einem Pariser Vorort, niedergeschossen und schwer verletzt worden war. Als Tatwaffe erwies sich eine von Coulibalys Tokarev-Pistolen, die am nächsten Tag in dem Supermarkt gefunden wurde. Coulibaly wohnte in Fontenay.

Einige Leute haben die Terroristen während des Angriffs mit ihren Mobiltelefonen gefilmt. Sie hatten die Terroristen sozusagen im Visier ihrer Handys. Die Terroristen haben sie dabei nicht entdeckt. Hätten die Filmer adäquate Schusswaffen gehabt und wären sie an ihnen ausgebildet worden, dann hätten sie die Terroristen genauso gut in das Visier der Schusswaffen nehmen können, um sie mit gezielten Schüssen kampfunfähig zu machen. Das strenge französische Waffengesetz zwang sie aber faktisch zur Passivität. Sie konnten den ganzen Horror nur aufnehmen und später ins Internet stellen, damit sich die ganze Welt anschauen kann, wie so ein Angriff in der Realität abläuft. Es hilft zwar den Opfern nichts. Es kann nur einigen dabei helfen, den Sinn von strengen Waffengesetzen neu zu überdenken.

6.3.6 Bataclan, Paris

Zehn Monate später wurde Paris erneut von Terroristen angegriffen. Diesmal war das Ausmaß so groß, dass der französische Präsident Hollande von einem kriegerischen Akt sprach.

Am 13. November 2015 versuchte ein Selbstmordattentäter, während eines Freundschaftsspiels zwischen der französischen und der deutschen Fußballnationalmannschaft über das Eingangstor D des Fußballstadions Stade de France auf das Gelände zu gelangen. Bei der Eingangskontrolle wurde bei dem Täter eine Sprengstoffweste entdeckt. Daraufhin flüchtete er. Laut Spielaufzeichnung detonierte die Sprengstoffweste um 21:17 Uhr außerhalb des Stadions. Der Täter selbst und ein Passant kamen dabei ums Leben. Bei dem Täter wurde später ein gefälschter syrischer Pass gefunden, der am 3. Oktober 2015 in Griechenland in einer Flüchtlingsaufnahmestelle registriert worden war.

Um 21:25 Uhr fuhren andere Terroristen in einem schwarzen Seat Leon zu der Bar „Le Carillon“ und feuerten mit vollautomatischen Gewehren auf die Außenplätze der Bar. Anschließend beschossen sie das gegenüberliegende kambodschanische Restaurant „Le Petit Cambodge“. Dabei starben mindestens 15 Personen, und zehn weitere wurden verletzt. Danach fuhren die Täter 400 Meter weiter zum nächsten Anschlagsort.

Um 20:30 Uhr versuchte ein weiterer Selbstmordattentäter, über den Eingang H des Fußballstadions Stade de France auf das Gelände zu gelangen. Kurz darauf sprengte er sich in die Luft. Auch dieser Attentäter war am 3. Oktober 2015 als Flüchtling in Griechenland registriert worden, bevor er weiter nach Paris reiste.

Um 21:32 Uhr hielten die Attentäter mit ihrem Seat Leon an einer Kreuzung und erschossen einen Mann in seinem Fahrzeug. Anschließend feuerten sie auf das Café „Bonne Bière“ und erschossen dabei drei Personen. Als nächstes feuerten sie auf den

an ihren Genitalien. Einige Leichen waren enthauptet und ausgeweidet worden. Aus diesem Grund wurden manche Leichen ihren Angehörigen nicht übergeben. Die befragten Staatsanwälte gaben jedoch zu Protokoll, dass die Foltergeschichten lediglich Gerüchte seien. Die Opfer hätten zwar die geschilderten Verletzungen aufgewiesen. Diese seien allerdings ausschließlich infolge der Schussverletzungen und der Explosionen entstanden. Dem widersprach jedoch die Aussage eines Ermittlers, der über einen Brief berichtete, den der Vater eines Opfers an den Untersuchungsrichter schickte. In diesem Brief beschreibt der Vater, dass er im Leichenhaus des Forensischen Instituts in Paris seinen getöteten Sohn nur durch eine Scheibe sehen durfte. Die Leiche war bis zum Hals mit einem Tuch bedeckt. Der Mitarbeiter des Leichenhauses sagte diesem Vater, dass nur die linke Gesichtshälfte seines Sohnes vorzeigbar sei. Der Vater bemerkte, dass dem Sohn das linke Auge fehlte. Es wurde ihm gesagt, dass das Auge ausgestochen und seine rechte Geschichtshälfte wie mit einem Messer aufgeschlitzt worden sei. Des weiteren haben die Mitarbeiter des Forensischen Instituts dem Vater gesagt, dass seinem Sohn die Hoden abgeschnitten und in seinen Mund gesteckt worden seien. Darüber hinaus war sein Sohn ausgeweidet worden, das heißt seine Bauchdecke war offen, und es fehlten einige Organe. Der Staatsanwalt, der zu diesen Aussagen befragt wurde, behauptete jedoch, dass am Tatort keine Messer gefunden worden seien, mit denen man irgendjemandem derartige Verletzungen zufügen könnte. Er vermutete, dass vielleicht irgendwelche Granatsplitter diese Verletzungen herbeiführen könnten. Der Vorsitzende des Komitees fragte diesen Staatsanwalt, ob eine Explosion dazu geeignet wäre, einem Mann seine Hoden abzureißen und ihm in den Mund zu legen. Der Staatsanwalt entgegnete nur, dass er dazu keine Informationen habe.

Das Protokoll dieser Untersuchungskommission wurde erst am 5. Juli 2016 veröffentlicht. Die Aussagen sind widersprüchlich. Die Polizisten, die vor Ort waren, und die Angehörigen der Opfer berichten von eindeutigen Folteranzeichen an mehreren Leichen. Die Staatsanwälte widersprechen dem und behaupten, dass die Leichen ausschließlich durch den Gebrauch der Schusswaffen, Granaten und der Sprengstoffwesten zerfetzt worden seien. Man kann die Ergebnisse des Berichts der Untersuchungskommission unterschiedlich interpretieren. Glaubt man eher den Polizisten und den Angehörigen oder den Staatsanwälten? Gemessen an den Berichten über ähnliche Folterungen bei dem zuvor beschriebenen Attentat in Nairobi erscheinen die Berichte der Polizisten und der Angehörigen im Fall Bataclan durchaus plausibel. Was wirklich geschehen ist, werden wir vielleicht in einigen Jahren noch genauer erfahren.

Der Sänger und Gitarrist der Band Eagles of Death Metal, Jesse Hughes, der das Attentat mit den anderen Bandmitgliedern von der Bühne aus aus nächster Nähe erlebte, gab nach dem Anschlag ein Interview für den französischen TV-Sender iTélé (Hunt/Chrisafis 2016). Hughes ist selber ein großer Befürworter des privaten Waffenbesitzes und kritisiert strenge Waffengesetze, durch die gesetzestreue Bürger entwaffnet werden, während Verbrecher und Terroristen keine Probleme haben, an Kriegswaffen jedweder Art zu kommen. Hughes sagte in dem Interview:

„Hat eines von euren französischen Waffengesetzen nur eine einzige verfickte Person davon abgehalten, in dem Bataclan zu sterben? Und wenn jemand das mit einem Ja beantworten kann, dann würde ich es gerne hören, weil ich nicht denke, dass es der Fall war. Ich denke, das einzige, was es beendet hat, waren die mutigsten Männer, die ich je gesehen habe, als sie sich im Angesicht des Todes mit ihren Feuerwaffen hineinstürzten. Ich weiß, dass Leute anderer Meinung sein werden, aber es scheint mir, dass Gott Männer und Frauen erschuf und es in dieser Nacht Waffen waren, die sie gleichmachten. Und ich hasse es, dass es so ist. Ich denke, das einzige, bezüglich dessen ich meine Meinung geändert habe, ist, dass solange, bis niemand Waffen hat, vielleicht alle sie haben sollten.“[11]

In einem weiteren Kommentar für Agence France-Presse sagte Hughes:

„Ich gehe in Amerika nirgendwo mehr hin ohne eine Schusswaffe. Das ist scheiße. Und ich bin nicht paranoid. Ich bin kein Cowboy… aber ich möchte vorbereitet sein.“[12]

Hughes bringt eine wichtige Wahrheit zum Ausdruck. Einen bösen Menschen mit einer Waffe kann nur ein guter Mensch mit einer Waffe stoppen. Auch die Polizisten waren Männer mit Waffen, aber die Polizei ist eine reaktive Einrichtung. Auch wenn sich die Polizisten noch so bemühten, sie brauchten auch in diesem Fall immer von mehreren Minuten bis zu mehreren Stunden, um vor Ort zu sein. Die wehrlosen Zivilisten konnten nur auf ihre Rettung warten oder eventuell flüchten, wenn die Umstände es erlaubten.

Als der Angriff losging, sah Hughes, wie viele Menschen so erschrocken und überrascht waren, dass sie nicht wussten, was zu tun war (McInnes 2016). Manche zeigten keinen Überlebensinstinkt. Anstatt zu flüchten, waren sie zu erschrocken, um sich überhaupt zu bewegen. Diese Schockstarre ist keine Seltenheit. Ähnliches Verhalten wurde während des Amoklaufs in der Luby‘s Cafeteria in Killeen in Texas beobachtet. Hughes sah, wie eine Gruppe von Menschen an der Barriere stehengeblieben war. Eine Frau erhob die Hände und wollte sich den Terroristen ergeben, offensichtlich ohne anzunehmen, dass auf sie sofort das Feuer eröffnet würde. Die Attentäter prüften auch, ob die von ihnen angeschossenen Menschen auch wirklich tot waren. Sie stachen mit dem Gewehrlauf in die Körper, und wenn sich noch jemand bewegte, dann bekam er einen Schuss in den Kopf. Ein Mädchen stand herum und sagte zu einem der Attentäter, dass sie eine fürchterliche Angst habe. Sie bekam von ihm die Antwort: „Hab keine Angst, in zwei Minuten wirst du sterben.“ Dann wurde sie erschossen. Hughes ist der Meinung, dass die jahrzehntelange liberale und pazifistische Erziehung der westeuropäischen Jugendlichen dazu führte, dass sie jetzt in einer lebensbedrohlichen Krise nicht mehr überlebensfähig sind. Sie starren die Gefahr an wie ein Kaninchen eine Schlange. Sie sind auf solche Situationen nicht vorbereitet, und somit sind sie einfache Opfer. Nach diesen Schilderungen dürfte eine Sache klar sein. Am besten ist es, derartigen Bestien wie diesen Attentätern überhaupt nicht zu begegnen. Wenn man jedoch das Pech hat, ihnen dennoch begegnen zu müssen, dann sollte man auf jeden Fall entsprechend ausgerüstet und trainiert sein. Nichts ist entsetzlicher, als sich in so einer Hölle zu befinden, wehrlos zu sein und nicht zu wissen, was zu tun ist.

6.3.7 Erfurt

Bevor die Terrorwelle im Jahr 2016 auch Deutschland ereilte, gab es schon früher Amokläufe mit vielen Toten und Verletzten, die ebenfalls wehrlos ihrem Schicksal begegneten. Robert Steinhäuser war bis Oktober 2001 ein Schüler des Gutenberg-Gymnasiums in Erfurt. Er war kein besonders guter Schüler. Ende September 2001 blieb er einige Tage der Schule fern. Als Entschuldigung legte er ein ärztliches Attest vor, das jedoch von der Schulleitung schnell als eine Fälschung erkannt wurde. Daraufhin wurde Steinhäuser wegen Urkundenfälschung des Gymnasiums verwiesen. Zur damaligen Zeit gab es in Thüringen im Unterschied zu vielen anderen Bundesländern keine Zuerkennung der Mittleren Reife (Realschulabschluss) nach der zehnten Klasse. Für Steinhäuser bedeutete der Schulverweis, dass er ohne jedwede Ausbildung auf der Straße stand. Diesem psychischen Druck war er offensichtlich nicht gewachsen. Er fühlte sich ungerecht behandelt und entschloss sich, Rache an der Schule zu nehmen.

Am 26. April 2002, dem letzten Tag der Abiturprüfungen an diesem Gymnasium, betrat der damals 19-jährige Steinhäuser gegen 10:45 Uhr das Schulgebäude. In seinem Gepäck war eine Vorderschaftrepetierflinte (Pump Gun) vom Typ Mossberg 590 und eine Pistole der Marke Glock 17. Die Waffen und Munition transportierte er in einer Sporttasche und einem Rucksack. Zuerst ging er im Erdgeschoss in die Herrentoilette, wo er sich umzog. Er zog sich eine Gesichtsmaske an und nahm die Repetierflinte sowie die Pistole mit. In der Toilette ließ er seine Jacke, die Sporttasche, den Rucksack, restliche Munition und noch einige andere Sachen zurück. Zuerst ging er in das Sekretariat. Dort erschoss er gegen 10:59 Uhr die stellvertretende Direktorin und die Sekretärin. Im Nebenzimmer saß die Direktorin der Schule, aber diesen Raum betrat Steinhäuser nicht. Er verließ das Sekretariat. Die Direktorin kam aus ihrem Zimmer und sah die Leichen. Sie schloss sich in ihrem Zimmer ein und benachrichtigte den Notruf. Steinhäuser ging währenddessen in den ersten Stock. Auf dem Weg nach oben sah er, wie ein Lehrer einen Vorbereitungsraum aufschließen wollte. Er schoss ihm mehrmals in den Rücken. Danach ging er weiter in den Raum 105 und erschoss dort vor den Augen der Schüler den anwesenden Lehrer. Ein anderer Lehrer hörte den Lärm und kam in den Gang, um nachzusehen, was passiert war. Steinhäuser streckte ihn mit mehreren Schüssen nieder. Der Täter machte sich auf den Weg in den zweiten Stock. Zuerst ging er in den Raum 206, aber dieser war leer. Dann ging er in den Raum 205, in dem sich wenige Schüler befanden. Auf diese Schüler schoss er jedoch nicht. Er durchquerte den Flur in Richtung Nord-Treppenhaus und feuerte fünfmal auf eine Lehrerin. Er betrat den Raum 211 und gab wieder vor den Augen der Schüler fünf Schüsse auf die anwesende Lehrerin ab. Er betrat den Raum 208. Dort befanden sich ebenfalls Schüler und eine Lehrerin. Steinhäuser schoss jedoch nicht. Er verließ den Raum und ging in den dritten Stock, wo er im Raum 307 eine weitere Lehrerin erschoss. Im Raum 304/310 erschoss er eine Referendarin sowie eine weitere Lehrerin auf dem Flur. Auf dem Weg zur Südtreppe erschoss er noch einen Lehrer. Steinhäuser ging zurück in die zweite Etage. Mittlerweile waren die Schüler schon alarmiert. Viele verließen bereits das Gebäude. Andere verbarrikadierten sich in den Klassenzimmern. Hier sah der Attentäter eine fliehende Lehrerin, auf die er mehrmals schoss. Die Frau fiel auf den Boden durch eine halbgeöffnete Tür. Steinhäuser stieg über sie und gab noch einen Schuss auf sie aus nächster Nähe ab. Im Raum 208 verbarrikadierten sich die Schüler mit der Lehrerin, die der Täter zuvor ignoriert hatte. Er schoss in schneller Folge durch die geschlossene Tür. Hierbei wurden zwei Schüler tödlich getroffen. Steinhäuser ging zurück in die erste Etage und schoss durch die Tür eines WCs. Dabei blieb das Geschoss im Rucksack eines Schülers stecken, der zu diesem Zeitpunkt an einem Waschbecken stand. Steinhäuser ging auf den Schulhof, wo er eine Lehrerin erschoss, die sich um die Evakuierung der Schüler kümmerte.

Zu diesem Zeitpunkt kam der erste Polizeiwagen an, und Steinhäuser schoss auf die Polizisten. Einer von ihnen erwiderte das Feuer, verfehlte aber den Täter. Steinhäuser rannte zurück in das Schulgebäude in die erste Etage und erschoss durch ein Fenster einen der Polizisten. Vor dem Raum 111 traf Steinhäuser, der zu diesem Zeitpunkt keine Gesichtsmaske mehr trug, auf den Lehrer Reiner Heise. Der Lehrer schaute dem Täter in die Augen und sagte: „Du kannst mich jetzt erschießen." Steinhäuser senkte nur den Kopf und sagte: „Herr Heise, für heute reicht's." Heise forderte Steinhäuser auf, in den Raum 111 zu gehen, wo er ihn hineinstieß und die Tür abschloss. Daraufhin erschoss sich Steinhäuser selbst. Insgesamt kamen an diesem Tag zwölf Lehrer, eine Sekretärin, zwei Schüler und ein Polizist ums Leben.

Das ganze Attentat vom ersten Schuss bis zu dem Selbstmord des Täters dauerte ungefähr 20 Minuten. Die Polizeidienstvorschrift sah damals bei Geiselnahmen vor, dass die Streifenpolizisten, die als erste am Tatort auftauchen, das Gelände zuerst vor unberechtigtem Zugang sichern und grundsätzlich auf das Sondereinsatzkommando (SEK) warten (Gasser et al. 2004). Vorschriftsmäßig wurde um 11:11 Uhr die Rufbereitschaftsgruppe des SEK informiert. Um 11:35 Uhr traf das SEK am Tatort ein. Die Vorbereitungen nahmen noch 28 weitere Minuten in Anspruch. Um 12:03 Uhr begann das SEK mit der systematischen Durchsuchung des Schulgebäudes. Den Raum 111, in dem sich der mittlerweile seit fast zwei Stunden tote Steinhäuser befand, betraten die SEK-Beamten um 13:01 Uhr. Um 13:31 Uhr meldete das SEK, dass die Etagen eins bis drei sicher seien. Der ganze Vorfall wurde unter der Leitung des damaligen Justizministers genau untersucht und die Ergebnisse in einem ausführlichen Bericht veröffentlicht. In diesem Bericht werden die Vorgehensweise und die Reaktionszeit sowohl der Streifenpolizisten als auch der SEK-Beamten als vorschriftskonform und nicht abweichend von denjenigen in anderen Bundesländern bezeichnet.

Falls Sie also der Meinung sind, dass es ausschließlich die Sache der Polizei sei, solche Attentäter abzuwehren, dann sollten Sie nach diesen Schilderungen auch akzeptieren, dass der erste am Ort eintreffende Polizist nicht sofort das Gebäude stürmen wird, um ausgerechnet Sie zu retten. Der Täter wird genügend Zeit haben, um mit seinem Angriff fortzufahren.

Robert Steinhäuser erwarb seine Waffen aufgrund einer Mitgliedschaft in einem Schießsportverein. Spätere Untersuchungen ergaben jedoch starke Unstimmigkeiten mit den waffenrechtlichen Prozeduren. Im Sommer 2000 nahm Steinhäuser ein gelegentliches Schießtraining im Schützenverein Domblick mit einer Luftdruckwaffe und einer Pistole Kaliber .22 lr auf. Nach einer Sachkundeprüfung bescheinigte ihm der Schießsportverband Deutscher Schützenbund (DSB) am 7. September 2001 ein Bedürfnis für den Erwerb einer Sportpistole im Kaliber neun Millimeter Para und einer Flinte im Kaliber 12/70. Um dieses Bedürfnis zu begründen, hätte der Antragsteller damals mindestens sechs Monate regelmäßig trainieren müssen. In dem Schießbuch des Vereins befanden sich jedoch Trainingseinträge, die teilweise von Steinhäuser gefälscht worden waren. Am 12. September 2001 stellte Steinhäuser einen Antrag auf eine Waffenbesitzkarte (WBK) beim Ordnungsamt Erfurt. Als Begründung gab er in dem Formular an: „Ich benötige die Waffen, um an Turnieren des DSB teilnehmen zu können. Des weiteren besitzt mein Verein nicht die von mir benötigten Waffen.“ In der Anlage zu diesem Antrag kreuzte er an, dass er das sportliche Schießen in den Disziplinen Zentralfeuerpistole und Flinte Trap betreibe. Einen Monat später wurde ihm die WBK ausgestellt. Allerdings wird bei der Art der Flinte „PA-Flinte“ für Pump-Action-Flinte im Kaliber 12/76 eingetragen. Beim DSB ist dies aber kein Sportkaliber. Es hätte das Kaliber 12/70 eingetragen werden müssen. Zudem ist eine Pump-Action-Flinte beim DSB auch nicht typisch für das Trapschießen. Diese Formalitäten hätten einem Sachbearbeiter auffallen können. Sie wären aber formell leicht korrigierbar gewesen.

Am 18. Oktober 2001 kaufte Steinhäuser eine Pistole Glock 17 im Kaliber neun Millimeter Para von einem privaten Waffenbesitzer aus Erfurt. Dieser meldete am 23. Oktober 2001 seine

Waffe beim Ordnungsamt Erfurt auch ordnungsgemäß ab. Der Käufer hatte nach dem Waffengesetz zwei Wochen Zeit, um seine neu erworbene Waffe anzumelden. Dieser waffenrechtlichen Verpflichtung kam Steinhäuser jedoch nicht nach. Am 30. Oktober 2001 kaufte Steinhäuser die Pump-Action-Flinte bei einem Waffenhändler. Der Waffenhändler meldete den Verkauf bei den Behörden ordnungsgemäß an. Steinhäuser kam auch bei dem zweiten Waffenerwerb nicht seiner Pflicht nach, die Waffe beim Ordnungsamt Erfurt anzumelden. Wahrscheinlich fürchtete er, dass die formellen Unregelmäßigkeiten auffliegen würden. Spätestens Mitte November 2001 hätte die Waffenbehörde sich bei Steinhäuser erkundigen müssen, was mit der Anmeldung der Waffen ist. Dabei hätte auch festgestellt werden können, dass Steinhäuser nicht die erforderliche Zuverlässigkeit für einen Waffenbesitz aufwies. Die Waffen hätten so kurzfristig eingezogen werden können. Die Waffenbehörde reagierte jedoch ganze fünf Monate bis zu der Tat auf diese waffenrechtliche Ordnungswidrigkeit nicht. Unabhängig davon war zum Tatzeitpunkt niemand in der Lage, sich in dieser Schule gegen den Angreifer zu wehren, weil der Amokläufer als einziger mit Schusswaffen ausgestattet war. Die Schule war ein Soft Target, wie es im Buche steht. Auffallend ist aber wieder, dass, sobald sich der Lehrer Reiner Heise dem Attentäter in den Weg stellte, dieser aufgab. Schulen hatten damals und haben auch heute noch kein dezidiertes Sicherheitspersonal, das in so einem Fall schnell eingreifen könnte. Waffenscheine unter Lehrern sind in Deutschland komplett unüblich, und Schulen haben offene Türen ohne Sicherheitsschleusen. Das klingt nicht nach einer guten Vorbereitung auf den nächsten möglichen Angriff.

6.3.8 Winnenden

Ein Sportschütze aus Winnenden, einer Stadt nordöstlich von Stuttgart, hatte seine Pistole, Marke Beretta 92 FS, nicht wie vorgeschrieben entladen in einem Tresor, sondern geladen in seinem Nachtschrank im Schlafzimmer aufbewahrt. Erschwerend kommt hinzu, dass dieser Sportschütze einen offensichtlich psychisch labilen Sohn hatte. Der damals 17-jährige Tim Kretschmer soll in der Schule nicht sonderlich gut und bei manchen Schülern nicht unbedingt sehr beliebt gewesen sein. Er wurde angeblich von seinen Mitschülern, besonders von den Mädchen, gemobbt. Eines Tages beschloss er, sich dafür zu rächen. Am 11. März 2009 nahm Kretschmer die Pistole seines Vaters und betrat gegen 9:30 Uhr die Albertville-Realschule in Winnenden. In zwei Klassenzimmern und einem Chemiesaal eröffnete der Täter das Feuer auf die anwesenden Schüler und die Lehrer. Ein Junge, sieben Mädchen und eine Lehrerin starben infolge der Schusswunden an Ort und Stelle. Der Amokläufer richtete seine Opfer mit gezielten Kopfschüssen regelrecht hin. Zwei verletzte Mädchen starben auf dem Weg ins Krankenhaus. Neun weitere Mädchen und eine Lehrerin wurden verletzt in Krankenhäuser transportiert. Die Polizei erschien nach wenigen Minuten in der Schule. Als der Täter die Einsatzteams sah, eröffnete er das Feuer auf die Polizisten und flüchtete aus dem Gebäude. Auf dem Weg erschoss er noch zwei weitere Lehrerinnen. Am Zentrum für Psychiatrie erschoss er noch einen Mitarbeiter. Anschließend zwang er einen Autofahrer, ihn mitzunehmen. Beide fuhren nach Wendlingen. An einer Kontrollstelle der Polizei bei Wendlingen machte der Autofahrer eine Vollbremsung und flüchtete aus dem Wagen. Der Täter entkam ebenfalls und rannte in das Gewerbegebiet Wert. Dort betrat er gegen 12:15 Uhr ein Autohaus und wollte einen Fluchtwagen zur Verfügung gestellt haben. Als die Mitarbeiter ihm den Wagen nicht geben wollten, erschoss er einen 46-jährigen Kunden und einen 36-jährigen Mitarbeiter

hindern, dass der Autodieb wegfuhr. Die unüberlegte Aktion der Frau führte nur dazu, dass der Täter den Wagen beschleunigte. Die Autobesitzerin befand sich in diesem Moment in Lebensgefahr. Ein Stadtangestellter sah das Chaos und zog seine Schusswaffe. Er schoss auf den Täter und verletzte ihn an der Schulter. Der Täter fiel aus dem Wagen und blieb auf dem Boden liegen, bis die Polizei kam. Der Schütze besaß ebenfalls einen Waffenschein, der ihn berechtigte, die Waffe in der Öffentlichkeit zu führen. Außer dem Täter wurden keine weiteren Personen verletzt („Fox News" 2015).

Am 22. März 2016 gegen 15 Uhr stritt sich ein 40-Jähriger in einem Friseursalon in West Philadelphia im Bundesstaat Pennsylvania mit einer anderen Person. Der Streit eskalierte. Der 40-Jährige zog seine Waffe und fing an, auf die Kunden und Mitarbeiter zu schießen. In dem Friseursalon befanden sich auch Kinder. Ein Passant hörte die Schüsse aus dem Laden und rannte hinein. Er zog seine eigene Waffe und schoss auf den Täter. Anschließend verließ er den Laden. Der 40-Jährige wurde mit Schusswunden ins Krankenhaus gebracht, verstarb aber an seinen Verletzungen. Der Passant stellte sich später bei der Polizei. Es stellte sich heraus, dass er einen Waffenschein hatte. Der Police Captain Frank Llewellyn sagte: „Er reagierte, und ich schätze, er rettete einer Menge Leute das Leben." (Chang 2015.)

Der Schießlehrer und Sicherheitsexperte Chris Bird beschreibt in seinem Buch „Thank God I Had A Gun" sehr ausführlich 14 Fälle, in denen sich Privatpersonen mit ihren Schusswaffen zu Hause, aber auch auf der Straße erfolgreich zur Wehr setzten. Es handelte sich um keine besonders ausgebildeten Mitglieder irgendwelcher Spezialeinheiten. Es waren ganz normale Frauen und Männer, die Schusswaffen besaßen und unverschuldet in eine gefährliche Situation gerieten. Alleine der Waffenbesitz und etwas Übung reichten aus, um den Kopf aus der Schlinge zu ziehen. Das Buch widerspricht allen Beteuerungen diverser Polizeisprecher, die der Meinung sind, dass 110 anzurufen die beste Option für die Opfer von Überfällen ist.

Von solchen Fällen, in denen ein privater Waffenbesitzer einschreitet und sich selbst und andere Menschen rettet, gibt es in den USA Tausende pro Jahr. In den deutschen Medien werden Sie kaum etwas davon erfahren. Solche Fälle passen einfach nicht ins journalistische Schema. Medial interessant scheinen nur Fälle zu sein, bei denen wehrlose Opfer von Verbrechern, Amokläufern und Terroristen niedergemetzelt werden. Wenn ein Opfer zurückschießt, dann passt das nicht in die Welt der meisten Journalisten.

6.4 Fazit

In diesem Kapitel wurden einige Fälle dargestellt, um Ihnen ein Gefühl dafür zu geben, wie sich Angriffe auf Soft Targets in der Realität abspielen. Dabei ist zu beobachten, dass die Attentäter explizit nach ungeschützten Orten suchen (Lott 2016, S. 1907). Ein Beispiel dafür ist ein vom FBI abgehörtes Gespräch eines angehenden Terroristen, Khalil Abu-Rayyan, der einen Angriff auf eine der größten Kirchen in Detroit plante. Er begründete die Auswahl des Ziels wie folgt: „Eine Menge Menschen geht dorthin. In Kirchen ist den Menschen nicht erlaubt, Waffen zu tragen. Und es würde in die Nachrichten kommen. Jeder würde es mitbekommen." Glücklicherweise wurde diese Tat vom FBI noch rechtzeitig verhindert, indem Abu-Rayyan festgenommen wurde. Ein anders Beispiel ist der Angriff eines Amokläufers 2015 auf eine Kirche in Charleston in South Carolina. Der Attentäter Dylann Roof wollte ursprünglich seine Tat in einem College ausführen. Als er merkte, dass das College von einem bewaffneten Sicherheitsdienst beschützt wird, entschied er sich für die Kirche, wo er sechs wehrlose Frauen und drei Männer erschoss. Aus dem Tagebuch von James Holmes, der 2012 das Feuer auf die Zuschauer in einem Kino in Aurora im Bundesstaat Colorado eröffnete, geht hervor, dass er ursprünglich einen Flughafen angreifen wollte. Er verwarf diesen Plan, weil auf dem Flughafengelände zuviel bewaffnetes Sicherheitspersonal war. Ein Kino schien ihm einfacher zu sein. Ähnlich Elliot Rodger, der 2014 drei Menschen in der Nähe der Universität in Santa Barbara im Bundesstaat Kalifornien erschoss. In seinen Überlegungen zum Tatort schloss er alle Ziele aus, wo ein Waffenträger ihm Widerstand leisten könnte. Diese Beispiele zeigen, dass Terroristen und andere Attentäter trotz des Wahns ihre Ziele sehr sorgfältig auswählen. Sie möchten so wenig Widerstand und soviel mediale Aufmerksamkeit wie möglich erfahren. In waffenfreien Zonen geht es für sie am einfachsten. Strenge Waffengesetze helfen ihnen maßgeblich dabei.

Nun kann jemand entgegnen, dass, wenn es überhaupt keine Schusswaffen oder Sprengstoff auf der Welt gäbe, es gar nicht zu solchen Tragödien käme. Das ist eine ideologisierte Sicht, die in der Praxis nicht bestätigt werden kann. Denken wir nur an den Genozid in Ruanda, der zwischen dem 7. April und dem 19. Juli 1994 stattfand. In etwas über 100 Tagen wurden 800.000 Menschen getötet. Es waren elf Prozent der Landesbevölkerung. In diesem Genozid wurden 80 Prozent der Tutsi liquidiert. Die Hauptwaffen, mit denen die Hutus ihre Opfer niedermetzelten, waren keine Schusswaffen, sondern Macheten, Sensen, mit Nägeln versehene Holzkeulen, Äxte und andere scharfe Gegenstände (Zelman/Stevens 2001). Wenn der Hass zwischen Menschengruppen nur groß genug ist, dann können keine Waffengesetze eine Katastrophe abwenden. Zudem gab es schon terroristische Angriffe und Amokläufe mit anderen Mitteln als Schusswaffen. Die Täter nahmen Brandbeschleuniger, Messer, Äxte oder Lkws wie in Nizza und Berlin. Man muss auch realistisch annehmen, dass es Waffen auf der Welt immer geben wird. Fast jedes Land hat eine eigene Waffenindustrie. Viele dieser Betriebe sind in staatlicher Hand. Die Waffen werden täglich am Fließband produziert. Illegale Kriegswaffen sind in Westeuropa problemlos verfügbar. Die Schnellfeuergewehre der Pariser Terroristen kamen aus dem ehemaligen Jugoslawien, Albanien und China. Dem Gesetz nach dürfte es in Europa diese vollautomatischen Waffen nicht geben, weil ihr Besitz für Privatpersonen strengstens verboten ist. Anfang der 1990er Jahre gab es einen Bürgerkrieg in Jugoslawien. Millionen Kleinwaffen gelangten in Privathände. Heute werden sie an den Meistbietenden verkauft. Während des Kalten Krieges leistete die Volksrepublik China eine umfangreiche Rüstungshilfe an Albanien. Nach dem Zerfall des Ostblocks und den Unruhen 1996 plünderten zwielichtige Gestalten die Arsenale der albanischen Armee. Den Schätzungen nach wechselten 500.000 bis zwei Millionen Kleinwaffen ihren Besitzer. Heute findet man einen Teil davon auf dem il-

er in seiner zweiten Amtszeit Forderungen nach restriktiveren Waffengesetzen stellte, eilten die Amerikaner in die Waffengeschäfte und kauften alles, was nicht niet- und nagelfest war. Die Waffenhersteller konnten die sprunghaft gestiegene Nachfrage nicht kurzfristig befriedigen, und es kam ebenfalls zu einer Mangelversorgung bei der Munition. Nicht alle sind bereit dazu, einem Umfrageinstitut zu verraten, was sie bei sich zu Hause an Waffen und Munition horten.

Der Erwerb von Schusswaffen in den USA ist in den meisten Bundesstaaten recht einfach. Man geht in ein Waffengeschäft und wählt die Waffen aus, die man erwerben möchte. Der Verkäufer prüft, ob der Kunde das Mindestalter erreicht hat. Der Käufer muss mindestens 18 Jahre alt sein, wenn er Schusswaffen privat kauft. Lizenzierte Waffenhändler dürfen Langwaffen an mindestens 18-Jährige und Kurzwaffen an mindestens 21-Jährige verkaufen. Beim Waffenkauf über einen lizenzierten Waffenhändler erfolgt der sogenannte Background Check. Der Verkäufer ruft bei der Polizei oder im Sheriffbüro an und fragt, ob es irgendwelche Gründe gibt, diesem Käufer den Waffenkauf zu versagen. Die Polizei oder der Sheriff schauen in der Computerdatenbank namens „National Instant Criminal Background Check System“ („NICS“) nach, ob der Käufer irgendwelche Kriterien erfüllt, nach denen er vom legalen Waffenerwerb gesetzlich ausgeschlossen ist. Dazu gehören Verurteilungen zu einer Freiheitsstrafe von über einem Jahr, Anklage wegen einer Straftat, die mit einer Freiheitsstrafe von über einem Jahr geahndet wird, offene Haftbefehle, Drogen- und/oder Alkoholsucht, psychische Erkrankungen, illegaler Aufenthalt in den USA, unehrenhafte Entlassung aus dem US-Militär, Aberkennung der US-Staatsbürgerschaft, Verurteilung zu einem Kontaktverbot mit einer bestimmten Person oder Verurteilung wegen häuslicher Gewalt. Wenn keine dieser Kriterien vorliegen, dann bekommt der Verkäufer von den Beamten grünes Licht und kann den Waffenverkauf vornehmen. In manchen Bundesstaaten gibt es noch eine Warteperiode (Waiting Period) von einigen Tagen, das heißt dem Käufer werden die gekauften Waffen erst nach

Ablauf dieser Warteperiode ausgehändigt. Meistens bezieht sich die Warteperiode auf den Erwerb von Kurzwaffen, einige Bundesstaaten verlangen jedoch auch eine Warteperiode für den Erwerb von Langwaffen. Dadurch soll verhindert werden, dass Menschen Waffen im Affekt kaufen, weil sie zum Beispiel gerade einen Streit mit irgendjemandem haben. Die Warteperiode ist aber kein Bundesgesetz, und somit gibt es auch Bundesstaaten, in denen man die Waffen sofort nach dem Kauf mitnehmen darf. Der Munitionserwerb unterliegt keinen Beschränkungen. Die Background Checks sind als Bundesgesetz für Waffenverkäufe bei lizenzierten Waffenhändlern verpflichtend. Mittlerweile gehen aber 18 Bundesstaaten über dieses Erfordernis hinaus und verlangen auch Background Checks bei privaten Waffenverkäufen (Lott 2016, S. 2521-2538). In den übrigen Bundesstaaten sind private Waffentransfers noch liberaler geregelt. Wenn zum Beispiel ein Vater seine Waffensammlung seinem Sohn schenkt, dann erfolgt kein Background Check des Sohnes. Wenn jemand eine Schusswaffe einem Bekannten oder Unbekannten verkauft, dann muss er sich auch nicht erst mal bei der Polizei oder im Sheriffbüro eine Erlaubnis dafür abholen. Damit die Behörden kein Register über alle Waffenbesitzer erstellen können, müssen die Anfragen beim NICS innerhalb von 24 Stunden wieder gelöscht werden. Das hat sich die amerikanische Waffenlobby bei der Einführung der Background Checks mit dem „Brady Handgun Violence Prevention Act" („Brady Law") 1993 ausbedungen. „Registration is Confiscation" war die damalige Parole. Wenn die Behörden genau wissen, wer Schusswaffen hat, dann können sie diese eines Tages auch flächendeckend einziehen. Diese Gefahr wollen die amerikanischen Waffenbesitzer nicht eingehen.

Wenn die Anzahl der Waffen in den USA ständig steigt, dann wäre es doch plausibel, anzunehmen, dass die damit verbundenen Verbrechen proportional dazu ebenfalls steigen. Das ist jedoch nicht der Fall. Es verhält sich genau umgekehrt, und kaum jemand weiß es in Deutschland. Mehr noch, die meisten Amerikaner wissen es auch nicht.

Die Deutschen kennen die amerikanische Kriminalität meistens aus dem Kino und dem Fernsehen. Hollywood sei Dank prägen Western- und Actionhelden das Bild. John Wayne, Chuck Norris, Sylvester Stalone und Arnold Schwarzenegger räumen auf, die Schusswaffen immer im Anschlag. Jährlich besuchen circa zwei Millionen Deutsche die USA. Es werden aber keine zwei Millionen Horrorgeschichten erzählt. Die Deutschen fliegen nach Amerika als Businessleute oder Touristen und kommen unversehrt wieder nach Hause. Wie ist das bloß möglich? Das stark verzerrte Bild von den USA wird in Europa von den Medien hergestellt. Eigentlich sollten Journalisten es besser wissen, reisen sie doch durch die ganze Welt und sehen, dass die USA nicht das schlechteste Land auf dem Planeten sind.

Coltschwingende Cowboys prägen das Bild des Wilden Westens auch in den USA. Der Historiker Robert Dykstra beschäftigte sich mit berühmten Westernstädten des 19. Jahrhunderts (Winkler 2011, S. 163). Das waren die Zeiten, von denen die meisten Westernfilme handeln. Dykstra untersuchte die Kriminalität von Dodge City zwischen den Jahren 1877 und 1886, als diese Stadt ihre hohe Zeit als Viehumschlagsplatz erlebte. Erstaunlicherweise fand er heraus, dass Mord und Totschlag in Dodge City damals sehr selten waren. In diesen neun Jahren gab es nur 15 Morde. Das ergibt gerade 1,5 Morde pro Jahr. Das gewalttätigste Jahr 1878 resultierte in fünf Morden. In den meisten Jahren gab es überhaupt keine Tötungsdelikte. Andere Historiker fanden ähnliches heraus. Richard Shenkman fand heraus, dass im berühmten Tombstone in Arizona in dem gewalttätigsten Jahr 1881 nur fünf Leute erschossen wurden. Drei davon waren Frank McLaury, Tom McLaury und Billy Clanton, die von dem Marshall Wyatt Earp und Doc Holliday in der berühmten Schießerei am O. K. Corral erschossen wurden. Im Jahr 1993 drehte der Regisseur George Pan Cosmatos einen spannenden Western darüber. Ansonsten war Tombstone eine ruhige Stadt. Die damaligen Westernstädte waren zwar klein, aber das Bild, nach dem in diesen Städten jeden Tag zwei Leute vor dem Frühstück erschossen wurden, entspricht nicht den Tatsachen. Es ist eine Erfindung Hollywoods, weil sich solche Geschichten sehr gut verkaufen lassen.

Eine neue Welle der Gewalt brachte den USA die Alkoholprohibition (1919 bis 1933) ein. Die Herstellung und der Vertrieb von Alkohol wurden verboten. Automatisch entstand ein illegaler Markt für Alkohol. Gangster wie Al Capone fanden schnell heraus, wie sich aus dem Verbot Kapital schlagen lässt. Er war jedoch nicht der einzige auf dem Markt. Der Konkurrenzkampf auf dem Schwarzmarkt brachte unweigerlich die Gewalt in den Großstädten wie Chicago mit sich. Aus dieser Zeit stammen so berühmte Gangsternamen wie Bonnie und Clyde, George „Machine Gun“ Kelly, George „Baby Face“ Nelson, Charles „Pretty Boy“ Floyd oder Kate „Ma“ Barker. Nach dem Ende der Prohibition nahm die Gewalt auf amerikanischen Straßen wieder rapide ab.

Der Eintritt der USA in den Zweiten Weltkrieg brachte dem Land wirtschaftliche Prosperität. Diese hielt bis in die 1950er Jahre. Das Leben in den USA war gut und die Kriminalität entsprechend niedrig. Ab den 1960er Jahren stieg die Kriminalität allerdings wieder stark an. Es lag an verschiedenen Ursachen. Die Babyboomer-Generation war jung und rebellisch. Gesellschaften, in denen junge Menschen überwiegen, weisen tendenziell höhere Kriminalitätsraten auf. In den 1960ern änderte sich auch die Kultur. Drogenkonsum und alternative Lebensformen kamen in Mode. Das alles trieb die Gewalt potentiell an. Mitte der 1980er Jahre beruhigte sich die Situation wieder, als die Generation der Babyboomer älter wurde. Ab 1985 ging es aber erneut los, als der Handel mit Crack in den Großstädten überhandnahm. Die Gewaltwelle zog sich bis zum Jahr 1993 mit einem Spitzenwert von 9,5 Mord- und Totschlagsdelikten pro 100.000 Einwohner (FBI_UCR 2012, Tabelle 1). Seit dem Zeitpunkt fällt die Gewaltkriminalität in den USA kontinuierlich. Im Jahr 2014 fiel diese Zahl um ganze 53 Prozent auf 4,5 Fälle pro 100.000 Einwohner (FBI_UCR 2014, Tabelle 1) und hält sich seitdem auf diesem Niveau.

Der letzte erhältliche Bericht der Centers for Disease Control and Prevention (CDC) berichtet über die Aufteilung der Schusswaffentoten in den USA (NVSS 2016). Es waren insgesamt 33.685 Fälle im Jahr 2013. Diese Zahl wird auch unreflektiert in den deutschen Medien verbreitet, um die Dramatik des amerikanischen Waffenwahns in den Vordergrund zu stellen.

Bei einer näheren Betrachtung fällt direkt ins Auge, dass 63 Prozent der Schusswaffentoten Selbstmörder sind. Man könnte jetzt die Hoffnung hegen, dass, wenn die Leute keine Waffen gehabt hätten, vielleicht einige der Selbstmorde hätten verhindert werden können. Schließlich werden Schusswaffen als effektiver eingeschätzt als zum Beispiel irgendein Gift. Das ist jedoch nicht der Fall. Die jährliche Selbstmordrate beträgt in den USA 13 Fälle pro 100.000 Einwohner. Die Hälfte davon wird tatsächlich mit Schusswaffen verübt. In Deutschland beträgt die jährliche Selbstmordrate laut Gesundheitsberichterstattung des Bundes 12,5 Fälle pro 100.000 Einwohner. Die häufigsten Ursachen sind Erhängen, Strangulierung oder Ersticken. Wie man leicht erkennen kann, gibt es durch die große Anzahl der Schusswaffen in den USA anteilsmäßig nicht mehr Selbstmorde. Vielmehr tritt ein Substitutionseffekt ein. Wenn keine Schusswaffe zur Verfügung steht, dann finden Selbstmordwillige andere Methoden, um zu ihrem Ziel zu kommen. Die unbeabsichtigten Schussabgaben und Schussabgaben aus unbekanntem Grund betragen lediglich zwei Prozent aller Sterbefälle durch Schusswaffen. Weitere zwei Prozent sind auf Tötungen in Notwehr durch Polizeibeamte und andere Sicherheitsbehörden zurückzuführen. Der Rest der Tötungsdelikte mit Schusswaffen sind meistens Verbrechen. Darunter sind aber auch private Notwehrfälle versteckt, die schon an einer früheren Stelle behandelt wurden.

Sind die Gewaltverbrechen in den USA über das ganze Land gleich verteilt? Ist es überall gleich gefährlich? Die Antwort heißt nein! Die detaillierten FBI Universal Crime Reports besagen, dass die Mord- und Totschlagsrate in Städten mit 500.000 bis 999.999 Einwohnern 12,5 Fälle auf 100.000 Einwohner beträgt. In kleineren Städten mit unter 10.000 Einwohnern beträgt diese Rate 2,8 Fälle (FBI 2015, Tabelle 16). In größeren Städten gibt es typischerweise soziale Brennpunkte, die im Volksmund „Ghettos“ oder „Hoods“ genannt werden. Arbeitslosigkeit, Armut, alleinerziehende Mütter, die von ihren Männern verlassen wurden und vorwiegend von Sozialleistungen leben, Drogen, Prostitution, Diebstahl, Raub und Mord sind in solchen Stadtteilen an der Tagesordnung. In so einem Umfeld ist die Wahrscheinlichkeit, einem Gewaltverbrechen zum Opfer zu fallen, um ein Vielfaches höher als in ruhigeren Gegenden. In der gleichen FBI-Statistik finden wir, dass Schwarze als Mordopfer stark überrepräsentiert sind. Schwarze machen 52,3 Prozent aller Mordopfer aus, obwohl ihr Anteil an der Gesamtbevölkerung nur 13 Prozent beträgt (FBI 2015, Exp. Tab. 2). Eine weitere Tabelle informiert uns, dass Schwarze mit einem Anteil von 36,7 Prozent auch als Täter stark überrepräsentiert sind (FBI 2015, Exp. Tab. 3). Besonders junge schwarze Männer im Alter von 20 bis 29 Jahren sind als Mordopfer und Täter überrepräsentiert. Darüber hinaus weist uns das FBI darauf hin, dass schwarze Täter meistens schwarze Opfer und weiße Täter meistens weiße Opfer töten (FBI 2015, Exp. Tab. 6). Das hängt damit zusammen, dass sich Täter und Opfer meistens kennen und in einer persönlichen oder geschäftlichen Beziehung zueinander stehen (FBI 2015, Exp. Tab. 10). Rund 71,5 Prozent aller Mord- und Totschlagsdelikte werden mit Schusswaffen verübt (FBI 2015, Exp. Tab. 7). Dabei entfallen 67 Prozent auf Kurzwaffen, drei Prozent auf Gewehre, drei Prozent auf Flinten, 26 Prozent auf unbekannte Waffentypen und zwei Prozent auf andere Schusswaffen (FBI 2015, Exp. Tab. 8). Diese seit Jahrzehnten publizierte FBI-Statistik gibt uns schon einen groben Überblick über die Entwicklung der Gewaltkriminalität in den USA. Obwohl diese Statistik stark aggregierte Daten zur Verfügung stellt, kann man schon die Zentren der Kriminalität erkennen. Es sind in erster Linie große Städte mit ihren sozialen Brennpunkten, in denen ethnische Minderheiten wohnen, die mit ihrem Lebenswandel die Kriminalstatistiken nach oben treiben, während es auf dem übrigen Gebiet relativ ruhig zugeht.

Daniel Kay Hertz ging in seinen Untersuchungen noch mehr ins Detail. Er untersuchte die Tötungsdelikte in Chicago und verglich dabei die Zeiträume 1990 bis 1993 und 2008 bis 2011 gegliedert nach Stadtteilen (Hertz 2013). Im Durchschnitt betrug Anfang der 1990er die Mord- und Totschlagsrate 30 Fälle pro 100.000 Einwohner und Jahr und fiel um 50 Prozent auf 17 Fälle nach 2008. Allerdings zeigt sich dabei eine Ungleichverteilung dieser Delikte. In den nördlichen Stadtteilen fiel die Rate auf 3,3 bis sechs Fälle, was eine 80-prozentige Verbesserung bedeutet. Im Vergleich dazu betrug die Mord- und Totschlagsrate im kanadischen Toronto im gleichen Zeitraum 3,3. Somit waren die besten Stadtteile Chicagos genau so sicher wie Städte im beschaulichen Kanada. Die gefährlichsten Stadtteile auf der West und South Side hatten sich allerdings in den 20 Jahren noch deutlich verschlechtert. Dort wurden teilweise jährliche Mord- und Totschlagsraten von über 70 Fällen auf 100.000 Einwohner gezählt. Die gefährlichsten Stadtteile waren Englewood und Garfield Park. Das Auseinanderklaffen der verschiedenen Stadtteile kann man so darstellen, dass man sie in drei Gruppen einteilt. Die Ergebnisse des sichersten Drittels von Stadtteilen, des gefährlichsten Drittels und des Drittels dazwischen werden aneinandergereiht. In dem Zeitraum 1990 bis 1993 war die Mord- und Totschlagsrate in den gefährlichsten Stadtteilen sechsmal so hoch wie in den sichersten Stadtteilen. In dem Zeitraum 2008 bis 2011 erhöhte sich dieser Unterschied bereits auf das 15-Fache. Warum diese dramatische Entwicklung? Hertz deutet an, dass der Norden von Chicago gentrifiziert wurde, das heißt, dass die Mieten für Wohnungen und die Preise für Häuser so stark gestiegen sind, dass es sich nur noch die Besserverdiener leisten können, dort zu wohnen. Diese Leute haben Geld, Jobs, Spaß im Leben und wenig Interesse daran, sich gegenseitig zu erschießen. Die schlechter gestellten Bewohner wurden gleichzeitig aus diesen Stadtteilen verdrängt. Womöglich zogen sie in die billigeren Gegenden der West und South Side, wo einige von ihnen die alteingesessenen Kriminellen noch verstärkten.

Nachdem Sie jetzt wissen, wo sich die Zentren der Kriminalität befinden, wäre es doch interessant, zu erfahren, wer die ganzen Probleme eigentlich verursacht. Ein Soziologe an der Yale University, Andrew Papachristos, untersuchte die Kontakte von Verdächtigen, die zusammen von der Chicagoer Polizei festgenommen wurden (Moser 2013). So ergab sich ein Netzwerk von notorischen Gewalttätern, das 82.000 Personen umfasste. Man kann sich die Methode so vorstellen: Zwei Jugendliche werden wegen des Verdachts festgenommen, eine Person getötet zu haben. Die Untersuchungen zeigen, dass diese zwei Jugendlichen auch einen anderen Jugendlichen kannten, der ein Jahr zuvor getötet wurde. Sie alle gehörten zu dem gleichen Netzwerk. Papachristos erkannte die wichtigsten Risikofaktoren; die Hälfte der Haushalte in diesem Netzwerk wurde von alleinstehenden Müttern geführt, 43 Prozent dieser Menschen hatten eine Ausbildung unterhalb des High-School-Abschlusses, 33 Prozent dieser Haushalte lebten unterhalb der Armutsgrenze. Die durchschnittliche Mord- und Totschlagsrate in diesem Netzwerk betrug 55 Fälle auf 100.000 Personen, das war das Vierfache der damaligen durchschnittlichen Rate in ganz Chicago. Von der untersuchten Grundgesamtheit von 82.000 Personen gehörten 24.100 Personen zu dem engeren Netzwerk, in dem sich die Täter und Opfer persönlich kannten. Rund 41 Prozent aller getöteten Opfer gehörten zu dem harten Kern des Netzwerks von 3.178 Personen. Papachristos untersuchte mit dieser Netzwerkwissenschaft auch die Verhältnisse in Boston und kam zu ähnlichen Ergebnissen. Insgesamt ergibt sich daraus, dass je besser jemand ein Mordopfer kannte, es desto wahrscheinlicher ist, dass er eines Tages selber zum Täter oder zum Opfer wird. Die Entfernung um eine Stufe von dem Netzwerk verringerte die Wahrscheinlichkeit, ein Mordopfer zu werden, um 25 Prozent. Praktisch kann man sich das so vorstellen: Jedes Mordopfer hat eine Familie und Bekannte, die ihrerseits wieder das Opfer rächen wollen. So verbreitet sich die Gewalt innerhalb des engen Netzwerks wie eine Viruskrankheit. Jedes Opfer produziert ein weiteres Opfer, das wiederum ein neues Opfer produziert.

Papachristos untersuchte ein Jahr später auch die Vernetzung von Opfern, die angeschossen wurden und überlebten (non-fatal gunshots injuries). In den Untersuchungsjahren 2002 bis 2012 betrug diese Rate 46,5 Fälle auf 100.000 Einwohner Chicagos. Dabei waren die Fälle wieder nicht gleichmäßig verteilt. Bei weißen Bewohnern betrug diese Rate 1,62 Fälle, bei Latinos waren es 28,72 Fälle (18-mal höher), und auf Schwarze entfielen 112,83 Fälle (70-mal höher). Bei Männern betrug die Rate 44,68 Fälle, bei schwarzen Männern 239,77 Fälle und bei jungen schwarzen Männern im Alter von 18 bis 34 Jahren waren es überwältigende 599,65 Fälle auf 100.000 Einwohner im Jahr. Umgerechnet wurde einer von 200 jungen schwarzen Männern in dem Untersuchungszeitraum 2002 bis 2012 mindestens ein Mal von irgendjemandem nicht tödlich angeschossen. Dieses Gewaltnetzwerk betrug insgesamt 170.000 Personen. Das Durchschnittsalter der Opfer und Täter war 25,7 Jahre, zu 78,6 Prozent waren es Männer, von denen 69,5 Prozent schwarzer Hautfarbe waren. Von den 10.000 nicht tödlichen Schießereien, die während der zehn Untersuchungsjahre stattfanden, wurden 7.500 von Mitgliedern dieses Netzwerks begangen, wobei 89 Prozent auf die größte Komponente des Netzwerks von 106.000 Personen entfiel. Summa summarum spielen sich 70 Prozent aller Schießereien mit nicht tödlichem Ausgang in diesem Netzwerk ab, das nur sechs Prozent der Bevölkerung von Chicago ausmacht. Dabei muss man bemerken, dass Chicago eine Stadt ist, in der recht strenge Waffengesetze gelten. Diese werden aber von dem Gewaltnetzwerk nicht beachtet, wie auch viele andere Gesetze nicht beachtet werden.

Warum wollen also auch manche Politiker Waffengesetze verschärfen? Weil es das Einfachste ist, das sie machen können, um in den Medien groß erzählen zu können, dass sie doch etwas gegen die ausufernde Gewalt unternehmen. In Chicago gibt es Gangs, die schon über 50 Jahre existieren und mit anderen Gangs um Einflussgebiete für ihre kriminellen Unternehmungen wie Drogenhandel, Prostitution, Hehlerei und so weiter konkurrieren. Die anderen Gangs sind als Feinde definiert, die überall bekämpft werden müssen, wo man sie findet. Diese historisch gewachsenen Strukturen aufzubrechen ist extrem schwierig und kostet viel Geld. Die Waffengesetze zu verschärfen kostet gar nichts, und es funktioniert auch nicht. In den ruhigen Gegenden von Chicago verursachen Waffen keine Probleme, weil diese Waffenbesitzer unproblematisch sind. In West und South Side kümmert sich der harte Kern hingegen nicht um irgendwelche Gesetze, insbesondere nicht um Waffengesetze.

Viel erfolgversprechender ist das soziale Programm namens „Ceasefire" (Feuerpause). Das Programm beruht auf einer Zusammenarbeit von Polizei, Staatsanwaltschaft und Sozialarbeitern, die gezielt die am meisten gefährdeten jungen Männer ansprechen. Einerseits wird ihnen Hilfe angeboten, andererseits werden Straftaten unnachsichtig verfolgt. Man kann das Programm als eine Form des Forderns und Förderns bezeichnen. Als das Programm 1996 in Boston aufgelegt wurde, fiel die Mordrate bei jungen Männern in kurzer Zeit um ganze 63 Prozent („The Guardian" 2016). Politiker bezeichneten das als „the Boston miracle". Dieses Programm wurde auch in anderen Teilen des Landes ausprobiert und führte in anderen Städten ebenfalls zu einer durchschnittlichen Reduktion der Mordraten um 15 bis 35 Prozent. Die Mordraten innerhalb der Gangstrukturen konnten sogar um 25 bis 40 Prozent gesenkt werden. Diese sozialen Maßnahmen brachten mehr positive Effekte als alle Waffengesetze in den USA zusammen. Allerdings wird das Programm Ceasefire nicht kontinuierlich betrieben, weil Polizeipräsidenten und Politiker im Laufe der Zeit wechseln und das Budget regelmäßig neu verteilt wird. Da können solche sinnvollen Programme schon mal unter den Tisch fallen. Bei der nächsten Schießerei ist es für Politiker wesentlich billiger und einfacher, nach neuen Waffengesetzen zu rufen. Das braucht kein Budget, macht keine Mühe und funktioniert nicht.

7.2 Amerika wird sicherer

Abgesehen von den Brennpunkten der Kriminalität sind die USA seit Anfang der 1990er Jahre im Durchschnitt bedeutend sicherer geworden. Einfache und gefährliche Körperverletzungen, Raubüberfälle oder Sexualstraftaten nahmen um durchschnittlich 72 Prozent ab. Die Waffenkriminalität reduzierte sich um 50 Prozent. Das ist etwas, wovon Sie in den deutschen Mainstreammedien nicht viel hören werden. Selbst in den USA glauben 56 Prozent der Amerikaner, dass die Waffenkriminalität in den letzten 20 Jahren gestiegen sei, und immer noch 26 Prozent glauben daran, dass sie auf dem gleichen Niveau geblieben ist. Nur zwölf Prozent der Amerikaner sind sich der Tatsache bewusst, dass sowohl die Waffenkriminalität als auch die Gewaltkriminalität insgesamt stark abgenommen hat (Pew Research Center 2013). Der falsche Eindruck entsteht durch die Medien, bei denen drei Hauptthemen dominieren. Es sind Verkehrsnachrichten, Wettervorhersagen und Berichte über die neuesten Gewaltstraftaten. Die Häufigkeit und die Art, wie die Medien über die Kriminalität, insbesondere mit Schusswaffeneinsatz, berichten, führen zu dem Gefühl, dass die Kriminalität viel schlimmer geworden ist, obwohl es tatsächlich umgekehrt ist.

Was steckt aber hinter dem durchschnittlichen Rückgang der Kriminalität in den USA? Hierzu gibt es keine einzelne Ursache, die verantwortlich ist, sondern nur einige Faktoren, die grundsätzlich kriminalitätssteigernd oder -senkend wirken. Wenn die kriminalitätssenkenden Faktoren überwiegen, dann ergibt sich daraus eine positive Gesamtwirkung. Eine der üblichen Erklärungen für den Rückgang der Gewaltkriminalität in den USA ist Demographie. Der Babyboom, der nach dem Zweiten Weltkrieg einsetzte, führte dazu, dass es in den 1960ern und 1970ern verhältnismäßig viele junge Menschen gab. Eine junge Gesellschaft ist tendenziell gewalttätiger als eine ältere. Da auch die amerikanische Gesellschaft immer älter wird, verringerte sich der Anteil an jungen Menschen, was potentiell kriminalitätssenkend wirkt. Eine zweite Standarderklärung ist die Wirkung der Schwangerschaftsabbrüche. Mit der Entscheidung des Supreme Court im Fall Roe gegen Wade aus dem Jahr 1973 wurden Schwangerschaftsabbrüche in allen US-Bundesstaaten legalisiert. Es ist zu beobachten, dass Frauen aus ärmlichen Verhältnissen besonders häufig ihre Schwangerschaft abbrechen, weil sie fürchten, dass sie nicht über genügend finanzielle Mittel verfügen, um ein Kind großzuziehen. Die vereinfachte Möglichkeit eines Schwangerschaftsabbruchs führte nach dieser Argumentation dazu, dass es in den folgenden Jahren weniger ungewollte Kinder gab, die unter schwierigen Umständen erzogen werden mussten. Dementsprechend war auch in den 1990ern der Pool derjenigen Jugendlichen kleiner, die eine höhere Wahrscheinlichkeit aufwiesen, kriminell zu werden. Diese These wurde von zwei Ökonomen, John Danohue und Steven Levitt in dem Aufsatz „The Impact of Legalized Abortion on Crime“ vertreten, der im Jahr 2001 im „Quarterly Journal of Economics“ erschienen ist.

Beide Thesen sind auf den ersten Blick einleuchtend. Auf den zweiten Blick können jedoch Zweifel entstehen, ob sie wirklich die Ursachen für den kontinuierlichen Kriminalitätsrückgang in den USA seit Anfang der 1990er Jahre benennen.

Der US-Ökonom John R. Lott führt eine Reihe von anderen Faktoren an, die seiner Meinung nach wirklich für den rapiden Abfall der Kriminalität in den USA verantwortlich sind (Lott 2007, S. 111-158). Lott geht in seinen Erklärungen von dem fundamentalen ökonomischen Prinzip aus: Wenn die Kosten von etwas steigen, dann wird die Nachfrage danach geringer. Wenn die Kosten von etwas sinken, dann wird die Nachfrage danach entsprechend höher.

7.2.1 Abtreibungen

Kommen wir zuerst zu den Abtreibungen. In den USA werden jährlich circa 1,2 Millionen Schwangerschaftsabbrüche vorgenommen. Nach dem ökonomischen Prinzip sinkt die Nachfrage, wenn etwas teurer wird. Wenn also Schwangerschaftsabbrüche erschwert sind, dann steigen wegen der Möglichkeit einer Schwangerschaft und der Notwendigkeit, für ein Kind zu sorgen, die Kosten eines außerehelichen Geschlechtsverkehrs. Wenn aber Schwangerschaftsabbrüche erleichtert werden, dann sinken die Kosten des außerehelichen Geschlechtsverkehrs. Man kann grundsätzlich ein ungewolltes Kind recht einfach wieder entfernen. Das Urteil im Fall Roe gegen Wade verhinderte mit Sicherheit eine ganze Menge von früher im konservativen Amerika üblichen „Shotgun-Weddings", bei denen der Vater des geschwängerten Mädchens den Vater des Kindes zu einer Heirat zwang, damit er für das Kind sorgte. Gleichzeitig wurden aber die Frauen sorgloser, da eine ungewollte Schwangerschaft notfalls abgebrochen werden kann. Des öfteren geschieht es jedoch im Leben so, dass eine Frau ungewollt schwanger wird und ihr Kind nicht abtreiben will. Der uneheliche Vater will aber das Kind nicht und zieht sich aus der Affäre. Die Frau bleibt mit dem Kind alleine. Die Statistiken zeigen, dass es seit den 1970er Jahren eine Explosion von außerehelichen Geburten gab. In den Jahren 1965 bis 1969 betrug der durchschnittliche Anteil der außerehelichen Geburten fünf Prozent. In den Jahren 1985 bis 1989 stieg dieser Anteil bereits auf 16 Prozent. Wenn man nur die schwarzen Frauen betrachtet, dann stieg der Anteil der außerehelichen Geburten von 35 Prozent auf gewaltige 62 Prozent. Das sind die Haushalte, in denen alleinstehende Mütter ihre Kinder mehr schlecht als recht erziehen müssen, während sich die Väter aus ihrer Verantwortung stehlen. In diesen Milieus haben besonders die Jungen eine erhöhte Wahrscheinlichkeit, irgendwann einmal in eine kriminelle Karriere abzurutschen. John R.

Lott fand als Koautor zusammen mit John Whitley heraus, dass auf diesem Weg die Legalisierung der Schwangerschaftsabbrüche in allen US-Bundesstaaten durch das Urteil im Fall Roe gegen Wade eher zu einer Erhöhung der Mordraten um sieben Prozent beigetragen hat. Nichtsdestotrotz gab es andere Faktoren, die diesem erhöhenden Effekt entgegenwirkten und ihn im Endeffekt stark überkompensierten.

7.2.3 Konsequente Strafverfolgung

Ab den 1990ern wurde in den USA die sogenannte Null-Toleranz-Politik eingeführt. Besonders der damalige Bürgermeister von New York, Rudolph Giuliani, ist mit dieser Politik in seiner ersten Amtsperiode 1994 bis 1998 berühmt geworden. Zuerst wurden in der Stadt mehr Polizisten eingestellt, und dann wurden alle Straftaten gnadenlos verfolgt. Die Festnahmen und Verurteilungen zu Gefängnisstrafen nahmen drastisch zu. New York galt schon immer als ein sehr gefährliches Pflaster. Giuliani machte die Stadt mit seiner radikalen Politik gegen Verbrecher in kurzer Zeit relativ sicher.

Während der Präsidentschaft von Bill Clinton (1993 bis 2001) wurde auch das sogenannte Three Strikes Law (Drei-Verstöße-Gesetz) eingeführt. Dieses Gesetz zwingt die Richter, bei der dritten Verurteilung eine lebenslange Freiheitsstrafe auszusprechen, wenn der Täter schon früher zweimal wegen schwerer Gewaltverbrechen zu Freiheitsstrafen verurteilt wurde. Beim dritten Vergehen schnappt die Falle dann endgültig zu. Das älteste Gesetz, das lebenslange Freiheitsstrafen für Gewohnheitsverbrecher vorsah, existierte in New York seit 1797. In Texas war dies seit 1952 der Fall. Das modernisierte Three Strikes Law wurde jedoch über die Gesetzesinitiative 593 im Bundesstaat Washington im Jahr 1993 eingeführt. Bekannt wurde das spezielle Gesetz allerdings eher durch die Gesetzesinitiative 184 in Kalifornien. Das Gesetz kam aufgrund eines Volksentscheids im Jahr 1994 zustande, bei dem die überwältigende Mehrheit von 72 Prozent der Wähler für die Einführung dieses Gesetzes war. Die Kampagne für dieses Gesetz lief unter dem Motto „Three Strikes and You‘re Out“, das aus dem Baseballspiel stammt. Nach dem dritten Foul muss der Spieler das Spielfeld verlassen. Mit diesem Gesetz wollte die Gesellschaft die Drehtürjustiz beenden, bei der die Polizei die Verbrecher festnahm und vor Gericht brachte und die Gerichte sie zu Bewährungsstrafen oder kurzen Gefängnisaufenthalten verurteilten, um sie so schnell wie möglich wieder in die Freiheit zu entlassen. Die meisten US-Staaten haben heute das Three Strikes Law in der einen oder anderen Form adaptiert:

- New York hat ein derartiges Gesetz schon seit 1797.
- Texas seit 1952.
- Seit 1993 Washington.
- Seit 1994 Kalifornien, Colorado, Connecticut, Indiana, Kansas, Maryland, New Mexico, North Carolina, Virginia, Louisiana, Wisconsin, Tennessee und Georgia.
- Seit 1995 Arkansas, Florida, Montana, Nevada, New Jersey, North Dakota, Pennsylvania, South Carolina, Utah und Vermont.
- Seit 2006 Arizona.
- Seit 2012 Massachusetts.

Dabei gibt es zwei grundsätzliche Arten des Three Strikes Law. Im ersten Fall ist es notwendig, dass alle drei Verstöße Gewaltverbrechen sind. Im zweiten Fall müssen nur die ersten zwei Verstöße Gewaltverbrechen sein. Bei dem dritten Verstoß zählen auch Verbrechen, die ohne direkte Gewalt ausgeführt werden, wie zum Beispiel ein Autodiebstahl oder ein Wohnungseinbruch. Das ist auch der Grund, warum die Gegner des Three Strikes Law behaupten, dass es ungerecht ist, wenn ein Täter für einen Diebstahl lebenslänglich ins Gefängnis muss. Sie erwähnen dabei natürlich nicht, dass der Täter zuvor schon wegen eines bewaffneten Raubes und einer Vergewaltigung verurteilt wurde.

Die Gefängnispopulation in den USA vervierfachte sich seit den 1980ern von 500.000 auf 2,3 Millionen im Jahr 2014 (NAACP 2016). Seit den 1990ern war der Anstieg besonders steil und flachte ab 2005 auf ein recht stabiles Niveau ab (USDJ 2016, S. 2). John R. Lott bezeichnet die erhöhte Festnahme- und Verurteilungsrate als die effektivsten Methode bei der Verbrechensbekämpfung. Er beziffert den Anteil dieser Maßnahmen an den rapide sinkenden Mordraten auf insgesamt 28 bis 30 Prozent. Das liegt auch auf der Hand. Intensivtäter, die im Gefängnis sitzen, können keine Leute auf der Straße umbringen. So simpel ist das!

7.2.4 Waffenscheine

Im Jahr 1987 führte Florida als erster Staat ein Gesetz ein, nach dem den Bürgern das Führen von geladenen Schusswaffen in der Öffentlichkeit seitens der Polizei erlaubt werden muss, wenn keine Gründe dagegen sprechen. Im wesentlichen wird nach dem neuen Gesetz geprüft, ob der Anwärter volljährig, nicht vorbestraft und persönlich geeignet ist, Waffen zu führen. Darüber hinaus wird von dem Anwärter verlangt, dass er einen acht- bis zehnstündigen Kurs im Umgang mit Schusswaffen absolviert. Wenn alle Papiere in Ordnung sind, dann bekommt der Antragsteller eine Erlaubnis, Waffen zum Selbstschutz in der Öffentlichkeit zu führen. Die Erlaubnis ist auf drei Jahre beschränkt und muss vor Ablauf erneuert werden. Vor der Einführung dieses Gesetzes war es in Florida ähnlich wie in Deutschland. Der Antragsteller musste nachweisen, dass er überdurchschnittlich gefährdet ist, um einen Waffenschein zu bekommen.

Besonders in den 1990er Jahren machten es viele US-Staaten Florida nach und verabschiedeten ähnliche Gesetze. Im Vorfeld warnten die Gegner dieser Gesetzesinitiative davor, dass die amerikanischen Straßen mit Blut getränkt würden, weil sich die Waffenträger wegen irgendwelcher Lappalien gegenseitig über den Haufen schießen würden. Es kursierte die Vorstellung von wilden Schießereien um Parkplätze vor den Einkaufszentren. Heute, nach beinahe 30 Jahren Erfahrung mit der liberalisierten Waffenscheinvergabe, kann es als gesichert gelten, dass all diese Horrorvorstellungen sich niemals bewahrheitet haben. Ganz im Gegenteil. Wenn jemand die komplexe Prozedur des Antrags auf sich nimmt, dann gehört er zu den am besten überprüften US-Bürgern. Die Erfahrungen zeigen, dass die Waffenscheinbesitzer weniger Straftaten begehen als Polizisten. Die Gesetzestreue dieser Menschen kann man an den Waffenscheinen ablesen, die von der Polizei wieder eingezogen werden. Die Quote liegt bei 0,1 Prozent, und das meistens nicht deswegen, weil die Leute einen Waffenmissbrauch begangen hätten, sondern weil sie zum Beispiel ihren Waffenschein nicht rechtzeitig verlängerten oder weil sie ihre Waffen an einem Ort führten, an dem dies verboten war, zum Beispiel in Ämtern, Gerichtsgebäuden, bestimmten Restaurants, Bars, Schulen und so weiter.

Nach dem heutigen Stand haben 42 US-Staaten ein derartiges Gesetz. In den USA wird es im allgemeinen als „shall issue" (Soll-Vorschrift) bezeichnet. In zehn US-Staaten wird sogar gar keine Erlaubnis seitens der Polizei verlangt, wenn jemand Schusswaffen zum Selbstschutz mit sich führen will. Dazu gehören Alaska, Arizona, Idaho, Kansas, Maine, Mississippi, Vermont, West Virginia und Wyoming. Nichtsdestotrotz lohnt sich auch in diesen Staaten ein Antrag auf einen Waffenschein, wenn man mit der Waffe in einen anderen Bundesstaat reist, in dem er erforderlich ist. In den restlichen Bundesstaaten ist die Vergabe von Waffenscheinen immer noch eingeschränkt, das heißt die Polizei kann einer Privatperson eine Erlaubnis zum Waffenführen erteilen, muss es aber nicht (NRA 2016). Diese Gesetze ändern sich allerdings von Zeit zu Zeit, von daher ist es immer ratsam, den neuesten Stand auf den Internetseiten der National Rifle Association of America (NRA) abzufragen (https://www.nraila.org/gun-laws/).

Als sich in den 1990er Jahren die sinkenden Mordraten abzeichneten, entschloss sich John R. Lott, den Sachverhalt mit ökonometrischen Methoden zu untersuchen. Sein Buch aus dem Jahr 1998 unter dem Titel „More Guns, Less Crime" schlug wie eine Bombe ein. Es war zu den Zeiten, als der US-Präsident Bill Clinton eine Kampagne für strengere Waffengesetze führte. Lott untersuchte Bezirke (Countys) der Bundesstaaten, die eine Grenze zu einem anderen Bundesstaat hatten. In diesen Bezirken untersuchte er die Gewaltverbrechen in Abhängigkeit davon, ob auf diesem Gebiet das Gesetz über das Führen von Schusswaffen eine Soll-Vorschrift war oder nicht. Es stellte sich heraus, dass, wenn ein Bundesstaat die Waffenscheine als Soll-Vorschrift vergab, die Gewaltkriminalitätsrate in diesen Bezirken sank, während sie in den benachbarten Bezirken mit strengeren Waffengesetzen stieg. Daraus folgerte Lott, dass die Kriminellen von den liberaleren Waffengesetzen in einem Bezirk abgeschreckt wurden und fortan ihre Straftaten in benachbarten Bezirken mit strengeren Waffengesetzen verübten. Die Kriminellen verhielten sich ökonomisch und hofften darauf, von keinem bewaffneten Opfer konfrontiert zu werden. Das führte zu der These: Je mehr Waffen, desto weniger Kriminalität. Diese Schlussfolgerung war natürlich komplett im Widerspruch zur vorherrschenden Meinung in den Medien, dass viele Waffen zu mehr Kriminalität führen. Nichtsdestotrotz führte Lotts Buch zu einer ganzen Reihe von verschiedenen Studien, die sich die gleiche Frage stellten. Führen mehr Waffen zu mehr oder weniger Kriminalität? Das Ergebnis war, dass 18 Studien zu der Schlussfolgerung kamen, dass John R. Lott recht damit hatte, mehr Waffenscheine führten zu weniger Kriminalität, zwölf Studien ergaben, dass Waffenscheine keine Auswirkung auf die Entwicklung der Kriminalität haben. Keine Studie ergab, dass die Einführung des Rechtes auf einen Waffenschein zu mehr Kriminalität führte (Lott 2007, S. 142-144).

7.2.5 Strengere Waffengesetze

Im Jahr 1994 unterschrieb der damalige US-Präsident Bill Clinton ein Gesetz, nach dem der Verkauf von Schusswaffen verboten wurde, die ähnlich aussahen wie moderne militärische Waffen. Der offizielle Name des Gesetzes war „Violent Crime Control and Law Enforcement Act of 1994“ mit dem Untertitel „Public Safety and Recreational Firearms Use Protection Act“. Umgangssprachlich wurde das Gesetz kurz „Federal Assault Weapons Ban“ (Bundesweites Verbot von Sturmgewehren) genannt. Das Gesetz wurde mit einer Auslaufzeit von zehn Jahren versehen. Um so ein Verbot in ein Gesetz zu gießen, mussten Kriterien dafür aufgestellt werden, dass eine Schusswaffe wie eine militärische Waffe aussah. Daher wurde ein Katalog von Eigenschaften angefertigt, nach denen der Verkauf einer Schusswaffe zu verbieten war.

Halbautomatische Gewehre, die zwei oder mehr der folgenden Eigenschaften aufweisen:

- Klappschaft
- Pistolengriff
- Vorrichtung für die Montage eines Bajonetts
- Mündungsfeuerdämpfer
- Vorrichtung zum Verschießen von Granaten.

Halbautomatische Pistolen, die zwei oder mehr der folgenden Eigenschaften aufweisen:

- Magazin, das nicht im Griff enthalten ist
- Magazine mit mehr als zehn Schuss
- Laufgewinde für die Montage von Laufverlängerungen, Mündungsfeuerdämpfern, zusätzlichen Griffen oder Schalldämpfern
- Laufmantel, der davor schützt, sich am heißen Lauf zu verbrennen
- Gewicht der ungeladenen Waffe von über 1,4 Kilogramm

• Eine halbautomatische Version einer vollautomatischen Waffe.

Halbautomatische Flinten, die zwei oder mehr der folgenden Eigenschaften aufweisen:

• Klappschaft
• Pistolengriff
• Abnehmbare Magazine.

Als das Gesetz verabschiedet wurde, brachte die Waffenindustrie sofort Modelle auf den Markt, die entsprechend angepasst wurden. In die Listen wurden Eigenschaften aufgenommen, die rein kosmetische Bedeutung hatten. Die Gewehre wurden mit einem Lochschaft anstatt mit einem Pistolengriff ausgestattet. Alle anderen verbotenen Konstruktionsmerkmale wurden so abgeändert, dass sie dem Gesetz entsprachen. Im wesentlichen waren es aber immer noch die gleichen Waffen mit der gleichen ballistischen Wirkung. Es war ein Scheingesetz, das zeigen sollte, dass Politiker etwas gegen Waffengewalt unternehmen. Der nächste Präsident George W. Bush verlängerte den Federal Assault Weapons Ban im Jahr 2004 nicht. Das Gesetz lief somit aus, und fortan durften wieder Waffen verkauft werden, die wie militärische Waffen aussahen. Auf die Gewaltkriminalität in den USA hatte dieses Kosmetikgesetz keinen Einfluss. Die Gewaltkriminalität fiel kontinuierlich in den Zeiten der Geltung dieses Gesetzes sowie auch nach seiner Abschaffung. Die Mühe und der ganze politische Streit darum waren faktisch für die Katz. Für die Clinton-Regierung war das Gesetz damals eine große Sache. Die Politiker wollten ihren Wählern glaubhaft machen, dass Waffengesetze etwas zur Sicherheit auf den Straßen beitragen können. Die Realität zeigte, dass sie sich irrten.

• sie darf nicht wegen gewalttätiger oder gemeingefährlicher Handlungen oder wegen wiederholt begangener Verbrechen oder Vergehen im Strafregister eingetragen sein.

In der Schweiz werden Waffen grundsätzlich nach drei Kategorien unterschieden: meldepflichtige Waffen, bewilligungspflichtige Waffen und verbotene Waffen.

Meldepflichtige Feuerwaffen: Dazu gehören kleinkalibrige Sportgewehre, einschüssige und mehrläufige Jagdgewehre, Repetiergewehre oder Schweizer Ordonanzrepetiergewehre. Der legale Erwerb erfolgt mittels eines schriftlichen Vertrages, auf dem sich die Angaben zur übertragenden Person, zur erwerbenden Person und zu der Waffe selbst befinden. Der Veräußerer muss innerhalb von 30 Tagen nach der Übertragung die Kopie des schriftlichen Vertrages und sofern vorhanden die Kopie des Strafregisterauszugs des Erwerbers der kantonalen Meldestelle zustellen. Kurz gesagt, die meldepflichtigen Waffen sind in der Schweiz für alle erwachsenen und unbescholtenen Bürger frei erwerbbar. Wer zu dem Erwerb einer Waffe berechtigt ist, der darf auch automatisch die Munition zu dieser Waffe erwerben. Der Händler wird in diesem Fall die Vorlage des Strafregisterauszugs verlangen, um sicherzustellen, dass keine Hinderungsgründe für den Munitionserwerb vorliegen.

Bewilligungspflichtige Feuerwaffen: Dazu gehören Pistolen, Revolver, Selbstladebüchsen, Unterhebelrepetierer (lever action), Vorderschaftrepetierer (pump action), ausländische Ordonnanzrepetiergewehre, die nicht für das Schießwesen außer Dienst zugelassen sind, Selbstladeflinten und halbautomatische Gewehre wie zum Beispiel die Sturmgewehre PE 90 und PE 57. Der Erwerb erfolgt mittels eines Waffenerwerbsscheins, der vom kantonalen Waffenbüro ausgegeben wird. Beim Antrag auf den Waffenerwerbsschein muss der Antragsteller einen Auszug aus dem schweizerischen Strafregister (nicht älter als drei Monate) und eine Kopie des gültigen Passes oder der gültigen Identitätskarte vorlegen. Wenn kein Hinderungsgrund vorliegt, dann wird der Antragsteller den Waffenerwerbsschein bekommen und kann die gewünschten Waffen erwerben. Eine Mitgliedschaft in

Schießsport- oder Jagdvereinen wie in Deutschland wird nicht verlangt.

Verbotene Waffen: Dazu gehören Serienfeuerwaffen, zu Halbautomaten abgeänderte Serienfeuerwaffen (jedoch nicht zu halbautomatischen Feuerwaffen abgeänderte schweizerische Ordonnanz-Serienfeuerwaffen), Panzerfäuste, schwere Maschinengewehre, Laser- und Nachtsichtzielgeräte, Schalldämpfer und Granatwerfer als Zusatz zu einer Feuerwaffe, Elektroschockgeräte, die die Widerstandskraft von Menschen beeinträchtigen oder die Gesundheit auf Dauer schädigen, Messer, deren Klinge mit einhändig bedienbarem automatischem Mechanismus ausgefahren werden kann, Schmetterlingsmesser, Wurfmesser, Dolche mit symmetrischer Klinge, Geräte, die dazu bestimmt sind, Menschen zu verletzen (namentlich Schlagrute, Wurfstern, Schlagring, Schleuder mit Armstütze, und so weiter), Waffen, die einen Gebrauchsgegenstand vortäuschen (Feuerzeug mit Messer, Handy mit Elektroschockgerät und so weiter). Diese Waffen können trotzdem legal mittels einer kantonalen Ausnahmegenehmigung erworben werden, insbesondere wenn begründet werden kann, dass es sich bei diesen Waffen um Sportwaffen handelt, die von Sportvereinen verwendet werden. Ausnahmegenehmigungen können auch für verbotene Messer erteilt werden, die von Behinderten oder bestimmten Berufsgruppen verwendet werden.

Man kann in der Schweiz auch einen Waffenschein beantragen, der als „Waffentragbewilligung“ bezeichnet wird und das Führen einer Schusswaffe an öffentlich zugänglichen Orten erlaubt. Zusätzlich zu den Voraussetzungen, die für den Erwerb der Waffe gelten, hat die Person, die eine Waffentragbewilligung beantragt:

• glaubhaft zu machen, dass sie die Waffe benötigt, um sich selbst, andere Personen oder Sachen vor einer tatsächlichen Gefährdung zu schützen;

• eine praktische und theoretische Prüfung zu bestehen.

In der Praxis ist es jedoch für normale Zivilisten sehr schwer, eine Waffentragbewilligung zu bekommen. Das war noch vor zehn oder 20 Jahren einfacher. Heute werden die Waffentragbewilligungen eher nur an Mitarbeiter von privaten Sicherheitsunternehmen ausgegeben, was auch der deutschen Praxis bei der Vergabe von Waffenscheinen ähnelt.

Den Angehörigen der Staaten Albanien, Algerien, Sri Lanka, Kosovo, Mazedonien, Bosnien und Herzegowina, Serbien und Türkei ist der Erwerb, der Besitz, das Anbieten, das Vermitteln und die Übertragung von Waffen, Waffenbestandteilen, Waffenzubehör, Munition, das Tragen von Waffen und das Schießen mit Feuerwaffen grundsätzlich verboten. Diese Personen können trotzdem eine Ausnahmebewilligung bekommen.

Gemessen an deutschen Verhältnissen sind die schweizerischen Waffengesetze sehr liberal. Dementsprechend gibt es auch viele Schusswaffen in diesem Land. Das Verteidigungsdepartment und die kantonalen Waffenbüros geben an, dass derzeit 800.000 private Waffen und 455.000 Armeewaffen registriert sind. Das sind aber noch nicht alle Waffen in den Händen der Schweizer. Wenn man die nicht registrierten Schusswaffen dazurechnet, dann gehen die Schätzungen von einer Million bis zu 4,5 Millionen Schusswaffen in den Schweizer Privathaushalten aus (Meyer 2014). Für ein Land mit 8,3 Millionen Einwohnern ist es schon eine ordentliche Anzahl. Man kann davon ausgehen, dass sich in fast jedem Schweizer Haushalt mindestens eine Schusswaffe befindet, weil alleine schon die Soldaten ihre Waffen zu Hause aufbewahren.

Hat die Schweiz durch die hohe Waffendichte auch ein hohes Kriminalitätsproblem? Ein Blick in die Schweizerische Polizeiliche Kriminalstatistik klärt die Frage (Bundesamt für Statistik 2015). Im Jahr 2014 gab es in der Schweiz 173 Tötungsdelikte, davon 41 vollendete und 132 versuchte. Mit Schusswaffen wurden 18 dieser Delikte begangen. Pro 100.000 Einwohner ergibt sich daraus eine Mord- und Totschlagrate von 0,5 bei den vollendeten und 1,6 bei den versuchten. Insgesamt beträgt die Rate 2,1 Fälle. Damit gehört die Schweiz trotz der hohen Waffendichte zu den sichersten Ländern der Welt. Wie wir später sehen werden, ist das Land diesbezüglich sicherer als Deutschland, wo viel strengere Waffengesetze gelten.

7.5 Deutsche Verhältnisse

Nach dem Zweiten Weltkrieg erließen die Alliierten am 7. Januar 1946 den Kontrollratsbefehl Nummer 2, der die totale Entwaffnung jeder Person und jeder Behörde zur Folge hatte. Mit der Durchführungsverordnung Nummer 10 zum Gesetz Nummer 24 vom 10. Juni 1950 gab es die ersten Lockerungen. Danach wurden sportliche Flinten bis zum Kaliber 12 und Gewehre bis Kaliber 8 Millimeter für den privaten Besitz wieder zugelassen, wenn die Magazine nicht mehr als fünf Schuss aufnehmen konnten. Die Polizei und der Grenzschutz konnten Pistolen oder Revolver führen. Alle Waffen mussten jedoch einen Einzelabzug haben, das heißt vollautomatische Waffen wurden auch für die Behörden verboten. Am 26. Mai 1952 erhielt die Bundesrepublik Deutschland über den Deutschlandvertrag wieder ihre Staatssouveränität, und das Reichswaffengesetz von 1938 erlangte volle Gesetzeskraft. Der Waffenbesitz war föderalistisch geregelt, was dazu führte, dass die Regelungen je nach Bundesland unterschiedlich waren.

In den 1960ern kam auf Westdeutschland ein neues Problem zu, die terroristische Organisation Rote-Armee-Fraktion (RAF). Die Politiker waren beunruhigt. Das erste Mittel der Politik, mit einem Problem umzugehen, ist, irgendwelche Gesetze zu verschärfen, in der Hoffnung, dass es danach besser wird. Wenn es nicht besser wird, dann hat man wenigstens gezeigt, dass etwas gemacht wurde. Der damalige Regierungsdirektor der Hamburger Behörde für Inneres, Siegfried Schiller, nahm sich der Verschärfung des deutschen Waffengesetzes an. Schiller glaubte daran, dass Waffen Aggressionen auslösen können. Er sagte: „Schon viele Schusswaffentäter, die ihre Waffe nicht in krimineller Absicht erworben haben, sind erst durch den Besitz zum Gebrauch verführt worden.“ („Spiegel“ 1971.) Nach der Meinung des Regierungsdirektors sollte das Waffengesetz, das damals noch den freien Verkauf von Langwaffen – Gewehren aller Art, Jagdbüchsen, Flinten und halbautomatischen Kleinkaliberwaffen mit 15-schüssigen Magazinen bis hin zum Zweiten-Weltkriegs-Karabiner 98 k – nebst Munition ab 18 Jahren in unbeschränkter Zahl erlaubte, drastisch verschärft werden, denn „jedes private Waffenarsenal ist ein Schwachpunkt für die öffentliche Sicherheit". Außer Luftgewehren und Luftpistolen sollten künftig Schusswaffen jedweder Art nur gegen Lizenz zu haben sein, die von den Waffenbehörden nur erteilt würde, wenn der Antragsteller volljährig und zuverlässig ist und ein Bedürfnis glaubhaft machen kann. Nach dem neuen Bundeswaffengesetz aber sollte „möglichst allen Bürgern in allen Regionen verwehrt sein, sich zu bewehren". Ab 1972 wurde das deutsche Waffengesetz entsprechend verschärft. Diesem Grundgedanken des Hamburger Regierungsdirektors Siegfried Schiller folgt auch das Bundesverwaltungsgericht in seinem Urteil vom 14. November 2007 (BVerwG 6 C 3.07), „so wenige Waffen wie möglich ins Volk" gelangen zu lassen. Nach diesem Urteil soll der Bürger am besten keine Möglichkeit haben, sich mit Waffen zu wehren, denn „die Verwendung von Waffen soll in erster Linie dem Schutz der Rechtsordnung dienen, für deren Verteidigung mit Waffengewalt der Staat ein Monopol hat". Weiter heißt es: „Wer Schusswaffen zu privaten Zwecken verwenden möchte, begründet eine erhöhte Gefahr für die Allgemeinheit."

In einfachen Worten zusammengefasst: Die bewaffnete Polizei ist dazu da, die Rechtsordnung zu schützen, und nicht dazu, den Bodyguard für Sie zu spielen. Der Staat traut Ihnen grundsätzlich keinen Waffenbesitz zu, es sei denn in den wenigen Sonderfällen der exklusiven Freizeitgestaltung als Sportschütze, Jäger und Waffensammler unter Beachtung von strengsten Auflagen. Schusswaffen für den Selbstschutz gibt es heute prinzipiell nur für private Sicherheitsfirmen und Privilegierte wie zum Beispiel Bankdirektoren, Bundestags- oder Landtagsabgeordnete. Geld und Macht dürfen immer noch mit Waffen geschützt werden, daran hat sich seit Jahrtausenden nichts geändert. Wenn Sie als einfacher Bürger ein Opfer von Kriminellen oder Terroristen werden, weil Sie wehrlos sind, dann ist es Ihr persönliches

Pech. Ansonsten werden sie nur darum gebeten, viel zu arbeiten, um viele Steuern für den Staat aufbringen zu können. Danke!

Laut dem Nationalen Waffenregister (NWR) besitzen rund 1,6 Millionen Privatpersonen in Deutschland circa 5,6 Millionen erlaubnispflichtige Schusswaffen (Stand: März 2016). Diese gehören im wesentlichen den Sportschützen, Jägern, Waffensammlern und Erben. Darunter gibt es 12.694 Waffenscheine, die den Besitzer dazu berechtigen, geladene Schusswaffen im öffentlichen Raum für die Zwecke des Selbstschutzes zu führen. Darüber hinaus gab es zum gleichen Zeitpunkt 355.403 sogenannte Kleine Waffenscheine, die zum Führen von Gas- und Schreckschusswaffen im öffentlichen Raum berechtigen. Einen Boom erlebten die Kleinen Waffenscheine nach den Geschehnissen am Silvestertag 2015 in Köln und anderen Großstädten, als Frauen massiv sexuell belästigt wurden und die Polizei ihnen nicht helfen konnte. Mit Stand April 2016 gab es bereits 375.286 Kleine Waffenscheine. Die gesamte Anzahl der sich im Umlauf befindenden Gas- und Schreckschusswaffen ist jedoch unbekannt, weil sie ab 18 Jahren frei gekauft werden dürfen und nirgendwo zentral registriert werden. Der Besitz dieser Waffen ist erlaubnisfrei, nur das Führen in der Öffentlichkeit verlangt nach einem Kleinen Waffenschein, den man bei der örtlichen Waffenbehörde beantragen kann.

Welche Auswirkung hat der private Schusswaffenbesitz in Deutschland auf die Gewaltkriminalität? Zuerst muss man sagen, dass die Verschärfung des Waffengesetzes im Jahr 1972 natürlich keine Auswirkung auf die Entwicklung der RAF hatte, wegen der die Waffenverschärfung überhaupt auf die Agenda kam. Terroristen bewaffnen sich auf dem Schwarzmarkt, machen sich aus dem Mordverbot nichts und aus Waffengesetzen schon gar nichts. Die Polizeiliche Kriminalstatistik, die jährlich vom Bundesministerium des Innern (BMI) veröffentlicht wird, enthält eine Liste mit den polizeilich gemeldeten Fällen von diversen Straftaten und ihrer Entwicklung im Verhältnis zum Vorjahr. Bei jeder Art einer Straftat wird auch erfasst, ob bei der Ausführung mit einer Schusswaffe gedroht oder geschossen wurde. Dabei wird alles erfasst, was aus dem Blickwinkel des Opfers als eine Schusswaffe empfunden wird. Das können echte Schusswaffen sein, sowie auch Gas- und Schreckschusswaffen oder gar Spielzeugpistolen. Entscheidend ist, ob sich ein Opfer von dem Gegenstand, der wie eine Schusswaffe aussieht, bedroht fühlt. Die allgemeine Polizeiliche Kriminalstatistik unterscheidet jedoch nicht nach der Herkunft der Schusswaffen, das heißt es wird nicht explizit aufgelistet, wie viele von den Schusswaffen, die bei den Straftaten verwendet wurden, sich im legalen oder illegalen Besitz befanden. Um das zu erfahren, muss man das Bundeslagebild Waffenkriminalität lesen, das jährlich vom Bundeskriminalamt (BKA) veröffentlicht wird. Hinter dem Bundeslagebild Waffenkriminalität steckt eine interessante Geschichte. Dieser Bericht wurde vom BKA jahrelang als geheim eingestuft. Erst als die Arbeitsgemeinschaft Waffenrecht der Piratenpartei, der die Rechtsanwältin Susanne P. Dobert angehört, dem BKA unter Berufung auf das Informationsfreiheitsgesetz mit einer Klage drohte, wurden die Berichte am 14. August 2012 zum erstenmal veröffentlicht. Sie reichten zurück bis zum Jahr 2001. Seit diesem Zeitpunkt ist das Bundeslagebild Waffenkriminalität für jeden im Internet zugänglich. In diesem Bericht werden Verstöße gegen das Waffengesetz, Verstöße gegen das Kriegswaffenkontrollgesetz wie auch sonstige Straftaten unter Verwendung einer Schusswaffe bewertet.

Laut dem Bericht aus dem Jahr 2016 wurden insgesamt 34.443 Verstöße gegen das Waffengesetz und 617 Verstöße gegen das Kriegswaffenkontrollgesetz registriert. Zwischen den Jahren 2012 und 2015 waren diese Zahlen noch kontinuierlich rückläufig. Im Jahr 2016 sind die Verstöße gegen das Waffengesetz gegenüber dem Vorjahr um 14,8 Prozent und die Verstöße gegen das Kriegswaffengesetz um 22,9 Prozent angestiegen. Die klassischen Verstöße umfassen den illegalen Besitz, die illegale Einfuhr, den illegalen Handel und die illegale Herstellung von Schusswaffen.

Im Jahr 2016 wurden insgesamt 9.967 Straftaten unter Verwendung von Schusswaffen registriert. Das sind die Fälle, in denen irgendjemand während der Ausübung einer Straftat mit einer Schusswaffe gedroht oder gar geschossen hat. Diese Zahl war ebenfalls zwischen 2012 und 2015 kontinuierlich rückläufig. Im Jahr 2016 gab es einen Anstieg um 10,7 Prozent. Irgendetwas hat offensichtlich das Jahr 2015 zum Schaltjahr in dieser Statistik gemacht. In dem Bericht aus dem Jahr 2015 steht noch: „Unter den nichtdeutschen Tatverdächtigen waren Tatverdächtige aus den Staaten Türkei (19,8 Prozent), Polen (9,7 Prozent) und Italien (4,7 Prozent) am häufigsten vertreten." In dem Bericht aus dem Jahr 2016 heißt es zum Thema Verstöße gegen das Waffengesetz: „Der Anteil der deutschen Tatverdächtigen betrug rund 77 Prozent, der der nichtdeutschen rund 23 Prozent. Unter den nichtdeutschen Tatverdächtigen wurden türkische (circa 19 Prozent), polnische (circa elf Prozent) und rumänische (circa sechs Prozent) Staatsangehörige am häufigsten registriert. Bei Verstößen gegen das Kriegswaffenkontrollgesetz wurden insgesamt 570 Tatverdächtige ermittelt (plus 19,7 Prozent). Der Anteil der deutschen Tatverdächtigen betrug etwa 82 Prozent und der der nichtdeutschen rund 18 Prozent. Bei den nichtdeutschen Tatverdächtigen wurden türkische (17) vor syrischen (sieben) und kroatischen (sechs) Staatsangehörigen am häufigsten festgestellt." Da kamen wohl neue Akteure dazu. Insgesamt bestätigt das Bundeslagebild Waffenkriminalität die Behauptung in diesem Buch, dass illegale Waffen für Amokläufer und Terroristen über das sogenannte Darknet leicht verfügbar sind. In der Beurteilung heißt es: „Das besondere Gefahrenpotential des Waffenhandels über das Internet/Darknet besteht unter anderem darin, dass auch extremistische/terroristische Gewalttäter diese vermeintlich anonyme Beschaffungsmöglichkeit für den Erwerb illegaler Waffen nutzen können."

Das Bundeslagebild Waffenkriminalität aus dem Jahr 2015 informierte noch, dass 470 Schusswaffen an Tatorten sichergestellt wurden. 72,4 Prozent davon waren erlaubnisfreie Waffen, wie Gas-, Alarm und Luftdruckwaffen. Der Anteil der sichergestellten erlaubnispflichtigen Waffen betrug somit 27,6 Prozent. Davon waren 4,9 Prozent im legalen Besitz.

Vor dem Hintergrund der äußerst geringen Anzahl von Straftaten mit legalen Schusswaffen berichtete der Staatsanwalt Rainer Hofius in einer Debatte im Jahr 2009 vor dem Bundestag: „Ich sagte eingangs, dass nach meiner Berufserfahrung Legalwaffenbesitzer ausgesprochen gesetzestreue Bürger sind. Das kann man sehr leicht darstellen, wenn man sich die Zahlen bei uns ansieht. Wenn Sie in die Vorschriften der Zuverlässigkeit der Eignung hineinsehen, die heute im Waffengesetz stehen, da bleiben fast nur die berühmten Chorknaben übrig, die heute noch eine Schusswaffe bekommen."

Diese Feststellung dürfte auch einer der Gründe sein, warum das Bundeslagebild Waffenkriminalität so lange vom BKA geheimgehalten wurde. Das ist der einzige Bericht in Deutschland, der den extrem geringen Anteil von Schusswaffen im legalen Besitz an den Verstößen gegen das Waffengesetz dokumentiert. Die öffentliche Verfügbarkeit dieser Information ist aber Gift für alle Politiker, die den Zugang zu Schusswaffen in Deutschland weiter verschärfen wollen. Dank der AG Waffenrecht haben wir heute die Gewissheit, dass es prinzipiell keine Probleme mit legalen Waffenbesitzern gibt. Selbst wenn sich der legale Waffenbesitz verzehnfacht hätte, würden sich die Straftaten mit diesen Waffen in vernachlässigbaren Größen bewegen. In der Gesamtbewertung informiert das BKA selbst, dass Deutschland kein Waffenproblem hat, denn die Straftaten mit Schusswaffenanwendung machen lediglich rund 0,1 Prozent aller in der Polizeilichen Kriminalstatistik erfassten Fälle aus.

Im Jahr 2016 wurden insgesamt 2.418 Fälle von Mord und Totschlag erfasst, wobei der Anteil der Versuche mit 72,7 Prozent überwiegt. Gegenüber dem Vorjahr ergibt sich bereits eine Steigerung bei den Morden um 14,3 Prozent. Umgerechnet auf 100.000 Einwohner beträgt die Mord- und Totschlagsrate 3,0 Fälle. Im internationalen Vergleich gehört Deutschland immer noch zu den sichersten Ländern der Welt. Diese Zahlen bewegen sich in der typischen Größenordnung für entwickelte Länder.

Vor dem Hintergrund des aufsteigenden Terrorismus und organisierter Kriminalität muss jedoch beachtet werden, dass sich diese Zahlen zukünftig auch ändern können. Es reichen einige terroristische Anschläge, wie wir sie letztens in Frankreich oder Belgien gesehen haben, um die Mordraten dramatisch in die Höhe schnellen zu lassen.

7.6 Fazit

Wie wir an den ausgewählten Beispielen sehen, gibt es Länder mit höheren und niedrigeren Mordraten, unabhängig davon, welche Waffengesetze in diesen Ländern gelten. Das Land mit der höchsten Mordrate ist Honduras mit 90,4 Morden pro 100.000 Einwohner, an Platz zwei befindet sich Venezuela mit 53,7 Morden, und Platz drei gehört den Amerikanischen Jungferninseln mit 52,6 Morden pro 100.000 Einwohner (UNODC 2013). Die USA sind mit einer Mordrate von 4,5 auf Platz 114, Deutschland mit 0,8 der vollendeten Taten auf Platz 200, und die drei letzten Plätze nehmen Singapur, Liechtenstein und Monaco ein.

Lassen Sie uns diesen Mordraten das um die Kaufkraftparität bereinigte Bruttoinlandsprodukt (BIP) pro Kopf gegenüberstellen. Für Honduras sind es 4.690 US-Dollar, für Venezuela sind es 12.568 US-Dollar, für die Amerikanischen Jungferninseln sind es 18.728,24 US-Dollar, für Singapur sind es 59.711 US-Dollar, für Liechtenstein sind es 141.500 US-Dollar, und für Monaco sind es 163.025,86 US-Dollar pro Kopf und Jahr. Die Gegenüberstellung von durchschnittlichem Wohlstand und Mordraten gibt uns den ersten Hinweis, worauf die extrem hohen Mordraten in Honduras, Venezuela und auf den Amerikanischen Jungferninseln zurückzuführen sind. In ärmeren Ländern gibt es tendenziell mehr Kriminalität als in reichen Ländern.

Nichtsdestotrotz sind internationale Vergleiche zwischen der Anzahl von Waffen in der Bevölkerung und den jeweiligen Mordraten beliebt. Wissenschaftler und Journalisten versuchen, irgendwelche Zusammenhänge zu finden. Der Klassiker ist der Vergleich der USA mit irgendeinem europäischen Land. Daraus folgt die vermeintlich klare Schlussfolgerung, dass die Mordrate in den USA höher ist als irgendwo in Europa, weil es dort mehr Waffen in Privathand gibt. Zum einen stimmt das schon mal nicht, weil die Russische Föderation mit 9,2 Morden pro 100.000 Einwohner eine doppelt so hohe Mordrate aufweist wie die USA, obwohl die russischen Waffengesetze bedeutend strenger sind als die US-amerikanischen. Beliebt ist auch der Hinweis auf Japan mit einer sehr niedrigen Mordrate und extrem strengen Waffengesetzen. Unerwähnt bleibt häufig, dass Japaner, die in die USA auswandern und plötzlich einen freien Zugang zu Waffen haben, ihr gewohntes gesetzestreues Verhalten nicht ändern. Japaner weisen in den USA eine sehr niedrige Kriminalitätsrate auf. Sie sind einfach ein sehr gehorsames und gesetzestreues Volk, unabhängig davon, ob sie Zugang zu Waffen haben oder nicht.

Warum werden solche Vergleiche überhaupt angestellt? Es liegt daran, dass Menschen es so gelernt haben. Schon in der Schule lernt man das zweidimensionale Denken. In Mathematik, Physik, Chemie und Biologie werden ständig Koordinatenkreuze gezeichnet, auf denen der Zusammenhang des Faktors X vom Faktor Y dargestellt wird. Es ist ein gutes Modell, um sich einen Ausschnitt der Realität klarzumachen. Da liegt die Idee nahe, die Anzahl der Waffen auf der Y-Achse und die Morde auf der X-Achse abzuzeichnen und zu schauen, ob es irgendeinen Zusammenhang gibt. Ein Sachverhalt wie Mordraten kann aber nicht mit so einfachen Methoden erklärt werden. Diesem Umstand trug eine europäische Studie Rechnung (ISEC et al. 2011).

Das schwedische National Council for Crime Prevention, das finnische National Research Institute of Legal Policy und das niederländische Department of Criminal Law and Criminology der Universität Leiden erhielten zwischen den Jahren 2009 und 2011 eine Finanzierung der Europäischen Union für die Erstellung einer Studie unter dem Titel „Homicide in Finland, the Netherlands and Sweden – A First Study on the European Homicide Monitor Data“. Ziel dieser Studie war es, die Ursachen für die Mord- und Totschlagsdelikte in den drei europäischen Ländern Finnland, Niederlande und Schweden genau zu untersuchen. Die Wissenschaftler haben ein spezielles statistisches Modell mit 85 Variablen entwickelt, anhand dessen multidimensionale Analysen möglich sind. Das umfassende Modell enthält nicht nur Informationen darüber, wann und wo die Tat stattfand, sondern unter anderem auch genaue Angaben zu dem Tatwerkzeug. Bei Waffen informiert zum Beispiel die Variable 27, ob es sich um eine legale oder illegale Waffe handelte. Variable 28 enthält Informationen darüber, ob es eine Pistole, ein Revolver, ein Gewehr, eine Flinte oder eine Maschinenpistole war. Variable 62 informiert über den beruflichen Status des Täters. Variable 64 informiert darüber, ob Täter und Opfer unter dem Einfluss von Alkohol oder Drogen standen. Auch ganz persönliche Informationen über Täter und Opfer sind enthalten, wie zum Beispiel das Geburtsland und das Geburtsland der Eltern, um die importierte Kriminalität identifizieren zu können.

In Finnland befanden sich zum Zeitpunkt der Untersuchung in 38 Prozent aller Haushalte Schusswaffen. Der recht hohe Anteil ist durch die Jagdtradition in diesem Land zu erklären. Den niedrigsten Anteil von fünf Prozent wiesen die Niederlande auf, und Schweden lag mit 19 Prozent dazwischen. In den Niederlanden wurde bei Morden und Totschlagsdelikten am häufigsten geschossen, während in Finnland die Täter am seltensten zu einer Schusswaffe griffen. Woher kommt diese verblüffende negative Korrelation zwischen der Verbreitung der Schusswaffen und ihrem Gebrauch bei Straftaten? Die Antwort ergibt sich aus dem umfassenden statistischen Modell, das keine wichtigen Details auslässt. Auf den ersten Blick sind sich diese drei europäischen Länder mit einem recht hohen Wohlstands- und Bildungsniveau sehr ähnlich. Gleichzeitig zeigt das Modell gravierende Unterschiede bei den Ursachen und Motiven für Mord- und Totschlagsdelikte. In Finnland befanden sich 80 Prozent aller Täter und/oder Opfer unter dem Einfluss von Alkohol. Darüber hinaus waren die meisten auch arbeitslos. Die meisten Morde passierten nicht auf der Straße, sondern zu Hause. Das deutet darauf hin, dass sich die Taten jeweils bei einem Trinkgelage ergaben, das außer Kontrolle geraten war und bei dem es zu einem handfesten Streit kam. Die arbeitslosen Trunkenbolde gehörten häufig nicht zu der Gruppe der Waffenbesitzer, oder sie waren zu betrunken, um ihre Waffe zu finden und fertig zu laden. Im Streit benutzten sie den Gegenstand, der gerade verfügbar war – häufig ein Mes-

verschiedenen Universitäten anbot. So kamen die Mitglieder der Frankfurter Schule zuerst an die Columbia University in New York. Im Land der unbegrenzten Möglichkeiten konnte die Kritische Theorie erst richtig gedeihen und Stück für Stück in der amerikanischen Gesellschaft implementiert werden. Horkheimer reiste mit seiner Kritischen Theorie von New York über Chicago bis nach Los Angeles durch das Land.

Derweil begann Erich Fromm damit, den Marxismus über die Psychologie zu verbreiten. Er beschuldigte die westliche Tradition für die Entstehung des Nationalsozialismus. Soldaten waren autoritär, weil sie Befehlen folgten. Geschäftsleute waren autoritär, weil sie den Gesetzen der Ökonomie folgten. Sie sollten aufhören, zu folgen, und ihre autoritäre Einstellung komplett ablehnen. Es gab eine Ausnahme – Fromms Autorität sollte selbstverständlich als die einzig richtige anerkannt werden. Fromm propagierte die antiautoritäre Erziehung von Kindern. Die Eltern sollten die Kinder nicht mehr im klassischen Sinne erziehen, sondern sie einfach machen lassen, zuschauen, wie sie aufwachsen, und beobachten, was mit ihnen so passiert. Die Kinder sollten durch die Eigenerfahrung ruhig das Rad neu erfinden. Die Natur würde das schon regeln.

Wilhelm Reich (1897-1957) war der Freudschen Meinung, dass psychische Probleme mehrheitlich von der sexuellen Unterdrückung stammen. Insofern würde eine sexuelle Befreiung viele Krankheiten kurieren. Die Ehe ruinierte angeblich das Leben, die eheliche Misere würde auf Kinder übertragen, die wiederum an den Folgen zu leiden hätten. Die Monogamie sollte am besten abgeschafft werden. Die Familie als die kleinste Zelle der Gesellschaft stand bei allen Vertretern der Frankfurter Schule in der Kritik, weil in den Familien Traditionen weitergegeben werden, die antirevolutionär sein können. Das musste verhindert werden. Wenn Familien zerfallen, dann ist der Staat die einzige Stelle, an die sich die Leute um Hilfe und Unterstützung wenden können. Das alles führte zu einem Kulturpessimismus, der eine Voraussetzung für eine neue gesellschaftliche Ordnung war. Väter wurden als dominant, restriktiv, entfremdet und kontrollierend dargestellt. Mütter galten hingegen als schizophren, streitsüchtig, ängstlich und psychotisch. So ein Bild lässt die Familie als eine unmögliche Institution erscheinen. Die angedachten Rollen können auch vertauscht werden, um noch mehr Verwirrung zu stiften. Achten Sie bitte darauf, dass viele Hollywoodfilme seit den 1960ern wenigstens eine dieser Eigenschaften aufweisen: (1) Der Held oder Antiheld ist geschieden, (2) die Frau an seiner Seite ist kontrollierend, dominant, gewalttätig und männerhassend, (3) der Mann ist ein Weichei, feminin, überempfindlich oder verräterisch, (4) irgendwo in der Familie ist mindestens ein Mitglied lesbisch, schwul, bisexuell oder transsexuell. Die ständigen Wiederholungen solcher Bilder sollten letztendlich die Zuschauer darauf konditionieren, eine Toleranz gegenüber dysfunktionalen gesellschaftlichen Strukturen zu entwickeln. Das galt dann als Beweis dafür, dass die traditionelle Kultur am Ende ist, weil auf der Leinwand alle wie Chaoten leben.

Theodor Adorno war wiederum die damalige Popkultur nicht revolutionär genug. Während seiner Arbeit an der Columbia University und später an der Universität Princeton lehrte Adorno, dass Fernsehen und Film problematisch seien, weil sie sich an die Massen wandten, aber angeblich nicht dem öffentlichen Geschmack entsprachen. Vielmehr formten Fernsehen und Film den Geschmack der Zuschauer nach Maßgabe der kapitalistischen Interessen der Fernseh- und Filmemacher. Dadurch würde die „wahre Kunst“ verhindert werden, die schon immer für revolutionäre Zwecke gebraucht wurde. Deswegen sollte die Popkultur als ein Symptom des kapitalistischen Systems kritisiert werden. Alle Kunst sollte daher niedergerissen und durch eine neue revolutionäre Kunst ersetzt werden. Performance Art und Modern Art sind auf Adornos Ideen zurückzuführen. Ein Beispiel für eine richtig revolutionäre Kunst ist das Projekt von Andres Serrano unter dem Titel „Immersion (Piss Christ)“. Es ist ein Foto, auf dem ein Kruzifix in einem Glas voller Urin des Künstlers abgebildet ist. Dieses Foto gewann den ersten Preis des Southeastern Center for Contemporary Art. Dieser Preis wurde von der US-Regierungsagentur National Endowment for

tische Diskussion für Marcuse und seine Alliierten sehr bequem, da Widerrede nicht erlaubt war. Der Standard der parteilichen Toleranz ist heute gängige Praxis an den Universitäten, in den Medien und in der Politik. Die Frankfurter Schule hat insofern erst mal gewonnen und wütet nach über 90 Jahren immer noch.

Eine Spielart der parteilichen Toleranz ist zum Beispiel die „Reductio ad Hitlerum" („Rückführung auf Hitler"). Dieser Begriff wurde von dem deutschamerikanischen Philosophen Leo Strauss im Jahr 1953 eingeführt. Er beschreibt einen Fehlschluss, nach dem die Richtigkeit einer Ansicht dadurch widerlegt werden soll, dass diese auch von Adolf Hitler geteilt wurde. Die Herleitung folgt der folgenden Logik: (1) Hitler war schlecht, (2) Hitler vertrat die Ansicht X, (3) daher ist Ansicht X schlecht. Beispiel: Jemand setzt sich für den Tierschutz ein. Ein anderer lehnt dies mit der alleinigen Begründung ab, dass auch Adolf Hitler sich für den Tierschutz einsetzte. Diese spezielle Kommunikationstechnik soll beim Gesprächspartner ein Trauma erzeugen. Er soll in eine Art Schockstarre versetzt werden. Die Diskussion soll in der Hoffnung beendet werden, dass das Thema nie wieder erneut aufkommen wird. Jemand, der die Reductio ad Hitlerum einsetzt, will seinem Gegenüber einfach nur sagen: „Ich habe keine Lust, auf deine Argumente einzugehen, halt doch einfach dein Maul!" Eine ähnliche Beobachtung machte Mike Godwin im Jahr 1990. Er führte das sogenannte Godwinsche Gesetz ein, das da lautet: „Mit zunehmender Länge einer Online-Diskussion nähert sich die Wahrscheinlichkeit für einen Vergleich mit den Nazis oder Hitler dem Wert eins an." Es ist also quasi 100-prozentig sicher, dass während einer längeren Diskussion irgendjemand einen anderen in die Nazi-Ecke stellt. Die Kehrseite dieses offensichtlich beliebten Würgegriffs ist, dass es mittlerweile nur noch wenige Menschen auf der Welt geben dürfte, deren Ansichten nicht zu irgendeinem Zeitpunkt ihres Lebens mit denen der Nazis oder Hitlers verglichen worden wären. Das führt einerseits zu einer bedauerlichen Banalisierung der Verbrechen in der Zeit des Nationalsozialismus, andererseits wird auch das schärfste Schwert irgendwann mal stumpf, wenn man es zu oft benutzt. So werden die Opponenten gegen die inflationär benutzten Hitler-Vergleiche verlässlich immunisiert.

Die Ironie des Schicksals war, dass ausgerechnet die viel gelobte amerikanische Redefreiheit, die der Frankfurter Schule überhaupt erlaubte, an den Küsten der USA Fuß zu fassen, durch diese eingeschränkt wurde. Die überschwengliche Toleranz der Gutgläubigen führte dazu, dass sich letztendlich die Intoleranten durchgesetzt haben. Marcuse predigte die Tyrannei der Minderheiten, was wir heute als „Political Correctness" bezeichnen. Wohlgemerkt stammt der Begriff der Political Correctness von Mao Tse-tung. Mao unterschied zwischen Menschen, die „wissenschaftlich korrekte" Ansichten hatten, und denen, die keine korrekten Ansichten hatten. Diejenigen mit den korrekten Ansichten wurden als „politisch korrekte Menschen" bezeichnet. Für Mao kamen die korrekten Ansichten aus dem Marxismus. Diejenigen, die diese Ansichten nicht teilten, mussten aus ihrer Misere „befreit" werden. Die „Befreiung" von falschen Ansichten fand in Gefängnissen und Umerziehungslagern statt. Wer sich seiner Umerziehung dennoch widersetzte, wurde als Ultima Ratio exekutiert.

Marcuse war zwar nicht die hellste Kerze auf der Torte der Frankfurter Schule, dafür die beliebteste. Französische Studenten trugen während der Proteste 1968 in Paris Banner mit dem Spruch: „Marx, Mao, Marcuse". Höher kann man als Kommunist nicht aufsteigen. Nichtsdestotrotz waren die Theorien von Gramsci, Lukács, Weil, Horkheimer, Adorno, Reich, Fromm, Marcuse und Konsorten kompliziert. Ihre Bücher waren dick, langweilig und in erster Linie an den soziologischen, psychologischen und politologischen Fakultäten bekannt. Um diesen Ideen zum politischen Mainstream zu verhelfen, brauchte es einen Saul Alinsky.

Saul Alinsky (1909-1972) war ein Sozialarbeiter aus Chicago. Er studierte Kriminalistik, was ihm während seiner Diplomarbeit die Bekanntschaft mit der berühmten Al-Capone-Gang bescherte. Im Joliet State Prison studierte er das Leben der Gefangenen. Später betätigte er sich als ein Organisator von diversen Protesten in den sozialen Brennpunkten von Chicago und anderen US-Städten. Dabei entwickelte er ein eigenes Konzept für die Organisation von Massen, um mehr politische Macht zu erlangen. 1971 schrieb er sein berühmtes Buch „Rules for Radicals – A Pragmatic Primer for Realistic Radicals". Das Buch wurde praktisch zum Standardwerk für Aktivisten unterschiedlicher Couleur. Fast alle Nichtregierungsorganisationen setzen die Alinsky-Taktiken mit großem Erfolg ein. Alinsky war der „Prophet", der den Glauben an eine bessere marxistische Welt für die Massen praktikabel machte und in die Welt trug. Er vereinfachte die Theorien der Frankfurter Schule und entwickelte ein Handbuch für die Radikalen, die sich auf den amerikanischen Straßen und in der Politik durchsetzen wollten. Sein Werk ist diabolisch genial. Schon auf der ersten Seite schreibt Alinsky, dass es Luzifer war, der als der erste Radikale gegen das Establishment so erfolgreich rebellierte, dass er sich sein eigenes Königreich schuf. Wer die heutige Politik im Westen nachvollziehen möchte, muss „Rules for Radicals" gelesen haben – am besten zweimal.

Das kulturpessimistische Lebensgefühl der 1968er verbreitete sich langsam unter den jungen Amerikanern. Sie wollten nicht mehr so leben wie ihre Eltern, sondern sich eine eigene schönere Welt erschaffen. Es gibt Taktiken, die jedem Revoluzzer zum Erfolg verhelfen, egal wofür er kämpft. Dabei ist es nach Alinsky ratsam, die Revolution innerhalb des Systems zu gewinnen. Es gibt drei Sachen, die ein Radikaler tun kann, wenn er mit dem Status quo unzufrieden ist: (1) Er baut sich eine Klagemauer und weint vor sich hin, (2) er kann amoklaufen, Bomben zünden und zum Terroristen werden, (3) er kann sich als Politiker wählen lassen und das System von innen nach seiner Fasson ändern. Alinsky bevorzugte den pragmatischen dritten Weg als denjenigen, der den meisten Erfolg versprach. Offensichtlich war er ebenfalls ein Anhänger des langen Marsches durch die Institutionen. Alinsky war eine Mischung aus Machiavelli und Sun Tzu. Machiavellis Buch „Der Fürst" wurde für die Mächtigen geschrieben, um sie zu lehren, wie sie ihre

Macht erhalten können. Alinskys Buch wurde für die Machtlosen geschrieben, um sie zu lehren, wie sie den Mächtigen ihre Macht entreißen.

Auf die Frage, ob das Ziel die Mittel heiligt, antwortete er, dass sich die Frage für einen realistischen Radikalen anders stellt: Wird eine Methode dabei helfen, das Ziel zu erreichen? Wenn ja, dann soll sie auf jeden Fall angewendet werden. Zielstrebige Radikale können es sich nicht leisten, lange zu moralisieren. Sie dürfen nicht auf eine wirksame Methode nur deswegen verzichten, weil sie ihr politisches „Jungfernhäutchen" behalten möchten. Wenn man gegenüber einer bestimmten Gruppe von Menschen ungerecht sein muss, um der eigenen Zielgruppe Vorteile zu verschaffen, dann ist die Ungerechtigkeit vollkommen legitim. Von Sun Tzu hat er seine Kampftaktiken, die er als 13 „Gesetzmäßigkeiten" („Rules") definiert.

Taktik bedeutet nach Alinsky, etwas zu erreichen mit dem, was einem gerade zur Verfügung steht. Die Mächtigen haben Geld, Macht, politischen Einfluss und sehr gute Kontakte zu den Medien. Sie sind gleichzeitig in der absoluten Minderheit, und das ist ihre größte Schwäche. Die Schwäche der Machtlosen ist hingegen, dass sie weder Geld, Macht, Medien noch Einfluss haben. Ihre Stärke ist jedoch, dass sie in der Mehrheit sind und die Öffentlichkeit nutzen können. Entsprechend ihrer Ausstattung müssen sie kämpfen (Alinsky 1971, S. 125-164). Im folgenden die 13 Gesetzmäßigkeiten für den politischen Kampf:

1. Macht ist nicht nur das, was man hat, sondern auch das, von dem der Gegner glaubt, dass man es hat. Um sich diese Grundtaktik besser vorzustellen zu können, nehmen wir die Augen, die Ohren und die Nase als Beispiel. Wenn man große Massen organisieren kann, dann kann man vor den Augen des Gegners paradieren, um die eigene Macht zu demonstrieren. Man hofft darauf, dass der Gegner von den Massen eingeschüchtert wird. Wenn die Organisation zu klein für eine Parade ist, dann versteckt man die Leute im Dunkeln und macht dafür viel Lärm, so dass der Gegner glauben muss, er stehe einer viel größeren Gruppe gegenüber, als sie es tatsächlich ist. Schließlich, wenn

die Organisation sogar zu klein ist, um viel Lärm zu machen, dann kann man immer noch mit einigen wenigen Aktivisten für genügend Stunk sorgen, der für ein negatives Erlebnis beim Gegner sorgt.

2. Bewege dich niemals außerhalb der Erfahrung deiner Leute. Wenn man als Organisator Aktionen durchführt, die außerhalb des Erfahrungshorizonts der angeführten Leute sind, dann sorgt das nur für Unsicherheit, Verwirrung und letztendlich für einen Rückzug. Es kommt zum Abbruch der Kommunikation zwischen dem Organisator und der Gruppe, weil die Leute nicht verstehen, worauf der Organisator hinauswill. Man soll immer mit den Leuten arbeiten, die man hat, sonst verliert man sie unterwegs.

3. Wann immer möglich, bewege dich außerhalb der Erfahrung deines Gegners. Wenn der Gegner mit einer Taktik nicht umgehen kann, weil er sich in so einer Situation noch nie befunden hat, dann gibt es gute Chancen, dass man gewinnt.

4. Lasse den Gegner exakt nach seinen eigenen Regeln handeln. Damit kann man den Gegner vollkommen fertigmachen, weil niemand päpstlicher als der Papst ist, inklusive des Papstes selbst. Jeder Mensch macht an irgendeinem Punkt im Leben einen Fehler, der seinen eigenen Prinzipien widerspricht. Das kann im Kampf ausgenutzt werden, indem man den Gegner mit seiner eigenen Heuchelei konfrontiert.

5. Jemanden lächerlich machen zu können, ist die stärkste Waffe. Es ist fast unmöglich, sich gegen Spott zu wehren. Das macht den Gegner wütend, daraufhin macht er Fehler, die man wieder zum eigenen Vorteil ausnutzen kann.

6. Eine gute Taktik ist diejenige, die von den Leuten genossen wird. Wenn die Leute keine Lust auf eine bestimmte Aktion haben, dann hat sie keine Chance, erfolgreich zu sein. Eine positive Einstellung der Leute im Kampf ist unabdingbar. Spaß verstärkt die Kampfmoral.

7. Eine Taktik, die sich zu lange hinzieht, wird schnell langweilig. Man kann jede Taktik nur eine gewisse Zeit durchhalten. Danach kommt es zu Abnutzungserscheinungen, und die Leute

wenden sich ab, weil sie mittlerweile etwas anderes zu tun haben.

8. Halte den Druck immer aufrecht. Die Taktiken sollen je nach Situation flexibel gewechselt werden, aber man muss permanent irgendeine Taktik anwenden. Man darf niemals nachlassen, damit sich der Gegner nicht ausruhen kann. Der Gegner muss ständig gezwungen werden, zu rennen. Ein gehetzter Gegner hat keine Zeit, sich eine neue Gegentaktik zu überlegen.

9. Die Bedrohung ist meistens viel erschreckender als die reale Situation an sich. Habe keine Angst vor dem Gegner, auch wenn er dich mit seinen schrecklichsten Waffen bedroht. Am Ende wird es wahrscheinlich gar nicht so schlimm kommen. Im Gegenzug bedrohe den Gegner, wo immer es geht, damit er eingeschüchtert wird.

10. Die Hauptprämisse für Taktiken ist die Entwicklung von Prozessen, die einen konstanten Druck auf den Gegner ausübt. Druck führt dazu, dass der Gegner reagieren muss. Seine Reaktion kann für die nächste Aktion ausgenutzt werden.

11. Alles Positive hat auch etwas Negatives. Man nimmt etwas, das dem Gegner sehr wichtig ist, und dann wendet man es gegen ihn. Alinsky nutzt dafür das Beispiel von Mahatma Gandhi, der den Stolz der Briten auf ihre Zivilisation nutzte, um diese in dem gewaltlosen Protest gegen sie anzuwenden. Gandhi hätte mit seiner gewaltlosen Methode des zivilen Ungehorsams in einer Diktatur nicht bestehen können. Ein brutaler Diktator hätte ihn einfach liquidieren lassen. Bei den Briten funktionierte seine Methodik jedoch gut. Die Frankfurter Schule nutzte in den USA die Redefreiheit dazu, Theorien zu verbreiten, die eine Einschränkung derselben zum Ziel hatten – siehe Marcuses repressive versus parteiliche Toleranz.

12. Der Preis eines erfolgreichen Angriffs ist eine konstruktive Alternative. Es muss sichergestellt werden, dass man einen Plan hat, was man machen wird, wenn man gewonnen hat. Man kann es nicht riskieren, dass der Gegner einem zustimmt und dann von uns zu hören bekommt: „Da haben Sie recht – wir wissen auch nicht, wie das Problem zu lösen ist, sagen Sie es doch

uns!“. Man darf sich über einen Missstand nicht nur erfolgreich beschweren können, sondern muss auch eine eigene plausible Lösung des Problems anbieten können.

13. Wähle dein Ziel aus, fixiere, personalisiere und polarisiere es. Das ist eine sehr wichtige Gesetzmäßigkeit. In einer komplexen Welt kann sich der Gegner immer damit rausreden, dass er für ein Problem nicht zuständig sei. Die angegriffene Person verweist auf ihren Chef. Der Chef verweist auf eine Behörde, die über ihm steht. Diese Behörde verweist auf die Landesregierung als Verantwortlichen. Die Landesregierung verweist auf die Bundesregierung, und diese wiederum sagt, dass die Gemeinden ganz unten dafür zuständig sind. So bewegt man sich im Kreis der Verantwortungslosigkeit. Deswegen muss man hart an der spezifischen Verantwortung der Zielperson bleiben und sich nicht abweisen lassen. Anschließend muss man die Zielperson polarisieren. Man darf nicht die Vor- und Nachteile einer Zielperson abwägen. Der Gegner ist der Teufel, und man selber ist immer der Engel. Diese Taktik kennt man unter dem Begriff der persönlichen Zerstörung des Gegners, ohne jeden Anspruch auf Fairness und Objektivität.

Alinsky erinnert uns an den wichtigen Grundsatz, dass die wirkliche Aktion in der Reaktion des Gegners liegt. Man muss den Gegner zu einer Reaktion provozieren, damit er möglichst fehlerhaft reagiert. Den Fehler kann man ausnutzen, um dem Gegner erneut einen Schlag zu versetzen. Als Beispiel dafür, wie Alinsky grundsätzlich dachte, kann einer seiner Vorschläge für erfolgreiche Taktiken der Bürgerrechtsbewegung dienen. Es schlug beispielsweise vor, 100 Eintrittskarten für ein Symphonieorchester zu kaufen und an seine schwarzen Aktivisten zu verteilen. Dabei sollte ein Konzert ausgewählt werden, bei dem die Musik relativ leise ist. Die Konzertbesucher sollten drei Stunden davor jede Menge gebackene Bohnen essen. Der physiologische Effekt wäre klar. Sie hätten den ganzen Konzertsaal zum Entsetzen der weißen Musikliebhaber vollgefurzt. Anhand dieses Beispiels demonstriert Alinsky, wie eine Kombination seiner Taktiken funktioniert: (1) Die Aktion wäre außerhalb der Erfahrung des Gegners. Die Weißen hätten Proteste auf den Straßen, Konfrontationen mit der Polizei und anschließend ausgeschlagene Fensterscheiben und brennende Autos erwartet. Dass jemand ihnen eine legale Stinkbombe in ihrem Konzertsaal plaziert, wäre eine komplett neue Erfahrung. (2) Diese Aktion würde den Gegner lächerlich machen. Niemand könnte dagegen vorgehen, weil Blähungen in einem Konzertsaal nicht verboten sind. Es gibt kein Gesetz dagegen, die Ordner und die Polizei wären machtlos. Das Gesetz wäre total paralysiert. Wenn sich jemand dennoch über die Furzerei der Schwarzen beschweren würde, dann könnte er problemlos als Rassist beschimpft werden. (3) Die Aktion wäre vollständig innerhalb der Erfahrung von Alinskys Leuten. Jede Menge Bohnen essen, sich hinsetzen und furzen kann jeder. (4) Den Aktivisten würde die Aktion Spaß machen. Sie würden sich noch Wochen darüber kaputtlachen. Die Gegner hätten hingegen ein vitales Interesse daran, sich mit den Forderungen der Aktivisten auseinanderzusetzen, um so eine Erfahrung in der Zukunft nicht mehr machen zu müssen.

Alinskys Kampftaktiken beruhten im wesentlichen darauf, eine Situation zu erzeugen, in der sich der Gegner schwer wehren konnte und gezwungen war, auf die Forderungen einzugehen. Alinskys Einfluss ist auf höchsten Ebenen noch bis in die heutige Zeit bemerkbar. Er war Hillary Clintons Mentor. Nach ihrem Studium machte sie bei ihm ein Praktikum. Auch der ehemalige Präsident Barack Obama wurde in Chicago von Alinskys Jüngern ausgebildet (Goldberg 2009, S. 321-322). Das merkt man den beiden noch heute an.

Bis hierhin haben wir viel über die Entwicklung des Kulturmarxismus in den USA erfahren, der von den Mitarbeitern der Frankfurter Schule dorthin gebracht wurde. Diese Taktiken von Saul Alinsky blieben nicht in den USA, sondern kamen in den 1960er Jahren nach Westeuropa. In Deutschland sind aus dieser kommunistischen Bewegung die Außerparlamentarische Opposition (APO) sowie die unterschiedlichen K-Gruppen erwachsen. Dazu gehörten der Kommunistische Bund Westdeutschland

(KBW), der Kommunistische Bund (KB), die Kommunistische Partei Deutschlands/Marxisten-Leninisten (KPD-ML), die Gruppe Internationale Marxisten (GIM), die Vereinigte Sozialistische Partei (VSP), die Kommunistische Partei Deutschlands (Maoisten) (KPD [M]), der Kommunistische Arbeiterbund Deutschlands (KABD), die Marxistisch-Leninistische Partei Deutschlands (MLPD), der Arbeiterbund für den Wiederaufbau der KPD (KPD/AB), „Gegen die Strömung", die Organisation für den Aufbau der Revolutionären Kommunistischen Partei, die Marxistische Gruppe (MG), der Bund Sozialistischer Arbeiter (BSA), der Bund Westdeutscher Kommunisten (BWK) und noch einige mehr. All diese Organisationen waren verfassungsfeindlich, weil sie die freiheitlich-demokratische Grundordnung der Bundesrepublik Deutschland abschaffen wollten. Sie standen unter der permanenten Beobachtung des Verfassungsschutzes. Nichtsdestotrotz hatten die klassischen kommunistischen Gruppierungen keinen nennenswerten Einfluss auf die Politik des Landes. Zu schwer und unverdaulich war ihre reine kommunistisch-revolutionäre Weltanschauung. Das änderte sich jedoch schlagartig mit der Entstehung der Partei der Grünen im Jahr 1980. Viele der Mitglieder dieser K-Gruppen sahen in der Anti-Atomkraft-, der Friedens- und Umweltbewegung, dem Feminismus sowie der Neuen Sozialen Bewegung bedeutend bessere Chancen, ihre Ideen umzusetzen. Mit dem Einzug der Grünen in den Bundestag 1983 gewann der Kulturmarxismus auch in Deutschland an großer Bedeutung. Antonio Gramscis und Rudi Dutschkes langer Marsch durch die Institutionen wurde Wirklichkeit.

Zu den prominentesten Figuren dieser Zeit gehörten Joschka Fischer und Daniel Cohn-Bendit. Joschka Fischer brach im Jahr 1965 das Gymnasium ab und begann eine Fotographenlehre, die er ein Jahr später ebenfalls abbrach. Seine einzige berufliche Qualifikation war ein Taxischein. Fischer war in seiner Jugend eher an Demonstrationen und Krawallen auf den Frankfurter Straßen interessiert als an einer Ausbildung und geregelter Arbeit. Er war aktives Mitglied der Sponti-Gruppe „Revolutionärer Kampf“ und der Anführer der militanten Unterabteilung der sogenannten „Putzgruppe“, die sich blutige Schlachten mit der Polizei lieferte. Seine theoretische Ausbildung erhielt Fischer als Gasthörer in den Vorlesungen der Vertreter der Frankfurter Schule wie Adorno und Habermas sowie der Lektüre von Marx bis Mao. Er scheute keinesfalls vor Gewalt zurück. In einem Interview sagte er: „Ich lernte, in der Gewalt zu leben, mit ihr – erfolgreich! – umzugehen und mich psychisch total darauf auszurichten ... Daraus wurde dann leicht die Lust am Schlagen, ein tendenziell sadistisches Vergnügen.“ („Spiegel“ 2001.) Fischer versuchte zuerst, den klassischen kommunistischen Weg zu gehen, indem er sich bei Opel in Rüsselsheim einstellen ließ, um die Arbeiterschaft für die Revolution zu begeistern. Die Opel-Arbeiter fanden den Kommunismus jedoch nicht so prickelnd. Die Aufrufe zur Sabotage der Produktion verhallten ungehört. Nachdem Fischer gefeuert worden war, konzentrierte er sich wieder mehr auf Hausbesetzungen und die Schlägereien mit der Polizei. Über die Putzgruppe lernte Fischer den späteren RAF-Terroristen Hans Joachim Klein kennen, der Fischer als einen Freund und ein politisches Vorbild bezeichnete. Nach dem Mord am hessischen Wirtschaftsminister Heinz Herbert Karry im Mai 1981 hieß es, dass die Pistole in Fischers Wagen transportiert worden sei. Fischer behauptete, dass er Klein seinen Wagen lediglich gegeben habe, um von ihm einen neuen Motor einbauen zu lassen. Erst später habe er davon erfahren, dass aus einer amerikanischen Kaserne gestohlene Schusswaffen in dem Wagen transportiert wurden. Wie auch immer, nach der Gründung der Grünen witterte Fischer seine Chance. Dabei war ihm die Umweltbewegung völlig egal. Die neue Partei versprach endlich mal ein regelmäßiges Einkommen und politischen Einfluss. Der „Spiegel“ schreibt: „‚Seien wir doch mal ehrlich‘, beschrieb Fischer seine ‚Politik in der ersten Person‘, ‚wer von uns interessiert sich denn für die Wassernotstände im Vogelsberg, für Stadtautobahnen in Frankfurt, für Atomkraftwerke irgendwo, weil er sich persönlich betroffen fühlt?‘ Das Desinteresse der Spontis an den grünen ‚Ökospießern‘ – die sich im Januar

1980 in Karlsruhe ohne Fischer als Bundespartei konstituierten – änderte sich schlagartig, nachdem die Frankfurter Grünen bei der Rathauswahl ein Jahr später auf Anhieb 6,4 Prozent erobert hatten: Die frustrierten Häuptlinge der bankrotten Sponti-Bewegung begriffen, dass der Weg zur Macht durchs Grüne führte; überdies winkten Diäten und Staatsknete aus der sogenannten Wahlkampfkostenerstattung. Erst anderthalb Jahre nach der Parteigründung trat Fischer ein – dann aber mit Karacho, mitsamt seiner ‚Fischer-Gang', wie seine Sponti-Truppe bald von den Altgrünen um die Radikal-Ökologin Jutta Ditfurth genannt wurde." („Spiegel" 2001). In der rot-grünen Koalition von Gerhard Schröder (1998 bis 2005) wurde Joschka Fischer Bundesminister des Auswärtigen und Stellvertreter des Bundeskanzlers. Der Kulturmarxismus machte es möglich, dass ein polizeibekannter Anführer einer „Putzgruppe" ohne formelle Ausbildung, dafür mit persönlichen Kontakten zu RAF-Terroristen, zum Staatsmann gemacht wurde.

Der andere prominente Marxist im Bunde war Daniel Cohn-Bendit, der in einer Frankfurter WG zusammen mit Joschka Fischer wohnte. Seine Kindheit verbrachte Cohn-Bendit im Südwesten Frankreichs, wohin seine Eltern vor den Nationalsozialisten im Zweiten Weltkrieg geflohen waren. Später kehrte er mit seinen Eltern nach Deutschland zurück und nahm die deutsche Staatsbürgerschaft an, um dem französischen Militärdienst zu entgehen. Er zeigte sich für das Asyl, das ihm das Land gewährte, nicht sonderlich dankbar, sondern organisierte diverse kommunistische Proteste in Paris. In der deutschen APO machte sich Cohn-Bendit einen guten Namen, als ihm die Wiedereinreise nach Frankreich wegen seiner revolutionären Umtriebe verweigert wurde. Er war ein glühender Vertreter der Frankfurter Schule. Das merkte man an seinen feurigen Reden, die ihn zu einer Symbolfigur der französischen Studentenbewegung machten: „Die Bewegung muss die alte Welt hinwegfegen und eine neue Welt errichten." – „Die französische Trikolore ist dazu da, zerrissen und in eine rote Fahne verwandelt zu werden." (Schmidt 2013, S. 429.) Am meisten ist Daniel Cohn-

Bendit jedoch durch seine pädophilen Phantasien aufgefallen, die er selbst in seinem Buch „Der große Basar“ im Jahr 1975 beschreibt. Ein vielsagender Auszug aus seinem Buch:

„Ich hatte schon lange Lust gehabt, in einem Kindergarten zu arbeiten. Die deutsche Studentenbewegung hat ihre eigenen antiautoritären Kindergärten hervorgebracht, die von den Stadtverwaltungen mehr oder weniger unterstützt wurden. Ich habe mich dann 1972 beim Kindergarten der Frankfurter Universität beworben, der in Selbstverwaltung der Eltern ist und vom Studentenwerk und der Stadt unterstützt wird.

Meine Entscheidung, mich mit Kindern zu befassen, hat Überraschung ausgelöst. Ich habe lange Diskussionen mit den Eltern geführt, die zum Teil Linke, zum Teil Linksliberale waren. Sie wollten meine Motive kennenlernen. Ich habe ihnen gesagt, dass die Bedürfnisse der Kinder bei den Linksradikalen immer vernachlässigt worden sind.“

„Bei den Kindern ist mir bewusst geworden, dass dieses Bedürfnis, den anderen von mir abhängig zu machen, tatsächlich in allen meinen Beziehungen vorhanden ist. Mein ständiger Flirt mit allen Kindern nahm bald erotische Züge an. Ich konnte richtig fühlen, wie die kleinen Mädchen von fünf Jahren schon gelernt hatten, mich anzumachen. Es ist kaum zu glauben. Meist war ich ziemlich entwaffnet. Es waren alles Kinder von Intellektuellen, von Studenten, also von Leuten, die viel gelesen haben. Die Kinder hatten eine Fähigkeit, sich überlegt auszudrücken, was auf Kosten einer gewissen emotionalen Ausdrucksfähigkeit ging.“

„Konflikte mit den Eltern blieben nicht aus. Einige Kinder haben ihren Eltern oft beim Vögeln zugesehen. Eines Abends hat ein kleines Mädchen seine Freundin zu Hause besucht und sie gefragt: ‚Willst du mit mir vögeln?‘ Und sie hat vom Bumsen, Vögeln und so weiter gesprochen. Daraufhin sind die Eltern der Freundin, praktizierende Katholiken, gekommen, um sich zu beschweren; sie waren aufs äußerste schockiert.

Es ist mir mehrmals passiert, dass einige Kinder meinen Hosenlatz geöffnet und angefangen haben, mich zu streicheln. Ich habe je nach den Umständen unterschiedlich reagiert, aber ihr Wunsch stellte mich vor Probleme. Ich habe sie gefragt: ‚Warum spielt ihr nicht untereinander, warum habt ihr mich ausgewählt und nicht andere Kinder?‘ Wenn sie darauf bestanden, habe ich sie dennoch gestreichelt.“

Besser kann man die demoralisierende Weltanschauung der Frankfurter Schule kaum beschreiben. Deren freie Liebe machte noch nicht mal vor Kindern halt. Cohn-Bendit verrät uns auch seine grundsätzliche Einstellung, dass der Täter nie schuld ist, sondern immer nur das Opfer. Nicht er versuchte die Kinder für seine Spielchen zu verführen, sondern die Kinder haben ausgerechnet ihn dafür ausgewählt. Er konnte ja nichts dafür. Das ist die perfekte Schuldumkehr, die auch gegenüber Vergewaltigungsopfern angewendet wird: „Hätte sich die Frau nicht so aufreizend angezogen, dann wäre sie nicht vergewaltigt worden.“ Auch Daniel Cohn-Bendit machte eine große politische Karriere. Er war von 1994 bis 2014 Mitglied im Europäischen Parlament und ab 2002 Kovorsitzender der Fraktion der Grünen in der Europäischen Freien Allianz (EFA).

Der nächste prominente Weltverbesserer ist Jürgen Trittin, der Sozialwissenschaften studierte. Er trat dem vom Verfassungsschutz beobachteten Kommunistischen Bund (KB) bei, der den freiheitlichen Rechtsstaat durch eine Rätediktatur ersetzen wollte. Der „Spiegel“ schreibt: „Der Kommunistische Bund (KB) in Göttingen, in dem Trittin als Ideologe aktiv war, begründete in seiner ‚Roten Tribüne‘ unter Hinweis auf Marx das parteiamtliche Nein zur RAF und das grundsätzliche Ja zur Gewalt mit den Worten: Die Marxisten betonten stets, dass sie Anhänger der Gewalt seien und in ihr einen revolutionären Faktor sähen.“ – „Die Marxisten sprachen sich für den Massenterror aus, aber sie sagten: Die Ermordung dieses oder jenes Ministers ändert an der Sache nichts.“ („Spiegel“ 2001.) Eigentum bedeutete für Trittin auch nicht viel. Er betätigte sich in der Göttinger Hausbesetzerszene. Während seines Studiums gehörte er dem Allgemeinen Studentenausschuss (AStA) der Universität Göttingen an und war Präsident des Studentenparlaments. Nachdem am 7. April 1977 die RAF den Generalbundesanwalt Siegfried Buback und dessen Fahrer erschossen hatte, verfasste ein gewisser „Göttinger Mescalero" einen Artikel mit dem Titel „Buback – Ein Nachruf", der in der AStA-Zeitung der Universität Göttingen am 25. April 1977 veröffentlicht wurde. Der Wortlaut: „Meine unmittelbare Reaktion, meine ‚Betroffenheit' nach dem Abschuss von Buback, ist schnell geschildert: Ich konnte und wollte (und will) eine klammheimliche Freude nicht verhehlen. Ich habe diesen Typ oft hetzen hören. Ich weiß, dass er bei der Verfolgung, Kriminalisierung, Folterung von Linken eine herausragende Rolle spielte." Wer war dieser Mescalero? Im besten Fall ein guter Kumpel von Trittin. Alles kein Problem für die politische Karriere. Von 1990 bis 1994 war Trittin niedersächsischer Minister für Bundes- und Europaangelegenheiten und von 1998 bis 2005 Bundesminister für Umwelt, Naturschutz und Reaktorsicherheit. Von 2005 bis 2009 war er einer der stellvertretenden Vorsitzenden der Bundestagsfraktion der Grünen. Heute ist er immer noch Bundestagsabgeordneter und Mitglied im Auswärtigen Ausschuss.

Man könnte die Liste der deutschen Politiker, die vom gleichen Schlag sind, noch über hundert Seiten fortführen. Die peinlichen Biographien der Alt-68er findet man auch in anderen Büchern zur Genüge. Als Ausgangsbasis kann das Buch „Wir sind die Wahnsinnigen: Joschka Fischer und seine Frankfurter Gang" von Christian Schmidt empfohlen werden. Die wenigen krassen Beispiele dienen nur zur Verdeutlichung einer marxistischen Weltanschauung von Leuten und ihren Zöglingen, die bis heute in den höchsten Ämtern der nationalen und internationalen Politik sitzen und über unser Schicksal bestimmen. Erst die Kenntnis der Biographien dieser Leute macht die heutige Politik in Deutschland und den Zustand der EU verständlich.

Zusammenfassend kann konstatiert werden, was die Hauptziele der Kulturmarxisten sind:

Abschaffung der traditionellen Familie: Beispiele dafür sind die Förderung der Scheidungen, die Frühsexualisierung der Kinder in den Schulen, die Förderung von Patchwork-Familien, die letztendlich ein Gebilde aus den Resten von zwei früher funktionierenden Familien sind, Förderung der Schwangerschaftsabbrüche, Homo-Ehen und mittlerweile auch Toleranz für eingewanderte Kinder-Ehen. Die traditionelle Familie kann sich selbst ernähren und pflegt ihre eigene Lebensweise. Unabhängige Familien sind aber schlecht für den Marxismus, da sie den Staat nicht in einem großen Umfang brauchen. Eine alleinerziehende Mutter ist hingegen auf den Staat total angewiesen, denn entweder geht sie arbeiten und braucht für die Kinder die staatlichen Kitas und Ganztagsschulen oder sie lebt von Sozialleistungen, die ihr vom Staat gewährt werden. Sie ist nicht mehr frei in ihrer Lebensplanung, es sei denn sie hat ein gut gefülltes Bankkonto, was aber in diesem Zusammenhang selten vorkommt. Selbst wenn eine Familie sich schon mal ein Vermögen erarbeiten sollte, dann schlägt die Erbschafts- und Schenkungssteuer an. Katja Kipping von den Linken schlägt 90 Prozent Steuern auf das Erbbeziehungsweise Schenkungsvermögen ab zehn Millionen Euro vor. Kipping will nicht, dass Familien über die Generationen immer vermögender und somit vom Staat immer unabhängiger werden.

Abschaffung des privaten Eigentums: Der beste Weg dazu ist die Besteuerung. Im Kommunismus gehören alle Produktionsmittel (Fabriken, Handel) dem Staat, der die Produktionsfrüchte (Produkte) an die Bevölkerung verteilt, die komplett beim Staat beschäftigt ist. Im Sozialismus macht sich der Staat nicht mehr die Mühe, die Produktionsmittel zu besitzen und zu bewirtschaften. Diese sind immer noch in privater Hand. Der Staat konfisziert vielmehr die Produktionsfrüchte über Steuern. Wenn ein Arbeitgeber seinem Mitarbeiter 2.600 Euro zahlt, dann wird der Mitarbeiter auf seiner Lohnabrechnung nur 2.000 Euro brutto sehen. Die restlichen 600 Euro muss schon mal der Arbeitgeber in Form der Abgaben an die Berufsgenossenschaft und an anteiligen Sozialleistungen abgeben. Dann kommen Lohnsteuer, Solidaritätszuschlag, Anteile an der Rentenkasse, Krankenkasse, Arbeitslosenversicherung und Pflegeversicherung. Daraus ergibt sich für den Mitarbeiter eine Nettozahlung von circa 1.360

Euro. Dann geht es weiter mit Praxisgebühren, Kfz-Steuern, Kfz-Versicherungssteuern, Benzinsteuer, GEZ-Gebühren und natürlich Mehrwertsteuern in Höhe von 19 Prozent respektive sieben Prozent auf alles, was man an Konsumgütern kauft. Da bleiben dem Mitarbeiter circa 800 Euro an Wert, über den er tatsächlich verfügen kann. Das sind rund 30 Prozent dessen, was seine Monatsarbeit für das Unternehmen wert war. Die restlichen 70 Prozent seines Einkommens verschwinden in diversen Steuern und Abgaben. Mit 30 Prozent Einkommen kann man kein großes Vermögen akkumulieren. So kommt man nicht aus dem ewigen Hamsterrad, und das ist von den Marxisten auch so gewollt. Die Arbeiter sollen sich von ihnen nicht lösen können.

Abschaffung der Religion: Hier muss man präziser sagen, die Abschaffung der im Westen dominierenden christlichen Religion. Andere Religionen werden eher unterstützt. Das ist ganz im Sinne der weiter oben beschriebenen parteilichen Toleranz nach Herbert Marcuse. Weihnachten wird in „Winterfest" und der Sankt-Martins-Zug wird in „Sonne-Mond-und-Sterne-Fest" umbenannt. In der Sowjetunion wurde aus dem Heiligen Nikolaus auch Väterchen Frost gemacht.

Abschaffung des Nationalstaats: Das wird am einfachsten durch eine ungehinderte Einwanderung aus anderen schwer integrierbaren Kulturen sowie der Mitgliedschaft in der Europäischen Union erreicht, in der von den Regierungen ernannte Kommissare die jeweiligen Mitgliedsländer lediglich als Provinzen betrachten, mit dem Ziel, eines Tages die Vereinigten Staaten von Europa zu gründen.

Nach diesem kurzen historischen Abriss können wir besser verstehen, warum sich diese Kulturmarxisten sowohl in den USA als auch in Europa so vehement gegen den privaten Waffenbesitz aussprechen. Waffenbesitzer sind in den meisten Fällen entweder konservativ oder klassisch liberal. Als solche sind sie mehrheitlich der Meinung, dass jeder Mensch machen sollte, was er will, solange er damit keinem schadet. Dabei sind sie nicht selten Patrioten, die an ihren Traditionen hängen. Sie schätzen die individuelle Unabhängigkeit, die Unabhängigkeit ihrer Heimat und persönliche Eigenverantwortung. Das ist das klassische Verständnis für individuelle Freiheit im Sinne von John Locke oder Adam Smith. Das Recht, Waffen zu besitzen und zu tragen, repräsentiert eine klassisch liberale Weltanschauung. Nach dieser Ansicht ist der Bürger der Souverän und darf sowohl seine individuelle Freiheit als auch die Freiheit seines Landes im Extremfall sogar mit eigenen Waffen verteidigen.

Im Unterschied dazu verstehen die Marxisten die Freiheit eher als eine Freiheit von materiellen Nöten für alle, die durch eine zwangsweise Umverteilung des Volkseinkommens erreicht werden soll. Jedenfalls denken sie stets in kollektivistischen Kategorien. Ihre Vorstellung der idealen Gesellschaft beruht auf den Vorstellungen von Platon. In seinem idealen Staat gab es drei gesellschaftliche Schichten: die Bauern und Handwerker, die Wächter und die Philosophenkönige. Die Bauern und Handwerker hatten die Aufgabe, das Einkommen des Staates sicherzustellen, die Wächter waren bewaffnet und sorgten dafür, dass niemand aus der Reihe tanzte, und die Philosophenkönige hegten ausschließlich gute Absichten und herrschten gerecht. Das war die erste sozialistische Utopie. Eine Kolchose in der Sowjetunion funktionierte ähnlich. Wenn Marxisten fordern, dass nur die Armee und die Polizei Waffen haben sollten, dann haben sie die Idee von Platon, der sein Buch „Politeia" vor 2.400 Jahren schrieb. Sie sind nicht grundsätzlich gegen den Waffenbesitz. Sie wollen nur, dass ihre „Untertanen" keine Waffen haben. Die Wächter hingegen sollen so viele Waffen haben wie möglich, um die Macht der Philosophenkönige zu sichern.

Eine wichtige Eigenschaft der Kulturmarxisten ist das Wunschdenken. Torsten Mann schreibt dazu zutreffend: „Dass auf die Abschaffung verbindlicher Werte nur das gesellschaftliche Chaos folgen konnte, spielte keine Rolle. Schließlich bemühte sich die Kritische Theorie niemals darum, ihre Thesen oder ihre Forderungen an der Wirklichkeit zu überprüfen, also den Beweis zu erbringen, dass sie ein funktionsfähiges Konzept sei, mit dem sich die Wahrheit beschreiben und verstehen lässt. Statt sie als Wissenschaft zu bezeichnen, wäre die Umschreibung als materialistisches Glaubensbekenntnis treffender. Die sogenannte ‚Wissenschaft' der Kritischen Theorie betreibt Wahrheitsfindung nicht durch Betrachtung und Analyse der Wirklichkeit, sondern lediglich durch sogenannte ‚Konsensbildung'. Nicht das, was anhand der Realität als wahr erkannt wird, zählt, sondern das, worauf man sich in Gruppendiskussionen ‚demokratisch' einigen kann. Das Konzept der Kritischen Theorie versperrt somit den Zugang zur naturwissenschaftlichen, politischen und kulturellen Wirklichkeit und verengt dadurch den geistigen Horizont und das Bewusstsein ihrer Theoretiker, die sich so zwangsläufig in phantastischen Utopien verfangen, die in der Realität keinerlei Lebensfähigkeit zeigen. Begriffe wie Objektivität und Verantwortung spielen in der Kritischen Theorie keine Rolle. Genau wie ihr ideologischer Stammvater, der sowjetische Marxismus, ist die Kritische Theorie somit allein am egalitären Wunschdenken orientiert. Vereinfacht ausgedrückt zählt für die Verfechter der Kritischen Theorie nicht das, was ist, sondern das, was sie sich aufgrund ihres verzerrten Weltbildes wünschen." (Mann 2005.) Vor diesem Hintergrund wundert es nicht, dass die Marxisten ständig den privaten Waffenbesitz abschaffen wollen. Sie wünschen sich einfach, dass es funktioniert, um den Weltfrieden zu erreichen. Das ist für sie Grund genug, um entsprechende Gesetze zu verabschieden, ohne sich darum zu kümmern, ob diese Gesetze überhaupt funktionieren.

Wenn man sich die Ziele und Methoden der Kulturmarxisten anschaut, dann kann man sich fragen, ob diese Leute böse oder nur blöd sind. Sie werden vielleicht in ihrer eigenen Umgebung feststellen, dass Sie einige Menschen persönlich kennen, die diesem Kult anhängen. Einige von ihnen könnten sogar ihre Kollegen oder Familienmitglieder sein. Es sind häufig nette Menschen. Sie haben nur komische Überzeugungen. Da viele Universitätsprofessoren ebenfalls Anhänger des Kulturmarxismus sind, kann man nicht behaupten, dass sie alle blöd seien. Diese Leute sind durchaus belesen und intelligent. Warum also wird jemand, dem es in einem entwickelten und relativ wohlhabenden westlichen Land gutgeht, zu einem Kulturmarxisten?

Eine interessante Erklärung auf diese Frage findet man bei Evan Sayet in seinem Buch „The Kindergarden of Eden" (Sayet 2012). Sayet bezeichnet die heutigen Kulturmarxisten als „Modern Liberals", was man mit „moderne Linksliberale" übersetzen kann. Auf der politischen Skala in den USA bedeutet „liberal" links und „conservative" rechts. Damit unterscheidet sich das Wort „liberal" in den USA von dem, wie es in Europa verstanden wird. Die klassisch liberale Einstellung trägt heute den Namen „libertär".

Sayet entwickelte die „einheitliche Feldtheorie des modernen Linksliberalismus" („Unified Field Theory of Modern Liberalism"). Das Kernpostulat dieser Theorie lautet: Die Unterschiedslosigkeit – also die totale Ablehnung des intellektuellen Prozesses – ist ein absolutes moralisches Gebot. Was bedeutet das in der Praxis? Das menschliche Denken wird von verschiedenen Faktoren beeinflusst. Zu diesen Faktoren gehören zum Beispiel Herkunft, Nationalität, Alter, Hautfarbe, sozialer Status, Einkommen, Geschlecht, Wohngegend und so weiter. Das führt dazu, dass jeder Gedanke und jede Schlussfolgerung von den eigenen Vorurteilen durchsetzt wird. Menschen denken, um das Bessere, Schönere, Nützlichere oder Frommere zu finden. Wenn aber am Ende des Denkprozesses etwas als besser, schöner, nützlicher oder frommer bezeichnet wird, dann muss etwas anderes automatisch schlechter, hässlicher, unnützer und profaner sein. Das führt zu einer Diskriminierung, und diese führt zu einer ungleichen Behandlung des vermeintlich Schlechten, Hässlichen, Unnützen und Profanen. Wenn Sie zum Beispiel durch Tests und Analysen herausfinden, dass für Sie Speiseeis besser ist als Kuchen, dann diskriminieren Sie den Kuchen. Wenn Sie herausfinden, dass eine bestimmte Lebensführung insgesamt zu besseren Ergebnissen führt, dann diskriminieren Sie eine andere Lebensführung. Wenn Sie sagen, dass eine bestimmte Kultur erfolgreicher ist als eine andere, dann diskriminieren Sie die andere Kultur. Um also die Vorurteile, die Diskriminierung und die ungleiche Behandlung zu vermeiden, empfiehlt der moderne Linksliberale, erst gar nicht zu analysieren und zu denken. Wenn man nach dem Besseren, Schöneren, Nützlicheren oder Frommeren gar nicht mehr sucht, dann kann man auch nichts finden, das anschließend diskriminiert werden könnte.

In der modernen Arbeitswelt gibt es Menschen, die immer noch etwas Nützliches machen oder herstellen, und es gibt andere Menschen, die ihr Geld mit Reden verdienen. Diejenigen, die etwas machen oder herstellen, wie zum Beispiel Arbeiter, Bauern, Handwerker, Feuerwehrleute, Mediziner, Ingenieure, Hard- und Softwareentwickler und viele andere, sind dazu gezwungen, die Fakten ihres Berufs perfekt zu kennen, sonst werden sie ihre Fehler direkt zu spüren bekommen. Sie müssen also wissen, was besser ist. Sie müssen diskriminieren. Wenn ein Feuerwehrmann seine Fakten bezüglich der Feuerbekämpfung nicht kennt, dann wird er sich beim Löschen eines Brandes verbrennen oder gleich in den Flammen umkommen. Wenn ein Bäcker seine Rezepte nicht genau kennt, werden seine Backwaren nicht schmecken und er wird sie nicht verkaufen können. Wenn ein Arzt Fehler macht, werden seine Patienten nicht wieder gesund oder versterben frühzeitig. Die Gruppe von Menschen, die ihr Geld mit Reden verdient, sammelt sich nach Sayets Theorie in der sogenannten Rhetorikindustrie. Das sind Politiker, Journalisten, Schauspieler, Soziologie- und Psychologieprofessoren, Fernsehreporter, Kulturschaffende, Literaturwissenschaftler und andere. Wenn diese Leute die Fakten nicht kennen und den ganzen Tag nur Quatsch erzählen, dann hat das erst mal keine unmittelbaren Konsequenzen für sie. Am nächsten Tag können sie den gleichen oder einen anderen Quatsch erzählen, und es passiert ihnen nichts. Die Rhetorikindustrie ist voll von modernen Linksliberalen, die den anderen, die eigentlich etwas machen und herstellen, die Welt erklären wollen. Über Tausende von Kanälen senden sie rund um die Uhr. Man kann ihrer Meinung kaum noch entgehen. Diese Rhetorikkaste konnte sich nur so weit entwickeln, weil in den westlichen Ländern der Fortschritt und hohe Produktivität zum relativen Wohlstand führten. Die anderen, die etwas machen oder herstellen, füttern die „genialen“ Besserwisser über Steuern und Gebühren einfach durch.

Dabei haben die Leute in der Rhetorikindustrie eine große politische Macht – bedeutend größer als die derjenigen, die etwas machen oder herstellen.

Aus Mangel an harter Arbeit und sonstigen alltäglichen Problemen nahmen sich die modernen Linksliberalen die Zeit, um sich Tausende von Jahren der menschlichen Entwicklungsgeschichte anzuschauen. Sie stellten dabei eine Sache fest, die wirklich sicher ist: Keine der Ideen, keine Religion, keine Philosophie, keine Ideologie, keine Regierungsform oder sonst irgendetwas, das sich die Menschheit jemals ausdachte, war dazu in der Lage, eine Welt zu erschaffen, die frei von Krieg, Armut, Kriminalität und Ungerechtigkeit wäre. Diese Feststellung führte die modernen Linksliberalen zu der Überzeugung, dass es eine Ursache dafür geben muss, dass bis jetzt jede menschliche Idee dabei versagte, Krieg, Armut, Kriminalität und Ungerechtigkeit zu beseitigen. Die Ursache, die sie gefunden haben, ist offensichtlich der ständige Versuch der Menschen, recht zu haben.

Die ultimative Lösung für dieses Problem ist scheinbar plausibel: Wenn niemand mehr dächte, dass er recht hat, dann gäbe es keine Menschen, mit denen man sich streiten könnte. Wenn Menschen sich nicht mehr streiten, dann würden sie sicherlich nicht mehr miteinander kämpfen. Wenn sie nicht mehr miteinander kämpfen, dann gäbe es keine Kriege. Ohne Kriege gäbe es keine Armut. Ohne Armut gäbe es keine Kriminalität. Ohne Kriminalität gäbe es keine Ungerechtigkeit, und so weiter. Es ist die nächste „perfekte" Utopie. Eine „Utopie" bedeutet wörtlich einen Nicht-Ort, oder anders ausgedrückt einen Ort aufgebaut aus Wörtern. Die modernen Linksliberalen wollen einfach zurück ins Paradies, dahin, wo Adam und Eva anfangs schon mal waren. Der amerikanische Philosoph Allan Bloom beschrieb diese Denkweise wie folgt:

„Die ganze Welt war in der Vergangenheit verrückt. Menschen haben immer gedacht, dass sie recht haben, und das führte zu Kriegen, Verfolgung, Sklaverei, Fremdenhass, Rassismus und Chauvinismus. Der Punkt ist [heute] nicht, diese Fehler zu korrigieren und recht zu behalten. Vielmehr geht es darum, überhaupt nicht zu denken, dass man recht hat."

Wie erreicht man aber, dass die Menschen aufhören, daran zu denken, recht zu haben? Die Technik ist verblüffend simpel. Der moderne Linksliberale nimmt einfach etwas Gutes, etwas, das die Leute hochschätzen, etwas, das ihnen lieb und teuer ist, und findet darin etwas Schlechtes. Umgekehrt ist er stets bemüht, in allem Bösen etwas Gutes zu finden. So verschwindet der Unterschied zwischen Gut und Böse. Beide treffen sich in der Mitte, es gibt keine Sicherheit mehr, wofür man sein sollte, und somit gibt es nichts mehr, worum es sich lohnt zu kämpfen. Der Verlust von eindeutigen Wahrheiten führt zu Unsicherheit, die ihrerseits zu Indifferenz führt. Indifferenz führt zu einer Egal-Einstellung, und diese führt letztendlich zum Frieden auf Erden. Deswegen hören und lesen Sie in den Medien regelmäßig, dass Ihre Heimat und Ihre Lebensweise gar nicht so toll sind, wie Sie annahmen. Ihre Feinde sind nicht so gefährlich, wie sie Ihnen erscheinen. Alles, woran Sie glauben, ist relativ, weil andere Sichtweisen auch legitim sind. Katholizismus und Kannibalismus sind gleichwertig, es sind nur alternative Kulturen. Ihre Kinder sollten keine zu guten Schulen besuchen, weil das nur dazu führen wird, dass sie besser ausgebildet werden als andere. Das kann später zu einem zu hohen Einkommen und zur Überheblichkeit führen. Waffen sollten Sie überhaupt nicht haben, das gefährdet den Weltfrieden. Außerdem ist Ihr Leben nicht mehr wert als das Leben des Einbrechers, der Sie erschlagen wird, wenn er Sie in Ihrem Haus antrifft. Der benachteiligte „Jugendliche" will Sie auf der Straße totschlagen, weil die ungerechte Welt ihn so werden ließ. Wenn Sie sich gegen ihn erfolgreich wehren, dann vergrößern Sie noch die universelle Ungerechtigkeit. Ihr Besitz bedeutet nur, dass ein anderer auf der Welt weniger hat, was diskriminierend ist. Geben Sie Ihren Besitz widerstandslos ab, das ist für einen guten Zweck. Sie kennen mit Sicherheit noch Hunderte ähnliche Floskeln. Um Gerechtigkeit und Gleichheit herzustellen, ist der moderne Linksliberale praktisch dazu gezwungen, sich immer auf die

Seite des Schlechteren zu stellen, damit das Bessere nicht so dominiert.

Das zweite Postulat der einheitlichen Feldtheorie des modernen Linksliberalismus lautet: Die Unterschiedslosigkeit der Gedanken führt nicht zur Unterschiedslosigkeit der Politik. Sie führt nur und immer zur Parteiergreifung für das Schlechtere statt für das Bessere. Das bedeutet, dass, wenn Sie mit der Meinung der modernen Linksliberalen nicht einverstanden sind, Sie ihren Hass deutlich zu spüren bekommen werden. Statt einer sachlichen Kritik wird es lediglich Zuschreibungen geben, wie „bigott", „chauvinistisch", „rassistisch", „populistisch" und so weiter. Diese Zuschreibungen reichen als Argumente gegen Ihre Meinung vollkommen aus.

Sayet unterscheidet bei den modernen Linksliberalen zwischen den wahren Glaubensanhängern und den Mitläufern. Den Unterschied erklärt er anhand eines Zitats des ebenfalls linksliberalen Historikers, Politikwissenschaftlers und Universitätsprofessors in Santa Monica, Kalifornien, Howard Zinn:

„Objektivität ist unmöglich, und sie ist auch unerwünscht. Das heißt, wenn sie möglich wäre, wäre sie unerwünscht."

Der Mitläufer nimmt den ersten Satz und behauptet, dass alles relativ ist und es keine absoluten Wahrheiten gibt. Das reicht ihm schon, über mehr möchte er nicht nachdenken. Denken würde nur zur Diskriminierung führen, was nicht sein soll. Der wahre Glaubensanhänger verinnerlicht noch den zweiten Satz. Wenn also wahr sein sollte, dass etwas besser ist als etwas anderes oder dass es zum Beispiel bestimmte natürliche Rechte gibt, wie das Recht auf Eigentum, Selbstschutz und infolgedessen das Recht, Waffen zu besitzen und zu tragen, dann wäre diese Wahrheit unerwünscht. Diese würde nur dazu führen, dass sich wieder jemand im Recht sieht. Womöglich wäre er noch bereit, für seine Rechte zu kämpfen. Das darf aber nicht sein.

Die Quintessenz dieser Denkweise finden wir in John Lennons Lied „Imagine" aus dem Jahr 1971.[14] In diesem Lied verspricht Lennon das Paradies auf Erden, aber nur dann, wenn

Menschen an nichts mehr glauben und sich um nichts mehr kümmern. Anbei die Strophen: „Stell dir vor, es gibt keinen Himmel. Es ist einfach, wenn du es versuchst. Keine Hölle unter uns. Über uns nur ein Luftraum. Stell dir mal vor, all diese Menschen leben nur für den heutigen Tag…" Himmel und Hölle waren traditionell die Konsequenzen für gutes oder schlechtes Handeln. Diesen Unterschied soll es nicht mehr geben. Das eigene Handeln soll keine Konsequenzen haben. Irgendeine Lebensplanung für die Zukunft ist auch nicht mehr wichtig. „Stell dir vor, es gibt keine Länder. Es ist nicht schwer, es zu tun. Nichts, um dafür zu töten oder zu sterben. Und auch keine Religion." Die Abschaffung der Nationalstaaten war schon immer ein Kernziel der Kulturmarxisten, und die EU versucht, das Ziel praktisch umzusetzen. Religionen haben auch nur Nachteile. Sie führen zum ewigen Streit darum, wessen Gott der bessere ist. „Stell dir vor, all die Menschen leben ihr Leben in Frieden… Du kannst sagen, ich bin ein Träumer. Aber ich bin nicht der einzige. Ich hoffe, eines Tages wirst du dich uns anschließen. Und die Welt wird eins sein." In dieser Strophe liegt die Betonung wirklich auf „Träumer". „Stell dir vor, es gibt keinen Besitz. Ich bin neugierig, ob du es kannst. Keine Notwendigkeit für Habgier oder Hunger. Eine Bruderschaft unter den Menschen. Stell dir vor, all die Menschen teilen sich die Welt." Ganz wichtig für die linksliberalen Avantgardisten ist es, den Besitz abzuschaffen. Da diese Träumer häufig selber gutbezahlte Jobs haben, kann vermutet werden, dass ihr Vermögen von der Abschaffung ausgenommen werden soll. George Soros und Michael Bloomberg sind Multimilliardäre. Die beiden können sich mit Sicherheit nicht vorstellen, dass ihr Besitz abgeschafft werden soll. Sie werden sich allerdings stark dafür einsetzen, Ihren Besitz abzuschaffen, um Gerechtigkeit auf der Welt herzustellen. In die gleiche Richtung geht das Lied „Kinder an die Macht" von Herbert Grönemeyer. In diesem Lied fehlt nur der Hinweis darauf, dass Kinder so kindlich sein können, weil es Erwachsene gibt, die für ihre Behausung, Kleidung, Nahrung sorgen und sie den ganzen Tag beschützen.

Wie es in der Bibel steht, lebten Adam und Eva anfangs im Paradies. In der Mitte des Gartens Eden wuchs der Baum der Erkenntnis. Adam und Eva hatten das ganze Paradies nur für sich. Sie konnten darin machen, was sie wollten. Nur von dem einen einzigen Baum durften sie die Früchte nicht essen. Wie Menschen so sind, aßen sie trotzdem davon. Plötzlich überkam sie die Erkenntnis der Realität. Sie merkten, dass sie nackt waren. Sie lernten Gut von Böse, Richtig von Falsch und Besser von Schlechter zu unterscheiden. Gott verstieß die Menschen aus dem Paradies, weil sie sein einziges Verbot missachteten. Die Grundvorstellung der modernen Linksliberalen ist, dass die Menschen die Frucht vom Baum der Erkenntnis einfach nur hervorwürgen müssen, um in das verlorene Paradies zurückkehren zu können.

Diese Ausführungen erklären anschaulich, warum man einen wahren Glaubensanhänger des modernen Linksliberalismus mit Fakten gar nicht umstimmen kann. Faktenkenntnis führt zu einer Erkenntnis, die unweigerlich zu einer Unterscheidung zwischen Besser und Schlechter führt, was an sich schon Diskriminierung bedeutet. Diskriminierung ist aber in diesem Kult verboten. Ende der Durchsage!

Nachdem das ideologische Fundament der Kulturmarxisten und der modernen Linksliberalen in seinen Grundzügen beschrieben wurde, wenden wir uns den organisatorischen Aspekten der Waffenhasser zu.

8.2 Abrüstungsnetzwerk

Waffen, insbesondere Schusswaffen, spielten über Jahrhunderte in allen Konflikten auf der Welt eine herausragende Rolle. Über Jahrhunderte verabscheuten Journalisten, Künstler und Humanisten das Gemetzel. Kurz nach dem Ende des Zweiten Weltkriegs entstand ein neuer Ost-West-Konflikt. Die zwei Seiten standen sich unversöhnlich gegenüber und rüsteten gegenseitig auf. Über die Zeit überboten sich die NATO und der Warschauer Pakt in der Anzahl und Qualität der Kriegsschiffe, U-Boote, Panzer, Kampfflugzeuge und vor allem der Atomraketen. Das weltweite Netzwerk der Rüstungsgegner konzentrierte sich auf die Abrüstung bei diesen strategischen Kriegswaffen. Als 1990 der kommunistische Block aufgrund dauerhafter Erfolglosigkeit zerfiel und infolgedessen der Warschauer Pakt am 1. Juli 1991 aufgelöst wurde, brach die Zeit der sogenannten Friedensdividende an. Eine ganze Generation von Menschen, die nur die Bedrohungen des Kalten Krieges kannten, atmete auf. Es schien, als ob man die Ausgaben für die Rüstung drastisch reduzieren könne, um das Geld in diverse Infrastruktur- und Sozialprojekte zu stecken. Der US-amerikanische Politikwissenschaftler Francis Fukuyama schrieb 1992 in seiner Friedenseuphorie ein Buch mit dem Titel „Das Ende der Geschichte“, in dem er den weltweiten Sieg der liberalen Demokratie proklamierte. Totalitäre Systeme stellten nach der Vorstellung Fukuyamas keine politischen Alternativen mehr dar, weil sie dem Liberalismus widersprechen. Ab jetzt sollte es nur noch Friede, Freude und Eierkuchen geben. In den 1990er Jahren dachten viele Menschen so. Auch die Fortschritte der Internettechnologie suggerierten eine schöne bunte digitale Welt, in der jeder mit jedem frei kommunizieren und weltweite Freundschaften schließen wird. Der Boom der Internetbranche und der Zulieferindustrie im Bereich der Elektronik schien unaufhaltsam. Der atemberaubende Aufstieg der New Economy war der Beweis dafür. Die Börsenkurse der Technologieunternehmen schossen in den 1990ern durch die Decke.

Diese Veränderungen hatten allerdings negative Folgen für die Abrüstungslobby. Nachdem der Warschauer Pakt zerfallen war, wurde der Kampf gegen die strategischen Waffen uninteressant. In den 1970ern und 1980ern gab es im monatlichen Abstand irgendwelche Anti-Rüstungs-Demonstrationen. Nach 1990 hörte es plötzlich auf. Es war nicht so, dass die Atomraketen nicht mehr da gewesen wären. Ganz im Gegenteil. Die USA und Russland verschrotteten einige alte Atomsprengköpfe, was als große Abrüstungserfolge gefeiert wurde. An ihrer Stelle wurden allerdings viel modernere Systeme installiert. Darüber sprach man weniger. Des weiteren kamen neue Länder in den Besitz von Atomwaffen, wie zum Beispiel Nordkorea. Der Iran soll schon kurz davor stehen, eigene Atomwaffen herstellen zu können. Für die westlichen Friedensaktivisten waren aber die USA und Russland relevanter. Länder wie Nordkorea oder der Iran waren für die Pazifisten intellektuell nicht greifbar. Da ging keiner deswegen auf die Straße.

Der Direktor des Arms Trade Resource Center am World Policy Institute in New York, William Hartung, erinnerte sich an die frühen 1990er, als Aaron Karp vom Stockholm International Peace Research Institute (SIPRI), einem der führenden Abrüstungsinstitute im Kalten Krieg, wiederholt sagte: „Konventionelle Waffenverkäufe außer Kleinwaffen sind Geschichte, die interessieren keinen mehr. Wir sind Dinosaurier; wir müssen umdenken, um weiter relevant zu bleiben." Auch das UN Department of Disarmament Affairs (DDA) musste um die Finanzierung und seine Existenz kämpfen. Diese Organisationen mussten sich eine neue Mission suchen (Bob 2011, S. 113). Nach dem Ende des Kalten Krieges gewannen Konflikte in Angola, Liberia und Kolumbien an Bedeutung. Kriege brachen in Jugoslawien aus, und in Ruanda fand ein Völkermord statt. In diesem Kontext unternahm die UNO mehrere Friedensmissionen. Einige UN-Friedenswächter starben dabei. Die Existenz von Kleinwaffen wie AK-47, Uzi oder M-16, ob legal oder illegal erworben, schien diese Konflikte zu befeuern. Die UNO warnte vor einer neuen weltweiten Unordnung und einer aufkommenden Anarchie, die sich in alle Ecken der Welt auszudehnen drohte. Wieviel Wahrheit daran war und wieviel davon auf die gefühlsbetonte Berichterstattung der Medien zurückzuführen war, ist unklar. Jedenfalls fanden die Friedensaktivisten ein neues Betätigungsfeld. Strategische Waffen waren passé, Kleinwaffen wurden als die neue Weltbedrohung erkannt. Die Finanzierung und der eigene Job waren wieder gerettet!

8.3 Netzwerk der Kriminalitätsbekämpfung

Neben dem Abrüstungsnetzwerk entstand in den 1990ern noch ein weltweites Netzwerk von Nichtregierungsorganisationen (NGOs) zur Kriminalitätsbekämpfung, das sich ebenfalls die privaten Kleinwaffen als Ziel vornahm. Ein wichtiger Vorfall, der diese Entwicklung wesentlich begünstigte, geschah in Baton Rouge im Bundesstaat Louisiana. Ein 16-jähriger japanischer Austauschschüler, Yoshihiro Hattori, wurde zwei Monate nach seiner Ankunft in den USA zu einer Halloween-Party eingeladen. Er verkleidete sich als John Travolta aus dem Film „Saturday Night Fever". Auf dem Weg zu der Party verwechselten Hattori und sein Gastbruder Webb Haymaker die Häuser. Die beiden stiegen aus ihrem Wagen, und Hattori klingelte an der Tür des Hauses von Rodney und Bonnie Peairs. Die Ehefrau öffnete eine Seitentür, sah die beiden und nahm an, dass es sich um Einbrecher handelte. Sie schloss die Tür wieder und sagte zu ihrem Mann: „Hol die Waffe!". Da niemand die Tür öffnete, gingen Hattori und Haymaker zurück zu ihrem Wagen. Plötzlich öffnete Rodney Peairs das Garagentor. Er hatte einen Revolver im Kaliber .44 Magnum in seiner Hand. Hattori kehrte um und ging auf Rodney Peairs zu, der sich offensichtlich von dieser Situation bedroht fühlte. Er schrie zu Hattori: „Freeze!". Das ist das englische Wort für „Stehenbleiben!". Hattori bewegte sich aber weiter auf Rodney Peairs zu, der noch einmal „Freeze!" rief. Hattoris amerikanischer Freund Webb Haymaker erkannte sofort die gefährliche Situation und rief Hattori zu, dass er nicht weitergehen solle. Hattori, der nur gebrochen Englisch sprach, verstand offensichtlich die Bedeutung des Kommandos „Freeze!" nicht. Er nahm offensichtlich an, dass die ganze Szene ein Teil der Halloween-Party war, und sagte zu Rodney Peairs: „Wir sind hier zu der Party gekommen!". Als sich Hattori Rodney Peairs auf eine Entfernung von 1,5 Metern genähert hatte, schoss dieser auf Hattori und traf ihn mitten in die Brust. Webb Haymaker rannte in das Nachbarhaus, damit jemand die Polizei und einen Rettungswagen rief. Hattori verblutete noch im Rettungswagen und starb. Die Polizei erschien am Tatort erst nach etwa 40 Minuten.

Anfangs verhörte die Polizei Rodney Peairs und ließ ihn wieder ohne Anklage laufen. Für die Polizei war es ein klarer Fall von Notwehr. Erst als sich der japanische Botschafter aus New Orleans in die Sache einschaltete und protestierte, wurde er von dem Gouverneur von Louisiana, Edwin Edwards, unterstützt. Die Staatsanwaltschaft erhob gegen Rodney Peairs Anklage wegen Totschlags. In dem Strafprozess plädierte jedoch die Jury auf nicht schuldig. Die Tatsache, dass Hattori nicht stehengeblieben ist, als der Angeklagte ihn dazu aufforderte, und sich dem Angeklagten auf 1,5 Meter näherte, spielte bei dem Freispruch eine entscheidende Rolle. Die Geschworenen erkannten, dass jeder andere vernünftig denkende Mensch sich in so einer Situation bedroht gefühlt haben könnte. Somit war er auch berechtigt, von der Schusswaffe Gebrauch zu machen.

Nach dem Strafprozess kam es noch zu einem Zivilprozess. Dabei sprach das Gericht den Angeklagten schuldig, da er doch überreagiert habe. Er hätte besser die Tür zumachen, die Polizei anrufen und warten sollen. Das Gericht erkannte auf 653.000 US-Dollar Schadensersatz, den der Angeklagte an Hattoris Eltern zahlen musste. Rodney Peairs‘ Haftpflichtversicherung übernahm davon lediglich 100.000 US-Dollar. Den Rest musste der Angeklagte selbst aufbringen.

Die Japaner waren schockiert, nicht nur wegen des Todes von Yoshihiro Hattori, sondern vor allem wegen des Freispruchs im Strafprozess. Eine Million Amerikaner und 1,65 Millionen Japaner unterzeichneten eine Petition für schärfere Waffengesetze in den USA. Die Petition wurde dem US-Botschafter in Japan, Walter Mondale, am 22. November 1993 überreicht, der diese dem Präsidenten Bill Clinton aushändigte. Kurz danach wurde die Waffengesetzverschärfung nach der bereits sieben

Jahre diskutierten „Brady Bill" verabschiedet. Fortan musste jeder lizenzierte Waffenhändler einen telefonischen Background Check des Käufers bei der Polizei oder im Sheriffbüro durchführen, bevor er ihm eine Waffe verkaufen durfte. Diese Vorschrift ist bis heute gültig. Das Brady-Gesetz hätte zwar an dem Fall Yoshihiro Hattori nichts verändert, aber die Anti-Waffen-Lobby konnte wieder einen Teilerfolg feiern. Hattoris Eltern nutzten den ihnen zugesprochenen Schadensersatz für den Aufbau von zwei Stiftungen. Die eine Stiftung sollte amerikanischen Schülern dabei helfen, Japan zu besuchen, damit sie lernen, wie ein Leben ohne Schusswaffen aussieht. Die zweite Stiftung sollte Organisationen unterstützen, die Lobbyarbeit gegen den Waffenbesitz betreiben. Dazu gehörte zum Beispiel die 1999 entstandene Kampagne „Million Moms March", in der sich Mütter gegen den privaten Waffenbesitz einsetzen. Zu den wichtigsten Spendern dieser Kampagne gehörte der amerikanische Multimilliardär George Soros, auf den wir in einem späteren Kapitel noch zurückkommen werden. Japan spielte fortan bei der UNO eine wichtige Rolle, wenn es um globale Verschärfungen des Waffenhandels und infolgedessen des privaten Waffenbesitzes ging.

Die USA und Japan könnten nicht unterschiedlicher sein, wenn es um das Verhältnis zu Schusswaffen geht. Amerika wurde praktisch durch private Schusswaffen der Siedler erobert. In Japan hingegen herrschte lange eine feudale Gesellschaftsordnung. Eine strenge Waffenkontrolle fing in Japan bereits im Mittelalter an. Der Zögling und Nachfolger des Fürsten Oda Nobunaga, Toyotomi Hideyoshi, wollte das vereinigte Japan mittels einer zentralen Regierung unter Kontrolle halten. Deswegen erließ er im Jahr 1588 ein Dekret, nach dem allen Bauern der Besitz von Schwertern und Schusswaffen strengstens verboten wurde (Kopel 1992, S. 248-381). Fortan durften nur die adligen Samurai Schwerter besitzen und mit sich führen. Die Samurai hielten gleichzeitig nicht viel von Schusswaffen. Zum einen funktionierten die damaligen Luntengewehre nicht sehr gut in dem feuchten japanischen Klima. Zum anderen war es für die Samurai eine Ehre, kunstvoll Mann gegen Mann mit Schwertern zu kämpfen. Schusswaffen erachteten sie für eine westliche Erfindung für Feiglinge. 1876 verbot aber die Regierung auch den Samurai, ihre Schwerter zu tragen. Japan bildete schon immer eine recht geschlossene Gesellschaft, die sich gegen die Einflüsse aus dem Ausland vehement wehrte. Erst Mitte des 19. Jahrhunderts legte die Regierung Japans ein starkes Modernisierungs- und Industrialisierungsprogramm auf. Das führte letztendlich zum Aufblühen des Militarismus und zu der Fähigkeit Japans, in den Zweiten Weltkrieg einzutreten. Nach der Niederlage verpasste der US-General Douglas MacArthur den Japanern eine Verfassung nach westlichem Muster. Der private Besitz von Schusswaffen ist heute in Japan nicht ganz verboten. Sportschützen und Jäger bedürfen einer Erlaubnis, um Schusswaffen zu erwerben, und die Waffengesetze sind sehr streng. Aufgrund der Geschichte des Landes konnte sich jedoch keine wahre Schusswaffenkultur ausbilden. Es soll in diesem Land lediglich 40.500 Gewehre, 325.136 Flinten und 77 Kurzwaffen im legalen Privatbesitz geben (Gun Policy). Das ist für ein Land mit 127 Millionen Einwohnern sehr wenig. Aus dem japanischen Blickwinkel sind die Amerikaner eine hochgerüstete Cowboy-Nation. Für viele Amerikaner taugen die Japaner als ein Vorbild für eine friedliche Nation mit einer sehr niedrigen Kriminalitätsrate. Machen wir uns jedoch nichts vor. Die Japaner bilden in erster Linie eine geschlossene, disziplinierte und gehorsame Gesellschaft. Nach dem Zweiten Weltkrieg erwarteten die Regierung und der Kaiser von den Japanern eine friedliche Verhaltensweise, und die Leute folgten den Erwartungen. Wenn sich eines Tages die geopolitische Situation im Pazifikraum ändern sollte, dann werden die Japaner vielleicht andere Anweisungen von der Regierung bekommen, und denen werden sie genauso gehorsam folgen.

8.4 Internationales Antiwaffen-Netzwerk

Mit Bill Clinton als US-Präsident waren die 1990er Jahre ein Eldorado für alle Waffenhasser. Diese Gruppe rannte bei Clinton offene Türen ein. Die beiden vorerst unabhängigen Abrüstungs- und Kriminalitätsbekämpfungsnetzwerke vereinigten sich im Jahr 1998 zu einer neuen Organisation, dem International Action Network on Small Arms (IANSA). Der Fokus des vereinten Netzwerks war zwar auf Kleinwaffen gerichtet, jedoch breiter, als sich die Abrüstungsbefürworter vorstellten. Es ging jetzt nicht nur um Kleinwaffen in den Händen von Soldaten und diversen Rebellen in der von Krisen geschüttelten Dritten Welt. Es ging auch um den privaten Besitz von Sport- und Jagdwaffen in der Ersten Welt. Das größte Hindernis auf dem Weg zu einer total entwaffneten Welt waren die USA. Zum einen gibt es in diesem Land viele private Waffenbesitzer, zum anderen haben die Amerikaner das Recht auf den privaten Waffenbesitz in ihrer Verfassung garantiert. Das war und ist immer noch für das IANSA ein Riesenproblem. Das IANSA vereinigt heute über 800 verschiedene Anti-Waffen-Organisationen aus aller Welt und nutzt die UNO als die wichtigste Bühne für seine Aktionen. Diese Organisation wird von den Regierungen solcher Länder wie Großbritannien, Niederlande, Belgien, Schweden und Norwegen finanziert. Darüber hinaus bekommt das IANSA Geld von der Ford Foundation, der Rockefeller Foundation, der Compton Foundation, dem Ploughshares Fund, der John D. and Catherine T. MacArthur Foundation und der Samuel Rubin Foundation. Offiziell wurde das IANSA vom U.N. Department of Disarmament Affairs (DAA) entworfen. In Wahrheit ist es eine Kreation des Multimilliardärs George Soros (LaPierre 2011).

8.4.1 George Soros

George Soros ist eine schillernde Figur mit einem offensichtlichen Hang zum Größenwahn. Man weiß nicht, ob er schon immer so war oder ob das viele Geld ihn so werden ließ. Einige Zitate von ihm (LaPierre 2011):

„Um die Wahrheit zu sagen, trug ich seit meiner Kindheit ziemlich potente messianische Phantasien mit mir, bei denen ich das Gefühl hatte, sie kontrollieren zu müssen, sonst hätten sie mich in Schwierigkeiten gebracht."[15]

„Ich gebe zu, ich hegte schon immer einen übertriebenen Sinn für Selbstgefälligkeit – um es einfach zu sagen, ich habe mir eingebildet, eine Art Gott oder ein ökonomischer Reformer wie Keynes oder noch besser ein Wissenschaftler wie Einstein zu sein."[16]

„Es ist eine Art Krankheit, wenn du dich als Gott, der Schöpfer von allem, betrachtest, aber seitdem ich das Gefühl auslebe, fühle ich mich komfortabel damit."[17]

„Neben meinen Phantasien, Gott zu sein, habe ich sehr starke Phantasien, verrückt zu sein. Tatsächlich war mein Großvater paranoid. In meiner Familie gibt es viel Wahnsinn. Bis jetzt habe ich ihn vermeiden können."[18]

Im Jahr 1993 gründete George Soros das Open Society Institute (OSI), das gegenwärtig „Open Society Foundations" („OSF") heißt. Diese Stiftung finanziert Hunderte verschiedene Organisationen im In- und Ausland, die Soros' Idee von einer globalen einheitlichen Weltregierung verwirklichen sollen. Die von Soros finanzierten Nichtregierungsorganisationen werden nicht überall gern gesehen. Die russische Staatsanwaltschaft erklärte zum Beispiel das Open Society Institute für unerwünscht, weil die Ziele dieser Organisation gegen die russische Verfassung verstießen. Das Institut dient vor allem der Durchsetzung transatlantischer Interessen und folgt dem Konzept der „Soft Power“. In Russland steht die Zusammenarbeit mit den von George Soros finanzierten Organisationen unter Strafe.

Auch in Ungarn sind die Open Society Foundations keine willkommene Organisation. In diesem Land gibt es ein Gesetz, nach dem alle vom Ausland finanzierten Nichtregierungsorganisationen (NGO) sich offen als ausländische Agenten ausweisen müssen. Darüber hinaus werden von George Soros finanzierte Organisationen mittlerweile vom ungarischen Geheimdienst durchleuchtet. Vielleicht werden wir eines Tages mehr darüber erfahren, wen George Soros bereits auf seiner Gehaltsliste hat und was er wirklich vorhat. („Spiegel“ 2017.)

8.4.2 IANSA

Nach der Entstehung des IANSA wurde Rebecca Peters zur Direktorin der Organisation gemacht. Früher arbeitete sie „zufälligerweise“ als Programmdirektorin in Soros‘ Open Society Institute. Peters war auch hervorragend für den Job geeignet. Sie betrieb im Jahr 1996 in ihrer australischen Heimat sehr erfolgreich das National Firearms Buyback Program. Nach dem Amoklauf eines bereits mehrmals bei der Polizei wegen seiner psychischen Störungen aufgefallenen Soziopathen im tasmanischen Port Arthur 1996, mit 35 Toten und 24 Verletzten, mussten die australischen Waffenbesitzer alle ihre halbautomatischen Gewehre, inklusive halbautomatischer Kleinkalibergewehre, halbautomatischer Flinten und Pump Shotguns, abgeben. Nur weil die australische Verfassung im Falle einer Konfiszierung von Privateigentum eine finanzielle Entschädigung vorsieht, mussten die Australier ihre 660.959 Waffen nicht einfach so an die Behörden abgeben, sondern bekamen noch etwas Geld dafür. Die Waffen wurden sie jedenfalls los, und Rebecca Peters war der führende Kopf hinter der Aktion. Das gesamte Programm kostete den australischen Steuerzahler 500 Millionen Australische Dollar. Das macht im Durchschnitt eine Entschädigung von circa 750 Australischen Dollar pro Stück aus. Rebecca Peters arbeitete ebenfalls mit Organisationen wie dem Surviving Gun Violence Project, der World Health Organisation, der Weltbank und Amnesty International zusammen. All die Anti-Waffen-Organisationen, die sich um die UNO versammeln, behaupten immer, dass das Ziel die Entwaffnung der Warlords in der Dritten Welt ist. In der Praxis können ihre Vorschläge und Verträge wenig gegen die Kriege und den Waffenschmuggel in der Dritten Welt ausrichten. Die einzigen, die von schärferen Waffengesetzen beeinflusst werden, sind gesetzestreue Waffenbesitzer, und das verstärkt in der Ersten Welt, die im allgemeinen kein Problem mit legalen Schusswaffen hat.

Ein amerikanischer Professor der Rechtswissenschaften, Kenneth Anderson, nahm Anfang der 1990er Jahre an den Einführungsveranstaltungen der UNO zu der Anti-Waffen-Kampagne teil. Er sagte enttäuscht (LaPierre 2011, S. 93-94):

„Ich war der Direktor der Waffenabteilung von Human Rights Watch, mit dem Mandat, mich mit dem Transfer von Waffen in Konfliktgebiete zu beschäftigen, wo sie für Verstöße gegen das Kriegsrecht genutzt wurden, und Kleinwaffen machten uns dabei die größten Sorgen. Ich war verblüfft, wie schnell die ganze Frage von der Sorge über die Flut von Waffen in die afrikanischen Bürgerkriege in die Frage umgewandelt wurde, wie man das internationale Recht dazu nutzen kann, die freizügigen Waffengesetze in den USA zu beenden. Als es schon vor langer Zeit klarwurde, dass es darum ging, den heimischen Waffenbesitz genauso zu kontrollieren (und heute umso mehr) wie in Somalia oder im Kongo, habe ich jede Unterstützung für diese Bewegung fallenlassen.“[19]

Man muss sich eine Tatsache über die UNO vergegenwärtigen. Von den 193 Mitgliedsstaaten werden von der Organisation Freedom House lediglich 40 Prozent als frei, 24 Prozent als teilweise frei und 36 Prozent als ausgesprochen unfrei eingestuft (FH 2016). Das bedeutet, dass die nur teilweise freien und ausgesprochen unfreien Staaten bei der UNO die Mehrheit bilden. Dieser unfreien Mehrheit der „Weltgemeinschaft“ sind die USA mit ihrer Bill of Rights ein Dorn im Auge. Die Diktatoren und Theokraten dieser Welt können den zweiten Zusatzartikel zu der US-Verfassung, der den Amerikanern das Recht, Waffen zu besitzen und zu tragen, explizit bestätigt, nicht ausstehen. Die Intention dieses Rechts ist es nicht, triviale Hobbys wie den Schießsport oder die Jagd zu fördern, sondern die Sicherheit eines freien Staates zu gewährleisten, in dem die bewaffneten Bürger ein Gegengewicht zu der Regierung bilden, die sich eines Tages in eine Tyrannei verwandeln könnte. Die bewaffneten Bürger in Form der Milizarmee haben nach dem zweiten Zusatzartikel zur US-Verfassung in so einem Fall die Aufgabe, die Freiheit in dem Staat wenn nötig mit Waffengewalt wiederherzustellen. Wer aber von einer einheitlichen Weltregierung träumt, in der eine von der UNO und ihr nahen Organisationen ernannte Elite die Welt zentral steuern soll, für den gibt es keine souveränen Nationen mehr. Nach dessen Auffassung sollen sich alle einer zentralen Führung unterordnen. Glücklicherweise nutzen die USA die UNO nur dann, wenn sie diese für die Durchsetzung irgendwelcher Interessen brauchen. Wenn die UNO aber zu lästig wird, dann wird sie einfach übergangen. Die USA können so handeln, weil sie die Macht dazu haben. Zudem sind die USA mit 22 Prozent des Budgets der Top-Finanzierer dieser Organisation, und wer zahlt, der kann die Musik bestimmen.

8.4.3 Barbara Frey

Barbara Frey ist eine Professorin an der University of Minnesota Law School und Direktorin des Human Rights Program dieser Universität. Ihr Curriculum Vitae verrät, dass sie sich ihr Leben lang mit den Menschenrechten und der Waffenkontrolle beschäftigt hat. Im August 2002 beauftragte die UN-Menschenrechtskommission Barbara Frey als Sonderberichterstatterin mit der Erstellung eines Berichts zum Thema der Vorbeugung vor Menschenrechtsverletzungen mit Kleinwaffen. Am 27. Juli 2006 lieferte Barbara Frey ihren Bericht unter dem Titel „Specific Human Rights Issues. Prevention of human rights violations committed with small arms and light weapons“ bei der UNO ab. Am 24. August 2006 unterschrieb die Unterkommission des UN-Menschenrechtsrats (Nachfolgeorganisation der 2005 aufgelösten UN-Menschenrechtskommission) den Bericht und erklärte, dass alle Staaten aufgrund der Menschenrechte dazu verpflichtet seien, die in dem Report empfohlenen Maßnahmen zur Waffenkontrolle auf nationaler Ebene einzuführen.

Auf Seite 9 unter Punkt 21 ihres Berichts erklärt Barbara Frey, dass die Selbstverteidigung kein Menschenrecht sei, sondern eine Ausnahme von rechtlicher Verantwortung. Damit wäre sie konform mit der deutschen Auffassung von Notwehr, die eine Rechtfertigung für eine ansonsten strafbare Handlung ist, wie Körperverletzung oder Tötung.

Auf Seite 10 unter Punkt 26 erklärt Barbara Frey, dass der Gebrauch von Schusswaffen zur Selbstverteidigung nur dann gerechtfertigt sei, wenn sich der Verteidiger in einer tödlichen Gefahr befindet. Und genau an dieser Stelle wird es haarig. Nach diesen Feststellungen besteht also kein Recht auf Selbstverteidigung mehr, sondern das Gericht kann nach der Tat eine Entschuldigung des Opfers anerkennen, das Recht des Täters auf Leben verletzt zu haben. Darüber hinaus darf die Entschuldigung für den Einsatz von lebensgefährdenden Waffen nur dann angenommen werden, wenn sich das Opfer sicher in einer lebensgefährlichen Situation befand. Praktisch bedeutet das: Wenn ein Vergewaltiger einer Frau vor der Tat erklärt, dass er sie nur nicht lebensbedrohlich schlagen und anschließend vergewaltigen will, nicht aber vorhat, sie anschließend zu töten, dann dürfte diese Frau keine lebensgefährdenden Waffen gegen den Täter einsetzen, um das Menschenrecht des Täters auf Leben nicht zu verletzen. Würde sich diese Frau dennoch mit einer potentiell tödlichen Waffe wie zum Beispiel einer Pistole zur Wehr setzen, um den Schlägen und der Vergewaltigung zu entgehen, dann müsste sie nach Freys Auffassung dafür bestraft werden. Das praktische Risiko einer Bestrafung wegen der Verletzung des Rechts des Vergewaltigers auf Leben wäre für das Opfer dennoch relativ gering, weil nach Freys Auffassung diese Frau niemals eine Erlaubnis für den Schusswaffenbesitz bekäme. Sie würde einfach nur ein weiterer Fall in der Kriminalstatistik. Solche Gutachten werden für die UNO angefertigt und sind dann die Grundlage für Waffenrechtsverschärfungen auf der ganzen Welt.

8.4.4 Weitere Anti-Waffen-Organisationen

Das IANSA ist zwar eine der prominentesten internationalen Anti-Waffen-Organisationen, aber es gibt noch viele mehr:

Der Small Arms Survey ist ein Forschungsinstitut am Graduate Institute for International Studies in Genf in der Schweiz. Der „Small Arms Survey Report“ erscheint jedes Jahr und verbreitet die Nachricht, dass Kleinwaffen ein großes Weltproblem seien, das mit allen Mitteln bekämpft werden müsse. Dieses Institut verfügt über Vollzeitangestellte und Berater, die von den Regierungen aus Australien, Belgien, Kanada, Finnland, Dänemark, Frankreich, den Niederlanden, Neuseeland, Norwegen, Schweden, der Schweiz und Großbritannien bezahlt werden. Der Small Arms Survey ist eine wohlfinanzierte Organisation mit exzellenten Kontakten zur UNO.

Weitere Organisationen, die den privaten Waffenbesitz stärker regulieren oder im Optimalfall komplett abschaffen wollen, sind (LaPierre 2011, S. 34-40):

- das Centre for Humanitarian Dialogue
- Amnesty International
- das British American Security Information Council
- das Bonn International Center for Conversation
- GRIP (Groupe de recherche et d‘information su la paix et la securite)
- das Institute for Security Studies
- OXFAM
- Ploughshares
- Saferworld
- SIPRI (Stockholm International Peace Research Institute)

8.4.5 UN Arms Trade Treaty

Eine der größten bisherigen Errungenschaften der UNO basierend auf dem internationalen Anti-Waffen-Netzwerk der 1990er Jahre ist der UN Arms Trade Treaty (ATT). Er ist das Ergebnis einer Kampagne, die mit dem Präsidenten von Costa Rica, Oscar Arias, im Jahr 1997 begann. Diese Kampagne wurde natürlich vom IANSA begleitet und von George Soros finanziert. Das offizielle Ziel des Vertrages war die Verhinderung des illegalen Waffenhandels, insbesondere in den Ländern der Dritten Welt, wo heute immer noch die meisten bewaffneten Konflikte stattfinden. In der tatsächlichen Wirkung für private Waffenbesitzer fordert dieser Vertrag von den Teilnehmerländern (LaPierre 2011, S. ix):

- die Lizenzierung aller Schusswaffen.
- die Beschlagnahme aller Schusswaffen, die „unautorisiert" sind.
- das Verbot des Handels, des Verkaufs und des privaten Besitzes von allen halbautomatischen Waffen, mit wenigen Ausnahmen für Besitzer, die ein entsprechendes Bedürfnis nachweisen können.
- die Erstellung eines internationalen Waffenregisters.

Bis jetzt haben 87 Staaten diesen Vertrag unterschrieben und ratifiziert, 46 Staaten haben diesen Vertrag unterschrieben, aber noch nicht ratifiziert. Deutschland unterschrieb den Vertrag am 3. Juni 2013 und ratifizierte ihn am 2. April 2014. Die USA haben im Jahr 2006 während der Regierungszeit George W. Bushs ihren UN-Botschafter John Bolton zu der Konferenz geschickt. Bolton verweigerte die Unterschrift. Während der Regierungszeit Barack Obamas unterschrieben die USA am 25. September 2013 diesen Vertrag, ratifizierten ihn jedoch noch nicht. Aus dem Blickwinkel der USA ist dieser Vertrag problematisch, weil er zum Beispiel vorsieht, dass ein Waffenhersteller vor dem Verkauf ins Ausland einen Zugriff auf die Daten des

Endkäufers haben muss. Wenn also ein Amerikaner sich eine italienische Flinte kauft, dann müsste die Regierung ein vollständiges Waffenregister anlegen, um alle Waffenerwerber zu erfassen und diese Information dem Waffenhersteller jederzeit zur Verfügung stellen zu können. In den USA gibt es kein zentrales Waffenregister, und nach der Philosophie des zweiten Zusatzartikels zur US-Verfassung sollte es auch keines geben. Da das Recht der Amerikaner, Waffen zu besitzen und zu tragen, als Gegengewicht zur Macht der Regierung aufgefasst wird, wäre es der Sache nicht dienlich, wenn die Regierung immer exakt wüsste, wer welche Waffen besitzt. Die amerikanische Verfassung will der Regierung keine Möglichkeit geben, das Volk flächendeckend zu entwaffnen.

Das Witzigste an diesem Vertrag ist jedoch, dass eine ganze Reihe von Staaten von ihm nichts wissen will. Dazu gehören: Ägypten, China, Indien, der Irak, der Iran, Jemen, Katar, Kuwait, Laos, die Marshall-Inseln, Nepal, Oman, Pakistan, Russland, Saudi-Arabien, der Sudan, Syrien, Venezuela, die Vereinigten Arabischen Emirate und Weißrussland. Von diesen Ländern stuft das Freedom House 14 Länder als nicht frei, vier als teilweise frei und lediglich zwei als frei ein. Wenn man sich die Liste anschaut, dann sind das genau diejenigen Länder, in denen diktatorische Regime für die meisten sozialen Konflikte sorgen. Zwei davon sind die wichtigsten: Russland und China, die ironischerweise nach den USA auf Platz zwei und drei der weltweiten Waffenexporte zu finden sind. Wenn in den Nachrichten Bilder von irgendwelchen Krisengebieten gezeigt werden, dann ist die Wahrscheinlichkeit sehr groß, dass die Kalaschnikows und die Panzerabwehrwaffen vom Typ RPG-7 aus russischer oder chinesischer Produktion stammen. Kein Wunder, dass Russland und China keine UNO-Verträge unterschreiben wollen, die ihr weltweites Waffengeschäft und damit ihre politische Einflussnahme beschränken würden.

Südafrika ist ein Staat, der bei der UNO besonders stolz auf die letzte vom IANSA begleitete Waffengesetzverschärfung ist. Das neue Waffengesetz verbietet sogar der südafrikanischen Regierung den Transfer von Waffen in Staaten, in denen die Menschenrechte systematisch verletzt oder eingeschränkt werden. Es ist eine ähnliche Regelung wie im deutschen Kriegswaffenkontrollgesetz. Nichtsdestotrotz tauchte im April 2008 ein chinesisches Schiff namens „An Yue Jiang" im südafrikanischen Hafen Durban auf. Als Fracht hatte es drei Millionen Stück Kleinwaffenmunition für die AK-47, 1.500 Panzerabwehrwaffen vom Typ RPG-7 und über 3.000 Stück Mörsermunition. Diese für Simbabwe bestimmte Ladung kam von der Rüstungsfirma Poly Technologies, die sich unter der Kontrolle des chinesischen Militärs befindet. Es war die Zeit kurz nach den Wahlen in Simbabwe, bei denen Präsident Robert Mugabe die Opposition massiv unterdrücken ließ. Es kam dabei zu Protesten, Straßenkämpfen und einigen politischen Morden. Am 14. April 2008 gab die südafrikanische Waffenkontrollbehörde (South Africa National Conventional Arms Control Committee) eine Erlaubnis für die Entladung des Schiffs. Die ANC-Regierung, die sich so für die Waffengesetzverschärfung im Inland einsetzte, hatte offensichtlich nicht vor, diesen Waffentransport an einen Diktator im benachbarten Land zu stoppen. Die Transportgewerkschaft teilte jedoch mit, dass sie die Ladung des Schiffs nicht löschen werde und auch nicht erlauben werde, dass die Waffen auf dem Landweg Simbabwe erreichen. Die Dockarbeiter vermuteten, dass Robert Mugabe diese Waffen für die Niederschlagung der Opposition nutzen würde. Die Geschichte machte eine Runde in der internationalen Presse. Die „An Yue Jiang" wurde dabei als „the ship of shame" („Schiff der Schande") bezeichnet. Nach dem ganzen Trubel ging die Sache vor ein Gericht (den Durban High Court) und der Richter entschied, dass die Waffen das Schiff nicht verlassen dürften.

Die „An Yue Jiang" verließ schließlich Durban, schaltete den Transponder ab, damit das Schiff nicht so leicht geortet werden konnte, und wartete vor der Küste auf weitere Anweisungen. Simbabwe ist ein landumschlossener Staat. Alle Schiffsladungen, die nach Simbabwe gehen sollen, müssen in den Nachbarländern entladen werden. Die Regierungen von Mosambik und

Namibia hatten versichert, dass die Waffen über ihre Länder nicht transportiert werden dürften. Das chinesische Außenministerium sagte, dass es sich bei diesem Deal um ein normales Handelsgeschäft handele, das schon ein Jahr vorher abgeschlossen worden sei und nichts mit den Wahlen in Simbabwe zu tun habe. Der Sprecher des Außenministeriums versicherte, dass, wenn die Ladung das Ziel nicht erreichen könne, das Schiff zurückgeordert werde. Die Regierung Simbabwes antwortete, dass sie jedes Recht habe, Waffengeschäfte mit China zu betreiben. Simbabwe sei nach Auffassung der Regierung kein Unterdrückungsstaat. Großbritannien und die USA bemühten sich um ein Waffenembargo gegen Simbabwe bei der UNO, gaben jedoch zu, dass China und Russland mit Sicherheit ein Veto gegen so ein Embargo einlegen würden.

Während sich alle Regierungssprecher noch mit Vorschlägen überboten, wie man den unerwünschten Waffenhandel zwischen China und Simbabwe unterbinden könne, meldete Mugabes Regierung, dass die Waffenlieferung doch angekommen sei. Das Schiff war im angolanischen Hafen Luanda entladen und die Fracht anschließend mit einem Flugzeug nach Harare befördert worden. Was lernen wir daraus?

1. Wenn ein Regime Waffen an ein anderes Regime liefern möchte, weil beide die gemeinsamen Werte der Kleptokratie, der Unterdrückung und des politischen Massenmordes teilen, dann wird sie kein Verbot der Weltgemeinschaft davon abhalten können. Politiker wie Robert Mugabe und seine Freunde werden sich alles auf dem Weltmarkt besorgen, was sie zur Stabilisierung ihrer Macht brauchen. Wer soll sie in der Praxis daran hindern? Man muss noch nicht einmal nach exotischen fernen Ländern Ausschau halten. Deutschland ist in gewisser Weise auch mit von der Partie. Im Sommer 2014 hat die Bundeswehr nach langen Debatten im Bundestag die ersten Waffen an die kurdische Autonomieregierung im Nordirak geliefert. Es war ein Tabubruch, weil die deutsche Regierung theoretisch keine Waffen in Krisengebiete liefern darf („Tagesschau“ 2016). Diese

Waffen sollten von den Peschmerga im Kampf gegen die Terroristen eingesetzt werden. Es handelte sich um 12.000 Gewehre vom Typ G3, 8.000 Gewehre vom Typ G36, 8.000 Pistolen vom Typ P1, Maschinengewehre, Panzerabwehrraketen, Panzerfäuste und Handgranaten. Reporter des Norddeutschen Rundfunks und des Westdeutschen Rundfunks begaben sich auf den Weg zu dem Waffenmarkt von Erbil, der versteckt in den Bergen etwas außerhalb der Hauptstadt der kurdischen Autonomieregion im Nordirak liegt. Da reihte sich ein Marktstand neben dem anderen, und das Angebot war reichlich. Ein Händler präsentierte die deutschen G3-Sturmgewehre. Die Herkunft war klar, neben der Typenbezeichnung, der Seriennummer, dem Herstellerkürzel „HK" für „Heckler & Koch" und dem Produktionsdatum stand das Kürzel „Bw" für „Bundeswehr". Für den Erwerb brauchte man keine Erlaubnis, keine Registrierung, keine Waffenbesitzkarte, keinen Waffenschein, sondern nur zwischen 1.450 und 1.800 US-Dollar. Auch auf dem Waffenmarkt in Sulaimaniya, der zweitgrößten Stadt der kurdischen Autonomieregion im Irak, werden Bundeswehrwaffen verkauft. Eine Walther P1, Waffen-NR: 008904, ebenfalls mit dem Kürzel „Bw", konnte man für 1.200 US-Dollar frei erwerben. Der Händler versicherte, dass er auch G36-Gewehre problemlos in wenigen Tagen besorgen könne. Bei ihm kosteten sie 5.000 US-Dollar. Die Preise sehen auf den ersten Blick hoch aus, aber man muss daran denken, dass auf einem nahöstlichen Basar typischerweise um den Preis gefeilscht wird, so dass der Endpreis bedeutend niedriger ausfallen dürfte. Warum verkaufen die Peschmerga ihre deutschen Waffen? Weil sie als Kämpfer von der irakischen Regierung häufig monatelang keinen Sold erhalten. Sie müssen aber auch Rechnungen zahlen und ihre Familien ernähren. Manche brauchen das Geld aus dem Waffenverkauf, um sich nach Europa abzusetzen und Asyl zu beantragen. Ist es möglich, dass die Bundeswehrwaffen eines Tages irgendwo in Europa, vielleicht sogar in Deutschland, in den Händen von Terroristen auftauchen? Natürlich, wobei es wahrscheinlicher ist, dass eher die billigeren und in diesen Gegenden mehr verfügbaren Waffen aus dem ehemaligen Jugoslawien, Albanien, Russland oder China für terroristische Zwecke benutzt werden.

2. Die internationalen Einschränkungen des Waffenhandels und Waffenbesitzes, die anschließend in den nationalen Waffengesetzen übernommen werden, haben die größte Auswirkung in der Ersten Welt bei den gesetzestreuen Sportschützen, Jägern und Waffensammlern. Diese Leute zu reglementieren fällt einer Regierung leicht, da sie dank des zentralen Waffenregisters weiß, an welche Tür sie anklopfen soll, um früher legale und nach der Gesetzesnovellierung fortan illegale Waffen zu konfiszieren. Das hat allerdings keine Auswirkung auf den Weltfrieden.

3. Selbst wenn die UNO-Verträge und darauffolgenden Waffengesetzverschärfungen nicht den Frieden in den Krisenregionen dieser Welt bringen werden, weil die Warlords sich nichts aus ihnen machen, werden IANSA und Konsorten trotzdem sehr zufrieden sein. Wenn gesetzestreuen Bürgern in der Ersten Welt der Waffenbesitz verboten wird, dann ist es im Sinne dieser Ideologen auch ein Erfolg.

8.4.6 Auswirkungen auf die EU und Deutschland

Die legendäre Diskussion zwischen dem Vizepräsidenten der National Rifle Association of America, Wayne LaPierre, und der damaligen Direktorin des IANSA, Rebecca Peters, vom 12. Oktober 2004 am Kings' College in London macht dem Zuschauer klar, welche Wirkung das internationale Netzwerk der Waffengegner auf die nationalen Waffengesetze hat. Die Aufnahmen dieser Diskussion können immer noch im Internet auf Youtube unter dem Titel „The Great UN Gun Debate" angesehen werden. Nach einem Amoklauf eines psychisch Kranken am 13. März 1996 im schottischen Dunblane wurde in Großbritannien der private Besitz aller Kurzwaffen verboten. Die Folge davon war, dass die britische Schießsport-Olympiamannschaft seit 1996 alle Kurzwaffendisziplinen im Ausland trainieren muss. Als sich während dieser Debatte ein Zuschauer zu Wort meldete, Rebecca Peters mitteilte, dass seine Sportwaffen durch die Gesetzesverschärfung konfisziert worden waren, und sie fragte, ob sie das störe, antwortete Peters (LaPierre 2006, S. xxi):

„Länder ändern sich, Gesetze ändern sich, warum sollten Schusswaffen eine Ausnahme sein? Die Definition der Sportaktivitäten ist immer unter Druck. Der Schießsport ist keine legitime Sportart. Wenn Sie Ihren Sport vermissen, dann suchen Sie sich einen neuen Sport!"[20]

Diese Aussage hatte es in sich. Rebecca Peters machte ganz klar, dass sie den weltweiten Schießsport zutiefst verachtet. Nach ihrer Meinung soll der Schießsport komplett abgeschafft werden. Jeder, der sich auf seine schießsportliche Aktivität heute noch etwas einbildet, sollte diese Tatsache in seinen strategischen Überlegungen berücksichtigen. Auf dem Pferd wird man nach der Vorstellung der internationalen Waffenhasser nicht mehr lange reiten können!

9. Die Waffenfreunde

„Kein freier Mann sollte jemals vom Waffengebrauch ausgeschlossen werden.“ Thomas Jefferson

In den vorherigen Kapiteln wurde das Postulat gestellt, dass es grundsätzlich ein Recht auf Waffenbesitz gibt, weil es ein natürliches Recht aller Menschen auf Leben und infolgedessen auf den Schutz des Lebens gibt. Sie haben das Recht, sich selbst zu verteidigen oder auch anderen Opfern von Gewaltverbrechen Nothilfe zu leisten. Das wird man nicht in jedem Szenario mit bloßen Händen machen können. Schusswaffen sind sehr effektive Verteidigungsmittel. Das ist der Grund, warum Soldaten, Polizisten und andere Sicherheitskräfte Schusswaffen mit sich führen. Sie verlassen sich nicht auf Judo und Karate, obwohl sie die waffenlosen Verteidigungstechniken auch beherrschen. Nichtsdestotrotz, die Schusswaffe ist nun mal Trumpf. Was gut für Soldaten, Polizisten und Bodyguards ist, dass kann für normale Bürger nicht schlechter sein. Was soll sich in der Gesetzgebung also ändern, damit Menschen nicht mehr wehrlos zu Hause und auf der Straße den Gewaltverbrechern und Terroristen gegenüberstehen?

9.1 Generelle Forderungen

Wer in Deutschland legal Schusswaffen erwerben möchte, hat im Prinzip drei Möglichkeiten: Er wird ein Sportschütze, ein Jäger oder ein Waffensammler. Wir erinnern uns an den Grundsatz des Bundesverwaltungsgerichts: „so wenig Waffen ins Volk wie möglich". All diese Möglichkeiten sind bedürfnisgebunden, das heißt man darf diese Waffen nur entsprechend dem Bedürfnis benutzen. Jagdwaffen dienen der Jagd, Sportwaffen dienen dem Training und der Teilnahme an Wettkämpfen, und Sammlerwaffen sind zum Anschauen da. Es entspricht jedoch strenggenommen nicht dem Bedürfnis, Sport- oder Jagdwaffen zu laden und sie zu Hause zu führen, um sich gegen Einbrecher zu verteidigen. In der Anlage 1 des Waffengesetzes heißt es, dass jemand eine Waffe führt, wenn er die tatsächliche Gewalt darüber außerhalb der eigenen Wohnung, der eigenen Geschäftsräume, des eigenen befriedeten Besitztums oder einer Schießstätte ausübt. Bei sich zu Hause dürfen Sie legale Waffen auch im geladenen Zustand bei sich haben. Sie müssen allerdings sicherstellen, dass keine unberechtigten Personen wie Fremde oder Kinder an diese Waffen herankommen. Wenn Sie schlafen gehen, dann müssen diese Waffen und Munition wieder gemäß den Aufbewahrungsvorschriften verschlossen werden.

In der Not frisst der Teufel Fliegen, das heißt wenn ein Sportschütze oder Jäger im Ernstfall mit seinen Waffen Notwehr oder Nothilfe ausübt, dann wird ihm bei einer klaren Sachlage das Gericht kaum einen Strick daraus drehen können. Nichtsdestotrotz gibt es Menschen, die Schusswaffen nur zur Selbstverteidigung haben wollen und keine Lust darauf haben, einen Sportschützen oder Jäger mimen zu müssen, um überhaupt Schusswaffen legal besitzen zu dürfen.

Eine Erlaubnis, Schusswaffen für den Zweck der Selbstverteidigung zu bekommen, ist in Deutschland praktisch unmöglich, weil der Behörde nach Paragraph 19 WaffG nachzuweisen ist, dass man weit über dem Durchschnitt gefährdet ist. Praktisch bekommen nur noch Mitglieder des Bundestages oder der Landtage, einige reiche Prominente und Sicherheitsunternehmen eine derartige Erlaubnis, die rechtlich als „Waffenschein“ bezeichnet wird. Ein Waffenschein ist auf drei Jahre befristet und muss danach erneut beantragt werden. Dabei wird die Behörde prüfen, ob die überdurchschnittliche Gefährdung noch besteht. Wenn der Beamte der Meinung ist, dass der Antragsteller nicht mehr überdurchschnittlich gefährdet ist, dann wird der Waffenschein wieder eingezogen. Ob ein Mensch sich subjektiv unsicher oder bedroht fühlt, spielt dabei keine Rolle. Laut der Polizeilichen Kriminalstatistik gab es im Jahr 2016 im Bereich der Gewaltkriminalität 2.418 vollendete oder versuchte Morde und Totschlagsdelikte (plus 14,3 Prozent zum Vorjahr), 7.919 Vergewaltigungen und sexuelle Nötigungen (plus 12,8 Prozent zum Vorjahr), 43.009 Raubdelikte (minus 3,7 Prozent zum Vorjahr) und 140.033 gefährliche und schwere Körperverletzungen (plus 9,9 Prozent zum Vorjahr).Keines dieser Opfer der Gewaltkriminalität hätte selbst einen Tag vor dem Vorfall eine überdurchschnittliche Gefährdung nachweisen können, um einen Waffenschein zu bekommen. Insofern betrachtet der Gesetzgeber diese Personen als Sollopfer. Sie sollen sich nach dem Waffengesetz nicht mit Schusswaffen wirksam wehren dürfen. Stattdessen sollen sie ihr Schicksal einfach akzeptieren. Politiker und Pressesprecher der Polizei werden in einer Fernsehtalkshow stets behaupten, dass es die Sache der Polizei sei, für die Sicherheit der Bürger zu sorgen. Danach folgt standardmäßig ein Floskeln-Bingo: „Absolute Sicherheit kann es nicht geben“, „Wir sollten uns nicht zu Überreaktionen hinreißen lassen“, „Wir dürfen jetzt keine Angst haben“ und der Klassiker: „Gewalt ist keine Lösung“. Wenn diese „Experten“ danach gefragt werden, wo sie waren, als die Menschen aus ihrer Statistik der Gewaltkriminalität zum Opfer fielen, dann folgt meistens ein Schulterzucken und ein direkter Hinweis darauf, dass man im Bereich der Polizeiarbeit noch viel zu tun hat, damit es mal besser wird. Eins ist sicher, im nächsten Jahr wird die Polizeiliche

Kriminalstatistik wieder veröffentlicht, und die Zahlen werden ähnlich aussehen wie im letzten Jahr, plus/minus einige Prozentpunkte. Das Endergebnis ist, dass Menschen, die zum Zeitpunkt der Fernsehsendung noch lebendig und gesund waren, dann schon auf dem Friedhof oder auf der Intensivstation liegen, weil sie gesetzeskonform wehrlos waren und die Polizei nicht vor Ort war, als sie diese dringend brauchten.

Deswegen fordere ich die Schaffung einer neuen Bedürfniskategorie für den Schusswaffenerwerb zum Selbstschutz in den eigenen Wohn- und Geschäftsräumen. Solche Erlaubnisse sind in anderen europäischen Ländern üblich. In der Schweiz darf man die meisten Langwaffen ohne besondere Begründung erwerben. In Österreich darf man Einlaufflinten, Doppelflinten, Bockflinten, Repetierbüchsen, Bockbüchsflinten, Drillinge, Druckluftwaffen und CO_2-Waffen mit einem Kaliber von sechs Millimetern und darüber frei ab 18 Jahren erwerben. Faustfeuerwaffen, halbautomatische Schusswaffen und Repetierflinten dürfen in Österreich auch mit der Begründung des Selbstschutzes in den eigenen Wohnräumen erworben werden. In der Tschechischen Republik darf man fast alle Lang- und Kurzwaffen mit der Begründung des Selbstschutzes erwerben. Dabei sind diese Länder nicht als Orte der ausufernden Gewalt und Gesetzlosigkeit bekannt. Die Regierungen dieser Länder achten das Recht ihrer Bürger auf wirksamen Selbstschutz. Die Tschechen gehen mittlerweile noch einen Schritt weiter. Der tschechische Innenminister Milan Chovanec will eine Regelung zu Waffen in Privatbesitz in die Verfassung aufnehmen lassen. Der vorgeschlagene Text ist folgendermaßen zu übersetzen: „Die Bürger der Tschechischen Republik sind berechtigt, Waffen und Munition zu erwerben, zu besitzen und zu führen, um Leben, Gesundheit und Sachwerte zu schützen; sie beteiligen sich so an der Gewährleistung der inneren Sicherheit und Ordnung und dem Schutz der territorialen Integrität, der Souveränität und der demokratischen Grundlagen der Tschechischen Republik. Das Nähere regelt das Gesetz." Das ist das erste europäische Land nach der English Bill of Rights of 1689, das den Bürgern wieder ihr

fassung, die Bill of Rights und die Verfassungen der jeweiligen Bundesstaaten zurückzuführen ist. Kalifornien, Florida, South Carolina, Illinois und New York verbieten das offene Führen von Waffen komplett, während die restlichen Bundesstaaten eine Erlaubnis für das offene, aber auch das verdeckte Führen von Waffen verlangen. Wer in den USA einen Waffenschein (Concealed Carry Permit) haben möchte, der muss je nach Bundesstaat eine acht- bis zwölfstündige Ausbildung absolvieren. Die Inhalte der Ausbildung sind die richtige innere Einstellung eines Waffenträgers, die Gesetzeslage in Notwehrfällen, die sichere Aufbewahrung von Schusswaffen und Munition, das Laden und Entladen der Waffe und die Benutzung eines Holsters. Dem theoretischen Teil folgen dann noch circa zwei Stunden auf dem Schießstand, um die Waffenhandhabung praktisch zu üben. Dann zahlt man noch einige Gebühren an die Behörden, und fertig ist der US-Waffenschein.

Gemessen an den deutschen Verhältnissen ist es sehr simpel, dennoch sind die amerikanischen Waffenscheininhaber für ihre Besonnenheit und Zuverlässigkeit bekannt. Wer diese Prozedur hinter sich bringt, der ist entschlossen, auch mit der eigenen Waffe vernünftig umzugehen und sich gesetzeskonform zu verhalten.

In Deutschland müssen die Waffenscheinanwärter eine spezielle Ausbildung für Waffenträger machen, die auch das sogenannte kampfmäßige Schießen nach Paragraph 27 WaffG umfasst. So ein Training ist nach dem Waffengesetz nur für Berechtigte zulässig. Die Ausbildung ist wesentlich umfassender, als es in den USA für Zivilisten überhaupt vorgesehen ist. Schon alleine der gesunde Menschenverstand sagt uns, dass eine gute Ausbildung in der rechtlichen Bewertung der Notwehr sowie im Umgang mit Waffen gewünscht und vernünftig ist. Wer eine Schusswaffe in Notwehr benutzt, der sollte genau wissen, was er tut und was die Konsequenzen sind. Der Verteidiger sollte auch genügend praktisch ausgebildet werden, damit er genau das trifft, was er treffen will. Unbeteiligte dürfen bei einem Schusswaffeneinsatz nicht gefährdet werden. Das verlangt ebenfalls nach einem regelmäßigen Training. Ein Deeskalationstraining ist für Menschen, die sich mit Waffen schützen möchten, ebenfalls sehr sinnvoll, damit nicht jede alltägliche Konfliktsituation zum automatischen Waffeneinsatz führt. Frühzeitiges Erkennen der Eskalationsstufen, Sicherheitshinweise und Warnsignale, Stresserkennung und -bewältigung, Entwicklung individueller Konfliktfähigkeit, deeskalierender Umgang mit Affekten anderer Menschen, Grundlagen der Kommunikation, Deeskalationsstrategien, Körpersprachtraining, Befreiungs-, Schutz- und Lösetechniken sowie praktische Übungen und Rollenspiele sind einige Beispiele für den Inhalt eines derartigen Trainings.

Nichtsdestotrotz sollten wir die Komplexität der Notwehr mit Schusswaffen nicht überbewerten. Die Beispiele aus der Praxis lehren uns, dass auch im besten Fall mittelmäßig trainierte Menschen sich sehr erfolgreich mit Schusswaffen verteidigen können, wenn sie nur über diese verfügen. Chris Bird beschreibt in seinem Buch „Thank God I Had a Gun“ 14 verschiedene Fälle, in denen sich Menschen aus der Mitte der Gesellschaft mit Schusswaffen verteidigen konnten. Die wenigen Fälle aus Deutschland haben wir schon in einem der vorherigen Kapitel behandelt. Es waren keine extrem durchtrainierten Special Ops, sondern ganz normale Bürger, die einigermaßen gut mit Schusswaffen umgehen konnten. Die wichtigste Sache war, dass sie überhaupt über Schusswaffen verfügten, mit denen sie sich in einer bedrohlichen Situation wehren konnten.

Zelda Hunt wurde 1925 in den Ozark Mountains geboren. Ihr Vater hatte drei Töchter, denen er schon in der Kindheit das Reiten, Autofahren und Schießen beibrachte. Als der Vater mit der Ausbildung seiner Kinder fertig war, wussten sie, wie man mit Handfeuerwaffen, Gewehren und Flinten umgeht. Er sagte den Mädchen, sie sollten nicht weinend zu ihm zurückkommen, wenn sie einen Mann heiraten, der sie missbraucht oder schlägt. Der Vater hat ihnen beigebracht, selber den Boden zu verteidigen, auf dem sie stehen. Ihm war bewusst, dass es eines Tages keinen geben wird, der es für sie macht. Das war damals die Lebensphilosophie in den Ozarks. Zelda heiratete einen Mann,

verletzten Komplizen in dem Fluchtwagen in ein Krankenhaus. Die Schussverletzungen waren jedoch so schwer, dass Brown an ihnen verstarb. Der Tote hatte schon ein langes Strafregister: sechs Fälle von unerlaubtem Drogenbesitz und unerlaubtes Führen von Schusswaffen. Die Mutter des Jungen sagte: „Ich sage meinen Kindern, dass sie, wenn irgendetwas passiert, 911 rufen sollen, aber ich sage ihnen auch, dass sie sich verteidigen sollen, wenn sie es müssen." Und weiter: „Mir wäre noch nicht mal im Traum eingefallen, dass dies heute ein Teil unseres Tages würde." Zugegeben, es ist ein Extremfall. Man kann kritisieren, dass ein 13-jähriger Junge freien Zugang zu einer geladenen Schusswaffe seiner Mutter hatte. Man kann sich auch daran stören, dass der Junge durch eine geschlossene Tür feuerte, ohne das Ziel richtig erkannt zu haben. Es ist auch tragisch, dass er damit leben muss, einen Einbrecher getötet zu haben. Was wäre aber die wahrscheinliche Alternative zu diesem Verlauf gewesen? Die Einbrecher waren der Polizei nicht unbekannt, sie waren bewaffnet und nicht maskiert. Wenn ihnen der Einbruch gelungen wäre und sie den Jungen in dem Haus vorgefunden hätten, hätten sie ihn vielleicht töten wollen, damit er sie vor Gericht nicht wiedererkennt. Wäre das ein besserer Ausgang? „Ich wünsche mir, dass so was überhaupt nicht passiert!" ist keine sinnvolle Antwort in so einem Fall. Manchmal hat man im Leben nur zwei schlechte Alternativen, und man muss sich für die weniger schlechte entscheiden.

Von solchen Fällen wie den beiden geschilderten gibt es Hunderttausende pro Jahr. Heute ist es nicht schwer, diese Geschichten zu finden. Allerdings wird man in den Mainstreammedien kaum von ihnen erfahren. Wenn sich jemand mit Schusswaffen erfolgreich verteidigt, interessiert es die Journalisten nicht. Diese Geschichten passen auch nicht in ihr Weltbild. Deshalb werden sie einfach nicht erwähnt. Jedenfalls entsprechen die Berichte, die anhand von Polizeiprotokollen angefertigt werden, der Wahrheit. Die Beispiele lehren uns, dass das Wichtigste in einer Notwehrsituation ist, überhaupt eine Schusswaffe zu haben. Wenn man mit ihr durch intensives Training meisterhaft umgehen kann, umso besser. Die Praxis zeigt aber auch, dass man die Kenntnisse im Umgang mit Schusswaffen nicht überbewerten soll. Wenn jemand weiß, wie man eine Schusswaffe lädt, mit ihr zielt und den Abzug drückt, dann ist es schon häufig gut und wirksam genug.

9.3 Strategien und Methoden

Nachdem wir in den vorherigen Kapiteln dargestellt haben, dass es durchaus sinnvoll ist, Schusswaffen zur Selbstverteidigung zu besitzen, da die Polizei Ihnen nicht überall und zu jedem Zeitpunkt helfen kann, kommen wir zu dem kreativen Teil des Buches. Die Forderung nach einer Schaffung der Bedürfniskategorie für den Waffenbesitz zum Schutz in den eigenen Wohn- und Geschäftsräumen sowie die Forderung nach der Abschaffung des Nachweises einer überdurchschnittlichen Gefährdung bei Antrag auf einen Waffenschein müssen zuerst beim Gesetzgeber durchgesetzt werden. Diese Forderungen wurden in der gesamten Geschichte der Bundesrepublik Deutschland noch nie diskutiert. Die Menschen haben sich über Jahrzehnte offensichtlich hinreichend sicher gefühlt. Den privaten Waffenbesitz gab es schon immer im Bereich des Schießsports, der Jagd oder der Sammelleidenschaft. Schusswaffen zum Zwecke der Selbstverteidigung waren bis vor kurzem für die meisten Bürger gar kein Thema. Die Zeiten haben sich jedoch geändert. Die offenen Grenzen des Schengener Raums, die porösen Außengrenzen der EU, eine schwache Polizei und eine Drehtürjustiz, die festgenommene Gewalttäter so schnell wie möglich wieder auf Bewährung in die Freiheit entlässt, machen uns alle weniger sicher. Gleichzeitig ist es nicht sinnvoll, von den Politikern eine Besserung der Situation zu verlangen, die durch ihre Entscheidungen diesen besorgniserregenden Zustand erzeugt haben. Wenn man das mit der früheren Bonner Republik vergleicht, dann kann man den heutigen Sicherheitszustand des Landes bedauerlich finden. Das wird aber nicht viel helfen. Nachdem Sie sich darüber geärgert und bei allen Ihren Freunden auf Facebook und Twitter ausgiebig beschwert haben, sind Sie am Ende des Tages immer noch in der gleichen Situation – Sie sind immer noch potentiell gefährdet und praktisch wehrlos. Sportschützen, Jäger oder Waffensammler besitzen zwar Schusswaffen, aber sie dürfen diese nicht im öffentlichen Raum ohne einen Waffenschein führen. Somit sind sie draußen auch wehrlos, weil das Waffengesetz es so will.

In diesem Kapitel wird versucht, einige Strategien und Methoden vorzustellen, wie man in Deutschland mittelfristig die Liberalisierung des Waffenrechts erreichen kann. Es wird mit Sicherheit nicht von heute auf morgen gehen. Der Gegenwind seitens der europäischen und nationalen Politik sowie der Medien ist immer noch groß. Nichtsdestotrotz ist jetzt der richtige Zeitpunkt gekommen, sich für das Recht, Waffen zu besitzen und zu tragen, einzusetzen. Ich folge dem Spruch von Mahatma Gandhi: „Zuerst ignorieren sie dich, dann lachen sie über dich, dann bekämpfen sie dich, und dann gewinnst du.“

9.3.1 Konstruktivismus

Eines der grundsätzlichen Probleme aller europäischen Waffenbesitzer ist, dass im Unterschied zu den USA das Recht, Waffen zu besitzen und zu tragen, bis jetzt in keiner Verfassung eines europäischen Landes verankert ist. Wie zuvor erwähnt versuchen die Tschechen, das Recht, Waffen zu besitzen und zu tragen, in ihre Verfassung zu schreiben, aber das ist vorerst nur ein Vorschlag des Innenministers. Ins gleiche Horn bläst der Nationalratsvorsitzende der Slowakei, Andrej Danko, der das Recht der Slowaken, Waffen zu besitzen und zu tragen, ebenfalls in die Verfassung aufnehmen möchte. Die deutschen Waffenbesitzer können höchstens auf den ersten Absatz des Artikels 2 des Grundgesetzes verweisen: „Jeder hat das Recht auf die freie Entfaltung seiner Persönlichkeit, soweit er nicht die Rechte anderer verletzt und nicht gegen die verfassungsmäßige Ordnung oder das Sittengesetz verstößt." Der Schießsport, die Jagd und die Sammelleidenschaft können als eine freie Entfaltung der Persönlichkeit aufgefasst werden. Gleichzeitig ist es ein schwaches Argument, weil der Gesetzgeber den privaten Waffenbesitz mit dem Hinweis auf Sicherheitsbedenken eines Tages komplett verbieten könnte. In dieser prekären Situation hilft nur noch der Griff nach der Philosophie.

Der Konstruktivismus ist eine philosophische Strömung, die besonders in den 1960ern erblühte. Die Gründerväter dieser Denkrichtung waren die französischen Postmodernisten Jean-François Lyotard, Michel Foucault und Jacques Derrida. Zuerst wurde sie auf die Sprache, die Kunst und die Literatur angewendet. Bald entdeckten progressiv denkende Menschen die Kraft des Konstruktivismus und setzten ihn mit großem Erfolg auch in anderen Bereichen des Lebens ein. Die meisten Varianten des Konstruktivismus gehen davon aus, dass ein erkannter Gegenstand vom Betrachter selbst durch den Vorgang des Erkennens konstruiert wird. Im radikalen Konstruktivismus wird die menschliche Fähigkeit, objektive Realität zu erkennen, mit der Begründung bestritten, dass jeder Einzelne sich seine Wirklichkeit im eigenen Kopf „konstruiert". Es ist nicht so weltfremd, wie es auf den ersten Blick klingt. Denken wir mal an das Beispiel der Familie. Traditionell besteht eine Familie in ihrem Kern aus Vater, Mutter und den Kindern. Heute ist es nicht mehr so. Nachdem die Homosexuellen in vielen Ländern mittlerweile offiziell heiraten dürfen, kann eine Familie ebenfalls aus zwei Männern oder zwei Frauen und adoptierten Kindern bestehen. In Deutschland durften sich bis Oktober 2017 gleichgeschlechtliche Paare nur als eingetragene Partnerschaften registrieren lassen. Es wurde eine Änderung im Bürgerlichen Gesetzbuch beschlossen, die am 1. Oktober 2017 in Kraft trat. In Paragraph 1353 steht: „Die Ehe wird von zwei Personen verschiedenen oder gleichen Geschlechts auf Lebenszeit geschlossen." Es dürfen also nicht mehr nur Mann und Frau heiraten. Noch vor einigen Jahrzehnten wären solche Konstellationen undenkbar gewesen. Heute sind sie nicht nur denkbar, sondern eine gesetzlich verankerte Tatsache. Und wenn zwei Männer oder zwei Frauen heiraten dürfen, warum dann auch nicht gleich fünf? Polygamie ist genauso leicht begründbar wie die Ehe für alle. Wer A sagt, der kann auch B sagen. Was eine Familie ist oder nicht, das wird im Kontext der historischen Bedingungen kulturell konstruiert. Somit kann es auch dekonstruiert und neu konstruiert werden. Ein beliebtes Gedankenspiel der Konstruktivisten ist die Frage nach der Existenz des Nordpols. Wer von der Entdeckung des Nordpols spricht, wird von den Konstruktivisten als Ewiggestriger nur müde belächelt. Man weiß doch, dass der Nordpol noch nicht mal ein einziger Ort ist. Es sind sogar drei verschiedene erdachte Orte. Der geographische Nordpol ist der nördlichste Punkt der Erde und der gedachte Schnittpunkt der Erdachse mit der Erdoberfläche in Richtung der Drehachse. Der arktische Magnetpol ist jener Punkt der nördlichen Hemisphäre, an dem die magnetischen Feldlinien des Erdmagnetfelds vertikal zur Erdoberfläche in die Erde eintreten. Der arktische geomagnetische Pol auf der nördlichen Halbkugel ist ein theoretischer Pol des unregelmäßigen Erdmagnetfeldes, dem die Annahme entspricht, dass sich im Erdmittelpunkt ein Stabmagnet befände. Der Nordpol steht also für ein Konstrukt, das durch technische Geräte, Diskurse und Politiken hergestellt wurde. Demzufolge kann der Nordpol nicht entdeckt, sondern höchstens erfunden werden.

Ein noch deutlicheres Beispiel für die politische Kraft des Konstruktivismus sind Geschlechtsidentitäten. Im Biologieunterricht haben wir früher gelernt, dass es grundsätzlich zwei Geschlechtsidentitäten gibt: männlich und weiblich. Seit Gendermainstreaming den Siegeszug feiert, kamen noch etliche nicht-binäre Geschlechtsidentitäten dazu. „Binär" kommt aus dem Latein und bedeutet „zwei". Nicht-binäre Geschlechtsidentitäten sind also solche, die in dieses Zweiersystem bestehend aus Männlein und Weiblein nicht hineinpassen. Es geht also um Menschen, die sich nicht als Mann oder Frau wahrnehmen, sondern ihre Geschlechtsidentität als außerhalb des Systems empfinden. Dazu gehören androgyn, bigender, gendervariabel, genderqueer, intersexuell, transgender, XY-Frau, Femme, Butch und noch viele weitere. Im November 2017 hat das Bundesverfassungsgericht ein drittes Geschlecht für den Eintrag im Geburtenregister gefordert. Das soziale Netzwerk Facebook unterscheidet zum Beispiel 60 verschiedene Geschlechtsidentitäten, unter denen man ein Profil anlegen kann. Manche Sexologen unterscheiden Hunderte von verschiedenen Geschlechtsidentitäten. Die Grundlage des Gendermainstreaming ist die grundsätzliche Annahme, dass Jungen und Mädchen nicht aufgrund der Biologie unterschiedlich sind, sondern nur aufgrund der Erziehung. Somit sollen sich die Eltern aussuchen können, ob sie einen Jungen oder ein Mädchen erziehen, unabhängig davon, ob sie biologisch gesehen einen Jungen oder ein Mädchen haben. Die konstruierten Identitäten haben auch Auswirkungen auf die Realität. Für diejenigen, die sich nicht entscheiden können, ob sie Männlein oder Weiblein sind, fordert Berlins neuer Justizsenator Dirk Behrendt (Grüne) die Einrichtung von Unisex-Toiletten in öffentlichen Gebäuden. Schon Friedrich Nietzsche sagte uns, dass es keine absoluten Wahrheiten und Werte gibt.

Der konstruktivistische Ansatz wurde bisher mit Vorliebe von den Linksliberalen benutzt, um ihre progressive Agenda umzusetzen. Wenn nicht sicher ist, was eine Familie ist, weil sie nur ein gesellschaftliches Konstrukt ist, dann kann alles eine Familie sein. Wenn nicht sicher ist, ob es nur zwei Geschlechter gibt, weil sie nur gesellschaftliche Konstrukte sind, dann kann es Hunderte von Geschlechtern geben. Das alles kann man politisch fordern und anschließend in Gesetze gießen, an die sich fortan alle halten müssen. Wer sich weiter an seine „veralteten" Dogmen hält, dem ist der sprichwörtliche Sturm der Entrüstung seitens der politischen und medialen Avantgarde sicher.

Dem konservativen Leser raucht wahrscheinlich an dieser Stelle schon der Kopf. Konservative Menschen verlassen sich in ihrer Argumentation typischerweise auf Fakten und Logik. Sie suchen nach objektiven unumstößlichen Wahrheiten und halten an ihnen fest. Für Konservative gibt es nur Mann und Frau, weil es biologisch keine andere Möglichkeit gibt. Ein Vater ist immer noch ein Mann, und die Mutter hat eine Frau zu sein. Und wenn man statistisch aufzeigen kann, dass der legale Waffenbesitz für die öffentliche Sicherheit unschädlich ist, dann muss es doch reichen, so die Meinung der Konservativen. Sie verstehen nicht, warum andere sie nicht verstehen. Das hindert sie am politischen Erfolg, weil diese strenge Sachlichkeit zu einseitig ist, um politisch erfolgreich zu sein. Der wahrscheinlich beste japanische Schwertkämpfer, Miyamoto Musashi (1584-1645), schrieb in seinem berühmten „Buch der fünf Ringe" („Gorin-no-sho"): „Du solltest keine Waffe bevorzugen. Zu vertraut mit einer Waffe zu werden, ist genauso ein Fehler, wie sich nicht hinreichend mit ihr auskennen." Auch in diesem Buch wurden sehr viele Fakten untersucht und dargestellt. Die praktische Erfahrung lehrt uns aber, dass man in der Politik mit einer gut aufgebauten Behauptung häufig viel weiterkommt als mit tausend „uninteressanten" Fakten und Beweisen. Die Linksliberalen wussten es schon immer, weil sie emotionaler denken. Sie haben ihr Ziel vor Augen. Für sie sind Fakten nur insofern wichtig, als sie die zuvor aufgestellte These unterstützen. Wenn die

Waffenbesitzer ihre Forderungen politisch durchsetzen wollen, wenn sie auch mal gewinnen wollen, dann müssen sie in ihrer Methodik flexibler werden. Sie müssen in gewisser Weise auch vom Gegner lernen.

Dieses Buch basiert auf der Annahme, dass es grundsätzlich ein natürliches Recht gibt, Waffen zum Selbstschutz zu besitzen und zu tragen. Das ist keine aus der Luft gegriffene Behauptung. Dieses universelle Menschenrecht wurde von den höchsten Richtern, die sich an dem Konzept der Naturrechte orientieren, mehrmals bestätigt. Bereits die US-Unabhängigkeitserklärung geht im ersten Satz davon aus, dass jeder Mensch gewisse unveräußerliche Rechte hat und die Rolle der Regierung es ist, diese Rechte zu schützen. Die Bill of Rights beschreibt explizit, welche Rechte das sind. Im ersten Zusatzartikel zur US-Verfassung steht, dass der Kongress kein Gesetz verabschieden wird, das die Errichtung einer Staatsreligion vorschreibt oder die Religions-, Rede-, Presse- sowie Versammlungsfreiheit und das Recht auf Petition einschränkt. Der zweite Zusatzartikel besagt, dass das Recht, Waffen zu besitzen und zu tragen, nicht eingeschränkt wird. Der neunte Zusatzartikel zur US-Verfassung legt fest, dass die sonstigen in der Bill of Rights nicht explizit erwähnten natürlichen Rechte auch nicht eingeschränkt werden dürfen. Jemand könnte meinen, dass sich diese Rechte auf die USA beschränken. Das ist aber nicht wahr. Das kann man sehr gut an der Entscheidung des Obersten Gerichts (Supreme Court) im Fall Vereinigte Staaten gegen Cruikshank aus dem Jahr 1875 zeigen. Nach dem Sezessionskrieg (1861 bis 1865) wurde die Sklaverei in den USA abgeschafft, und die Schwarzen wurden zu „Freedmen“ erklärt. In den Südstaaten bedeutete es allerdings nur, dass die Schwarzen keine Sklaven mehr waren. Gleichzeitig wurden sie noch lange nicht als Bürger mit vollen Rechten anerkannt. Im Jahr 1872 wurden in Louisiana Gouverneurswahlen abgehalten. Die Republikaner und die Demokraten stritten sich darum, wer diese Wahlen gewonnen hatte. Ein Gericht in New Orleans entschied, dass der republikanische Kandidat, William P. Kellogg, die Wahlen gewonnen habe. Damit waren die Demokraten nicht einverstanden und wollten die Macht an sich reißen. Daraufhin besetzten die bewaffneten schwarzen Republikaner das Gerichtsgebäude in der Stadt Colfax. Am 13. April 1873 kam es zu einem Massaker, als die Demokraten unter der Leitung von Sheriff Christopher Columbus Nash die Republikaner angriffen, um sie aus dem Gerichtsgebäude zu vertreiben. Dabei wurden mindestens 150 Schwarze und drei Weiße getötet. Einige der Angreifer wurden aufgrund der Vorkommnisse angeklagt. Die Grundlage der Anklage bildete der Enforcement Act of 1870, der unter anderem die Konspiration gegen die verfassungsmäßigen Rechte unter Strafe stellte. In diesem Fall handelte es sich um Verstöße gegen die Versammlungsfreiheit der Republikaner sowie ihr Recht, Waffen zu besitzen und zu tragen. Die Angeklagten wurden in der ersten Instanz tatsächlich verurteilt. Sie legten Berufung ein, und der Fall kam bis vor das Oberste Gericht. Daraufhin entschied das Gericht, dass die Angeklagten freizusprechen sind, weil sich der Enforcement Act of 1870 nur auf die Aktionen eines Bundesstaates, nicht jedoch auf die Aktionen von Individuen bezog. Damit entfiel die Anklagegrundlage. Louisiana klagte die Täter später niemals an. Das Oberste Gericht bestätigte in dem gleichen Urteil, dass das Versammlungsrecht aus dem ersten Zusatzartikel zur US-Verfassung schon lange vor der Verabschiedung der Verfassung existierte. Faktisch war es immer eine Eigenschaft der Staatsbürgerschaft unter einer freien Regierung. Die Quelle dieses Rechts bezieht sich auf die Gesetze der zivilisierten Welt. Dieses Recht wird überall dort vorgefunden, wo eine Zivilisation existiert. Deswegen wird dieses Recht nicht durch die US-Verfassung begründet. Die erste US-Regierung hat dieses Recht bereits vorgefunden und verpflichtete sich über die Bill of Rights, dieses Recht zu schützen. Bezüglich des zweiten Zusatzartikels zur US-Verfassung entschied das Oberste Gericht ähnlich. Das Recht, Waffen zu besitzen und zu tragen, wird ebenfalls nicht von der US-Verfassung begründet. Es ist nach Auffassung des Gerichts in keiner Weise von der Existenz der US-Verfassung abhängig. Der zweite Zusatzartikel deklariert lediglich, dass das Recht, Waffen zu besitzen und zu tragen, vom Kongress nicht eingeschränkt wird. Der Fall Vereinigte Staaten gegen Cruikshank bestätigte also die Auffassung der Gründerväter der USA, dass es natürliche präexistente Rechte gibt, die älter als die Verfassung und irgendeine weltliche Regierung sind. Diese Rechte sind älter als die zwölf römischen Tafeln, älter als Konfuzius und älter als die geschriebene Geschichte der Menschheit, weil sie überall dort gelten, wo eine Zivilisation existiert. Diese grundsätzliche Auffassung zeigte sich bereits während der Ratifizierung der US-Verfassung in Virginia 1788. Besonders Patrick Henry stand für die Maxime, dass alle Menschen von Natur aus frei und unabhängig sind und von Geburt an einen Satz von inhärenten Rechten in sich tragen, derer sie nicht beraubt werden können. Henry sah in der Unabhängigkeitserklärung, der US-Verfassung und der Bill of Rights eine Blaupause für die ganze Welt, an der sich andere Nationen orientieren können (Halbrook 2008, S. 216-233). Die Gründerväter der USA waren schließlich Revolutionäre. Natürlich wollten sie, dass sich ihre Ideen in der Welt verbreiten.

In den nachfolgenden Fällen, District of Columbia gegen Heller (2008), in dem das individuelle Recht, Waffen zu besitzen und zu tragen, bestätigt wurde, und McDonald gegen die City of Chicago (2010), in dem bestätigt wurde, dass der zweite Zusatzartikel zur US-Verfassung aufgrund des 14. Zusatzartikels auch in den jeweiligen US-Bundesstaaten Anwendung zu finden hat, wurde auf die Argumentation im Fall Vereinigte Staaten gegen Cruikshank verwiesen. Somit ist die Argumentation bezüglich der präexistenten individuellen Rechte bis heute komplett gültig.

Was bedeutet das jetzt für Deutschland und Europa? Natürliche Rechte sind offensichtlich unabhängig von der geographischen Lage und von der Existenz irgendwelcher Gesetzesbücher. Sie sind älter als die Allgemeine Erklärung der Menschenrechte der UNO aus dem Jahr 1948. Wenn eines Tages ein bemannter Flug zum Mars gelingen sollte und die Menschen es schaffen, dort eine Kolonie aufzubauen, dann werden dieselben alten natürlichen Rechte auch auf diesem Planeten gelten. Die Menschen nehmen ihre natürlichen Rechte überall mit ihrer DNS mit, ohne dass sie ein Papier dafür brauchen, auf dem diese Rechte aufgeschrieben sind. Das ist das Credo aus dem Fall Vereinigte Staaten gegen Cruikshank. Bei Anwendung des Konstruktivismus können die europäischen Waffenverbote angezweifelt werden. Gleichzeitig kann die Interpretation der Wirklichkeit seitens der Richter aus Übersee eine prophetische Bedeutung für alle europäischen Waffenbesitzer bekommen. Das ist ein ideologisches Fundament, auf dem man politisch arbeiten kann.

Die Rechtspositivisten vertreten eine gegenteilige Meinung. Nach dieser Rechtsphilosophie wird die Geltung von rechtlichen Normen allein auf deren positive Setzung, also auf das kodifizierte Recht zurückgeführt. Vereinfacht gesagt gestehen die Rechtspositivisten den Menschen nur diejenigen Rechte zu, die auf einem offiziellen Stück Papier aufgeschrieben sind. Was nicht in einen Paragraphen gefasst ist, das gilt für sie nicht. Das ist eine höchst problematische Weltanschauung, denn in letzter Konsequenz führt sie dazu, dass man die „Rechtsnormen" eines jeden Unrechtsregimes anerkennen muss, wenn sie formell kodifiziert sind. Nach dieser Auffassung müssten die Rechtspositivisten im Extremfall auch zum Beispiel die Nürnberger Rassegesetze aus den Zeiten des deutschen Nationalsozialismus widerspruchslos anerkennen, weil sie damals gültiges kodifiziertes Recht waren. Friedrich August von Hayek gehörte zu den großen Kritikern des Rechtspositivismus, wie er in seinem Buch „Die Verfassung der Freiheit" beschrieb. Nach seiner Auffassung bewirkt der Rechtspositivismus eine totale Identifizierung des Staates mit der Rechtsordnung und die Aufhebung der Grenzen der Macht des Gesetzgebers. Damit sind die individuellen Freiheiten der Menschen bedroht. Totalitäre Regime wie Faschismus, Nationalsozialismus und Kommunismus werden dadurch erst ermöglicht. Eine institutionelle Ordnung einer Despotie kann nach Hayek keine echte Rechtsordnung sein. Vielmehr gibt es allgemeine rechtliche Regeln, die unabhängig vom Gesetzgeber das menschliche Leben absichern und nachhaltig Wohlstand schaffen. Hayek war als freiheitsorientierter Mensch offensichtlich ein Anhänger der Lehre vom Naturrecht, die ihrerseits auf die katholische Rechtslehre zurückzuführen ist. Bereits im 12. Jahrhundert schrieb Gratian, was unter den natürlichen Rechten zu verstehen ist. Gratian erklärt, dass das natürliche Recht für alle Nationen und überall aufgrund von natürlichen Instinkten gilt, nicht aufgrund irgendwelcher Verordnungen. Beispiele dafür sind die Vereinigung zwischen Mann und Frau, der Nachwuchs und die Erziehung der Kinder, der Besitz und das Eigentum, die identische Freiheit aller Menschen, die Aneignung von Dingen, die dem Himmel, der Erde oder der See entnommen werden, sowie auch die Rückgabe von anvertrauten Dingen oder Geld und die Abwehr von Gewalt mit Gewalt. Das und alles ähnliche kann niemals für Unrecht erachtet werden, sondern es wird vielmehr für natürlich und gerecht gehalten. Gratian nahm an, dass Menschen unter verschiedenen Knuten verschiedener Herrscher leben können. Nichtsdestotrotz sollten sie sich immer ihrer gottgegebenen Rechte bewusst sein.

Nicht zuletzt erkennt das Grundgesetz der Bundesrepublik Deutschland im Artikel 20 (4) das Recht der Deutschen auf Widerstand gegen jeden an, der es unternimmt, die freiheitlich-demokratische Grundordnung zu beseitigen. Der Sinn dieses Artikels entspricht weitgehend dem Sinn des zweiten Zusatzartikels zur US-Verfassung. Das Volk ist die letzte Verteidigungslinie der Freiheit eines Staates. Der Unterschied ist jedoch, dass Artikel 20 (4) GG nicht explizit beschreibt, womit der Widerstand geleistet werden soll, wenn es mal soweit kommen sollte. Artikel 20 (4) GG könnte um einen Satz erweitert werden: „Das Recht der Deutschen, Waffen zu besitzen und zu tragen, wird nicht eingeschränkt." Mit diesem einen Satz wären die Forderungen aus diesem Buch schon realisiert, denn auf dieser Grundlage müsste das Waffengesetz entsprechend liberalisiert werden.

Der Rechtsanwalt, Politikwissenschaftler, Forschungsdirektor am Independence Institute und politische Analyst am Cato Institute David B. Kopel schrieb nach der Entscheidung des Obersten Gerichts im Fall District of Columbia gegen Heller ein Dossier über die Bedeutung dieses Urteils nicht nur für die USA, sondern für den Rest der Welt (Kopel 2008). In den

USA sorgt dieses Urteil dafür, dass die Bundesstaaten und einzelne Städte oder Bezirke keine generellen Waffenverbote mehr verabschieden dürfen. Die Waffenbesitzer haben nach dem Urteil eine valide Grundlage, um gegen zu strenge Waffengesetze, die ihre verfassungsmäßigen Rechte verletzen, erfolgreich zu klagen. Für Kopel ist das aber nicht genug. Obwohl Heller nur eine bindende Bedeutung innerhalb der US-Jurisdiktion hat, sieht Kopel, dass die amerikanische Weltanschauung eine lange Tradition hat, andere Rechtssysteme über die Zeit zu infiltrieren. Der amerikanische Schutz der Rede- und Pressefreiheit sowie die amerikanischen Antidiskriminierungsgesetze beeinflussten in den letzten Jahrzehnten die Gesetze anderer Länder. Das Recht auf Selbstschutz und infolgedessen das Recht, Waffen zu besitzen und zu tragen, lehrt die anderen Nationen, dass diese natürlichen Rechte nicht von den nationalen Gesetzen abhängig sind. Es sind vielmehr universelle, fundamentale, natürliche und inhärente Menschenrechte. Wenn sich die Idee in Europa herumspricht und durchsetzt, dann kann es passieren, dass es eines Tages Konsequenzen für die hiesigen Waffengesetze hat. Das beste Beispiel dafür, wie es funktionieren kann, ist der Vorschlag des tschechischen Innenministers Milan Chovanec, das Recht der Tschechen, Waffen zum nationalen und individuellen Schutz zu besitzen und zu tragen, in der Verfassung zu verankern. Diese amerikanische Idee ist somit in Europa angekommen. Genau auf so eine Entwicklung hofft David B. Kopel in seinem Dossier. Heute kann man von einem Quantensprung von null auf eins sprechen, denn bis vor kurzem gab es diese Idee in Europa noch gar nicht. Natürlich hat Chovanecs Forderung ihre Gründe. Dazu gehören die gegenwärtige Flüchtlingskrise, der wachsende Terrorismus und die Verschärfung der Waffenrichtlinie seitens der EU. Was wird in der Tschechischen Republik stärker wirken, eine Richtlinie der EU oder ein Eintrag in der Verfassung? Die Antwort auf die Frage können Sie sich selbst geben.

Die Auffassung, dass der Waffenbesitz ein natürliches Recht ist, das lediglich moderate Einschränkungen verträgt, wie zum Beispiel die Forderung nach Volljährigkeit, Zuverlässigkeit und

Sachkunde eines Waffenbesitzers, führt letztendlich zu einer neuen Rahmenerzählung. Der Waffenbesitz wird nicht mehr als ein Privileg für einige Auserwählte angesehen. Privilegien tragen immer das Problem mit sich, dass sie einem verliehen und später wieder komplett entzogen werden können. In diesem Zustand leben die deutschen Waffenbesitzer seit dem Gesetz über Schusswaffen und Munition aus dem Jahr 1928. Seit 90 Jahren leben die meisten Waffenbesitzer in der Überzeugung, dass sie gar kein Recht darauf haben, diese Waffen zu besitzen. Diese Überzeugung wird noch durch die Möglichkeit der EU verstärkt, ihre Richtlinien allen Mitgliedsstaaten aufzuoktroyieren. Dabei liegt es auf der Hand, dass Menschen weitgehend motivierter sind, sich für ihre gottgegebenen Rechte als für irgendwelche Privilegien einzusetzen. Deswegen ist diese neue Rahmenerzählung so entscheidend für alle europäischen Waffenbesitzer. Der Macht der EU, in die nationale Gesetzgebung der Mitgliedsländer zentral einzugreifen, muss etwas gleichermaßen Machtvolles entgegengesetzt werden. Das einzige, was wir haben, sind möglichst viele Menschen mit möglichst starken Überzeugungen.

Damit sich aber die neue Rahmenerzählung vom natürlichen Recht, Waffen zu besitzen und zu tragen, möglichst rasch verbreitet, braucht man neue Leader. Der Harvard-Professor John P. Kotter schrieb 1982 – und ausführlicher 1990 – das Buch „A Force For Change: How Leadership Differs From Management“. Manager sind nach Kotter eher Verwalter, während Leader eher Visionäre sind. Das Management steht für das perfekte Organisieren von Abläufen, ihre Planung und Kontrolle. Leadership bedeutet vielmehr, die Geführten mit Visionen zu inspirieren und zu motivieren. Leadership schafft Kreativität, Innovation, Sinnerfüllung und Wandel. In der europäischen Waffenszene sind die Schießsport- und Jagdverbände typische Manager. Sie verwalten möglichst perfekt den Ist-Zustand. Die Sportschützen und Jäger können durch ihre Arbeit Waffen legal beantragen, trainieren, an Wettkämpfen teilnehmen oder auf die Jagd gehen. Gleichzeitig ist es diesen Organisationen durch ihre

Statuten schwer möglich, den Waffenbesitz komplett umzudefinieren. Dafür entstanden in den letzten Jahren neue Organisationen, die keinen schießsportlichen oder jagdlichen Status haben. Dazu gehören zum Beispiel die deutsche German Rifle Association, das polnische ROMB, das tschechische LEX, das österreichische IWÖ, das schweizerische PRO-TELL und viele mehr. In jedem europäischen Land gibt es solche Organisationen, und zusammen wirken sie in der in Warschau registrierten Dachorganisation Firearms United. Das sind alles sozusagen freie Thinktanks, in denen Leader sitzen und sich überlegen, wie sie die Idee des Rechts auf Waffenbesitz in der Bevölkerung verankern, um es bei einer günstigen Gelegenheit in liberalisierte Waffengesetze zu gießen.

Man muss auch realistisch feststellen, dass die Liberalisierung der Waffengesetze oder gar eine Festschreibung des Rechtes, Waffen zu besitzen und zu tragen, in die Verfassungen, mit wenigen osteuropäischen Ausnahmen, unter den gegenwärtigen westeuropäischen Politikern immer noch wenig Begeisterung hervorruft. Ganz im Gegenteil, am liebsten würden sie den privaten legalen Waffenbesitz noch stärker einschränken, wenn nicht gleich komplett verbieten. Leader lassen sich aber als Visionäre von der Tagespolitik wenig beeindrucken. Leader wollen nicht den heutigen Tag managen, sondern die Zukunft gestalten. In vielen europäischen Ländern zeichnen sich bereits erste Veränderungstendenzen am Firmament ab. Neue alternative politische Parteien bremsen den jahrelangen Siegeszug des Verbots- und Bevormundungsstaates und werben unter anderem mit der Rückgabe der individuellen Rechte an die Bürger. Das eröffnet neue Chancen, die permanenten Verschärfungen der Waffengesetze zu stoppen und womöglich sogar umzukehren.

Dabei zeigt es sich, dass für eine Änderung des Zeitgeistes absolute Mehrheiten nicht notwendig sind. Sehr aktive und gut organisierte Minderheiten können einer passiven Mehrheit ihren Willen problemlos aufzwingen. Erinnern wir uns an die Geschichte der Grünen. Bei den Bundestagswahlen bekam die Partei zwischen 1,5 und 10,7 Prozent der Wählerstimmen. Der

Mittelwert der Ergebnisse liegt bei 7,03 Prozent und der Median bei 7,7 Prozent. Diese Kleinpartei war trotzdem in der Lage, über die letzten Jahrzehnte das Bewusstsein der Deutschen signifikant zu verändern und auf ihre Seite zu ziehen. Die anderen Parteien wurden von den Grünen dazu getrieben, viele Aspekte ihrer Weltanschauung zu übernehmen. Man kann von den Grünen halten, was man will. Den grandiosen politischen Erfolg kann man ihnen nicht absprechen. Sie waren mit ihren Ideen einfach zum richtigen Zeitpunkt am richtigen Ort. Dabei verfolgten sie ihre Ziele geschickt und beharrlich. Man kann von ihnen nur lernen. So wie die Umweltproblematik und der damalige Hang vieler Intellektueller zum Kulturmarxismus den Grünen zum Erfolg verhalfen, so kann die gegenwärtige Situation in Europa auch neuen Weltanschauungen zur Geltung verhelfen.

Zusammenfassend kann konstatiert werden, dass es nach dem konstruktivistischen Ansatz unbedeutend ist, dass im Grundgesetz der Bundesrepublik Deutschland kein Recht, Waffen zu besitzen und zu tragen, verankert ist. Bedeutend ist hingegen, anzuerkennen, dass sich jeder Einzelne seine Wirklichkeit im eigenen Kopf „konstruiert". Wenn jemand daran glaubt, dass er das natürliche Recht hat, Waffen zu besitzen und zu tragen, dann ist es für ihn halt so. Das ist seine kulturell konstruierte Wahrheit in einem bestimmten historischen Kontext. Das ist genauso wahr wie die Wirklichkeit, dass zwei Männer eine Familie bilden und eine Butch ein separates Geschlecht darstellt. Entscheidend für den Erfolg ist, dass eine Konstruktion plausibel begründet und andauernd kommuniziert wird und ihren Einzug in die Kultur findet. Wenn nur genügend Menschen am Ende des Prozesses an die Konstruktion glauben und sie nützlich finden, dann erfolgt eine Gesetzesänderung, die der neuen Wirklichkeit legale Kraft verleiht. Wenn man nach den bestehenden Regeln nicht gewinnen kann, dann muss man versuchen, die Regeln zu ändern, damit sie besser zu den eigenen Stärken passen. So kann man auch gewinnen.

9.3.2 Kultur

In Diskussionen mit Waffenbesitzern kommt der Wunsch nach einer starken Interessenvertretung immer ganz deutlich zum Vorschein. Diese Leute erleben, dass die Politik ihnen gegenüber seit Jahrzehnten immer feindlicher wird. Immer restriktivere Waffengesetze, ob auf nationaler oder auf EU-Ebene, machen ihnen das Leben schwer. Wie an einer früheren Stelle in diesem Buch erwähnt, gelten Sportschützen, Jäger und Waffensammler im allgemeinen als überdurchschnittlich gesetzestreu. Deswegen empfinden sie das Misstrauen, das ihnen seitens der Politik entgegengeschleudert wird, als äußerst ungerecht. Wenn Menschen alles richtig machen, dann darf man sie nicht dafür bestrafen. Eine größere Demotivation für die Guten und Gesetzestreuen kann man sich psychologisch kaum vorstellen.

Die schlechte Nachricht für die Waffenbesitzer ist, dass es nicht reichen wird, einfach eine starke Lobby aufzubauen, die wie eine Insellösung funktioniert. Wie schon im letzten Kapitel erklärt, leben wir in Zeiten des späten Kulturmarxismus. Die Babyboomer, von denen viele in der marxistischen 1968er-Bewegung aktiv waren, bekleiden heute die höchsten Ämter in Wirtschaft und Politik. Obwohl sie vielleicht nicht mehr ganz so radikal daherkommen wie früher, haben sie ihre grundsätzlichen Überzeugungen nicht vollständig abgeschüttelt. Verschärfend kommt noch hinzu, dass es die DDR gab. Einige der zweiten und dritten Geigen des realen Sozialismus beeinflussen die Politik des vereinigten Deutschlands immer noch erheblich. Der Wunsch nach einer zentralen Lagerung von Sport- und Jagdwaffen in den Vereinshäusern oder bei Polizeidienststellen ist eine Idee direkt aus der DDR. Diese Idee ist aus mehreren Gründen vollkommen unpraktikabel. Zum einen sind die Waffen und die Munition das Eigentum der Besitzer. Somit gehören diese Sachen dort gelagert, wo die Besitzer auch ihren Wohnsitz haben. Zum anderen würden bei einer zentralen Lagerung in den Vereinshäusern riesige Waffenlager entstehen, in denen sich Verbrecher und Terroristen aller Couleur bedienen könnten. Wenn ein Waffendieb bei einer dezentralen Lagerung annähernd so erfolgreich sein möchte, dann muss er zuerst in Hunderte einzelne Häuser und Wohnungen einbrechen. Es gab Einbrüche in bestens gesicherte Banken im Stadtzentrum. Es gab Waffendiebstähle aus Kasernen, in denen Soldaten permanent Wache schieben. Vereinshäuser, die in den meisten Fällen in Außenbezirken liegen, können gar nicht so gut bewacht und gesichert werden, um einen großen Waffendiebstahl zu verhindern. Die Lagerung bei Polizeidienststellen ist auch nicht praktikabel. Diese müssten riesige Waffentresore anschaffen und Personal abstellen, das nichts anderes macht, als jedem Sportschützen und Jäger 24 /7 seine Waffen auszuhändigen und sie wieder zurückzunehmen. Und wie baut man eine Waffensammlung auf, die bei der Polizei lagert? In Deutschland gibt es nicht mal genügend Polizisten, um die Kernaufgaben zu erfüllen, und da sollen sich noch einige von ihnen als Lageristen betätigen. Darüber hinaus ist die Zentrallagerung im Sinne des Wunsches nach mehr Sicherheit auch deshalb unwirksam, weil Sportschützen und Jäger ihre Waffen und ihre Munition zum Training, zu den Wettkämpfen oder auf die Jagd mitnehmen. Spätestens dann haben sie wieder die volle Kontrolle über ihre Waffen und ihre Munition. Wo ist also der Sinn der zentralen Waffenlagerung? Die Problematik liegt auf der Hand, aber vielen Politikern ist es egal – Hauptsache, sie können während ihrer Legislaturperiode etwas anordnen, das für Laien plausibel klingt. Die leise Hoffnung, den Waffenbesitzern das Leben durch unsinnige Gesetze wenigstens so schwer wie möglich zu machen, schwingt immer mit dabei.

Da das Waffengesetz eine Bundessache ist, bedarf es der Wahl von neuen Politikern in den Bundestag. Nur bei diesen alternativen Politikern besteht die Chance, dass sie den Waffenbesitz als ein präexistentes Recht der Bürger ansehen. Nur mit diesen Politikern kann die seit 1972 andauernde Verschärfung der Waffengesetze gestoppt werden. Mit neuen Politikern kann es sogar sein, dass das Waffengesetz eines Tages wieder liberalisiert wird. Da steht noch die EU mit ihrer gesetzgeberischen Macht dazwischen, aber die Zukunft der EU ist auch mittlerweile mehr als ungewiss. Die Europäer neigen dazu, grundsätzlich in nationalstaatlichen und nicht in paneuropäischen Kategorien zu denken. Wenn sich die Zusammensetzung der nationalen Parlamente ändert, dann ändert sich häufig auch die Politik der Länder gegenüber der EU. Die EU-Mitgliedsstaaten ignorierten bereits die No-Bailout-Klausel des Maastrichter Vertrages und das Dubliner Übereinkommen. Auch EU-Feuerwaffenrichtlinien können von manchen Mitgliedsstaaten ignoriert werden, je nach dem, was opportun sein wird. Im Zweifel ist einem das Hemd immer näher als der Rock.

Die gute Nachricht für die Waffenbesitzer ist, dass wir uns an einem Wendepunkt befinden. Die Nachkriegsstrukturen des europäischen Kontinents bröckeln. Viele Institutionen erfüllen nicht mehr ihre Kernaufgaben. Die EU erweist sich spätestens seit der Finanzkrise von 2008 als ein Schönwetterprojekt. Solange die Phantasie drin war und genügend Kreditgeld vorhanden war, schien die Organisation ein Selbstläufer zu sein. Die regelmäßigen EU-Erweiterungen schienen kein Ende zu finden. Es gab für jeden nur etwas zu gewinnen. Als eine reine Handelsorganisation hätte die EU vielleicht noch Bestand. Durch eine ständige Erweiterung der Mission ist aus einer ursprünglich guten Idee ein bürokratisches Monstrum geworden, das zum Mikro-Management der Mitgliedsländer und ihrer Bürger überging. Dafür gibt es in der Bevölkerung aber kein Mandat, und die Begeisterung für die EU sinkt entsprechend. Plötzlich merken die Menschen, dass es durch die EU-Mitgliedschaft auch etwas zu verlieren gibt – nicht nur Geld, sondern auch die nationale Souveränität. Der Sinn der NATO wird vom US-Präsidenten Donald Trump ebenfalls in Frage gestellt. Faktisch hatte die NATO ursprünglich die Aufgabe, ein militärisches Bollwerk gegen die Expansion der Sowjetunion und des Warschauer Paktes aufzubauen. Nach dem Zerfall der Sowjetunion und des Warschauer Paktes sucht die NATO nach einer neuen Mission. Die USA brauchen die NATO nicht unbedingt. Die US-Armee ist stark genug, um die USA alleine zu verteidigen und die amerikanischen Interessen in der Welt durchzusetzen. Zudem unterstützten die Europäer die NATO über Jahrzehnte nur halbherzig. Jedes Land sollte mindestens zwei Prozent des jährlichen Bruttoinlandsprodukts für das eigene Militär ausgeben, um die Kampfkraft des Bündnisses zu erhalten. Von allen NATO-Ländern gelang dies nur drei Staaten, den USA, Estland und Griechenland. Alle restlichen Mitgliedsländer zahlten notorisch zu wenig für das gemeinsame Bündnis. Sie steckten ihr Geld lieber in den Ausbau des Wohlfahrtsstaates, in der Hoffnung, dass sich die USA diese einseitige Sparpolitik ewig gefallen lassen werden. Jetzt scheint damit Schluss zu sein.

Insbesondere die westeuropäischen Bürger lebten nach dem Zweiten Weltkrieg unter der schützenden Käseglocke der Amerikaner. Im Kalten Krieg wurden geopolitische Entscheidungen in Washington und in Moskau getroffen. Die Westeuropäer waren im wesentlichen dafür verantwortlich, ihre Wirtschaft wiederaufzubauen. Der Wohlfahrtsstaat sollte am besten alle Lebensrisiken abfangen. In diesem Zuge entwickelten die Menschen die Grundidee, dass es für fast jedes Problem irgendeine Behörde gibt. Die eigene Sicherheit war folgerichtig die Sache der Polizei. Das war eine bequeme Annahme, man musste sich nicht kümmern. Solange die Grenzen geschützt und die Gesellschaft hinreichend homogen und übersichtlich war, schien die Delegation der Schutzaufgaben an den Staat sehr gut zu funktionieren.

Seit dem Fall des Eisernen Vorhangs Anfang der 1990er ging diese Beschaulichkeit allerdings verloren. Deutschland und andere westeuropäische Länder verzeichneten einen sprunghaften Anstieg der Autodiebstähle und Wohnungseinbrüche durch osteuropäische Banden, die Westeuropa als ihr Operationsgebiet entdeckten. Spätestens seit dem Terrorangriff auf das World Trade Center und auf das Pentagon am 11. September 2001 wurde klar, dass eine neue Ära auf uns zukommt. Der Terrorismus und die sozialen Brennpunkte in den europäischen Großstädten, in denen sich die angehenden Terroristen radikalisieren, rückten in den Fokus der Öffentlichkeit. Spätestens als die terroristischen Anschläge über Spanien, Großbritannien, Frankreich und Belgien bis nach Deutschland kamen, merkten die Menschen, dass sie endgültig in einer neuen Realität leben. Solche Zeiten regen zum Nachdenken und zu einer Neubewertung der eigenen Situation an. Wie sicher sind wir alle noch? Was kann jeder für seine Sicherheit unternehmen? Die ersten Bürger zweifeln daran, ob die komplette Delegation des eigenen Schutzes an irgendwelche Behörden der richtige Weg ist. Diesen Leuten wird bewusst, dass die Polizei höchstwahrscheinlich nicht vor Ort sein wird, wenn sie sie am dringendsten brauchen werden. Diese Erkenntnis lässt die Menschen über die Sicherheitspolitik neu nachdenken. Damit kehrt die Kultur der Eigenverantwortung notgedrungen zurück. Das ist ein notwendiger Schritt, um das bisherige Dogma einer restriktiven Waffenpolitik zu stoppen und die Liberalisierung der Waffengesetze in den öffentlichen Diskurs zu bringen.

9.3.3 Die Verbände

Wie schon an einer anderen Stelle erwähnt ist das deutsche Waffengesetz bedürfnisorientiert, das heißt man muss einen triftigen Grund nennen, warum man legale Schusswaffen haben möchte. Die Hauptgründe für den legalen Waffenerwerb in Deutschland sind der Schießsport und die Jagd. Waffensammler machen nur einen geringen Anteil aller Waffenbesitzer aus. Dementsprechend sind die Sportschützen und die Jäger in Verbänden organisiert, die ihnen das Bedürfnis eines Waffenerwerbs bescheinigen. Zu den Verbänden gehören der Deutsche Schützenbund (DSB), der Bund der Militär- und Polizeischützen (BDMP), die Deutsche Schießsport-Union (DSU), der Reservistenverband, der Bund Deutscher Sportschützen (BDS), der Kyffhäuserbund, der Bund der Historischen Deutschen Schützenbruderschaften (BHDS), die Bayerische Soldaten- und Kameradenvereinigung (BKV), der Bayerische Soldatenbund (BSB) und der Deutsche Gehörlosen-Sportverband (BGS). Für die Jäger gibt es den Deutschen Jagdverband (DJV).

Wenn zwei Deutsche etwas gemeinsam machen, dann gründen sie zuerst einen Verein, für den sie allerdings mindestens sieben Mitglieder brauchen. In diesem Fall sind die Verbände sogar gesetzlich vorgeschrieben. Diese Verbände machen im Sinne ihrer Statuten einen sehr guten Job. Die Mitglieder organisieren in ehrenamtlicher Arbeit den Schießsport und die Jagd. Sie veranstalten tolle Wettkämpfe, der DSB kümmert sich sogar darum, dass deutsche Schützen an den Olympischen Spielen teilnehmen. Sie kümmern sich um die Sportordnungen, die vom Bundesverwaltungsamt abgenommen werden müssen. Sie sind in der öffentlichen Liste über die Registrierung von Verbänden und deren Vertreter im Bundestag eingetragen. Somit haben sie einen offiziellen direkten Zugang zu den Politikern, mit denen sie als Interessenvertreter das Waffen- und Jagdgesetz diskutieren können. Die systematische Begrenzung der Verbände ist, dass sie sich im Sinne ihrer Statuten im wesentlichen mit Hobbys beschäftigen. Dadurch können sie nur schwer den notwendigen politischen Druck aufbauen. Versuchen wir, die Situation anhand der Maslowschen Bedürfnishierarchie darzustellen. Abraham Maslow (1908-1970) war ein amerikanischer Psychologe, der versucht hat, die menschlichen Bedürfnisse und Motivationen anhand einer hierarchischen Struktur zu erklären. Er stellte seine Erkenntnisse anhand einer Pyramide dar. Die jeweiligen menschlichen Bedürfnisse sind nach ihrer Dringlichkeit gestaffelt:

1. Physiologische Bedürfnisse – Die Basis der Pyramide bilden diejenigen Bedürfnisse, ohne die ein Mensch gar nicht überleben kann. Jeder Mensch braucht Wasser, Nahrung, Kleidung und ein Dach über dem Kopf.

2. Sicherheitsbedürfnisse – wenn man schon satt ist und im Warmen sitzt, dann wird das nächste Bedürfnis wichtig. Man möchte körperlich unversehrt bleiben. Man möchte auch sicherstellen, dass man auch weiterhin Wasser, Nahrung, Kleidung und Behausung hat, ohne dass es jemand einem einfach wegnehmen kann.

3. Soziale Bedürfnisse – wenn man satt und sicher ist, dann möchte man nicht alleine auf der Welt sein. Menschen sind gesellige Wesen, möchten eine Familie und Freunde haben.

4. Individualbedürfnisse – darunter fallen der Wunsch nach mentaler und körperlicher Stärke, Erfolg, Unabhängigkeit, Freiheit, Ansehen, Prestige, Wertschätzung, Achtung, und so weiter.

5. Selbstverwirklichung – hierunter fallen zum Beispiel die Hobbys wie der Schießsport, die Jagd oder die Sammelleidenschaft.

Die Schießsport- und Jagdverbände argumentieren gegenüber der Politik im Prinzip mit dem Recht auf freie Entfaltung der Persönlichkeit, soweit man nicht die Rechte anderer verletzt und nicht gegen die verfassungsmäßige Ordnung oder das Sittengesetz verstößt. Das ist die Norm, die im Artikel 2 des Grundgesetzes steht. Im engeren Sinne ist es die letzte Stufe der

Selbstverwirklichung in der Maslowschen Pyramide. Natürlich macht der Schießsport den Menschen sehr viel Spaß, und es ist auch ein tolles Erlebnis, auf die Jagd zu gehen. Die Jäger argumentieren zusätzlich noch damit, dass ihre Arbeit der Landschaftspflege und dem Ökosystem dient. Letztendlich leben wir nicht in einer Wildnis, wo sich das Ökosystem selbst reguliert, sondern in einer Kulturlandschaft, in der der Wildbestand vom Menschen kontrolliert werden muss.

Die Gegner des privaten Waffenbesitzes argumentieren allerdings mit Sicherheitsbedenken. Machtbewusste Politiker wollen viel lieber eine unbewaffnete Gesellschaft als eine bewaffnete regieren. Der Rest der Waffengegner argumentiert ebenfalls auf der Sicherheitsstufe. Sie sagen im Grunde genommen nichts anderes als so etwas wie: „Ich fühle mich persönlich sicherer, wenn mein Nachbar keine Waffe hat." Dabei ist ihnen relativ egal, ob der Nachbar als legaler Waffenbesitzer objektiv gesehen zu dem gesetzestreuesten und am besten von den Behörden überprüften Personenkreis der ganzen Republik zählt. Ihr subjektives Gefühl sagt ihnen einfach nur, dass es besser ist, keine Leute um sich zu haben, die Schusswaffen besitzen. Leider fokussieren sie ihre Bedenken vor allem auf die legalen Waffenbesitzer. Die Besitzer illegaler Waffen blenden sie aus, da es keine praktische Möglichkeit gibt, zu wissen, wer illegal Waffen besitzt.

Das grundsätzliche Problem mit den zwei Argumentationswegen wird offensichtlich. Hier stoßen zwei Interessen aufeinander: Hobby gegen Sicherheitsbedenken. Der Aussage „Ich fühle mich persönlich sicherer, wenn du keine Waffe hast" wird von den Schießsport- und Jagdverbänden mit „Aber wir haben Spaß an unserem Hobby!" entgegnet. Die Umweltschutzaspekte bei den Jägern können politisch auch relativ leicht entkräftet werden, indem die Jagdgegner staatliche Jäger in den Raum stellen, die den Wildbestand hauptberuflich regulieren werden. So soll die private Jagd ihre Daseinsberechtigung verlieren. Mangels Bedürfnis könnten dann die privaten Jagdscheine und Waffenbesitzkarten eingezogen werden. Das hört sich vielleicht dramatisch an, aber es ist das Szenario, auf das die Anti-Jagd-Aktivisten hinarbeiten.

Summa summarum sticht das dringendere Sicherheitsbedürfnis des einen immer die Selbstverwirklichung des anderen. Das ist auch der Grund, warum die Schießsport- und Jagdverbände seit Jahrzehnten im Prinzip einen geordneten Rückzugskampf führen. Sie haben systembedingt immer die schlechteren Karten in der Hand, während ihre Gegner alle psychologischen Trümpfe ausspielen können. Daraus folgt, dass, wenn die Strategie nicht geändert wird, die Waffen- und Jagdgesetze immer strenger werden, bis der private Waffenbesitz komplett verboten wird. Die Sportschützen und Jäger werden von den Politikern gebeten, sich ein anderes, weniger „gefährliches" Hobby zu suchen, wie es Rebecca Peters vom IANSA im Jahr 2004 in der Debatte mit Wayne LaPierre von der NRA am King's College forderte.

Es gibt nur eine Chance, dem Prozess der immer größeren Einschränkungen beim Waffenbesitz wirksam zu begegnen. Das Für und Wider des privaten Waffenbesitzes muss auf der gleichen Bedürfnisstufe diskutiert werden. Statt Sicherheit versus Hobby wird Sicherheit versus Sicherheit diskutiert. Einem „Ich fühle mich persönlich sicherer, wenn du keine Waffe hast!" entgegnet man: „Ich fühle mich aber viel sicherer, wenn ich eine Waffe habe!". Jetzt steht das Sicherheitsgefühl des einen gegen das Sicherheitsgefühl des anderen. Beide Bedürfnisse sind gleichwertig und gleichberechtigt. Nach dem Umstieg auf eine dringendere Bedürfnisstufe nimmt die Diskussion plötzlich einen ganz anderen Verlauf. Schade nur, dass die Schießsport- und Jagdverbände zumindest offiziell ihre Strategie nicht ändern können, weil sich für den Waffenbesitz zum Selbstschutz einzusetzen dem Zweck der Verbände nicht entspricht. Ihnen sind in dieser Hinsicht die Hände mehr oder minder gebunden.

Darüber hinaus kommt noch eine unerfreuliche Entwicklung auf uns zu. Das Internationale Olympische Komitee (IOK) arbeitet daran, alle Schießsportdisziplinen nach und nach auf Laserwaffen umzustellen (Vasavda 2017). Die Sportler kritisieren dieses Vorhaben, da es sich dann nicht mehr um einen Schießsport, sondern vielmehr um einen Leuchtsport handeln wird. Erst wurden die Waffengesetze so streng gemacht, dass der internationale Transport von Schusswaffen mit Unmengen von Papierarbeit verbunden ist, und anschließend soll aufgrund dieser Gesetze der Schießsport praktisch komplett abgeschafft werden. In das gleiche Horn stößt der Bundesrat, der in seinen Empfehlungen zur Änderung des Waffengesetzes vom 28.02.2017, Drucksache 61/1/17, das geplante Verbot von halbautomatischen Waffen, die wie Kriegswaffen aussehen (zum Beispiel AR-15) folgendermaßen begründet: „Ein Bedürfnis, im Schießsport derartige Waffen zu verwenden, ist zu negieren und widerspricht zudem dem aktuellen Trend im Leistungssport hin zu weniger gefährlichen Waffen wie Druckluftwaffen und Lichtpunktpistolen, die heute schon durch Olympiateilnehmerinnen und -teilnehmer verwendet werden.“ Die Strategie in der Argumentation ist leicht erkennbar. Zuerst die Verbannung von Feuerwaffen aus dem internationalen Leistungssport und anschließend Wegfall des Bedürfnisses, derartige Waffen im Amateursport zu verwenden. Das wird die Schießsportverbände letztendlich hart treffen. Diejenigen, die immer damit argumentierten, dass der Schießsport doch anerkannt und olympisch sei, werden sich womöglich bald eine neue Argumentation für den Feuerwaffenbesitz ausdenken müssen.

9.3.4 Die Newcomer

Die argumentativen Defizite der traditionellen Schießsport- und Jagdverbände waren den Waffenbesitzern lange bewusst. Sie wurden in den einschlägigen Vereinen und diversen Internetforen ausgiebig diskutiert. Ein zweiter Aspekt kam noch dazu. Die traditionellen Verbände sind nicht sehr kommunikativ. Alle paar Jahre ein Fernsehinterview und quartalsmäßig ein Newsletter per E-Mail waren vielleicht in den 1990ern noch hipp. Heute ist man mit dieser sparsamen Strategie medial quasi nicht existent. Dazu kamen regelmäßige Berichte in den Medien, in denen ahnungslose Journalisten die Sportschützen und Jäger generell als verrückte Waffennarren darstellten, die am besten entwaffnet werden sollten. Das war regelmäßig der Fall, wenn irgendwo ein krimineller Vorfall mit legalen Schusswaffen stattfand. Das führte im Ergebnis dazu, dass es an der Zeit war, einen neuen Zweig der Interessensvertretung aufzubauen.

Im Februar 2013 wurde die German Rifle Association (GRA) von Marc Schieferdecker gegründet. Sie war am Anfang kein klassischer Verein oder Verband. Sie war eher ein Kind der sozialen Medien wie Facebook und Twitter, in denen auch Waffenbesitzer miteinander kommunizierten. Die GRA war zuerst als ein Medienprojekt gedacht, das eine Gegenöffentlichkeit erzeugen sollte. Wann immer Journalisten oder Politiker falsche oder unvollständige Informationen über den privaten Waffenbesitz und seine Gefährlichkeit verbreiteten, wollte die GRA diese Informationen online kommentieren, ergänzen und korrigieren. Die Hoffnungen der Waffenbesitzer auf eine „echte Waffenlobby“ waren groß. Schließlich ist der Name der GRA stark an die National Rifle Association of America (NRA) angelehnt, ohne dass die beiden organisatorisch miteinander verbunden sind. Nichtsdestotrotz sind sie Brüder im Geiste. Die Mitglieder der GRA gehen ebenfalls davon aus, dass Menschen grundsätzlich ein Recht haben, Waffen zu besitzen und zu tragen. Das Ziel einer starken Liberalisierung des Waffengesetzes ist entgegen dem heutigen politischen Zeitgeist ganz klar gesetzt.

Im Oktober des gleichen Jahres wurde Firearms United (FU) in Polen gegründet, nachdem die damalige schwedische EU-Kommissarin für Innenpolitik, Cecilia Malmström, ihren „Aktionsplan gegen Feuerwaffen“ präsentierte. Vordergründig ging es in dem Aktionsplan um Vorschriften bezüglich der Deaktivierung, Kennzeichnung und Zulassung von Schusswaffen sowie ihre Lieferung durch Postdienste oder die Umlenkung von Waffen in Drittländer. Im Kern ging es jedoch um eine weitere Verschärfung der europäischen Waffenrichtlinie, die dann automatisch für alle EU-Länder gültig wäre, ohne dass die Parlamente der jeweiligen Mitgliedsländer etwas dagegen unternehmen könnten. Seit dem Lissaboner Vertrag steht das EU-Recht grundsätzlich über dem Nationalrecht. Erst richtig los ging es mit der Verschärfung der EU-Richtlinie nach den terroristischen Attentaten in Frankreich und Belgien, die Verschärfungen wurden federführend vom EU-Koordinator zur Bekämpfung des Waffenschmuggels in der „Firearms Task Force“, Fabio Marini, eingeleitet. Die Vorschläge der verschiedenen Verschärfungen wechselten im Wochenrhythmus. Sie liefen unter anderem auf folgendes hinaus:

- Verbot aller entnehmbaren Magazine über zehn Schuss für Langwaffen und über 20 Schuss für Kurzwaffen
- Verbot ziviler Feuerwaffen der „AR-15-Familie“
- Verbot ziviler Feuerwaffen der „AK-47-Familie“
- Strenge Regulierung von Magazinen und Halbautomaten
- Strengste Auslegung bei Ausnahmegesuchen
- Sofortige Umsetzung der Verbotsforderungen durch die EU-Mitgliedsländer.

Firearms United war ebenfalls zuerst eine internationale Facebook-Gruppe mit einer Homepage. Anfangs gab es keinerlei offizielle Strukturen, nur den Willen, gegen die sinnlosen EU-Gesetze zu protestieren. Bald versammelten sich um Firearms United führende Köpfe diverser europäischer Schießsport- und Waffensammlerverbände. Die Gegner in der EU waren klar definiert, der Wille zur Zusammenarbeit war da, organisatorische Hierarchien gab es noch nicht. Das war die Voraussetzung für eine echte Graswurzelbewegung, die sich argumentativ ebenfalls breiter aufstellen konnte als die traditionellen Verbände.

Die GRA und FU bestehen aus Menschen, die bis dahin die zweiten und dritten Geigen bei den europäischen Interessensvertretungen spielten. Es ist allerdings eine andere Generation. Es sind Menschen, die mit der Globalisierung und dem Internet aufgewachsen sind. Sie leben von Anfang an in einer medialen Welt, in der sie mit unterschiedlicher Propaganda auf Tausenden Kanälen berieselt werden. Sie sprechen drei Sprachen fließend und waren in ihrem Leben bereits beruflich in verschiedenen leitenden Positionen erfolgreich. Gleichzeitig werden sie von Politikern belehrt und diffamiert, deren höchste Ausbildung ein abgebrochenes Soziologiestudium ist. Sie werden von Politikern kritisiert, die selbst von der Polizei mit Kokain erwischt wurden. Diese Generation ist sich der eigenen natürlichen Rechte bewusst, die von der Politik mit Füßen getreten werden. Den Newcomern in der Waffenlobby geht es nicht mehr nur um den Erhalt von netten Hobbys. Ihnen geht es vielmehr um die gesetzliche Anerkennung ihrer individuellen Rechte, die während der letzten Jahrzehnte der Bürokratie Stück für Stück verlorengingen. Um das zu erreichen, sind neue Wege zu gehen. Die alten Trampelpfade werden nicht zum Erfolg führen.

9.3.5 Die Rolle der Medien

Die Demokratie wurde im antiken Griechenland als die Herrschaft der Vielen erfunden. Sie bezog sich anfangs jedoch nicht auf das gesamte Land, sondern wurde in den jeweiligen Städten gelebt. Die Teilnehmer an der Demokratie waren Männer, die sich persönlich kannten. Frauen, Sklaven und Fremde waren von den demokratischen Entscheidungsprozessen ausgeschlossen. Die Grundidee war, dass die Bürger in gewissen Zeitabständen ihre Vertreter wählen, die dann wichtige Entscheidungen in der Stadtregierung für sie treffen. Ergänzt wurde die Entscheidungsfindung durch direkte Volksentscheide.

Heute leben wir in einer Massendemokratie. Alle vier oder fünf Jahre wählen wir Politiker, die wir in den allermeisten Fällen lediglich von den Wahlplakaten kennen. Wie sollen wir wissen, was die jeweiligen Politiker denken, welche Probleme ihnen wichtig sind und wie sie die Probleme lösen wollen? Persönliche Gespräche mit den Kandidaten wären in einem Land mit 64 Millionen Wahlberechtigten schwierig. Dafür gibt es die Medien, die in diesem Fall ein Bindeglied zwischen der Politik und den Wählern bilden. Die politischen Journalisten und Reporter interpretieren die ihnen bekannte Wirklichkeit, fassen sie zusammen und publizieren das Ergebnis. Die klassischen Medien sind wie alle anderen Unternehmen vertikal organisiert. Es gibt einen Chef, der entweder selbst der Eigentümer ist oder dem Managementteam angehört, das von den Eigentümern bestellt wird. Das Medienunternehmen hat seine Angestellten und freie Journalisten, die für ihre Arbeit bezahlt werden. Das wirtschaftliche Ziel des Unternehmens ist es, Umsatz und Gewinn zu machen.

Es wird viel vom neutralen und objektiven Journalismus gesprochen. Die Medienkonsumenten wünschen sich Informationen, auf die sie sich verlassen können. Ist aber ein neutraler und objektiver Journalismus überhaupt möglich? Natürlich könnte man verlangen, dass ein Journalist nur reine Informationen darüber publiziert, was tatsächlich geschehen ist. Die Nachrichten, Zeitungs- und Zeitschriftenartikel wären dann aber zu steif und langweilig. Solche trockenen Berichte könnten nicht verkauft werden. Die reine Information muss also mit einer lebendigen Interpretation angereichert werden. Journalisten haben wie alle anderen Menschen ihre persönlichen Überzeugungen. Diese Überzeugungen werden in ihrer Arbeit erkennbar sein. Das zu leugnen, wäre naiv. Das ist auch der Grund dafür, dass die Medien eine bestimmte politische Ausrichtung haben – von extrem links über moderat bis extrem rechts. Die verschiedenen Ausrichtungen wären bei der geforderten neutralen und objektiven Berichterstattung gar nicht möglich, da jeder die Realität auf die gleiche objektive Weise interpretieren müsste. Erst die freie Interpretation der Fakten führt zu einer bestimmten politischen Ausrichtung eines Mediums. Das Ergebnis der Interpretation ist also abhängig von dem Blickwinkel, den ein Journalist grundsätzlich hat. Damit hängt auch zusammen, über welche Themen überhaupt berichtet wird. Die Redaktion entscheidet, welche Themen angesprochen und welche ausgelassen werden. Schon an diesem simplen Eingangsfilter findet die erste Beeinflussung dessen statt, was der Medienkonsument erfahren wird. Hier fängt das Agenda Setting bereits an. Durch die Auswahl und die Zusammenstellung der Themen entscheiden die Journalisten, über welche Themen ihre Leser, Zuhörer und Zuschauer diskutieren werden.

Darüber hinaus leben wir mit einer enormen Medienkonzentration. Ein paar wenige Medienkonzerne kontrollieren, wie Sie denken sollen, was Sie wissen sollen und wie Sie es wissen sollen. Zu den größten Konzernen gehören in Deutschland Bertelsmann, Axel Springer, die Verlagsgruppe Georg von Holtzbrinck und Hubert Burda. Die Medienkonzentration ist der Grund für Ihr Gefühl, dass in allen Medien ziemlich das gleiche steht und alles gleich interpretiert wird. Dabei erleben wir immer weniger vom investigativen Journalismus, weil dieser zu teuer ist. Die meisten Nachrichten werden den Journalisten über Presseagenturen geliefert. Diese bearbeiten etwas den Text, garnieren ihn mit einer Portion eigener Meinung, und fertig ist der Bericht. Nachrichten müssen heute wie in einem Fast-Food-Restaurant serviert werden. Bei den permanent fallenden Absatzzahlen für Printmedien ist der Kostendruck enorm. Die Unternehmen sparen, wo es nur geht, auch an der Qualität.

All diese Umstände führen bei sachkundigen Menschen zu dem Gefühl, dass viele Journalisten wie Blinde von der Farbe reden. In der Onlineausgabe des „Stern“ vom 28. November 2016 schreibt ein Journalist zum Thema Waffenrechtsverschärfung: „Mehrere Landesinnenminister der SPD haben bereits dafür plädiert, dass der Verfassungsschutz bei der Vergabe von Waffenscheinen in Deutschland künftig mitredet.“ Dieses Beispiel ist typisch für einen Bericht, der von so einem ahnungslosen „Fast-Food-Journalisten“ geschrieben wurde. Die Presseagentur hat ihm ein Thema geliefert, und er bemühte sich nach Kräften, daraus einen Artikel zu machen. Wie wir schon an mehreren Stellen in diesem Buch erwähnt haben, werden Waffenscheine als Erlaubnisse, Schusswaffen in der Öffentlichkeit zu führen, extrem selten erteilt. Was der Journalist wohl meinte, sind Waffenbesitzkarten für Sportschützen, Jäger und Waffensammler. Für einen Standardjournalisten ist jede Waffenerlaubnis ein „Waffenschein“, wie Marius Müller-Westernhagen sang: „Du bist ne Waffe, für die es keinen Waffenschein gibt!“ Wie dilettantisch auch immer manche Journalisten heute sein mögen, sie haben immer noch einen enormen Einfluss auf die Meinungsbildung von denjenigen Menschen, die von einem bestimmten Thema noch weniger Ahnung haben als die schlechtesten Journalisten. Bekanntlich ist unter den Blinden der Einäugige der König.

Der amerikanische Medienwissenschaftler Brian Anse Patrick verglich die heutigen Medien mit der katholischen Kirche im Mittelalter (Patrick 2013). Er verwendete in seinen Überlegungen bezüglich der Rolle der Medien häufig religiöse Metaphern, weil Religion, Ideologie, Propaganda, soziale Bewegungen und Politik sich häufig sehr ähneln. Sie sprechen die gleichen irdischen Probleme an: das Gute gegen das Böse, individuelle Freiheit gegen soziale Konformität, das Wesen und der Sinn des Lebens, die Verbindung der Vergangenheit mit der Zukunft, und vor allem: Was sollen die Menschen denken, und was soll überhaupt denkbar sein?

Es gab Zeiten in Europa, in denen Politik gleichzeitig Religion und Religion gleichzeitig Politik war. Gott war die ultimative Realität und die Antriebskraft des Universums. Im Mittelalter existierte die unsterbliche Seele eines Menschen alleine durch die Gnade Gottes. Das gute Leben nach dem Tod war nur durch Gottes Gnade möglich. Der Verlust dieser Gnade war schlimmer als der Tod. Leute starben damals durch Krankheiten und Kriege relativ jung, und es war keine große Sache. Aber in Gottes Ungnade zu fallen, war ein Riesenproblem. In diesem Fall war die Seele dazu verdammt, in der Hölle zu schmoren oder in der ewigen Finsternis ihr Dasein zu fristen. Die Gnade Gottes garantierte hingegen den sicheren Einzug in das himmlische Königreich. Die katholische Kirche besaß die alleinige Lizenz, den Gläubigen über die heiligen Sakramente, wie zum Beispiel Taufe, Kommunion, Beichte, letzte Ölung, Gottes Gnade zuteilwerden zu lassen. Die Geistlichen nahmen als interpretative Experten für die ultimative Realität den Platz eines Vermittlers zwischen Gott und den Gläubigen ein. Aus irgendwelchen Gründen hat Gott eines Tages aufgehört, direkt zu den Menschen zu sprechen. Deswegen mussten die Geistlichen sich als Medium anbieten. Dadurch entstand eine perfekte hierarchische Struktur: der Papst als Gottes Vertreter auf Erden, darunter die Kardinäle, Bischöfe, Priester, Vikare, Kaplane und so weiter. Die Struktur der Kirche ähnelte dem Militär – eine autoritäre Bürokratie als Linienorganisation, die den Informationsfluss kontrollierte. Jeder wusste nur das, was er wissen sollte, mehr war nicht nötig. Die Kopien der Bibel waren in lateinischer oder altgriechischer Sprache geschrieben, die nur vom Klerus und einigen hohen Beamten am Königshof beherrscht wurden. Unter diesen Umständen war Informationskontrolle nicht schwierig. Die Leute mussten glauben, was ihnen in der Kirche über Gott und seinen Willen gesagt wurde.

Dieses fast perfekte Top-Down-Broadcasting-System hatte allerdings die gleiche Achillesferse wie die katholische Kirche im Mittelalter – die Häretiker. Mit dem Ausbau des Internets in den 1990ern und dem Web 2.0, bei dem jeder Mensch mit einem Internetanschluss und einer DSL-Flatrate zum Blogger oder Vlogger werden konnte, bekam der Mainstream Konkurrenz auf dem Markt der Welterklärer. Private Internetpublizisten kennen sich mit vielen Spezialthemen bedeutend besser aus, als jeder Standardjournalist es jemals könnte. Diese Experten verbreiten ihr Wissen über Blogs, Youtube und diverse andere soziale Medien. Das nimmt den traditionellen interpretativen Experten des Mainstreams die Butter vom Brot. Spott über die Qualitätsmedien macht sich breit, in denen der Journalist nicht mal in der Lage ist, zwischen Waffenschein und Waffenbesitzkarte zu unterscheiden, weil er einerseits nicht aus der Szene kommt und andererseits zu faul ist, sich das Wissen anzueignen. Das Internet ist sozusagen die Reformation der Medienwelt. Die Leute müssen sich nicht mehr vom Journalistenklerus berieseln lassen, sondern können auf alternative Informationsquellen zugreifen. Jeder kann selber prüfen, ob das, was ihm der Mainstream auftischt, wirklich der Wahrheit entspricht. Das Monopol auf die Interpretation der Wirklichkeit wurde durch das Internet unumkehrbar gebrochen. Das ist aber gleichzeitig eine große Chance für alle Graswurzelbewegungen, die keinen guten Zugang zum Mainstream haben.

In den Medien werden Informationen und Meinungen verbreitet. Bewegte Bilder in Form von Videoclips oder Fernsehsendungen haben noch eine bedeutend größere Wirkung als das geschriebene Wort. Nicht umsonst sagt man: „Ein Bild sagt mehr als tausend Worte." Die traditionellen Schießsport- und Jagdverbände haben sich in der Vergangenheit medial eher zurückgehalten. Das hatte auch bestimmte Gründe, wie wir an zwei Beispielen sehen werden.

Im Jahr 2012 machten Julia Friedrichs und Nicol Ljubic eine Reportage unter dem Titel „Waffen sind mein Leben". Die Reportage begann mit einem Besuch auf dem größten privaten Schießstand in Deutschland in Philippsburg, wo gerade ein IPSC-Match lief. „IPSC“ ist die Abkürzung für „International Practical Shooting Confederation“. Auf Deutsch wird es am besten mit „sportliches Bewegungsschießen“ bezeichnet. Es ist ein reizvoller, abwechslungsreicher Sport, der den Sportlern und Zuschauern gleichermaßen viel Spaß bringt. Der Reporter machte sofort darauf aufmerksam, dass die Sportler großkalibrige Waffen benutzen, die auch von der Polizei und dem Militär benutzt werden. Darüber hinaus erinnere der Parcours an einen Häuserkampf. Schon an dieser Stelle sollte der unbeteiligte Zuschauer darauf getriggert werden, dass IPSC etwas verdächtig Böses ist. Die befragten Sportler selbst beteuerten, dass es für sie kein Kampftraining, sondern nur Sport ist. Dennoch zog sich die Suggestion eines Verbots von großkalibrigen Waffen und der Lagerung aller Schusswaffen in privaten Haushalten wie ein roter Faden durch die ganze Reportage. Großkaliberschießen im Allgemeinen und IPSC im Besonderen sind schließlich keine olympischen Disziplinen. Daraus sollte der Zuschauer folgern, dass jeder Sport, der nicht olympisch ist, verboten gehört. In regelmäßigen Abständen wurde zu Bildern aus den Amokläufen in Erfurt, Winnenden und Utøya gewechselt. Schließlich musste noch die deutsche Waffenlobby vorgestellt werden, die hinter dem ganzen Treiben steckt. Der Vorsitzende des Bundes Deutscher Sportschützen (BDS), Friedrich Gepperth, und der Gründer des Forum Waffenrecht, Joachim Streitberger, fuhren nach Berlin, um mit Politikern über Waffengesetze zu sprechen. Dann sagte Streitberger folgendes: „Das Forum Waffenrecht hat einen sehr hohen Stellenwert bei der Politik, weil die Politik genau weiß, dass wir kompetent zu den Fragen Stellung nehmen und die staatlichen Wünsche und Ideen durchaus ernst nehmen, aber eben versuchen, sie so umzusetzen, dass nicht dabei der Bestand des legalen Waffenbesitzes kaputtgeht.“ Da es gerade auf dem Weg lag, wurde noch der Berliner Waffenhändlerin Katja Triebel ein Besuch in ihrem Waffengeschäft abgestattet. Halbautomatische Gewehre werden von den Reportern als „umgebaute Kriegswaffen“ dargestellt, obwohl es sich dabei um eigene Konstruktionen handelt, die eben nicht leicht in militärische Vollautomaten umgewandelt werden können. Dann noch ein Schnitt zu dem IPSC-Match nach Philippsburg, wo ein Range Officer sagt, dass er bisher nur schlechte bis sehr schlechte Erfahrungen mit den Medien gemacht habe. Das pessimistische Schlusswort des Reporters lautet: „Die Waffe, für die meisten Schützen gehört sie zum Leben, für die meisten anderen ist sie eine Bedrohung. Aber nach allem, was wir auf unserer Reise in die Welt der Schützen erfahren haben, sieht es so aus, als ob alle weiter mit den Waffen leben müssten."

Das zweite Beispiel der Vorstellung des privaten Waffenbesitzes in den Medien ist eine Reportage von Thomas Lauterbach aus dem Jahr 2013 unter dem Titel „Von Menschen und Waffen". Der Film beginnt mit einem Besuch in einer Kampfmittelbeseitigungsanlage in Baden-Württemberg, die unter anderem für die Vernichtung von eingezogenen und freiwillig abgegebenen Schusswaffen sorgt. Anschließend wurden die zwei Seiten der Waffendebatte vorgestellt. Einerseits Hardy Schober und Gisela Mayer, die beide ihre Töchter bei dem Amoklauf von Winnenden verloren haben. Ihr Aktionsbündnis spricht sich für strengere Waffengesetze aus. Ihr Wunsch ist es, den Privatbesitz von Großkaliberwaffen sowie die Aufbewahrung von Schusswaffen in privaten Wohnungen zu verbieten. Ihnen wird der Büchsenmacher Ralf Merkle und seine Frau Sylvia gegenübergestellt. Ralf Merkle stellt großkalibrige Sportwaffen her. Für ihn ist sein ehrbarer Beruf eine Passion. Nichtsdestotrotz war der Grundtenor dieser Reportage klar. Die Pauschalverurteilung aller Waffenbesitzer durch das Aktionsbündnis Winnenden wegen eines verrückten Amokläufers wurde nicht in Frage gestellt. Es war vielmehr eine Selbstverständlichkeit. Der Büchsenmacher wurde hingegen permanent danach gefragt, wie es ihm damit geht, dass die Waffen, die er in seinem Laden verkauft, vielleicht mal bei einer Straftat verwendet werden könnten. Ihm ging es damit genauso, wie es einem Verkäufer in einem Baumarkt geht, der jemandem eine Axt verkauft, die theoretisch auch bei einer Straftat benutzt werden könnte. Der Unterschied ist nur, dass die

Reporter noch nicht auf die Idee kamen, mit solchen Fragen den Baumarktmitarbeitern auf die Nerven zu gehen.

Beide Reportagen sind im wesentlichen katastrophal für die Waffenbesitzer ausgefallen. Sie waren vorn vornherein einer negativen Voreingenommenheit ausgesetzt. Der private Waffenbesitz und der Schießsport wurden als grundsätzlich gefährlich dargestellt. Die Schießsportler durften das zwar dementieren, aber direkt danach wurde irgendein Amoklauf eingeblendet, der ihre Aussage konterkarieren sollte. Das Grundmuster dieser Kommunikation ist die Anklage seitens der Medien: „Alle Waffenbesitzer sind potentielle Amokläufer!" Darauf antworten die Waffenbesitzer: „Nein, das stimmt gar nicht!" Hier sehen wir schon das Grundproblem. Es ist ein verzweifelter Verteidigungskampf der Waffenbesitzer. Sie verhalten sich wie ein Boxer, auf den der Gegner ständig einprügelt. Die einzige Kampftechnik dieses Boxers ist es, den ankommenden Schlägen auszuweichen oder sie zu blocken. Das ist eine defensive Strategie für Verlierer. Selbst wenn der Boxer sehr gut ausweicht und blockt, wird er in einer etwas späteren Runde mit Sicherheit k.o. gehen. Es ist verständlich, dass nach solchen Reportagen die Waffenbesitzer und ihre Vertreter die Kontakte mit den Medien möglichst gemieden haben.

Des weiteren verriet uns Joachim Streitberger vom Forum Waffenrecht, dass das Hauptziel des Dachverbandes der Bestandsschutz ist. Laut dem Nationalen Waffenregister besitzen 1,6 Millionen Deutsche eine Standard-Waffenbesitzkarte. Bezogen auf 64 Millionen Wahlberechtigte sind es gerade mal 2,5 Prozent, und bezogen auf 43 Millionen aktive Wähler bei einer Bundestagswahl sind es immer noch mickrige 3,7 Prozent der Wähler. Die Interessen einer so kleinen Gruppe in der Gesamtbevölkerung können von der Politik problemlos übergangen werden. Da steckt nicht genügend Druck dahinter. Insofern ist das Ziel, den Bestand des legalen Waffenbesitzes zu schützen, zwar kurzfristig verständlich, mittel- und langfristig ist es jedoch zum Scheitern verurteilt. Die Politik kann von weiteren Verschärfungen des Waffengesetzes nur durch eine kritische

Masse an Waffenbesitzern abgehalten werden. Selbst wenn ein Politiker keine Waffen mag, wird er dann die Interessen der Waffenbesitzer verteidigen, einfach damit er wiedergewählt wird. Anders geht das überhaupt nicht.

Die German Rifle Association (GRA), als ein 2013 gegründeter Newcomer auf dem Firmament der Interessenvertretung, ist hingegen eine Graswurzelbewegung, für die eine gezielte Medienarbeit zur Kernstrategie gehört. Das bezieht sich sowohl auf die neuen Medien im Internet als auch auf traditionelle Printmedien und das Fernsehen. Das Hauptaugenmerk der Medienarbeit liegt nicht darauf, die Angriffe gegen den privaten Waffenbesitz lediglich zu kontern. Vielmehr geht es um die Verbreitung der Weltanschauung, dass der Waffenbesitz ein Bürgerrecht statt wie bisher angenommen ein Privileg ist. Alleine diese innere Einstellung verändert schon die Dynamik der Kommunikation.

Eine gute Reportage ist immer eine objektive Reportage. Jede Sache hat immer positive und negative Seiten. Wenn jemand zum Beispiel viel Geld verdient, dann kann er sich ein großes Haus, einen schicken Wagen und einen teuren Urlaub leisten. Die Kehrseite davon ist, dass er für das Geld viel arbeiten muss, selten seine Familie sieht und Freizeit als einen Luxus empfindet. Eine objektive Reportage kann die Gegensätze aufzeigen und durch Analyse der Fakten entscheiden, ob die positiven oder negativen Aspekte eine Sache überwiegen. Das ist etwas anderes als Neutralität, bei der beide Aspekte zwar dargestellt, aber nicht bewertet werden. Objektivität ist immer besser, Neutralität schadet wenigstens nicht. Problematisch wird es, wenn der Reporter selber aufgrund von Vorurteilen zu einer bestimmten Interpretation neigt und diese in seiner Arbeit durchscheinen lässt. Es kann klar konstatiert werden, dass die meisten Reporter des Mainstreams keine Ahnung von Waffen, der Jagd oder dem Schießsport haben. Daher betrachten sie Schusswaffen als potentiell bedrohlich. Das hat ihnen jemand so erzählt. Wenn man die Reporter ohne vorheriges Coaching einfach machen lässt, dann wird die Reportage tendenziell negativ ausfallen. Über das vorherige Coaching der Reporter gibt es eine Chance, ihnen neue Informationen zu geben, die grundsätzlich dazu geeignet sind, ihre Wahrnehmung objektiver zu machen. Schauen wir uns einige Beispiele zwischen den Jahren 2014 und 2016 an.

Die Feuertaufe der neuen Medienstrategie der GRA fand am 15. Mai 2014 in der Sendung mit Markus Lanz statt. Damals ging es um die Tötung eines deutschen Austauschschülers in Montana, USA, als dieser in die Garage eines Hauseigentümers eingebrochen war. Katja Triebel wurde als Waffenexpertin eingeladen. Neben ihr wurden auch der Fernsehanwalt Ingo Lenßen und die ehemalige Schülerin Carolin Schneider, die den Amoklauf von Winnenden überlebte, eingeladen. Katja Triebel machte von Anfang an klar, dass es sich bei diesem Fall höchstwahrscheinlich nicht um Notwehr handelte, da der Hauseigentümer dem Jugendlichen eine Falle stellte, um dann vier Mal in eine dunkle Garage zu schießen, ohne das Ziel klar erkannt zu haben und ohne dass der Jugendliche den Hauseigentümer tätlich angegriffen oder sonstwie bedroht hätte. Diese Beurteilung des Sachverhalts wurde auch von Lenßen geteilt. Darüber hinaus machte Katja Triebel klar, dass es in Deutschland bedeutend schwieriger ist, an eine legale Schusswaffe zu kommen, als in den USA. Gleichzeitig entmystifizierte sie die sogenannten amerikanischen Verhältnisse. Die Kriminalität konzentriert sich auf wenige soziale Brennpunkte in den amerikanischen Großstädten. Auf dem flachen Land ist die Sicherheit vergleichbar mit derjenigen in Europa, obwohl die Waffendichte in den USA bedeutend höher ist. Schon in ihrem ersten öffentlichen Auftritt forderte Katja Triebel den Schusswaffenbesitz zum Selbstschutz. Das Führen von Schusswaffen im öffentlichen Raum lehnte sie noch ab. Das war noch vor Silvester 2015. Carolin Schneider zeigte sich entsetzt und bezeichnete diese Forderungen als einen Schlag ins Gesicht der Opfer von Winnenden. Obgleich sowohl Lanz als auch Lenßen Katja Triebels Ausführungen sehr häufig störten, indem sie ihr regelmäßig ins Wort fielen, kam ihre Botschaft durch. Waffen dienen auch der Selbstverteidigung, und gesetzestreue Bürger sollten Zugang zu ihnen haben. Das war das erste Mal in der Nachkriegsgeschichte der Bundesrepublik Deutschland, dass jemand den privaten Waffenbesitz zum Selbstschutz in den eigenen Wohn- und Geschäftsräumen forderte. Die Offensivstrategie der GRA nahm an diesem Tag ihren Anfang. Auf den Standardeinwand: „Ich fühle mich sicherer, wenn du keine Waffe hast!“ folgte die Antwort: „Aber ich fühle mich sicherer, wenn ich eine Waffe habe!“ Wie schon zuvor erwähnt sind es zwei entgegengesetzte Argumente, die sich allerdings auf der gleichen Stufe in der Maslowschen Bedürfnispyramide bewegen. Das Sicherheitsgefühl des einen trifft auf das Sicherheitsgefühl des anderen. Jetzt können die medialen Spiele beginnen.

Etwa ein Jahr später, am 11. Juli 2015, wurde die Sendung „Galileo Spezial“ unter dem Titel „Tödliche Faszination – Eine Reise in die Welt der Schusswaffen“ gesendet. Ein Teil dieser Reportage wurde bei einem Schieß-Schnupperkurs der GRA mit Oliver Huber in Bochum gedreht, der zum Ziel hat, das sportliche Schießen in die Mitte der Gesellschaft zu stellen. Bevor jedoch die Reporterin mit ihrem Team in Bochum drehen durfte, wurde sie von der GRA erst mal auf einen Wissensstand gebracht, der ihr erlaubte, halbwegs sachkundig an die Sache heranzugehen. Sie wurde vor den Dreharbeiten zu einem früheren Schnupperkurs eingeladen und intensiv betreut, sie durfte selber mit klein- und großkalibrigen Waffen schießen. Sie wurde auch auf die Internationale Waffenausstellung Outdoor Classics (IWA) in Nürnberg eingeladen, um ihr noch mehr von der Waffenthematik zu zeigen. In diesem Vorbereitungsprozess lernte die GRA, dass Fernsehreporter mehrheitlich keine Ahnung über die Welt der Waffen, der Jagd oder des Schießsports haben. Sie nehmen einfach einen Auftrag an, eine Sendung über Waffen zu machen, und dann recherchieren sie in bereits vorhandenen Quellen. Wenn ihnen keiner bei der Recherche hilft, dann finden sie lediglich das gleiche alte Material mit den gleichen alten Vorurteilen. So entsteht der nächste Verriss in den Medien, der zu einer selbsterfüllenden Prophezeiung wird. In diesem Bewusstsein meidet die GRA nicht die Journalisten, sondern sucht geradezu den Kontakt zu ihnen. Es sollte auch nicht verschwiegen werden, dass, als die deutsche IPSC-Szene von der geplanten Reportage erfuhr, es harsche Kritik aus den eigenen Reihen hagelte. Oliver Huber wurde deutlich davor gewarnt, sich mit den Medien einzulassen. Die Leute ahnten wieder Böses, sie waren auch bis dahin nichts anderes gewohnt. Die GRA ließ sich von den Vorurteilen nicht beirren und erlaubte schließlich dem Filmteam die Aufnahmen auf dem Schießstand in Bochum. Man sah bei dem Schnupperkurs mehrheitlich junge Menschen, die einfach nur ausprobieren wollten, wie es sich anfühlt, eine „echte“ Waffe abzufeuern. Diese Generation ist nicht wehrpflichtig, sie kennt Waffen nur aus dem Fernsehen, dem Kino oder aus Computerspielen. In dem Schnupperkurs wurden sie in die Realität der Waffen eingeführt. Sie durften nach einer zweistündigen theoretischen Einführung zuerst mit Kleinkaliberwaffen schießen, dann wurde zügig auf Großkaliber gewechselt, und anschließend gab es noch die Möglichkeit, mit halbautomatischen Gewehren vom Typ AR-15 sowie diversen Flinten zu schießen. Die Anzahl der Schusswaffen, die ausprobiert werden durften, und die sportdidaktische Herangehensweise von Oliver Huber hinterließen am Ende des Tages glücklich lächelnde und elektrisierte junge Menschen, die einen tollen Tag auf einem Schießstand erlebten. Schießen und Treffen wirkt sich nämlich auf das Belohnungszentrum im Gehirn aus. Das macht die Faszination des Schießens aus. Einige Teilnehmer werden in Zukunft selber als Sportschützen eine Waffenbesitzkarte beantragen, andere werden vielleicht nur ab und zu schießen gehen wollen, wie andere Leute ab und zu zum Bowling gehen, ohne direkt ein Mitglied in einem Bowlingverein sein zu wollen. Jedenfalls entwickelten alle Teilnehmer des Schnupperkurses ein Grundverständnis für Waffen und das sportliche Schießen. Sie werden dem Waffenbesitz neutral bis positiv gegenüberstehen, und damit ist schon viel an Public Relations erreicht. Aufgrund dieser Sendung meldeten sich weitere Kandidaten für die nächsten Schnupperkurse an. Als die Kritiker unter den Schießsportlern die Sendung sahen, wurden sie zum ersten Mal positiv überrascht. Die Botschaft der Notwendigkeit einer Expansionsstrategie statt eines einfachen

Bestandsschutzes beim privaten Waffenbesitz wurde verstanden. Seit diesem Zeitpunkt ist die GRA bei den ersten Sportschützen angekommen. Der Durchbruch beruhte darauf, dass die Schützen in der Lage waren, ein Umfeld zu schaffen, in dem sie etwas über sich zu erzählen wussten, anstatt dass etwas über sie erzählt wurde. Die Schützen müssen die mediale Initiative selber in ihre Hand nehmen. Diese Sendung war so gut, dass sie aus der Pro-7-Mediathek mit der Begründung einer angeblichen „Jugendgefährdung“ herausgenommen wurde. Der Umgang der Jugendlichen mit Schusswaffen war den Programmdirektoren viel zu positiv dargestellt. Die Kommentare zu der Sendung fielen viel zu positiv aus. Das sollten sich die Zuschauer nicht anschauen dürfen, damit sie ja nicht auf die Idee kamen, auch einen GRA-Schnupperkurs zu buchen.

Am 30. August 2015 wurde die Reportage „Echtzeit“ von Wolfram Kuhnigk unter dem Titel „Entsichert, Finger am Abzug“ ausgestrahlt. Der Reporter reiste in die USA und filmte, wie einfach es in diesem Land ist, Waffen zu kaufen und mit ihnen zu schießen. In vielen Bundesstaaten darf man nicht nur auf Schießständen, sondern auch auf „Public Lands“ schießen, wenn man sicherstellt, dass dadurch niemand gefährdet wird. Demgegenüber wurde die recht restriktive Situation der Schützen in Deutschland dargestellt. Auf der IWA in Nürnberg erklärte Friedrich Gepperth vom BDS, dass die Amokläufe in Erfurt und Winnenden das Leben der Sportschützen in Deutschland bedeutend erschwert hätten. Er hält auch die andauernd von der Politik vorgeschlagenen anlassbezogenen Verschärfungen des Waffengesetzes für unverhältnismäßig in einem freiheitlichen Staat. Wolfram Kuhnigk besuchte auch ein IPSC-Turnier in Deutschland. Während die Sportler in ihrer Sportart eine faszinierende Freizeitbeschäftigung sahen, bezeichneten die Gegner dieses Schießsports IPSC als eine Art Terrortraining für Amokläufer. Dabei gab es weltweit noch nie einen Amokläufer aus den Reihen der IPSC-Schützen, obwohl sie so intensiv trainieren und so meisterhaft mit ihren Waffen umgehen können – vielleicht gerade deswegen. Die Szenerie wechselte wieder zu einem

Schnupperkurs von Oliver Huber nach Bochum. Hier sah man erneut die begeisterten jungen Menschen, die zum ersten Mal in ihrem Leben mit einer „echten“ Waffe schießen durften. Eine 28-jährige Musikstudentin, Indra, hatte sichtlich Spaß, mit den großkalibrigen Waffen zu schießen. Sie fand die Schussabgaben aus einem großkalibrigen Revolver und einer Flinte „cool“ und wollte noch mal schießen. Das Schlusswort des Reporters: „Indras Euphorie beim Schnupperschießen bringt mich zu dem Schluss, dass es manchen Menschen wahrscheinlich wirklich einfach Spaß macht, auf nicht lebende Ziele zu schießen. Und vor allem bei Indra bezweifle ich, dass sie dadurch grundsätzlich gewaltbereiter ist. Trotz der Trends in dem IPSC-Schießen, im Moment verhindern hierzulande die Gesetze ähnliche Verhältnisse wie in den USA. Und ich hoffe, dass es trotz 5,5 Millionen Schusswaffen in Deutschland nie wieder zu einem Amoklauf kommt.“ Das ist doch grundsätzlich eine stimmige und positive Botschaft einer Reportage über Waffen.

Am 15. Februar 2016 wurde die Sendung „Fakt ist!“ aus Magdeburg unter dem Titel „Mehr Waffen, mehr Sicherheit?“ ausgestrahlt. Das war schon nach den terroristischen Attentaten in Paris und Brüssel und nach Silvester 2015 in Köln. Man merkte die Änderung der Stimmung deutlich. Ab dem Zeitpunkt bahnte sich die Diskussion über Waffen für die Zwecke des Selbstschutzes ihren Weg in die Medien. Zu Gast in der Sendung war die Berliner Waffenhändlerin Katja Triebel, die schon in der Anmoderation mit der spanischen Eröffnung: „Jeder Bürger hat das Recht auf Schutz“ in die Diskussion hineinging. Daneben der Grünen-Politiker Volker Beck, der traditionell vor Selbstjustiz warnte, der Präsident des Sächsischen Schützenbundes, Frank Kupfer, der die Sportschützen zu Unrecht in der Kritik sah, der Polizeipräsident der Stadt Leipzig, Bernd Merbitz, der die Meinung vertrat, dass mehr Waffen die Gesellschaft unsicherer machen, und schließlich der Angstforscher an der Uni Göttingen Prof. Borwin Bandelow, der mit der Verdrängungsstrategie antrat, dass die beste Waffe gegen den Terror sei, keine Angst zu haben. Für den Polizeipräsidenten gab es überhaupt kein Problem mit der Sicherheit. In einem Notfall sollte man einfach 110 anrufen, und alles würde gut. Die Zeitspanne zwischen dem Anruf und der Ankunft der Polizei, in der das Opfer von dem Täter verletzt oder gar getötet werden kann, war für ihn kein Thema. Wenn das so sein sollte, dann hat so ein Opfer einfach nur Pech. Alle anderen sollen im Notfall weiter 110 anrufen und basta. Volker Beck ging grundsätzlich davon aus, dass ein Zivilist mit einer Waffe im Ernstfall nicht umgehen kann. Somit wäre es besser, dass er es grundsätzlich lässt. Für Frank Kupfer waren Schusswaffen ausschließlich für den Sport geeignet und nicht für die Selbstverteidigung. Er empfahl eher, an Selbstverteidigungskursen teilzunehmen. Es war eine traditionelle Position eines Verbandsvorsitzenden, der das Thema Schusswaffen aus der Diskussion über Selbstverteidigung fernhalten wollte. Er wirkte insgesamt bei dieser Diskussion etwas deplaziert, weil es bei dieser Sendung gar nicht um den Schießsport ging, sondern explizit um Selbstschutz in Zeiten des aufkommenden Terrorismus und steigender Brutalität im Bereich der täglichen Gewaltkriminalität. Katja Triebel schilderte, dass ihre Kunden deswegen Waffen wie Pfefferspray oder Gaspistolen haben, weil sie in ihrem Umfeld Erfahrungen mit Gewaltkriminalität machten. Echte Schusswaffen sind in Deutschland nicht so leicht zu bekommen, was änderungswürdig wäre. Auf das Standardthema der furchtbaren amerikanischen Verhältnisse entgegnete sie, dass der Zugang der Bürger zu Waffen auch in manchen europäischen Ländern, wie zum Beispiel in Österreich, in der Schweiz oder auch in der Tschechischen Republik, viel einfacher geregelt ist als in Deutschland. Trotzdem gelten diese Länder nicht als Horte der Gewalt. Die Waffengesetze haben nichts mit der Gewaltbereitschaft der Bürger zu tun, weil dafür eher die sozioökonomischen Verhältnisse verantwortlich sind. Für Katja Triebel war auch das Situationsbewusstsein im Alltag wichtig. Frauen sollten auf dem Weg in die Disko bequeme Schuhe haben, in denen sie im Notfall laufen können. Die Stöckelschuhe gehören auf dem Weg in einen Rucksack. Genauso sollte man sich grundsätzlich auf der Straße umschauen, um mögliche Gefahrenquellen frühzeitig zu erkennen, statt sich Kopfhörer in die Ohren zu stopfen und unterwegs die ganze Zeit auf das Smartphone zu schauen. Das waren die sinnvollsten Tipps der ganzen Runde. Katja Triebel punktete wieder mit einem theoretischen und praktischen Wissen, wo die anderen Gäste in der neuen Unsicherheitslage nur ihre alten Platten abgespielt haben.

Am 6. April 2016 wurde die Sendung „Maischberger" mit dem Thema „Einbrüche in Deutschland" ausgestrahlt. Zu Gast waren die Fernsehmoderatorin Marijke Amado und der Pfarrer Jürgen Behr, die beide Opfer eines Einbruchs wurden. Darüber hinaus der stellvertretende Vorsitzende des Bundes Deutscher Kriminalbeamter, Sebastian Fiedler, der Innenminister von Schleswig-Holstein, Stefan Studt (SPD), sowie Katja Triebel, die vor dem Hintergrund der gestiegenen Einbruchszahlen ein liberales Waffengesetz forderte. Sie sagte: „Legale Schusswaffen in Haushalten sind keine Gefahr. Wer sich unsicher fühlt, muss das Recht haben, sich zu verteidigen. Schusswaffen in den richtigen Händen können Leben retten. Jeder zuverlässige Bürger sollte eine Waffe besitzen dürfen." Mit diesen Thesen waren die übrigen Gäste natürlich nicht einverstanden. Marijke Amado und Pfarrer Jürgen Behr sagten, dass sie, selbst wenn sie eine Waffe hätten, nicht wüssten, wie sie sich damit effektiv wehren sollten. Das ist auch vollkommen nachvollziehbar. Obwohl Katja Triebel über eine notwendige Ausbildung sprach, die sie dazu befähigt hätte, sich effektiv mit Schusswaffen zu wehren, haben die beiden Einbruchsopfer innerlich nicht verstanden, was es heißt, mit einer Waffe den Ernstfall zu trainieren. Sie haben sich offensichtlich mit dem Gedanken noch nie auseinandergesetzt. Für Stefan Studt war es als Politiker klar, dass die Lösung des Problems im Aufbau der Polizeikräfte liegt. Gleichzeitig gab er zu, dass es dafür seit Jahren kein Budget gibt und der Trend eher zu Einsparungen im Sicherheitsbereich hingeht. Die Niederländerin Marijke Amado gab zu, dass sie in ihrem Dorf mit den anderen Bewohnern eine Art Nachbarschaftswache organisiert hatte, das heißt die Leute patrouillieren auf ihren Straßen selbst, weil es in den Niederlanden auch zu wenig Polizeipräsenz gibt.

Amado gab zwar zu, dass sie mit Waffen nichts anfangen kann, der Gedanke einer Bürgerwehr ist ihr aber faktisch nicht fremd. Sie und ihre Nachbarn verlassen sich nicht mehr hundertprozentig auf die Polizei. Als der Vorsitzende des Bundes Deutscher Kriminalbeamter, Sebastian Fiedler, von Maischberger danach gefragt wurde, was er im Falle eines Einbruchs in sein Haus gemacht hätte, gab er bereitwillig zu, dass für ihn dann ganz klar das Notwehrrecht gegriffen hätte. Wenn es notwendig wäre, dann würde er auch von seiner Schusswaffe Gebrauch machen. Gleichzeitig betonte er, dass er als Polizist und Schießausbilder sich im Umgang mit Waffen auskennt. Der unbedarfte Bürger hat derartige Kenntnisse nicht, und deshalb sollte er von Waffen die Finger lassen. Es war erneut eine typische Stellungnahme eines Polizeisprechers, der problemlos Sollopfer der Gewaltkriminalität bei der „unbedarften" Zivilbevölkerung in Kauf nimmt. Hauptsache, es kommt zu keinem Wettrüsten unter den Bürgern.

Diese Sendung zeigte drei Sachen ganz klar: (1) Viele Leute sind von der Gewaltkriminalität überrascht und nehmen noch nicht mal an, dass sie sich erfolgreich dagegen wehren könnten. (2) Die Politiker und Vertreter der Polizei gehen von einem Wunschzustand aus, in dem die Polizei alleine für die Sicherheit der Bürger sorgt. Wenn dieser Wunschzustand der Realität nicht entspricht, dann macht es auch nichts. Die Bevölkerung wird implizit um Geduld gebeten, bis die Politik mit dem Problem fertig wird. Die Opfer, die es bis zum Erreichen des optimalen Sicherheitszustandes geben wird, müssen wir einfach aushalten. (3) Dass Waffen nicht nur für Spiel, Sport und Spaß, sondern auch für den Selbstschutz gut sind, kann in den Medien mittlerweile diskutiert werden, auch wenn eine Vertreterin dieser Idee noch vier Gegenmeinungen ausgesetzt ist.

Am 5. Juli 2016 wurde im „Report Mainz" das Thema der Verschärfung der EU-Waffenrichtlinie diskutiert. In dieser Sendung sollte auch ein GRA Range Day im Sauerland gefilmt werden. Das Filmteam bekam jedoch keine Erlaubnis, zu drehen, weil die GRA an diesem Tag ihre Ruhe auf dem Schießstand haben wollte. Das hielt die Reporter jedoch nicht davon ab, diesen

Range Day mit einer versteckten Kamera zu filmen. Es wurden nur verwackelte Bilder ohne Ton gezeigt. Der Reporter berichtete aus einem Gedächtnisprotokoll. Es wurde ein Stand eines Waffenherstellers mit halbautomatischen Sportgewehren gezeigt, die von der EU verboten werden sollen. Der Bundesvorstand der Gewerkschaft der Polizei, Oliver Malchow, kommentierte die Bilder mit „Sex and Crime", weil die Mitarbeiterin des Waffenherstellers ein enges T-Shirt trug. Das war wohl das erste, was ihm ins Auge fiel. Man kann diese Reportage einerseits als einen totalen Verriss sehen, andererseits muss man beachten, dass die Graswurzelbewegung Firearms United, deren Mitglied die GRA ist, zum ersten Mal in den Mainstreammedien erwähnt wurde. Die Sympathisanten von Firearms United schickten Tausende von Briefen und E-Mails an die EU-Abgeordneten, in denen sie die Sinnhaftigkeit einer erneuten Verschärfung der EU-Waffenrichtlinie bezweifelten („Tagesspiegel" 2016). Die Zuschauer wurden darüber informiert, dass sich die europäische Waffenlobby noch stärker verbindet und gegen Verschärfungen der EU-Waffenrichtlinie protestiert. Insofern war es keine schlechte Publicity. Medial unwirksam ist man nur, wenn niemand über einen spricht.

Am 13. Juli 2016 behandelte die Sendung „Galileo" das Thema des Kleinen Waffenscheins, mit dem die Besitzer von Schreckschusswaffen diese im öffentlichen Raum führen dürfen. Die Anträge auf den Kleinen Waffenschein sind besonders nach Silvester 2015 dramatisch angestiegen. Die Reporter statteten Marc Schieferdecker einen Besuch in seiner Wohnung ab. Er vertrat die Meinung, dass Pfefferspray besser für die Selbstverteidigung geeignet ist als Schreckschusswaffen. Ein Pfefferspray funktioniert im Prinzip wie jede Haarspraydose. Man drückt den Knopf, und es kommt ein Strahl mit einer reizenden Flüssigkeit heraus. Bei Schreckschusswaffen muss man die Handhabung üben, was einen zusätzlichen Aufwand bedeutet. Sachkundige Besitzer von echten Schusswaffen kennen sich jedoch mit Schreckschusswaffen aus. Für sie ist die Handhabung kein Problem. In dieser Sendung wurde wieder das Thema Waffen für

Selbstverteidigungszwecke angesprochen. Es wäre interessant, herauszufinden, wieviele Menschen die Schwelle zwischen einem latenten Wunsch, eine Waffe zu besitzen, und dem tatsächlichen Erwerb überschreiten, wenn sie in den Medien auf das Thema angesprochen werden. Denken wir daran, dass Unternehmen Milliarden Euro für Fernsehwerbung ausgeben, um ihre Produkte unters Volk zu bringen. Es ist plausibel, anzunehmen, dass es bei Waffen grundsätzlich nicht anders ist. Deswegen dürfte jede Sendung neue Waffenbesitzer bringen, auch wenn es vorerst nur Schreckschusswaffen sind.

Am 13. September 2016 wurde auf RBB eine Reportage unter dem Titel „Wir sind die Angst" ausgestrahlt. Das Thema war der Umgang der Bürger mit den Nachrichten über den Terrorismus und die Gewalttaten auf der Straße. Manche bilden Bürgerwehren, manche üben sich in den waffenlosen Selbstverteidigungstechniken, wieder andere besorgen sich Pfefferspray und Schreckschusswaffen. Marc Schieferdecker sagt dazu: „Wir als Bürger sind immer die ersten, die in der Schusslinie stehen, und die Polizei kommt erst nach zehn bis 15 Minuten." Der Organisator der GRA-Schnupperkurse, Oliver Huber, ergänzte: „Man muss dem Bürger die Chance geben, seine Unversehrtheit verteidigen zu können. Ich glaube, in der jetzigen politischen Situation findet die Schusswaffe einen anderen Stellenwert und einen Diskussionseingang in die Gesellschaft. Ich glaube nicht, dass die Gesellschaft wehrhafter sein muss, aber ich glaube, dass wir aus der Ebene, da kommt schon jemand, der regelt das für mich, werden rauskommen müssen. Ich glaube, wir werden unsere Eigenverantwortung wieder erlernen müssen." Wieder ein deutliches Zeichen seitens der GRA, dass die Bürger selbst für ihre Sicherheit verantwortlich sind. Die Polizei kann man rufen, wenn man es schafft. Sie wird auch irgendwann mal kommen. Bis dahin muss der Bürger mit dem Angreifer alleine zurechtkommen, und dafür muss er entsprechend ausgerüstet und ausgebildet werden.

Am 10. Dezember 2016 wurde die Sendung „Gun Germany" auf ZDF Info ausgestrahlt. Der Reporter Johan von Mirbach wollte untersuchen, was hinter der gesteigerten Waffenaffinität der Deutschen steckt. Er besuchte einen Waffenhändler in Bochum, der ihm bestätigte, dass die gestiegenen Einbruchzahlen in den letzten Jahren, die Silvesternacht 2015 und die täglichen Berichte in den Medien über Gewalt auf den Straßen dafür sorgen, dass immer mehr Deutsche Schreckschusswaffen und Pfefferspray kaufen. Die Anzahl der Kleinen Waffenscheine, die dazu berechtigen, eine Schreckschusswaffe im öffentlichen Raum zu führen, stieg von 273.000 im September 2015 auf 444.000 im September 2016, was eine Steigerung von 61 Prozent ausmacht. Der Reporter kaufte sich auch eine Schreckschusspistole und ging damit zu einem Selbstverteidigungsexperten, um zu testen, ob diese Waffe in einem Notfall auch wirksam eingesetzt werden kann. Der Experte wollte den Test mit der Schreckschusswaffe nicht machen, weil ihm das zu gefährlich erschien. Intuitiv hielt er es für möglich, dass sogar ein Ungeübter mit einer Schusswaffe einem Experten ohne Schusswaffe gefährlich sein könnte. Stattdessen wurde ein Pfefferspray genommen. Bei dem Test hat der Nahkampfexperte den unbedarften Reporter in einem Überfallszenario in Sekunden besiegt, was die Nutzlosigkeit des Pfeffersprays demonstrieren sollte. Damit wurde nur gezeigt, dass ein stärkerer Gegner, der noch den Überraschungseffekt auf seiner Seite hat, einem schwächeren Opfer total überlegen ist. Das ist auch kein Wunder. In der Realität entwickeln sich jedoch Konflikte auf der Straße. Wenn das potentielle Opfer durch entsprechendes Training ein Situationsbewusstsein entwickelt hat, dann kann es gefährliche Situationen spüren. Der Verteidiger hat gelernt, sich in eine Position zu bringen, wo der Einsatz seiner Waffe möglich ist. Der Test zeigte auch, dass das verwendete Pfefferspray erst nach circa einer Minute wirklich anfing, zu wirken. Daher sind solche Mittel wie Pfefferspray oder mit Reizgas geladene Schreckschusswaffen nicht dazu gedacht, einen ausgedehnten Kampf damit zu führen. In einer Notwehrsituation wird auf den Angreifer gesprüht beziehungsweise geschossen. Der Überraschungseffekt wird dazu genutzt, schnell das Weite zu suchen. Der Angreifer ist dann erst mal mit den Reizungen seiner Schleimhäute beschäftigt, die bis zu 45 Minuten andauern können. Die befragten Polizeisprecher waren natürlich gegen Schreckschusswaffen, weil sie der Polizei ihre Arbeit erschweren. Ein Polizist weiß nicht immer, ob die Waffe echt ist oder nicht. Das könnte im Extremfall dazu führen, dass ein Polizist auf einen Menschen schießt, weil er sich von der Schreckschusswaffe bedroht fühlt. Dieses Szenario gilt nur, wenn jemand dumm genug ist, seine Schreckschusswaffe zu ziehen und auf Polizisten zu zielen oder sogar zu schießen. Dafür sind aber die Waffen und der Kleine Waffenschein nicht gedacht. Darüber hinaus beantworteten die Polizeisprecher, wie es ihre Tradition gebietet, nicht die Frage, was ein Überfallopfer machen soll, wenn es in einer dunklen Ecke angegriffen wird und die Polizei nicht zugegen ist. Ein weiteres Sollopfer geht einfach in die Polizeiliche Kriminalstatistik ein, und das war es. Nach dem Vorfall wird die Polizei ermitteln.

Der Reporter besuchte ebenfalls einen Schnupperkurs bei Oliver Huber. Dort schoss er zum ersten Mal in seinem Leben mit echten Schusswaffen, obwohl er zugab, sich in seiner Jugend geschworen zu haben, niemals eine Waffe anzufassen. In bezug auf den Amoklauf von München, bei dem der 18-jährige Ali David Sonboly am 22. Juli 2016 mit einer illegal besessenen Pistole im Olympia-Einkaufszentrum (OEZ) neun Menschen erschoss und vier weitere verletzte, sagte Oliver Huber, dass, wenn er zugegen gewesen wäre, seine Waffe dabei gehabt hätte und den Angreifer klar erkannt hätte, er auf ihn geschossen hätte, um andere Menschenleben zu retten. Das hätte er im vollen Bewusstsein der Konsequenzen gemacht, die danach folgen würden. In so einem Fall würde gegen ihn erst mal wegen einer schweren Körperverletzung oder sogar wegen eines Totschlags ermittelt werden. Erst in der Gerichtsverhandlung unter Berücksichtigung aller Umstände könnte auf Notwehr oder Nothilfe erkannt werden. Das war die bisher stärkste öffentliche Aussage eines Waffenbesitzers in Deutschland. In dieser Sendung artikulierte Oliver Huber ganz klar, dass Schusswaffen auch bei Privatpersonen in einer Notwehr- oder Nothilfesituation zur Verteidigung dienen können. Obwohl Notwehr und Nothilfe nach dem Strafgesetzbuch legal sind, wird das Thema insbesondere in Verbindung mit Schusswaffen in den Medien und immer noch in breiten Schichten der Gesellschaft sehr kontrovers diskutiert. Die Menschen wünschen sich mehrheitlich, dass solche Situationen gar nicht entstehen. Wenn man die Möglichkeit gedanklich verdrängt, sich jemals in so einer Situation zu befinden, dann kann man auch automatisch das Problem mit der Notwehr verdrängen. Durch Medienauftritte der GRA wird das Thema des Selbstschutzes in zunehmendem Maße der Öffentlichkeit vorgestellt. Man kann das alles kontrovers diskutieren. Wichtig ist, dass es überhaupt diskutiert wird.

Am 4. April 2017 trat Oliver Huber in der Sendung „Jetzt Knippertz“ auf, die auf N-TV ausgestrahlt wurde. Die Sendung begann mit einem Interview mit einer Einwohnerin von Wetter (Ruhr), Karen Buchholz, die sich über die gestiegenen Einbrüche in ihrer Nachbarschaft beschwerte. Sie startete eine Onlinepetition, die den Wunsch nach mehr Polizeipräsenz zum Inhalt hat. Gleichzeitig bemerkte sie, dass die Politik die Bürger nicht mehr ernst nehme, weil die Übersendung der Unterschriften nicht erwünscht war. Die Einbrüche haben zu einem Unsicherheitsgefühl geführt. Buchholz lässt nur noch Postboten ins Haus rein, die sie persönlich kennt. Unbekannten Postboten wird die Tür nicht mehr aufgemacht, weil es sich um Trickbetrüger handeln könnte. Gleichzeitig lehnt Buchholz den privaten Waffenbesitz entschieden ab. Ihrer Meinung nach ist es Sache der Polizei, für ihre Sicherheit zu sorgen. Die Gegenposition vertrat Oliver Huber, indem er die offizielle Position der German Rifle Association erklärte. Demnach soll jeder rechtstreue Bürger das Recht haben, Schusswaffen zu seinem persönlichen Schutz zu besitzen und zu führen. Die Ausübung des Rechts soll aber an bestimmte Bedingungen gebunden sein. Dazu gehören Sachkunde, praktische Schießausbildung, Deeskalationstraining und regelmäßiges Schießtraining. Nach diesen beiden Interviews ging die Sendung in eine Diskussionsrunde über mit der Beteiligung des innenpolitischen Sprechers der SPD im nordrhein-westfälischen Landtag, Thomas Stotko, und dem stellvertretenden Vorsitzenden des Bundes Deutscher Kriminalbeamter, Sebastian Fiedler. Obwohl Fiedler frei zugab, dass die Einsparungen bei der Polizei dazu geführt hatten, dass die Personaldecke mittlerweile dünn geworden ist, hielt er traditionell nichts von einer Bewaffnung der Bürger. Für ihn bringen mehr Waffen immer mehr Probleme. Außerdem müssen Polizisten eine dreijährige Ausbildung machen, die sie dazu befähigt, mit Schusswaffen entsprechend professionell umzugehen. Zivilisten könnten das nicht. Oliver Huber wies ihn darauf hin, dass normale Streifenpolizisten jährlich circa 70 bis 80 Schuss im Training abgeben. Das sei bedeutend zu wenig. Jeder Sportschütze verbraucht mehr Munition in seinem wöchentlichen Training und ist dadurch besser an Waffen ausgebildet als viele Polizisten. Thomas Stotko hielt auch dagegen. Er kann sich den privaten Waffenbesitz nicht vorstellen. Bei einem Überfall würde er dem Räuber lieber alles abgeben, als von seinem Notwehrrecht Gebrauch zu machen. Er setzte damit implizit voraus, dass sein persönlicher Räuber so gnädig sein wird, dass er ihn nicht verletzt oder gar tötet, bevor er ihn ausraubt. Oliver Huber erklärte, dass Kriminelle nach dem ökonomischen Prinzip arbeiten. Sie wollen möglichst große Beute mit möglichst geringem Aufwand machen. Das Bewusstsein, dass ein Opfer bewaffnet sein könnte, erhöht die Kosten des Verbrechens. Zum Schluss kam noch das Thema der Bürgerwehren auf den Tisch. Sebastian Fiedler war skeptisch, weil bei Bürgerwehren immer die Gefahr bestehe, dass zwielichtige Gestalten sich auf den Straßen Kontrollrechte herausnehmen, die sie als Zivilisten nicht haben. Oliver Huber schlug vor, dass Bürgerwehren auch in die polizeilichen Strukturen integriert werden könnten, um jeglichen Auswüchsen von Anfang an einen Riegel vorzuschieben. Mit solchen „Deputys" könnte der soziale Zusammenhalt in der Nachbarschaft gestärkt werden. Einbrecher und andere Kriminelle könnten so viel schneller entdeckt und womöglich abgeschreckt werden. Insgesamt war es eine gute Sendung, in der alle Seiten genügend Sprechzeit hatten, um ihre Positionen darzulegen. Es hat sich wieder gezeigt, dass eine Diskussion über den Schusswaffenbesitz für die Zwecke des Selbstschutzes in den eigenen Wohn- und Geschäftsräumen in den Mainstreammedien durchaus möglich ist.

„Am Anfang war das Wort", so beginnt das Johannes-Evangelium. Es gibt zwei Denkschulen. Die eine besagt, dass Wörter nur dazu da sind, die Realität zu beschreiben. Die andere Denkschule sagt, dass sich Worte eine eigene Realität schaffen. Was stimmt also? Es stimmt beides, denn eine positive Aussage wie zum Beispiel „zwei mal zwei gleich vier" kann wahr oder falsch sein. In diesem Fall ist die Aussage wohl wahr, und da gibt es nichts darüber zu diskutieren. Worte beschreiben hier lediglich die Realität. Im Bereich der normativen Aussagen ist es schon etwas anders. Eine Aussage wie zum Beispiel „Eiskrem ist besser als Kuchen" oder „In Deutschland soll es wieder mehr Einkommensgerechtigkeit geben" oder „Leute sollen Schusswaffen zur Selbstverteidigung haben dürfen" kann sowohl als wahr als auch als falsch empfunden werden. Es kommt auf den Geschmack und die Einstellung des Betrachters an. Bei normativen Aussagen spielen Rhetorik und Dialektik eine besonders wichtige Rolle. In all den Medienauftritten mit der Beteiligung der German Rifle Association ist erkennbar, dass die Protagonisten nicht in eine Abwehrstellung gehen. Sie entschuldigen sich auch nicht für den Waffenbesitz und bitten auch nicht um Verständnis für Sportschützen und Jäger. Sie gehen vielmehr mit einer eigenen These hinein, die sie dann im Laufe des Gesprächs begründen. Die Grundaussage ist, dass Menschen ein natürliches Recht darauf haben, Schusswaffen und andere Abwehrwaffen zum Selbstschutz zu haben. Vor dem Hintergrund solcher Thesen und der nachfolgenden Forderung nach der Liberalisierung des Waffengesetzes erscheint denjenigen, die sich für ein scharfes Waffengesetz aussprechen, der Waffenbesitz von Sportschützen und Jägern als ziemlich harmlos. Die GRA hebt die Diskussion in den Medien auf eine neue Ebene. Neben dem Hobby der Sportschützen und Jäger wird eine neue Ebene des Selbstschutzes angesprochen, die in den letzten Jahrzehnten in den Medien keine Rolle spielte. Mehr noch, aus dem Blickwinkel der traditionellen Schießsport- und Jagdverbände war die Forderung nach dem Waffenerwerb zum Selbstschutz lange etwas Unsagbares. Jetzt ist es sagbar, weil die GRA anfing, darüber zu sprechen. Das Wort hat eine neue Realitätswahrnehmung geschaffen, die auch die Bewertung des Schusswaffenbesitzes verändert.

Wenn Menschen das Risiko einer Sache einschätzen wollen, dann bauen sie eine Relation zwischen der Gefährlichkeit der einen und der anderen Sache. Ganz häufig wird der Waffenbesitz mit dem Fahrzeugbesitz verglichen. Im Jahr 2016 starben auf deutschen Straßen 3.206 Menschen infolge von Verkehrsunfällen, die von legal besessenen Fahrzeugen verursacht wurden. Mit legal besessenen Waffen werden jährlich nur ganz wenige Tötungsdelikte verübt, wenn überhaupt. Dieser Vergleich soll zeigen, wie sicher der legale private Waffenbesitz im Vergleich zum Fahrzeugbesitz ist. Dennoch antworten dann die Kritiker, dass, wenn auch nur ein Schusswaffentoter verhindert werden könnte, es dies wert wäre, den Waffenbesitz komplett zu verbieten. Die gleiche Argumentation wird allerdings nicht auf die Fahrzeuge angewendet. Warum? Zum einen besitzen diese Kritiker höchstwahrscheinlich selber ein Fahrzeug. Sie genießen die Möglichkeit, mit ihrem Fahrzeug zur Arbeit, zum Einkaufen oder in den Urlaub zu fahren. Es leuchtet ihnen ein, dass Fahrzeuge überall vorhanden und äußerst nützlich sind. Bei all diesem Nutzen nimmt man die Verkehrstoten und Verletzten problemlos als Kosten in Kauf. Bei Schusswaffen erkennen die Kritiker den Nutzen nicht. Sie besitzen selber keine Waffen und verstehen nicht, dass ein anderer sie haben will. Deswegen ist es so wichtig, den potentiellen Gefahren, die von den Schusswaffen ausgehen können, auch immer den Nutzen gegenüberzustellen. Ein Hobby, an dem sich jemand anderer erfreut, reicht als Nutzendarstellung nicht aus. Wenn Waffen für kriminelle Taten genutzt werden können, dann können sie auch dazu genutzt werden, um Kriminalität und Terrorismus zu verhindern. Das ist das passende Gegengewicht auf der gleichen Argumentationsebene. Erst mit dem Eintritt der GRA in die Medien wurden auch die handfesten Vorteile des Waffenbesitzes thematisiert.

Die GRA hat bisher zehn Termine wahrgenommen, um mit Journalisten über den privaten Waffenbesitz zu reden. Es sind wertvolle Erkenntnisse aus der Praxis, die bei den nächsten Medienauftritten entsprechend berücksichtigt werden. Learning by doing. Oliver Huber fasst die bisherige Zusammenarbeit mit den Medien wie folgt zusammen:

„Bisher haben wir nur einen aus der Medienzunft zu Besuch gehabt, der journalistisch sauber und ohne dramatische Untermalung, sinnentstellenden Filmschnitt und ein filmisch dokumentiertes Fazit der eigenen Meinung zum krönenden Abschluss gearbeitet hat. Bei der Frage: ‚Würden Sie nicht lieber von einem Bürger, der eine Waffe bei sich trägt und im Umgang damit ausgebildet ist, aus einer lebensbedrohlichen Gewaltsituation gerettet werden, als zu sterben oder schwer verletzt zu werden?' finden neun von zehn Medienschaffenden keine syntaktische Satzstruktur, aus der man eine eindeutige Antwort ableiten könnte. Wir vermuten hier eine realitätsferne altruistische Lebensphantasie oder schlichte Todessehnsucht.

Neun von zehn Journalisten, die wir live erlebt haben, geben vor, über diese Situation noch nie nachgedacht zu haben.

Vier von zehn haben wenigstens soweit recherchiert, dass sie zugestehen müssen, dass es ein sehr langer und aufwendiger Weg ist, zu einer Waffenbesitzkarte zu gelangen.

Acht von zehn sehen in dem Wort ‚Waffennarr' keine Abwertung, finden den Begriff ‚Waffenliebhaber' zu positiv und zu ‚sperrig und altbacken' für einen modernen Bericht.

Sechs von zehn finden Schießen spannend, haben aber große Probleme damit, das positive Erleben beim Schießen vor der Kamera wahrheitsgemäß zu verbalisieren.

Vier von zehn interessiert es überhaupt nicht, zu schießen.

Alle zehn Medienvertreter, mit denen wir zusammengearbeitet haben, haben uns im persönlichen Gespräch zu verstehen gegeben: Positive Berichte zum Thema Waffen in der Hand von Bürgern sind schwer an der Redaktion vorbeizubekommen, … als ob wir das nicht wüssten.

Hier herrscht wenigstens Ehrlichkeit, oder es ist nur Schuldabwiegelung.

Alle Besucher, die mit der Kamera zu Besuch kamen, konnten ihr Erstaunen nicht verhehlen ob der freundlichen und hilfsbereiten Unterstützung, die ihnen zuteilwurde."

Oliver Hubers Beobachtungen entsprechen weitgehend den wissenschaftlichen Erkenntnissen des deutschen Kommunikationswissenschaftlers am Institut für Publizistik in Mainz Hans Mathias Kepplinger, der von einer medialen Pseudorealität ausgeht. Diese Pseudorealität entsteht dadurch, dass Journalisten nach Maßgabe ihrer persönlichen Einstellungen eine Neigung haben, die sie die Realität auf eine bestimmte Weise interpretieren lässt. Das betrifft sowohl die Auswahl und die Darbietung als auch die Kommentierung der Themen. Das führte zu den Fragen: Was wollen eigentlich Journalisten? Woher beziehen sie ihre Ansichten? Die Resultate seiner Untersuchungen sind (Sarrazin 2014, S. 2776):

1. Journalisten wollen Einfluss auf die Politik nehmen: Wie die Politiker auch, sind sie mehrheitlich der Meinung, dass der Einfluss der Medien auf die Politik größer ist als umgekehrt der Einfluss der Politik auf die Medien. Aber anders als Politiker, die das tatsächliche Machtgefälle zu ihren Ungunsten kritisieren und sich für ein Machtgleichgewicht zwischen Medien und Politik aussprechen, meinen die Journalisten, dass der Einfluss der Medien auf die Politik noch erheblich größer sein sollte, als er tatsächlich ist.

2. Journalisten sind im Konkreten eher Gesinnungsethiker als Verantwortungsethiker. Verantwortung für die Nebenfolgen einer Publikation lehnen sie mehrheitlich ab.

3. Die politischen Einstellungen der Journalisten beziehungsweise der Medien, die sie vertreten, haben einen erheblichen Einfluss auf die Auswahl, Darbietung und Kommentierung von Nachrichten.

4. Journalisten meinen zwar, dass man grundsätzlich korrekt berichten sollte. Aber sie meinen auch mehrheitlich, dass im Dienste einer guten Sache Übertreibungen erlaubt sind.

5. Ordnet man politische Grundeinstellungen einem Links-Rechts-Schema zu, so zeigt sich, dass Journalisten in ihrer großen Mehrheit sowohl links von der Bevölkerung als auch links von ihrem eigenen Publikum stehen.

Die Grundeinstellungen der Journalisten können noch weiter konkretisiert werden. Nach Kepplinger stufen sich die Journalisten in Umfragen folgendermaßen ein (Sarrazin 2014, S. 2794):

• 63 Prozent ordnen ihr politisches Denken links von ihrem Vater, nur acht Prozent rechts davon ein.

• 48 Prozent ordnen ihr Denken links von ihren Schulfreunden, nur 15 Prozent rechts davon ein.

• 46 Prozent ordnen ihr Denken links von ihrem Publikum, nur sieben Prozent rechts davon ein.

• 26 Prozent ordnen ihr Denken links von ihren Freunden, neun Prozent rechts davon ein.

Wenn die heutige Journaille im Durchschnitt so dermaßen linkslastig ist, dass sie die Einstellung der Bevölkerung in großen Teilen nicht mehr widerspiegelt, dann ist es nur logisch, dass es potentiell viel Platz für Medien gibt, die rechts vom medialen Mainstream argumentieren.

Die bis dahin anlassbezogenen Auftritte der GRA in den Mainstreammedien waren ein notwendiger Teil der Kommunikation mit dem breiten Publikum. Was jedoch wirklich der täglichen Imagepflege und der Themenaufbereitung hilft, sind die Möglichkeiten, die das Internet bietet. Die vertikale Kommunikation à la Broadcasting wird durch die horizontale Kommunikation ergänzt und in vielen Fällen ersetzt. Die Internetkommunikation wird als „horizontal" bezeichnet, weil es dabei keine Hierarchien gibt. Jeder sendet über Facebook oder Youtube, was er will. Jeder Sender hat seine Abonnenten und damit sein eigenes Publikum. Im Internet gibt es keinen Rundfunk- und Fernsehrat, der als ein parteiliches Aufsichtsgremium die Programmkontrolle übernimmt. Das Internet erlaubt es den Waffenbesitzern, über sich selbst zu sprechen. Es erlaubt ihnen, ihre eigenen Standpunkte zu publizieren, ohne dass ein fachfremder

Journalist als Interpretationsexperte den Zuschauern die Wirklichkeit aus seiner Sicht erklärt.

Die sozialen Medien eignen sich auch hervorragend dazu, die Menschen zu organisieren. Ein Beispiel sind die Proteste gegen die EU-Verschärfung der Feuerwaffenrichtlinie. Der „Tagesspiegel“ schreibt dazu: „Wenn es um Gesetzgebungsverfahren auf europäischer Ebene geht, hat Brüssel schon heftige Lobbyschlachten erlebt. Ob bei Schockfotos auf Zigarettenschachteln oder der Datenschutzgrundverordnung – es läuft meist nach dem gleichen Muster: Mächtige und professionell arbeitende (Industrie-) Verbände werfen ihre Maschinerie zur Bearbeitung der Öffentlichkeit an und versuchen, die Gesetzespassagen zu ihren Gunsten zu verändern. Langer Atem und viel Expertenwissen gehören dazu. Selten erleben Europaabgeordnete hingegen, dass die Bürger Druck machen, während die etablierten Interessenvertreter schweigen. Genau das aber ist der Fall, wenn es um den Plan der EU-Kommission geht, die aus dem Jahr 1993 stammende Faustfeuerwaffenrichtlinie zu überarbeiten. Die Vorlage der Kommission entfacht ungeahnten Widerstand bei einer Bevölkerungsgruppe, die sich sonst eher in der Deckung hält: die Waffenbesitzer. Ihre Protestmails landen zu Hunderten in den Postfächern jener Abgeordneten, die beim Gesetzgebungsverfahren mitwirken.“

Das Internet befähigte die Waffenbesitzer zu mehr direkter Demokratie. Vielen namhaften Waffenherstellern sind die Verschärfungen der europäischen Waffenrichtlinie offensichtlich ziemlich gleichgültig. Sie machen ihr Hauptgeschäft nicht mit privaten Waffenbesitzern in Europa, sondern mit dem Militär, der Polizei, den Sicherheitsbehörden sowie den privaten Kunden in den USA. Die europäischen Waffenbesitzer müssen also ihr Anliegen selber in die Hand nehmen. Zu diesem Zweck entstand Firearms United. Nun bekommen die Abgeordneten weniger Besuche von den Vertretern der Waffenhersteller, sondern Briefe und E-Mails direkt von ihren Wählern. Dabei sind Briefe psychologisch wirksamer als E-Mails. Noch kein Politiker ist über einen Sack voller E-Mails in seinem Büro gestolpert.

Briefe, die sich kistenweise stapeln, machen sich schon optisch bemerkbar. Noch besser sind natürlich persönliche Gespräche mit den Abgeordneten, wenn man sie ans Telefon bekommt oder bei einer Konferenz direkt sprechen kann. Die Politiker werden ihre Wähler nicht mehr los. Das war vor dem Internet in den Zeiten der ausschließlich vertikalen Kommunikation für die Volksvertreter alles einfacher. Heute kommunizieren die Wähler bestimmter Interessengruppen ohne einen Filter direkt untereinander. Sie organisieren sich online, um den Politikern ihre Botschaft direkt mitzuteilen. Das sorgt für Verschiebungen der Kräfteverhältnisse. Die Waffenbesitzer müssen sich nicht mehr auf ihre Verbände oder die Hersteller verlassen. Sie können jetzt selbst mit einfachen Mitteln aktiv für ihre Interessen eintreten.

Die Arbeit im medialen Bereich verlangt nach einem grundsätzlichen Verständnis für die Verhaltensökonomik. Das klassische Modell aus den Wirtschaftswissenschaften ist der „homo oeconomicus". Das Modell geht davon aus, dass Menschen sich auf der Grundlage einer stabilen und logisch konsistenten Präferenzstruktur rationell entscheiden, um ihren Nutzen zu maximieren. Dieses Modell ist für eine Analyse des wirtschaftlichen Verhaltens und für die Diskussion funktionierender Wirtschaftssysteme sehr nützlich. Gleichzeitig wird das Modell überfordert, wenn es auf die Erklärung des allgemeinen menschlichen Verhaltens und der Entscheidungsfindung ausgedehnt wird.

Der amerikanische Journalist und Medienkritiker Walter Lippmann veröffentlichte im Jahr 1922 sein Buch „Public Opinion", in dem er die Frage stellte, wie sich Menschen wirklich im täglichen Leben entscheiden. Er fand heraus, dass für ein sorgfältiges Sammeln von Informationen und deren abwägende Analyse den meisten Menschen die notwendige Sachkunde und vor allem die Zeit fehlt. Man kann ein Experte auf einem, vielleicht auf zwei Gebieten sein. Bezüglich aller anderen Themenbereiche bildet man sich die Meinung anhand von anschaulichen Stereotypen, die einerseits eine anstrengungsarme Orientierung erlauben und andererseits eine beruhigende Gewissheit verschaffen.

Der Psychologe Daniel Kahneman machte eine Reihe von Experimenten zum menschlichen Entscheidungsverhalten und bekam dafür im Jahr 2002 einen Wirtschaftsnobelpreis. Kahneman griff Lippmanns These auf und fand heraus, dass die Menschen sich grundsätzlich nach zwei Systemen richten, um eine Entscheidung zu treffen (Sarrazin 2014, S. 2867):

- System 1 ist für die spontane und intuitive Entscheidung auf der Basis von angeborenem Wissen, Assoziationen und Erfahrungen zuständig. Intuitive Antworten sind schnell und überzeugend, müssen aber nicht in jedem Fall richtig sein.
- System 2 basiert hingegen auf bewusstem und anstrengendem Denken. Das ist langsam, aber zuverlässig, weil hinter diesem System tiefgehende Analysen stecken, die auch Antworten liefern können, die gegen die ursprüngliche Intuition laufen.

Die Medien zielen eher auf das System 1. Sie wollen dem Publikum den Informations- und Interpretationskonsum so leicht wie möglich machen. Komplexe und anstrengende Botschaften verkaufen sich schlecht. Zu viele Zuschauer würden zu schnell weiterzappen. Nach diesen Erkenntnissen ist die Wahrheit für den Eindruck von einer Sache weniger entscheidend als eine überzeugende Geschichte.

Man soll nicht denken, dass nur die Mainstreammedien mit ihren geisteswissenschaftlich geschulten Journalisten Kenntnisse in der Verhaltensökonomik besitzen, die sie professionell in ihrem Job nutzen. Die National Rifle Association of America (NRA) ist seit dem Siegeszug des Internets ebenfalls in das Mediengeschäft eingestiegen. Mittlerweile unterhält sie mehrere gut ausgebaute multimediale Webseiten, über die sie ihre Weltanschauung in die ganze Welt sendet. Die NRA hatte über Jahrzehnte ein Imageproblem in den linksliberalen Medien. Sie wurde als eine Organisation von weißen, fetten, bewaffneten Hinterwäldlern aus dem Mittleren Westen dargestellt. Um diesem Image entgegenzuwirken, wurden ab den 1980ern Frauen und Jugendliche als Sympathisanten der NRA vorgestellt. Es gibt eine spezielle Webseite (www.nrawomen.tv), auf der Waffenbesitzerinnen ihre Erfahrungen frauengerecht teilen. Da werden Fragen nach den richtigen Waffen für eine Frau, nach den richtigen Accessoires, nach der passenden Frauenmode für Waffenträgerinnen und nach dem Leben mit Schusswaffen in der Familie beantwortet. Ein entsprechendes Programm gibt es auch für Kinder und Jugendliche. Das bekannteste ist „Eddie Eagle", ein animiertes Adlermaskottchen, das den Kindern erklärt, wie sie sich zu verhalten haben, wenn sie irgendwo Schusswaffen finden – „Stop, Don't Touch, Leave the Area, Tell an Adult" („Stopp, fasse es nicht an, verlasse den Fundort, benachrichtige einen Erwachsenen"). Um die urbanen Fitnessfreaks anzusprechen, überlegte sich die NRA im Jahr 2014 ein neues Format, „NRA Freestyle" mit dem Afroamerikaner Colion Noir und der attraktiven Texanerin Amy Robbins. Das Format war modern und richtete sich an das Lebensgefühl der jungen Menschen in den Großstädten. Schusswaffen wurden als ein selbstverständliches Accessoire einer athletischen Lebensführung dargestellt. Bilder von Schusswaffen in der Nähe von teuren Rennrädern oder Luxusuhren waren der Trick. Die Botschaft: Schießen ist ein Lifestyle für Leute, die das besondere Extra suchen. Die Sendung sollte jungen Menschen Lust machen, wieder mal mit ihren Freunden einen Schießstand zu besuchen und sich doch die eine oder andere neue Waffe zu kaufen. „NRA Freestyle" stellte den Spaßfaktor in den Vordergrund. Mittlerweile arbeitet Amy Robbins bei einem Verkaufssender, Gun TV, über den die Amerikaner sich Waffen im Versandhandel bestellen können. Die Waffen werden jedoch nicht direkt zu den Bestellern nach Hause geschickt, sondern zu einem lizenzierten Waffenhändler in ihrer Nähe. Dort können sich die Kunden diese Waffen nach einem bestandenen Background Check abholen. Die mehrheitlich linkslastigen amerikanischen Mainstreammedien sind ähnlich wie in Deutschland grundsätzlich gegen den privaten Waffenbesitz. Die Artikel und Kommentare zu Colion Noir und Amy Robbins fallen dennoch sehr mild aus. Der Grund dafür liegt auf der Hand. Colion gehört als Schwarzer einer medial geschützten Minderheit an, und Amy ist eine Frau. Diese Personengruppen können die Journalisten nicht so harsch angehen, wie sie es mit einem weißen fetten Hinterwäldler aus dem Mittleren Westen machen könnten. Die NRA hat es gemerkt und passte die Auftritte ihrer Medienstars entsprechend an.

Etwas anders, aber nicht weniger emotional präsentierten die polnischen Interessenvertreter des privaten Waffenbesitzes ihr Anliegen. Das lauteste Sprachrohr der polnischen Waffenbesitzer ist Ruch Obywatelski Miłośników Broni (ROMB, Bürgerbewegung der Waffenfreunde). Diese Organisation entstand im Jahr 2011, kurz nach der Liberalisierung des polnischen Waffengesetzes. Die damals wesentliche Änderung betraf die Art, wie Waffenerlaubnisse von den Behörden zu erteilen sind. Vor der Gesetzesänderung durften die Polizeikommandanten auf der Ebene der Verwaltungsbezirke quasi willkürlich entscheiden, wer eine Erlaubnis zum Waffenerwerb bekam und wer nicht. Da in den Amtsstuben der Polizei häufig noch der alte kommunistische Mief sitzt, haben die Behörden weiter nach eigenem Ermessen entschieden, was jedoch ab 2011 gesetzeswidrig war. Dieser Praxis stellte sich ROMB vor den Verwaltungsgerichten entgegen und gewann gegen die Polizeiorgane. Seit diesem Zeitpunkt genießt ROMB eine hohe Reputation bei den polnischen Waffenbesitzern. Am 5. Dezember 2015 fand die erste ROMB Convention in Warschau mit circa 100 Teilnehmern statt (Siderius 2015). Dabei waren Aktivisten aus der Waffenszene, Jäger, Schießsportler, Waffensammler, Waffenhändler, Vertreter der Polizei und diverser Sicherheitsunternehmen sowie der Armee. Selbstverständlich wurden auch einige Parlamentarier eingeladen, die sich für den privaten Waffenbesitz einsetzen. Der Grundtenor dieser Veranstaltung bezog sich weniger auf den Spaßfaktor als vielmehr auf den Verteidigungsaspekt des privaten Waffenbesitzes. Wenn man die Geschichte Polens betrachtet, ist diese Einstellung verständlich. Polen liegt auf dem Gebiet des sogenannten Intermariums, das heißt des Korridors zwischen der Ostsee und dem Schwarzen Meer. Es ist ein Gebiet, das schon immer zwischen den westlichen und östlichen Interessen stand. Das Intermarium ist von Ost und West relativ ungeschützt, was über Jahrhunderte das größte geopolitische Problem der Einwohner war. Das Gebiet befindet sich auf dem nordeuropäischen Plateau, es gibt keine hohen Berge oder tiefe Gewässer, die einen natürlichen Schutz bieten könnten. Durch dieses Gebiet marschierten Armeen aller Herren Länder problemlos durch. Im Jahr 1792 wurde Polen zwischen den Hohenzollern, den Habsburgern und den Romanows aufgeteilt. Das Land verschwand von der Landkarte Europas. Erst nach dem Ersten Weltkrieg bekamen die Polen zumindest einen Teil der früheren Gebiete zurück und mussten nach 126 Jahren ihrer Nichtexistenz aus den drei ehemaligen Besatzungsgebieten einen Staat aufbauen. Das ging nur mit viel Patriotismus und Nationalismus. 1939 folgte der gleichzeitige Überfall Deutschlands und der Sowjetunion auf Polen, was von 1944 bis 1991 die Besetzung durch die sowjetische Armee zur Folge hatte. In jeder Rede auf der ROMB Convention wurde die Notwendigkeit des privaten Waffenbesitzes für die Verteidigungsfähigkeit und Freiheit des Landes erwähnt. Die Leute haben es im Gefühl, dass es erneut Zeiten geben könnte, in denen ihre Armee und die Regierung ihnen nicht werden helfen können. Die Bürger könnten eines Tages wieder alleingelassen werden. Für diese schwarze Stunde wollen sie vorsorgen. Eine ähnliche Einstellung wird man auch in den anderen osteuropäischen Ländern finden. Unabhängigkeit von fremden Mächten, die in letzter Instanz von einer Volksmiliz verteidigt werden muss, gilt in diesen Gebieten als ein sehr gutes und historisch gesehen als realistisch empfundenes Argument. Es spricht die Emotionen der dortigen Bevölkerung perfekt an.

Welche Argumentation wäre für Deutschland passend? Deutschland ist immer noch im Durchschnitt ein relativ reiches Land. 70 Jahre Frieden unter der schützenden amerikanischen Käseglocke verfestigten besonders im Westen die Überzeugung, dass es immer so weitergehen wird. Das impliziert zwei Ansätze. Die Betonung des Spaßfaktors im Umgang mit Schusswaffen ist valide. Die zuvor beschriebenen Schnupperkurse bei der GRA bestätigen es. Menschen haben sichtlich Spaß daran, echte großkalibrige Waffen auf dem Schießstand abzufeuern. Noch mehr Spaß haben sie, wenn sie das Ziel treffen. Das Belohnungszentrum im Gehirn wird aktiviert, Glückshormone werden ausgeschüttet, und die Leute fühlen sich in diesem Moment toll. Der Wohlstand hat aber noch eine andere Bewandtnis. Die Philosophin Hannah Arendt bemerkte einst, dass es die gefährlichste Sache auf der Welt sei, reich und schwach zu sein (Friedman 2015, S. 157-158). Reichtum kann nur durch Stärke beschützt werden, weil Reiche darum beneidet werden, Sachen zu haben, die andere haben wollen, und von den Starken überwältigt werden können. Reich und schwach zu sein führt letzten Endes in eine Katastrophe. Das ist im wesentlichen die gegenwärtige Situation der Deutschen. Sie werden in ihren Häusern und Wohnungen von herumreisenden internationalen Banden ausgeraubt, nicht selten dabei geschlagen oder gar getötet. Gleichzeitig besitzen nur circa zwei Prozent der Deutschen Schusswaffen. Die Deutschen können ihren Wohlstand so nicht beschützen. Bis die Polizei ihnen helfen kann, ist es schon häufig vorbei. Wie an einer anderen Stelle in diesem Buch beschrieben, haben zur Gewalt neigende Bevölkerungsgruppen keinen Respekt vor wehrlosen Weicheiern, die ihnen nichts entgegenzusetzen haben. Diese Individuen haben noch nicht mal Respekt vor der Polizei und der Justiz, die sie ebenfalls als schwach ansehen. Diese Wahrnehmung wird mittlerweile von vielen Deutschen geteilt, unabhängig davon, was der Mainstream ihnen versucht, zu erzählen. Der bis jetzt beste Test für die Diskrepanz zwischen der öffentlichen und veröffentlichten Meinung lieferte Thilo Sarrazins berühmtestes Buch von 2010, „Deutschland schafft sich ab“. Das in den Medien äußerst umstrittene Werk verkaufte sich bis heute millionenfach. In Umfragen waren 56 Prozent der Befragten der Meinung, dass Sarrazin mit seinen Aussagen zum gegenwärtigen Zustand und mit der düsteren Prognose der zukünftigen Entwicklung Deutschlands recht habe. Nur 28 Prozent verneinten diese Einschätzung, und 16 Prozent antworteten mit einem „Weiß nicht“. Für die meisten Journalisten und Meinungsmacher war das ein Schock.

Daniel Kahnemans zwei menschliche Entscheidungssysteme wurden von dem Neurowissenschaftler Dr. Paul MacLean 1990 in seinem Buch „The Triune Brain in Evolution" noch etwas anders dargestellt (Fleming-Williams 2015). MacLean hatte die Idee, dass sich das menschliche Hirn im Laufe der Evolution sukzessiv entwickelte. Es besteht aus drei grundsätzlichen Schichten, die aufeinander aufbauen. Den Kern bezeichnet er als „Reptilienhirn", das die tiefsitzenden Instinkte und Bedürfnisse beinhaltet. Selbsterhaltung, Reproduktion, territoriales Verhalten und andere primäre Notwendigkeiten des Lebens verstecken sich in diesem Kern. Darüber entwickelte sich das „Säugetierhirn", das zum Zentrum der Emotionen wurde. Als die Säugetiere zu sozialen Wesen wurden, mussten ihre Gehirne ein Verständnis für die Interaktion mit anderen Gattungsgenossen entwickeln. Reptilien kümmern sich nicht um die Aufzucht des Nachkommens. Wenn die Tiere aus dem Ei schlüpfen, sind sie alleine lebensfähig. Bei Säugetieren müssen die Eltern eine Weile die Kleinen säugen, füttern und erziehen. Bei Menschen dauert der Prozess besonders lange. Die oberste und letzte Schicht bildet das menschliche Hirn, das die Menschen dazu befähigt, eine Feinmotorik in den Fingern zu entwickeln, um Werkzeuge zu bauen, angefangen von einer Steinaxt bis zu einem Computer oder einer Mondrakete. Die Grundidee von MacLean war, dass, während das menschliche Hirn dafür verantwortlich ist, dass wir denken und zu einer Selbsterkenntnis gelangen, die älteren Hirnschichten unser Verhalten immer noch beeinflussen; das Säugetierhirn sagt uns, wie wir fühlen, und das Reptilienhirn emittiert dringende Warnungen und Ad-hoc-Anweisungen. Die heutige Hirnforschung ist mittlerweile viel diffiziler. Nichtsdestotrotz gibt uns das einfache Modell von MacLean Hinweise darauf, wie grundsätzlich zu kommunizieren ist. Die Medienmacher wissen, welche Knöpfe zu drücken sind, damit die „richtigen" Gefühle bei den Lesern und Zuschauern entstehen. Die Verhaltensforschung ist aber keine Geheimwissenschaft. Die Meinungsmacher machen sich diese zunutze. Wir sollten es ebenfalls tun. Sarrazin schreibt in seinem Buch „Der neue Tugendterror“ zutreffend: „Sein Urteil über das, was man gerade meinen sollte, bildet sich der Einzelne aus vielfältigen Signalen im sozialen Verkehr, aber auch aus den verschiedenen Medienkontakten, die er hat. Auch wenn er kein regelmäßiger Zeitungsleser ist, so liest er doch eine Schlagzeile am Kiosk, sieht ein Plakat oder hört einen Radiokommentar, als er gerade den Pop-Sender sucht. Vielleicht kriegt er sogar das ‚Wort zum Sonntag‘ mit, während er auf den Spätfilm wartet. Die Summe der Medien wirkt auf den Zeitgeist, und der wahrgenommene Zeitgeist wirkt auf die Einstellungen und Verhaltensweisen des Einzelnen.“ (Sarrazin 2014, S. 2611.) Es wird klar, dass, wenn sich die Einstellung der Deutschen zum privaten Waffenbesitz positiv verändern soll, intensive Medienarbeit unerlässlich ist.

9.3.6 Förderung der Waffenbesitzer

Nehmen wir mal an, dass eines Tages Politiker in Deutschland an die Macht kommen, die das Bedürfnis des Waffenbesitzes zum Selbstschutz in den eigenen Wohn- und Geschäftsräumen sowie den Wegfall des Nachweises einer überdurchschnittlichen Gefährdung bei der Vergabe von Waffenscheinen tatsächlich in Erwägung ziehen werden. Was würde das dann praktisch bedeuten?

Man kann damit rechnen, dass in diesem Fall die Anzahl der Waffenbesitzer in die Höhe schnellen würde. All diese neuen Waffenbesitzer bräuchten natürlich eine Möglichkeit, mit diesen Waffen auf einem Schießstand zu trainieren. Die heute schon zu geringe Anzahl der Schießstände ist einer der großen Flaschenhälse in der Entwicklung einer Waffenkultur in Deutschland. Nach der Verschärfung der Schießstandrichtlinie 2012 hat sich die Situation noch bedeutend verschärft. Viele Betreiber alter Schießstände haben ihre Dienstleistungen in den letzten Jahrzehnten viel zu billig angeboten. So waren sie nicht in der Lage, genügend Rücklagen aufzubauen, um notwendige Nachrüstungen zu finanzieren. Das führte in einigen Fällen dazu, dass die Schießstände einfach schließen mussten, weil sie nach den neuen Richtlinien keine Zulassung mehr bekamen. Das führt uns zu dem ersten Postulat, dass der ganze Schießbetrieb nicht nur kostendeckend oder gar defizitär zu führen ist, sondern gewinnorientiert. Rücklagen für die Instandhaltung und Modernisierung der Schießstände sind nur aus Gewinnen möglich. Ohne eine solide betriebswirtschaftliche Basis ist eine Förderung des Waffenbesitzes, des Schießsports oder der Jagd nicht möglich. Selbst wenn alle Schießstände auf betriebswirtschaftlich gesunden Beinen stehen würden, wäre die Gesamtanzahl der Schießstände immer noch viel zu gering, um mehr Waf-

10. Zusammenfassung

„Ein freier Mann darf sich nicht sagen lassen, wie er zu denken hat, weder von der Regierung noch von sozialen Aktivisten.Ihm kann sicherlich der richtige Weg gezeigt werden, aber er darf keinen Zwang dazu akzeptieren." Jeff Cooper

Die Deutschen leben seit Monaten unter der höchsten Terrorwarnstufe. Höher geht es nicht mehr. Nach dieser Warnstufe gibt es nur ein „Bumm!". Die offiziellen Statistiken wollen zeigen, dass die Gewaltkriminalität rückläufig ist. Aus den Pressemitteilungen und den Polizeiveröffentlichungen ist hingegen leicht zu entnehmen, dass die Brutalität der Gewalttaten zunimmt. Die USA gelten in den Mainstreammedien immer noch als ein ziemlich gewalttätiges Land. Europa wird im Vergleich dazu als ein Hort der Sicherheit und Ruhe dargestellt. Wie am Beispiel Frankreich zu sehen war, kann sich dieser Eindruck sehr schnell ändern. Alleine bei dem terroristischen Angriff im November 2015 in Paris wurden innerhalb einer Stunde mehr Menschen erschossen als in allen Amokläufen in der gesamten Regierungszeit von Barack Obama in den USA. Mit den neuesten Entwicklungen brauchen wir uns in Europa auf die vermeintliche „Sicherheit" der Bürger aufgrund strenger Waffengesetze nichts mehr einzubilden. Es kann der Tag kommen, an dem es in Europa gewalttätiger zugehen kann, als es in den USA jemals der Fall war. Die Europäische Union hat vor dem Hintergrund dieser Ereignisse keine andere Idee, als die Waffenrichtlinie noch weiter zu verschärfen, um die gesetzestreuen Bürger noch effektiver zu entwaffnen. Mehr noch, in einer Studie, die von der Unternehmensberatung PricewaterhouseCoopers International für den Ausschuss für Bürgerrechte, Justiz und Innere Angelegenheiten des Europäischen Parlaments (LIEBE) vorbereitet wurde, wird schon die Frage danach gestellt, ob der private Waffenhandel und infolgedessen der private Waffenbesitz in der

EU nicht komplett abgeschafft werden sollte (PwC 2017, S. 62). Die Bürger in der EU müssen einerseits mehr Risiken tragen als in allen Jahren zuvor, und andererseits soll ihre Wehrhaftigkeit deutlich herabgesetzt werden. Das kann nicht gutgehen. Die Doktrin „so wenig Waffen ins Volk wie möglich“ muss vor dem Hintergrund der neuen Unsicherheitssituation in Europa gründlich überdacht werden. Verbrecher und Terroristen werden sich von strengen Gesetzen nicht beeindrucken lassen. Sie besorgen sich alles auf dem Schwarzmarkt, was sie brauchen. Darauf kann man sich verlassen!

Dieses Buch basiert auf der Annahme, dass es grundsätzlich ein natürliches Recht gibt, Waffen zum Selbstschutz zu besitzen und zu tragen. Das gegenwärtige Waffengesetz entspricht zwar nicht dieser Weltanschauung, aber es kann eines Tages dahingehend geändert werden. Unsere östlichen Nachbarn, die Tschechen, machen uns vor, wie es geht. Daran sollten wir uns orientieren. Wie bereits in vorherigen Kapiteln erwähnt, entschlossen sich besonders nach den Vorkommnissen an Silvester 2015 in Köln und anderen Städten viele Menschen, in die Waffengeschäfte zu rennen, um sich mit Gas- und Schreckschusswaffen sowie mit Abwehrsprays einzudecken. Viele davon haben ein Waffengeschäft früher noch nicht mal aus der Ferne gesehen. Es reichten wenige Monate einer Krise, um sie zum Umdenken zu bewegen. In Österreich nahmen im gleichen Zeitraum die Verkäufe bei den Flinten stark zu. Diese Schusswaffen können in Österreich ab 18 Jahren ohne großen bürokratischen Aufwand erworben werden. Die Schusswaffenverkäufe in der Schweiz stiegen ebenfalls stark an. Die Europäer verspüren offensichtlich verstärkt eine Notwendigkeit nach persönlichem Schutz und haben den Wunsch nach Aufrüstung. Der Trend scheint da zu sein. Die Verankerung des Rechts auf Waffenbesitz in den Gesetzen passierte regelmäßig unter Krisenbedingungen. In England war es die Revolution von 1688/89 und die folgende English Bill of Rights. In Amerika war es ebenfalls eine Revolution, die Unabhängigkeitserklärung von 1776 und die Ratifizierung der Bill of Rights 1791. Es kann gut sein, dass jetzt die Zeit für die Europäer gekommen ist, sich an ihre natürlichen Rechte auf Selbstschutz und Waffenbesitz wieder zu erinnern.

Eine Liberalisierung der Waffengesetze ist gewiss nur mit Politikern möglich, die den legalen Waffenbesitz als ein Vorrecht des mündigen Bürgers ansehen. Das Abstimmprotokoll der EU-Feuerwaffenrichtlinie war ein guter Lackmustest für die Einstellung der deutschen Mitglieder des Europaparlaments zum Waffenbesitz (Prolegal 2017). Die CDU, die SPD, Bündnis 90/Die Grünen, Die PARTEI, die Familien-Partei Deutschland (FPD), die Ökologisch-Demokratische Partei (ÖDP) und die Piratenpartei waren 100 Prozent für die Annahme der Verschärfung der EU-Feuerwaffenrichtlinie. Bei der CSU gab es eine Stimme dagegen und drei Stimmen dafür. Mehrheitlich oder gänzlich gegen die Verschärfung der EU-Feuerwaffenrichtlinie stimmten nur die Liberal-Konservativen Reformer (LKR), die AfD, die FDP und die Freien Wähler (FW). Die Linke enthielt sich der Stimme und blieb neutral. Insgesamt haben 96 deutsche Mitglieder des Europaparlaments abgestimmt, 70 davon haben für die Verschärfung der EU-Feuerwaffenrichtlinie und elf dagegen gestimmt, acht EU-Parlamentarier waren abwesend, und sieben enthielten sich ihrer Stimme. Diese Abstimmung ist viel besser dazu geeignet, die politischen Partner für eine Liberalisierung des Waffengesetzes zu finden, als alle Umfragen der Welt. Diese Abstimmung spiegelt die Realität und nicht irgendwelche Versprechungen kurz vor einem Wahltermin wider. Kurz gesagt, alle etablierten politischen Parteien sind grundsätzlich gegen den privaten Waffenbesitz und werden immer für weitere Verschärfungen der Waffengesetze stimmen. Nur die kleineren konservativen und liberalen Parteien sprechen sich zumindest gegen weitere Verschärfungen der Waffengesetze aus.

Viele Deutsche, die sich für eine Liberalisierung der Waffengesetze einsetzen, sind der Meinung, dass dieser Job in den USA viel leichter ist. Es stimmt, dass sich in der Hälfte der US-Haushalte Schusswaffen befinden und auch die Hälfte der amerikanischen Politiker der Meinung ist, dass das Volk das Recht habe, Waffen zu besitzen und zu tragen. Die amerikanischen Waffenbesitzer werden von der mächtigen National Rifle Association of America (NRA) und unzähligen lokalen Organisationen unterstützt. Nichtsdestotrotz werden Aktivisten, die sich für den zweiten Zusatzartikel zur US-Verfassung einsetzen, kritisiert, diffamiert und geächtet. Als John R. Lott sein berühmtes Buch „More Guns, Less Crime“ veröffentlichte, wurde er von der Universität Chicago, an der er als Ökonom arbeitete, vor eine Alternative gestellt. Entweder sollte er sich zu diesem Thema nicht in der Öffentlichkeit äußern und ordentlich seinen Job quittieren, oder dennoch in der Öffentlichkeit über sein Buch reden und fristlos kündigen (Lott 2016, S. 2710). Der erste Zusatzartikel zur US-Verfassung garantiert lediglich, dass der Kongress kein Gesetz verabschieden wird, um die Redefreiheit einzuschränken. Wenn aber der Präsident einer Universität nicht mag, was sein Angestellter schreibt oder sagt, dann kann er ihn unter dem Vorwand feuern, dass seine Meinung dem Ruf der Institution schade. Der Rücktritt von seinem Posten wurde John R. Lott vom Präsidenten der Universität Chicago, Hugo Sonnenschein, nahegelegt, als der Bürgermeister der Stadt sich bei ihm beschwerte, weil Lott seine Gesetzesvorschläge zu weiteren Verschärfungen der Waffengesetze in Chicago kritisierte. Lott ließ sich von den Androhungen nicht beeindrucken und redete weiter mit der Presse über seine Schlussfolgerungen aus dem Buch. Letztendlich kündigte Lott seinen Job an der Universität in Chicago und wechselte zu Yale Law School. Aber auch dort verfolgten ihn zwei Senatoren aus Hawaii, die sich bei der Hochschule darüber beschwerten, dass sich Lott in Hawaii in einer Anhörung gegen Verschärfungen der dortigen Waffengesetze einsetzte. Daraufhin rief ihn der Dekan an und beschwerte sich. Dabei sollten gerade die Universitäten und Hochschulen Orte der freien Lehre sein. Alles nur graue Theorie. Auch in dem so vermeintlich freien Amerika geht es manchmal rustikal zu. Viele Akademiker berichten darüber, dass sie gerne das Thema Waffenbesitz wissenschaftlich untersuchen würden. Sie fürchten jedoch negative Konsequenzen für ihre Karriere. Das ist verständlich. Zudem gibt es nur öffentliche Finanzierung im Überfluss für diejenigen Studien, die sich am Ende für schärfere Waffengesetze aussprechen. Die objektiven Studien müssen fast alle privat finanziert werden. Letztendlich wurde John R. Lott dazu gezwungen, die akademische Welt zu verlassen. Gegenwärtig arbeitet er als Buchautor und Kommentator bei Foxnews.com und ist Präsident des Crime Prevention Research Center, einer Non-Profit-Organisation. Den Protagonisten der Waffenszene in Deutschland geht es nicht anders. Der private Waffenbesitz ist in der Öffentlichkeit immer noch ein heißes Thema, und es ist mit Kritik zu rechnen.

Dieses Buch betrachtet das Thema individuelle Sicherheit auf eine Art, die für deutsche Verhältnisse recht ungewöhnlich ist. Typischerweise fordern Autoren solcher Bücher mehr Geld für den Staat, mehr Polizei und schärfere Gesetze. Es werden im wesentlichen Forderungen an die Regierung gestellt, die sich darum kümmern soll, dass individuelle Risiken der Bürger minimiert werden. Dieses Buch wurde aus dem Blickwinkel eines Individuums geschrieben. Unabhängig davon, was die Regierung macht oder unterlässt, das Individuum wird immer ein Restrisiko tragen, ein Opfer eines Gewaltverbrechens oder eines terroristischen Angriffs zu werden. Das Individuum darf in dieser Situation nicht wehrlos gelassen werden. Das Individuum hat immer das natürliche Recht auf Selbstschutz. Das deutsche Waffengesetz muss an dieses Recht entsprechend angepasst werden, indem eine Bedürfniskategorie für den Waffenerwerb zum Selbstschutz in den eigenen Wohn- und Geschäftsräumen geschaffen wird. Der notwendige Nachweis einer überdurchschnittlichen Gefährdung für den Waffenscheinerwerb gehört ebenfalls aus dem Waffengesetz gestrichen. Diese Liberalisierung des Waffengesetzes bedeutet nicht, dass jeder plötzlich die Schusswaffen wie Äpfel auf dem Wochenmarkt wird erwerben können. Es soll immer noch die Auflagen der Volljährigkeit, der Zuverlässigkeit, der Eignung und der Sachkunde geben. Gleichzeitig soll dem mündigen Bürger die Entscheidung überlassen werden, wie er für seine persönliche Sicherheit sorgen möchte, wenn gewünscht auch mit Schusswaffen.

Anmerkungen

Die Anmerkungen beinhalten die Originaltexte in englischer Sprache, die in diesem Buch verwendet wurden.

1 „The fundamental principal is that a government and its agents are not under general duty to provide public services, such as police protection, to any particular individual citizen. The duty to provide public services is owed to the public at large, and, absent a special relationship between the police and an individual, no specific legal duty exists." (District of Columbia Court of Appeals)

2 „What makes the city's position particularly difficult to understand is that, in conformity to the dictates of the law, Linda did not carry any weapon for self-defense. Thus, by a rather bitter irony she was required to rely for protection on the City of New York, which now denies all responsibility to her." (Judge Keating)

3 „Don't ask for rights. Take them. An' don't let anny wan give them to ye. A right that is handed to ye f'r nawthin' has somethin' the matter with it." (Mr. Dooley)

4 „That the Subjects which are Protestants, may have Arms for their Defence suitable to their Condition, and as are allowed by Law." (English Bill of Rights, 1689)

5 „The right of the people to keep and bear arms shall not be infringed; a well armed, and well regulated militia being the best security of a free country: but no person religiously scrupulous of bearing arms shall be compelled to render military service in person." (Draft Second Amendment)

6 „A well regulated militia, composed of the body of the people, being the best security of free state, the right of the people to keep and bear arms shall not be infringed; but no person religiously scrupulous shall be compelled to

bear arms.“ (Draft Second Amendment)

7 „A well regulated Militia, being necessary to the security of a free State, the right of the people to keep and bear Arms, shall not be infringed.“ (Final Second Amendment)

8 „I know something of the history of this legislation. The original Act of 1893 was passed when there was a great influx of negro laborers in this State drawn here for the purpose of working in turpentine and lumber camps. The same condition existed when the Act was amended in 1901 and the Act was passed for the purpose of disarming the negro laborers and to thereby reduce the unlawful homicides that were prevalent in turpentine and saw-mill camps and to give the white citizens in sparsely settled areas a better feeling of security. The statute was never intended to be applied to the white population and in practice has never been so applied.“ (Justice Rivers Buford, Florida Supreme Court)

9 „Societies have to think about how they‘re going to approach the problem. One is to say we want an armed citizenry; you can see the reason for that. Another is to say the enclaves are so secure that in order to get into the soft target you‘re going to have to pass through extraordinary security.“ (Ronald Noble, Secretary-General of the International Criminal Police Organization (Interpol))

10 „Ask yourself: If that was Denver, Colorado, if that was Texas, would those guys have been able to spend hours, days, shooting people randomly?“, Noble said, referring to states with pro-gun traditions. „What I‘m saying is it makes police around the world question their views on gun control. It makes citizens question their views on gun control. You have to ask yourself, ‚Is an armed citizenry more necessary now than it was in the past with an evolving threat of terrorism?‘ This is something that has to be discussed.“ (Ronald Noble, Secretary-General of the International Criminal Police Organization (Interpol))

11 „Did your French gun control stop a single fucking person from dying at the Bataclan? And if anyone can answer yes, I‘d like to hear it, because I

don‘t think so. I think the only thing that stopped it was some of the bravest men that I‘ve ever seen in my life charging head-first into the face of death with their firearms. I know people will disagree with me, but it just seems like God made men and women, and that night guns made them equal. And I hate it that it‘s that way. I think the only way that my mind has been changed is that maybe that until nobody has guns, everybody has to have them.“ (Jesse Hughes, „Eagles of Death Metal“)

12 „I don‘t go anywhere in America without a gun anymore. That sucks. And I‘m not paranoid. I‘m not a cowboy... but I want to be prepared.“ (Jesse Hughes, „Eagles of Death Metal“)

13 „There seems not to be any clear correlation between firearm ownership (at least legal firearm ownership) prevalence and homicide rates in Europe (Granath 2011; Kivivuori & Lehti 2010). According to the International Crime Victim Surveys, for example, in Finland, in spite of the high ownership prevalence and relatively high violent crime rates, the use of guns in robberies, sexual offences, or assault crimes is almost non-existent (van Dijk & van Kesteren & Smit 2007, 284).“ („Homicide in Finland, the Netherlands and Sweden – A First Study on the European Homicide Monitor Data“)

14 John Lennon, „Imagine“, 1971

Imagine there‘s no heaven
It‘s easy if you try
No hell below us
Above us only sky

Imagine all the people
Living for today...

Imagine there‘s no countries
It isn‘t hard to do
Nothing to kill or die for
And no religion too

Imagine all the people
Living life in peace...
You may say I'm a dreamer
But I'm not the only one

I hope someday you'll join us
And the world will be as one

Imagine no possessions
I wonder if you can
No need for greed or hunger
A brotherhood of man
Imagine all the people
Sharing all the world...
You may say I'm a dreamer
But I'm not the only one
I hope someday you'll join us"

15 „If the truth be known, I carried some rather potent messianic fantasies with me from childhood, which I felt I had to control, otherwise they might get me in trouble." (George Soros)

16 „I admit I have always harbored an exaggerated sense of my self-importance – to put it bluntly, I fancied myself as some kind of god or an economic reformer like Keynes or better, a scientist like Einstein." (George Soros)

17 „It is a sort of disease when you consider yourself some kind of god, the creator of everything, but I feel comfortable about it since I began to live it out." (George Soros)

18 „Next to my fantasies about being God, I also have very strong fantasies of being mad. In fact, my grandfather was actually paranoid. I have a lot of madness in my family. So far I have escaped it." (George Soros)

19 „I was director of the Human Rights Watch Arms Division, with a mandate to address the transfer of weapons into conflicts where they would be used in the violation of the laws of war, and small arms where the main concern. I was astonished at how quickly the entire question morphed from concern about the flood of weapons into African civil wars into how to use international law to do an end run around supposedly permissive gun ownership regimes in the US… I dropped any personal support for the movement when it became clear, a long time ago, that it is about controlling domestic weapons equally in the US (or, today, even more so) as in Somalia or Congo.“ (Kenneth Anderson)

20 „Countries change, laws change, why are firearms exempt? The definition of sporting activity is always under pressure. Target shooting is not a legitimate sport! If you miss your sport, take up another!“ (Rebecca Peters)

Literaturverzeichnis

Alinsky, Saul, 1971, „Rules for Radicals – A Pragmatic Primer for Realistic Radicals“, New York: Vintage Books.

Alpers, Philip/Wilson, Marcus 2016, „Japan – Gun Facts, Figures and the Law“, Sydney School of Public Health, The University of Sydney, GunPolicy.org, http://www.gunpolicy.org/firearms/region/japan.

Aristoteles 1971, „Politik“, Kindle Edition.

Assemblee Nationale 2016, „Rapport No. 3922“, 05.07.2016, http://www.assemblee-nationale.fr/14/rap-enq/r3922-t2.asp.

ATV 2016, „Österreich bewaffnet sich“, http://atv.at/reportage/oesterreich-bewaffnet-sich/v1189945/.

BBC 2013, „Abdul Haji: I went in to rescue my brother in Westgate“, 27.09.2013, http://www.bbc.com/news/world-africa-24304928.

Beckett, Lois 2016, „Gun control – a Guardian investigation. What could actually work to fix gun violence in America – and what doesn't“, 23.06.2016, https://www.theguardian.com/us-news/2016/jun/23/gun-control-violence-what-works-what-doesnt.

Bentley, Paul 2013, „‚Eyes gouged out, bodies hanging from hooks, and fingers removed with pliers‘: Horrific claims of torture emerge as soldiers reveal gory Kenyan mall massacre details“, „Daily Mail“, 26.09.2013, http://www.dailymail.co.uk/news/article-2434278/Kenya-mall-attack-torture-claims-emerge-soldiers-Eyes-gouged-bodies-hooks-fingers-removed.html.

Bewarder, Manuel 2015, „‚Haben nur zehn Prozent der Flüchtlinge kontrolliert‘“, „Die Welt“, 21.12.2015, http://www.welt.de/politik/deutschland/article150179719/Haben-nur-zehn-Prozent-der-Fluechtlinge-kontrolliert.html.

Bezmenov, Yuri 1984, „Soviet Subversion of the Free World Press“, https://youtu.be/o_xdBnFPqOI.

Bird, Chris 2007, „Thank God I Had A Gun – True Accounts of Self-Defense“, San Antonio: Privateer Publications.

Bird, Chris 2011, „The Concealed Handgun Manual: How to Choose, Carry, and Shoot a Gun in Self Defense“, Privateer Publications, 6. Aufl., Kindle Edition.

Blanchard, Kenn 2014, „Black Man with a Gun – Reloaded“, White Feather Press LLC, Kindle Edition.

Bob, Clifford 2011, „The Global Right Wing and the Clash of World Politics“, Cambridge University Press.

Bölsche, Jochen 2001, „Die verlorene Ehre der Apo“, „Der Spiegel“, 29.01.2001, http://www.spiegel.de/spiegel/print/d-18370244.html.

Breitbart, Andrew 2011, „Righteous Indignation: Excuse Me While I Save the World“, Grand Central Publishing, Kindle Edition.

Brennan, Patrick 2013, „Interpol Chief: Armed Citizenry Might Be Answer To Terrorism“, „National Review“, 22.10.2013, http://www.nationalreview.com/corner/361917/interpol-chief-armed-citizenry-might-be-answer-terrorism-patrick-brennan.

Bundesagentur für Arbeit 2015, „Auswirkungen der Arbeitnehmerfreizügigkeit und der EU-Schuldenkrise auf den deutschen Arbeitsmarkt“, Nürnberg: Bundesagentur für Arbeit.

Bundesamt für Statistik 2015, „Polizeiliche Kriminalstatistik“, Neuchâtel: Bundesamt für Statistik.

Bundesministerium des Innern 2014, „Polizeiliche Kriminalstatistik, Grundtabelle ohne Tatortverteilung ab 1987“, Berlin: Bundesministerium des Innern.

Bundesministerium des Innern 2017, „Bericht zur Polizeilichen Kriminalstatistik 2016“; Stand: April 2017. Berlin: Bundesministerium des Innern.

Bundestag 2014, „Kleine Anfrage – Aktueller Stand des Nationalen Waffenregisters vom 06.03.2014“, Deutscher Bundestag, Drucksache 18/723.

Chang, David 2015, „Gunman Shot, Killed Inside West Philly Barbershop“, NBC, 22.03.2015, http://www.nbcphiladelphia.com/news/local/Man-Shot-in-the-Chest-Inside-West-Philly-Barbershop-297176271.html.

Cohn, D‘Vera et al. 2013, „Gun Homicide Rate Down 49% Since 1993 Peak; Public Unaware“, Washington: Pew Research Center.

Cooper, Jeff 2006, „Principles of Personal Defense“, Paladin Press, Kindle Edition.

„Daily Mail“ 2013, „Hero of mall massacre revealed: Selfless Muslim civilian who rushed INTO terror and saved life of U.S. girl, 4, and her family“, 27.09.2013, http://www.dailymail.co.uk/news/article-2434491/Kenya-mall-attack-American-mother-reveals-selfless-Muslim-civilian-helped-usher-daughters-safety.html.

„Der Westen“ 2016, „Obduktion stützt Notwehr-Aussage des überfallenen Jägers“, 26.04.2016, http://www.derwesten.de/region/sauer-und-siegerland/obduktion-stuetzt-notwehr-aussage-des-ueberfallenen-jaegers-id11772319.html.

„Die Welt“ 2008, „Ermittlungsgruppe Ident erhält neue Aufgaben“, 23.09.2008, http://www.welt.de/welt_print/article2480333/Ermittlungsgruppe-Ident-erhaelt-neue-Aufgaben.html.

„FAZ“ 2016, „‚Bataclan‘-Attentäter gelangten über Balkanroute nach Paris“, „Frankfurter Allgemeine Zeitung“, 27.09.2016, http://www.faz.net/aktuell/politik/kampf-gegen-den-terror/bataclan-terroristen-gelangten-ueber-balkanroute-nach-paris-14455265.html.

FBI 2012, „Crime in the United States 2012: Violent Crime“, Uniform Crime

Reporting, https://www.fbi.gov/about-us/cjis/ucr/crime-in-the-u.s/2012/crime-in-the-u.s.-2012/violent-crime/violent-crime.

FBI 2015, „Crime in the United States 2015: Offenses Known to Law Enforcement", Uniform Crime Reporting, https://ucr.fbi.gov/crime-in-the-u.s/2015/crime-in-the-u.s.-2015/offenses-known-to-law-enforcement.

Fedpol 2014, „Schweizerisches Waffenrecht", Bern: Bundesamt für Polizei Fedpol.

Fischer, Thomas 2015, „Notwehr: Das Recht muss dem Unrecht nicht weichen", „Die Zeit", 20.10.2015, http://www.zeit.de/gesellschaft/zeitgeschehen/2015-10/notwehr-strafrecht-fischer-im-recht.

Fleming-Williams, Mark 2015, „Stratfor. The Hierarchy of the European Mind", 13.10.2015, https://www.stratfor.com/weekly/hierarchy-european-mind.

„Focus" 2012, „Polizeibericht Berlin-Neukölln. 31-Jähriger durch Messerstich verletzt", 15.10.2012, http://www.focus.de/regional/berlin/polizeibericht-berlin-neukoelln-31-jaehriger-durch-messerstich-verletzt_aid_839235.html.

„Fox News" 2015, „Gun-Toting Good Samaritan Thwarts Carjacking", 05.04.2015, http://insider.foxnews.com/2015/04/05/gun-toting-good-samaritan-thwarts-carjacking-georgia-car-wash.

Freedom House 2016, „Freedom in the World 2016 – Anxious Dictators, Wavering Democracies: Global Freedom under Pressure", https://freedomhouse.org/report/freedom-world/freedom-world-2016.

Friedman, George 2015, „Flashpoints: The Emerging Crisis in Europe", Anchor, Kindle Edition.

Fröhlich, Alexander 2015, „Warum Brandenburg die Straftaten falsch zählte", „Der Tagesspiegel", 28.03.2015, http://www.tagesspiegel.de/berlin/polizei-frisiert-statistiken-warum-brandenburg-die-straftaten-falsch-zaehlte/11568474.html.

Gallup 2016, „Death Penalty Poll“, http://www.gallup.com/poll/1606/death-penalty.aspx.

Ganpat, Soenita et al. 2011, „Homicide in Finland, the Netherlands and Sweden – A First Study on the European Homicide Monitor Data“, The Swedish National Council for Crime Prevention.

Gasser, Karl Heinz et al. 2004, „Bericht der Kommission Gutenberg-Gymnasium“, Erfurt 2004.

Gizewski, Christian 2000, „Überlieferte Fragmente der ‚Lex duodecim tabularum‘“, TU Berlin, Fakultät I, http://agiw.fak1.tu-berlin.de/Auditorium/RomRecht/SO3/LXIITab.htm.

Goldberg, Jonah 2009, „Liberal Fascism: The Secret History of the Left from Mussolini to the Politics of Meaning“, Penguin, Kindle Edition.

Grabitz, Markus 2016, „Lobbyismus in der Europäische Union – Der Streit um schärfere Waffengesetze“, „Tagesspiegel“, 05.12.2016, http://www.tagesspiegel.de/themen/agenda/lobbyismus-in-der-europaeische-union-der-streit-um-schaerfere-waffengesetze/14904336.html.

Greenwood, Colin 2006, „International Firearms Safety Seminar – The British Handgun Ban, Logic, Politics and Effect“, Neuseeland 2006.

Grob, Ronnie 2012, „Medienwoche. Mein Schatz hat‘s Grün so gern“, 28.10.2012, http://medienwoche.ch/2012/10/29/mein-schatz-hats-gruen-so-gern/#.

Halbrook, Stephen P. 1984, „That Every Man Be Armed: The Evolution of a Constitutional Right“, Albuquerque: University of New Mexico Press, Revised and Updated Edition 2013, Kindle Edition.

Halbrook, Stephen P. 2008, „The Founders‘ Second Amendment – Origins of the Rights to Bear Arms“, Chicago: Ivan R. Dee.

Halbrook, Stephen P. 2013, „Gun Control in the Third Reich – Disarming the Jews and ‚Enemies of the State'", Oakland, CA: The Independent Institute, Kindle Edition.

Heisig, Kirsten 2010, „Das Ende der Geduld: Konsequent gegen jugendliche Gewalttäter", Freiburg: Herder, Kindle Edition.

Hoischen, Oliver 2007, „Rumänien und Bulgarien treten EU bei. Hier spricht man Deutsch", „Frankfurter Allgemeine Zeitung", 01.01.2007, http://www.faz.net/-gpf-tkp3.

Hopkins, Greg 2013, „A Time to Kill: The Myth of Christian Pacifism", Mind-Bridge Press.

Hunt, Elle/Chrisafis, Angelique 2016, „Eagles of Death Metal frontman: ‚Everybody has to have guns'", „The Guardian", 16.02.2016, http://www.theguardian.com/world/2016/feb/16/eagles-of-death-metal-frontman.

Iksanov, Anastasia/Gaertner, Rüdiger 2015, „Todesnacht von Jenfelder Rentner und Waffennarr Dieter B: Er erschoss den Räuber", „Hamburger Morgenpost", 25.06.2015, http://www.mopo.de/hamburg/todesnacht-von-jenfeld-rentner-und-waffennarr-dieter-b--er-erschoss-den-raeuber-842936.

Iksanov, Anastasia/Röer, Marius 2015, „Wollen die Angehörige nun Rache?", „Hamburger Morgenpost", 27.06.2015, http://www.mopo.de/hamburg/wollen-die-angehoerige-nun-rache--moustapha-a----25---das-ist-der-erschossene-raeuber-von-jenfeld-1190876.

Joffe, Josef et al. 2008, „Schöner Denken – Wie man politisch unkorrekt ist", München: Piper 2008.

Hertz, Daniel Kay 2013, „We've Talked About Homicide In Chicago At Least One Million Times But I Don't Think This Has Come Up", 05.08.2013, https://danielkayhertz.com/2013/08/05/weve-talked-about-homicide-in-chicago-at-least-one-million-times-but-i-dont-think-this-has-come-up/.

Kambouri, Tania 2015, „Deutschland im Blaulicht – Notruf einer Polizistin“, Kindle Edition, Piper ebooks 2015.

Kane, Gregory 2003, „To murder victims‘ families, executing killers is justice“, „Baltimore Sun“, 05.02.2003, http://www.baltimoresun.com/news/maryland/bal-md.kane05feb05-column.html.

Kaeble, Danielle/Glaze, Lauren 2016, „Correctional Populations in the United States, 2015“, U.S. Department of Justice, Bureau of Justice Statistics.
Kleck, Gary 1991, „Point Blank – Guns and Violence in America“, Piscataway, New Jersey: Transaction Publishers.

Kleck, Gary und Kates, Don B. 2001, „Armed – New Perspective on Gun Control“, New York: Prometheus Books.

Kloos, Marko 2007, „Why the gun is civilization“, 23.03.2007, https://munchkinwrangler.wordpress.com/2007/03/23/why-the-gun-is-civilization/.

Kopel, David B. 1992, „The Samurai, the Mountie and the Cowboy“, Prometheus Books, Kindle Edition.

Kopel, David B. 2004, „The Torah and Self-Defense“, http://www.davekopel.com/2A/LawRev/The-Torah-and-Self-defense.htm.

Kopel, David B. 2008, „The Natural Right of Self-Defense: Heller‘s Lesson for the World“, „Syracuse Law Review“ 59:2.

LaPierre, Wayne 2006, „The Global War on Your Guns – Inside the U.N. Plan to Destroy the Bill of Rights“, Nelson Current, 2006.

LaPierre, Wayne 2011, „America Disarmed – Inside the U.N. and Obama‘s Scheme to Destroy the Second Amendment“, Washington, D.C.: WND Books.

Laudon, Mirko 2014, „Schuss auf einen Flüchtenden: Notwehr oder Totschlag?“, „Strafakte – Ansichten, Einblicke und Nachrichten zum Strafrecht“, http://www.

strafakte.de/strafprozessrecht/schuss-auf-einen-fluechtenden-notwehr-oder-totschlag/.

Lehming, Malte 2010, „Mentales Altersheim – Jugendbanden und Demographie“, „Der Tagesspiegel“, 16.11.2010, http://www.tagesspiegel.de/meinung/kontrapunkt-mentales-altersheim-jugendbanden-und-demographie/2691704.html.

Lott, John R. 1998, „More Guns, Less Crime“, Chicago: University of Chicago Press.

Lott, John R. 2003, „The Bias Against Guns“, Washington: Regnery Publishing Company.

Lott, John R. 2007, „Freedomnomics: Why the Free Market Works and Other Half-baked Theories Don‘t“, Regnery Publishing.

Lott, John R. 2016, „The War on Guns: Arming Yourself Against Gun Control Lies“, Regnery Publishing, Kindle Edition.

Lüdeke, Ulf 2016, „Jäger tötet Einbrecher per Kopfschuss – Verfahren eingestellt“, „Focus“, 28.12.2016, http://www.focus.de/panorama/trotz-verstoss-gegen-waffengesetz-fluechtling-bei-einbruch-erschossen-staatsanwaltschaft-stellt-verfahren-gegen-jaeger-ein_id_6411326.html.

Lutz, Martin 2016, „‚Intensive Straftaten während des Asylverfahrens‘“, „Die Welt“, 31.03.2016, http://www.welt.de/politik/deutschland/article153841628/Intensive-Straftaten-waehrend-des-Asylverfahrens.html.

Malcolm, Joyce Lee 1994, „To Keep and Bear Arms – The Origins of an Anglo-American Right“, Cambridge, Massachusetts: Harvard University Press.

Mann, Torsten 2005, „Rot-Grüne Lebenslügen – Wie die 68er Deutschland an die Wand gefahren haben“, Rottenburg: Kopp.

McInnes, Gavin 2016, „Surrendering to Death“, „Taki‘s Magazine“,

14.05.2016, http://takimag.com/article/surrendering_to_death_gavin_mcinnes/print#axzz4AOWyUgsa.

Meyer, Adrian 2014, „Waffenkammer Schweiz – So viele Waffen liegen bei Schweizern zu Hause“, „Blick“, 16.02.2014, http://www.blick.ch/news/schweiz/waffenkammer-schweiz-so-viele-waffen-liegen-bei-schweizern-zu-hause-id2676118.html.

Moser, Whet 2013, „The Small Social Networks at the Heart of Chicago Violence“, „Chicago Magazine“, 09.12.2013, http://www.chicagomag.com/city-life/December-2013/The-Small-Social-Networks-at-the-Heart-of-Chicago-Violence/.

N-TV 2016, „HSV-Investor stirbt nach Raubüberfall“, N-TV, 12.09.2016, http://www.n-tv.de/sport/fussball/HSV-Investor-stirbt-nach-Raubueberfall-article18619441.html.

N24 2012, „Das Mumbai-Protokoll“, Dokumentarfilm für National Geographic Channels.

NAACP 2016, „Criminal Justice Fact Sheet“, National Association for the Advancement of Colored People, http://www.naacp.org/pages/criminal-justice-fact-sheet.

Nemerov, Howard 2011, „Four Hundred Years of Gun Control – Why Isn‘t It Working?“, Kindle Edition.

NRA-ILA 2016, „Gun Laws“, National Rifle Association, Institute for Legislative Action, https://www.nraila.org/gun-laws/.

Nykodym, Nick, Patrick, Brian A. und Toussaint, Tracey 2011, „The recession and law enforcement layoffs – What is the impact on business security and crime against businesses?“, „International Journal of Business, Humanities and Technology“, Vol. 1, No. 3; November 2011.

Ortiz, Erik 2015, „South Carolina Boy, 13, Fatally Shoots Burglar, Scares

Off Second Suspect: Police“, NBC, 12.11.2015, http://www.nbcnews.com/news/us-news/south-carolina-boy-13-fatally-shoots-burglar-wounds-second-suspect-n462006.

Patrick, Brian Anse 2013, „Rise of the Anti-Media: In-Forming America‘s Concealed Weapon Carry Movement“, Goatpower Publishing, 2. Auflage, Kindle Edition.

Prolegal 2017, „Abstimmungsprotokoll Feuerwaffenrichtlinie“, „Prolegal“, 16.03.2017, http://prolegal.de/2017/03/16/abstimmungsprotokoll-feuerwaffen-richtlinie/.

PwC 2017, „The European Union‘s Policies on Counter-Terrorism – Relevance, Coherence and Effectivness“, Policy Department C: Citizens‘ Rights and Constitutional Affairs.

Reichsgesetzblatt 1919 Nr. 7, „Verordnung über Waffenbesitz“, Jahrgang 1919, Nr. 7, Seite 31.

Reichsgesetzblatt 1931, I, 77, „Gesetz gegen Waffenmissbrauch“, Reichsgesetzblatt, Teil I, Nr. 10, Seite 77.

Reichsgesetzblatt 1931, I, 742, „Vierte Verordnung des Reichspräsidenten zur Sicherung von Wirtschaft und Finanzen und zum Schutze des inneren Friedens“, Jahrgang 1931, Teil I, Seite 742.

Reichsgesetzblatt 1933, I, 17. „Verordnung des Reichspräsidenten zum Schutz von Volk und Staat“, 1933, Teil I, Nr. 17, Seite 83.

Reichsgesetzblatt 1938, „Verordnung gegen den Waffenbesitz der Juden. Teil I“, S. 1573.

Sarrazin, Thilo 2014, „Der neue Tugendterror: Über die Grenzen der Meinungsfreiheit in Deutschland“, Deutsche Verlags-Anstalt, Kindle Edition.

Sayet, Evan 2012, „Kindergarden Of Eden – How The Modern Liberal Thinks

And Why He‘s Convinced That Ignorance Is Bliss“, Createspace Independent Publishing Platform, Kindle Edition.

Schieferdecker, Marc 2015, „Let‘s Shoot # 55, Illegale Waffen in Deutschland“, https://youtu.be/No7BTPf52NM.

Schmidt, Christian Y. 2013, „Wir sind die Wahnsinnigen: Joschka Fischer und seine Frankfurter Gang“, Verbrecher Verlag, Kindle Edition.

Scholzen, Reinhard 2003, „Mehr Sicherheit per Gesetz? – Die Genese des deutschen Waffengesetzes“, „Die Politische Meinung“ 407, 33-42.

Schrep, Bruno 2011, „Hey Hase, lebst du noch?“, „Spiegel Online“, 23.05.2011, http://www.spiegel.de/spiegel/a-765294.html.

Segal, Eliezer 2006, „Du sollst nicht morden...“, „Jüdische Allgemeine“, 09.11.2006, http://www.juedische-allgemeine.de/article/view/id/6703.

Seibt, Philipp 2015, „Tödlicher Schuss auf Einbrecher – Die entscheidende Sekunde“, „Spiegel Online“, 17.12.2015, http://www.spiegel.de/panorama/justiz/toedliche-schuesse-auf-einbrecher-in-hannover-verurteilt-wegen-totschlag-a-1068411.html.

Siderius, Ron 2015, „Tagung von Waffenfreunden in Polen“, *eigentümlich frei*, 14.12.2015, https://ef-magazin.de/2015/12/14/8090-romb-convention-2015-tagung-von-waffenfreunden-in-polen.

Solms-Laubach, Franz 2014, „Das Ende der Sicherheit: Warum die Polizei uns nicht mehr schützen kann“, München: Droemer Knaur, Kindle Edition.

„Spiegel“ 1971, „Waffen: Cocktails verboten“, „Der Spiegel“, Nr. 47, http://www.spiegel.de/spiegel/print/d-44914759.html.

„Spiegel“ 2017, „Orbán setzt Geheimdienst auf Soros an“, „Der Spiegel“, 01.12.2017, http://www.spiegel.de/politik/ausland/ungarn-viktor-orban-setzt-auf-george-soros-geheimdienst-an-a-1181300.html.

Stoldt, Till-R. 2013, „Wie die Polizei-Statistik Verbrechen verheimlicht", „Die Welt", 02.03.2013, http://www.welt.de/114003255.

„Tagesschau" 2014, „‚Sozialtourismus' ist Unwort des Jahres", 14.01.2014, http://www.tagesschau.de/inland/unwortdesjahres114.html.

„Tagesschau" 2016, „Peschmerga verkaufen Bundeswehr-Waffen", 22.01.2016, https://www.tagesschau.de/ausland/peschmerga-163.html.

UNODC 2014, „Global Study on Homicide 2013", Wien: United Nations Office on Drugs and Crime (UNODC).

Vasavda, Mihir 2017, „IOC seek to replace bullets with laser beams in order to attract TV audience", „The Indian Express", 26.02.2017, http://indianexpress.com/article/sports/sport-others/international-olympic-committee-ioc-seeks-to-replace-bullets-with-laser-beams-shooting-world-cup-karni-singh-range-issf-4544165/.

Waffenrechtslupe 2003, „100 Jahre Diskussion um das ‚richtige' Waffengesetz", http://www.waffenrechtslupe.de/100-jahre-diskussion-um-das-richtige-waffen-gesetz-711.

Willink, John „Jocko" 2016, „Navy SEAL on real martial arts", Youtube, 30.03.2016, https://youtu.be/SGpDVCkhtD4.

Winkler, Adam 2011, „Gunfight: The Battle Over the Right to Bear Arms in America", W. W. Norton & Company, Kindle Edition.

Wollstein, Günter 2010, „Revolution von 1848", Bonn: Bundeszentrale für politische Bildung.

Wolters, Katja 2016, „IS plante Terror in Düsseldorfer Altstadt – Drei Syrer festgenommen", „Compact Magazin", 02.06.2016, http://www.compact-online.de/is-plante-terror-in-duesseldorfer-altstadt-drei-syrer-festgenommen/.

Xu, Jiaquan et al. 2016, „Deaths: Final Data for 2013", „National Vital Statistics

Reports“, Volume 64, Number 2.

Zand-Vakili, André/Herder, Daniel 2015, „Räuber von Jenfeld sollte seit 2012 abgeschoben werden“, „Hamburger Abendblatt“, 09.07.2015, http://www.abendblatt.de/hamburg/wandsbek/article205457175/Raeuber-von-Jenfeld-sollte-seit-2012-abgeschoben-werden.html.

Zelman, Aaron/Stevens, Richard W. 2001, „Death by Gun Control – The Human Costs of Victim Disarmament“, Hartford: Mazel Freedom Press Inc.

Zeronian, Sarkis 2015, „Norwegian Migrant Confirmed As Kenyan Mall Terrorist“, Breitbart.com, 06.09.2015, http://www.breitbart.com/london/2015/09/06/norwegian-migrant-confirmed-as-kenyan-mall-terrorist/.

Ziezulewicz, Geoff 2015, „Uber driver, licensed to carry gun, shoots gunman in Logan Square“, „Chicago Tribune“, 20.04.2015, http://www.chicagotribune.com/news/local/breaking/ct-uber-driver-shoots-gunman-met-0420-20150419-story.html.

eigentüm

Eigentum

und Recht

und Freiheit

lich frei